KB233468

교사를 위한 다문화교육

교사를 위한 다문화교육

2013년 11월 05일 초판1쇄 발행
2022년 08월 31일 초판2쇄 발행

지은이 | Carl A. Grant & Christine E. Sleeter
옮긴이 | 김영순 · 배을규 외
교정교열 | 정난진
펴낸이 | 이찬규
펴낸곳 | 북코리아
등록번호 | 제03-01240호
주소 | 13209 경기도 성남시 중원구 사기막골로 45번길 14
        우림2차 A동 1007호
전화 | 02-704-7840
팩스 | 02-704-7848
이메일 | ibookorea@naver.com
홈페이지 | www.북코리아.kr
ISBN | 978-89-6324-330-6 (93370)

값 20,000원

*본서의 무단복제를 금하며, 잘못된 책은 바꾸어 드립니다.
*이 도서의 국립중앙도서관 출판시도서목록(CIP)은 서지정보유통지원시스템 홈페이지(http://seoji.nl.go.kr)와
 국가자료공동목록시스템(http://www.nl.go.kr/kolisnet)에서 이용하실 수 있습니다.(CIP제어번호: CIP2013020614)

교사를 위한 다문화교육

Doing Multicultural Education for Achievement and Equity

Carl A. Grant & Christine E. Sleeter 지음

김영순 · 배을규 외 옮김

북코리아

역자 서문

현대사회는 개방된 사회로서 다양한 문화와 민족 및 인종을 인정하고 공존하는 명실상부한 다문화사회이다. 교통이나 정보전달의 수단에 의해 시공간상의 절대 거리가 상대화됨으로써 세계는 이제 '지구촌'이라는 하나의 이웃이 되었다. 이주와 이민이 옆 동네 마실 가듯 자연스러워지고 다양한 문화를 가진 사람들이 한곳에 뒤섞이면서 세계는 어느 나라 할 것 없이 다문화사회로 향해가고 있다. 바로 이러한 이유로 지구촌은 아주 자연스럽게 다문화사회가 된 것이다.

이러한 전 지구적인 다문화사회화 경향에서 한국도 예외에서 벗어날 수 없다. 최근 우리 사회가 다문화·다인종사회로 진입하면서 문화적 다양성과 공존에 대한 사회적 논의가 활발하다. 그 무엇보다도 자신이 자라온 모국을 떠나 한국으로 온 결혼이주여성과 그들이 새로이 이룬 가족에게서 태어난 다문화가정 자녀들의 사회 적응에 대한 관심과 그들의 문화에 대한 사회 전체의 수용과 포용력이 그 어느 때보다도 시급한 실정이다.

2013년 7월 법무부 통계자료에 따르면, 우리 사회의 국내 체류 외국인은 154만 221명으로 전체 인구 5,108만 명의 3%가 넘어서 다문화사회로 진입하는 문턱에 서있다. 다문화사회에서는 인종·민족 등의 편견과 차별로 인하여 필연적으로 새로운 소외계층이 형성될 수밖에 없다. 또한 새롭게 유입되는 구성원과 그 자녀의 수가 점차 증가하는 상황에서 본격적인 다문화사회를 대비한 다문화교육이 계획되어 전 시민적으로 수행되어야 한다. 그러나 많은 학교들은 다문화교육에 대한 인식이 다문화가정 자녀들에 대한 지원정책으로 인식하고 있으며, 이들의 지원체계 구축에만 한정하고 있다. 그러나 다문화교육의 본질적인 의미는 그들에 대한 선별적인 다문화교육이 아니라, 이 땅에 사는 우리 모두에게 이루어져야 하며, 이런 교육을 실시하기 위해서는 교수자가 다문화 역량을 확보하고 다문화교사로서 역할을 수행해야 한다.

많은 다문화교육론자들이 주장하는 바처럼, 현재 한국 사회에서는 다문화교육을 이끌어갈 교사 양성을 위한 교육과정이나 운영 경험 등이 매우 부족한 형편이고, 다문화교육 연수 프로그램이 다문화 관련 지식을 전달하는 수준에 머물고 있다. 교사들에게는 다문화교육에 대한 전반적인 인식과 함께 다문화가정 자녀들의 학습능력을 향상시킬 수 있는 특별한 전문성이 요구된다.

다문화교육의 중요성은 아무리 강조해도 지나치지 않는다. 다문화가정 자녀들이 한국 사회의 적응을 위한 지원을 넘어 우리 사회의 소중한 인재로 성장할 수 있도록 교사들의 다문화 역량 강화는 절대적이다. 교사의 이러한 다문화 전문성을 신장시키는 데, 이 책이 일조하리라 생각한다.

번역은 '제2의 창작'이라는 말이 있듯이 번역하는 데 2년여의 오랜 시간이 걸렸음을 고백하지 않을 수 없다. 번역 초고부터 그룹별 윤독을 거쳐 수정작업까지 함께 수고한 번역자들이 없었으면 이 책은 세상의 빛을 보지 못했을 것이다. 번역진들은 책이 나오기까지 원서의 뜻을 살리려 노력하였다. 하지만 번역투의 문장을 벗어나지 못한 것은 모두 역자들의 몫일 수밖에 없다. 이 책은 예비교사 또는 현직 교사들을 위한 다문화교육 지침서라 할 수 있다. 교사들이 교육 현장에서 다양한 배경을 가진 다문화가정 자녀들과 어떻게 상호작용할 것인지 대화를 통해 생동감 있게 전달해준다. 따라서 교사를 꿈꾸거나 현장에서 다문화가정 자녀들과 함께 생활하고자 하는 모든 사람에게 이 책을 권하고 싶다.

모든 학교에서 아름다운 다문화교육의 꽃이 피어나길 기원하면서…….

2013년 가을의 문턱에서
역자 대표 김영순 · 배을규

서문

두 번째 개정판을 저술하는 동안에도 학생들의 학업성취는 여전히 교육의 중요한 문제로 남아 있었다. '정상을 향한 경주'는 낙오학생방지법이라는 은유적인 표현으로 대체되어 현재의 교육 이데올로기를 설명하고 있다. 이러한 상황에서 우리는 '최고를 위한 경쟁'이 교육을 변화시킬 수 있을 것이라고 말할 수는 없다. 우리는 낙오학생방지법의 출발점이 공립교육에 대한 사고의 폭을 좁히는 것에 대해 우려의 목소리를 내고 있지만, 낙오학생방지법이 학생들을 위한 교육을 개선시키기를 희망하고 있다. 이 책은 예비교사들이 원하는 가장 좋은 교사가 될 수 있도록 도와준다. 다시 말하면, 예비교사는 지식, 기술, 성격 등 모든 학생의 성취를 도와줄 수 있는 능력을 발전시킨다고 자랑스럽게 말할 수 있을 것이다.

"만약 여러분이 가장 좋은 교사가 되기를 원한다면, 무엇을 어떻게 해야 하는지에 대한 답이 여기에 있다." 두 번째 개정판에서 우리가 시도한 변화는 다음과 같다.

- 낙오학생방지법에서 '최고를 위한 경쟁'을 연결하는 지식과 기술 구축하기
- 과거부터 현재까지 교육에 영향을 미치고 있는 다양한 사회운동에 관한 깊이 있는 토론 제공하기
- 예비교사에게 영향을 미칠 수 있는 통계자료와 인구통계 수치 및 시간의 경과에 민감한 다양한 자료를 업데이트하기

여러분은 어느 곳에서 가르치든 간에 교실에서 다양한 학생들과 접촉할 것이다. 학생들은 아마도 인종적으로나 민족적으로 다양하며, 게이나 레즈비언, 트랜스젠

더이거나 게이나 레즈비언 가정의 학생일 가능성이 있을 뿐만 아니라, 영어를 배우는 과정에 있는 이민자일 가능성도 있다. 또한 학생들은 다양한 사회계층의 배경을 지니고 있거나, 다양한 종교집단에 소속되어 있을 수 있으며, 서로 다른 학업능력을 가지고 있을 것이다. 이들이 속해 있는 공동체는 다양한 사회적 권력을 가질 수도 있고, 학교와 관련된 다양한 역사적 경험을 가질 수도 있다. 한 공동체가 몇 년 동안 학교와 끈끈한 유대감을 형성했을지라도 다른 공동체와는 관계가 훨씬 미약할 수도 있다. 아이는 아이일 뿐이며, 다른 배경은 전혀 문제되지 않는다고 믿고 싶을지라도 여러분은 여전히 학생과 그들의 배경을 생각할 것이고, 여러분의 생각이 수업에 영향을 미칠 것이다.

학생들의 배경이나 정체성 및 공동체의 역사와 관계없이 여러분은 모든 학생이 수업, 도움, 양육, 보살핌에 의존하고 있다는 것을 확인할 수 있을 것이다. 학생들을 잘 가르치고, 그들이 발전할 수 있도록 도와주고, 성장하도록 양육하고, 그들의 이야기를 경청하는 것은 교사의 책임이며, 흥미로운 도전이다. 이러한 기대가 일관성이 없다 하더라도 사회는 여러분에게 기대를 가질 것이다. 학생들이 시험을 잘 치를 수 있도록 도와주고, 교과내용을 제시하며, 학생들이 국제적으로 역량을 가질 수 있도록 준비시키고, 시민으로서 역할을 하도록 도와주고, 평등, 자유, 정의가 살아 숨쉬는 사회에서 살도록 해주는 것이 여러분의 책무인가? 그리고 이러한 생각과 책임이 실제 현장인 교실에서 의미하는 바는 무엇인가? 학생들과 공동체의 염원뿐만 아니라 더 넓은 이상에서의 기초적인 교육은 무엇을 의미하는가?

『교사를 위한 다문화교육』의 목적은 여러분이 이러한 문제를 탐색할 수 있도록 도와주는 데 있다. 이 책은 여러분의 능력과 높은 수준의 교수 비전 및 학생의 성취, 학교와 사회에서의 형평성을 연결하도록 도와준다. 우리가 이 책에서 제시한 이러한 개념들은 연구를 통한 근거에 기반을 두고 있다.

『교사를 위한 다문화교육』은 교육이 학교와 더 넓은 사회에서 다문화적이어야 한다는 역사와 근거를 제공한다. 우리는 다문화교육을 인권과 사회정의를 주장한 민족운동을 토대로 한 교육개혁의 과정으로 간주한다. 다문화교육에서 학생과 그들의 다양한 공동체, 문화적 배경은 그들의 학습을 도와주는 발판이라는 점에서 출발한다. 다문화교육은 권력이라는 렌즈를 통해 학교를 포함한 사회기관을 검증하며, 정책과 당연시하는 관습으로 인해 누가 혜택을 받는지 의문을 제시하며, 평등과 공평을 지지하는 정책과 실천을 가치 있는 것으로 간주한다. 평등, 공평, 인권, 문화적 힘을 단편적으로 정의하지는 못한다 할지라도 미래에 여러분의 교실에서 교육에 등장하는 생각과 개념적 틀은 빌진될 수 있을 것이다.

이 책은 예비교사가 자신과 자신의 교수방법을 검증하고 발전시킬 수 있도록 도와주는 상호적인 활동과 스스로 확인할 수 있는 활동을 제공한다. 이러한 상호적인 활동은 다문화사회에서의 교육과 사회정의를 둘러싼 다양한 문제 및 이슈에 대한 예비교사의 불안과 잘못된 인식을 제고할 것이다. 이러한 인식은 인종차별과 계층차별 문제가 그들의 이전 세대에 해결되었으며, 우리가 인종차별이 해결된 사회에서 살고 있다는 믿음을 포함하고 있다.

이 책의 활용 방법

『교사를 위한 다문화교육』은 두 부분으로 구성되어 있다.

처음 세 장은 교사-학생-사회라는 삼각관계를 어떻게 연구할 수 있을지에 관한 내용이다.

1장에서는 미래의 교사인 여러분과 함께 출발하였다.

2장에서는 학생에 대해, 특히 학생 중심 교수에 관한 다양한 관점들을 살펴보았다.

3장은 광범위한 사회와 교육기관의 맥락에서 학교 상황으로 되돌아와 학교에서의 학습을 위해 이러한 맥락이 내포하는 함의를 제시하였다.

4장부터 8장은 교실에서의 교육에 대한 다양한 차원들을 조사하였다.

4장에서 우리는 돌봄 관계의 기초를 정립하였다.

5장에서는 다양한 자산을 가진 학생들의 성취를 위한 교육을 구축하고, 돌봄의 맥락에서 이를 평가하였다.

6장에서는 다양성과 형평성 및 학생들의 학습과 관련된 교육과정을 탐색하면서 교육과정 계획을 세우기 위한 전략, 그리고 이를 여러분의 수준에 맞게 수정하기 위한 전략을 제시하였다. 7장은 시험과 다양성 및 형평성이라는 맥락에서 학습으로의 접근을 다루었다.

마지막으로 8장은 교실이라는 벽을 넘어선 사회적 이념을 가지고 시민으로서 교사이자 활동가 및 학생들의 역할을 위한 함의를 탐색하였다.

각각의 장들은 서로 내용에 관계적 기반을 두고 있기 때문에 1장부터 시작하여 순차적으로 읽어나갈 것을 추천한다.

이 책은 여러분과 함께 이야기를 나누기 위해 다양한 방법으로 고안되고 개념화되어 있다. 이 책은 '판타스틱'한 교사를 위한 17개의 〈교육 영역〉과 역량을 확장할 수 있는 영역으로 구성되었다. 17개의 〈교육 영역〉들은 아이디어들을 고정시키면서 성취와 다문화교육에 관한 논의들과 연결되며, 여러분이 교사로서 사고와 조사를 과업에 내포된 함의로 이행하도록 도와준다. 우리는 가상의 학생들을 활용하여 인종, 젠더, 성취 등의 복잡한 이슈를 탐색하고, 예비교사가 이러한 이슈들을 표현하는 방식으로 이 이슈들을 활용하여 말할 수 있도록 하였다. 이러한 가상의 인물을 활용하는 것은 종종 진부한 것으로 여겨지지만, 우리는 이러한 방식을 고수하였고 심지어 더 많은 가상의 대화를 첨가하였다. 왜냐하면 가상의 인물은 어떠한 아이디어를 지지하거나 도전하는 또 다른 형식을 제공하기 때문이다. 여러분이 어떤 개념에는 친숙한 반면, 어떤 개념에는 그렇지 않기 때문에 우리는 의도적으로 친화적이고 공손하고, 편안한 어조를 사용하였으며, 동시에 숨김없이 직설적으로 이야기하였다. 〈실천 예제〉는 이 책의 여러 곳에 제시되어 있다. 〈실천 예제〉는 내용과 관련된 구체적인 활동을 제공하거나, 문제를 제시하여 독자가 내용에 대해 생각해보도록 하는 교육적인 요소를 포함하고 있다.

각 장은 질문으로 시작한다. 이 질문은 각 장의 내용에서 중요한 개념을 요약한 형식을 띠고 있으며, 각 장에 포함된 교육영역을 심화 · 발전시킨다. 글상자는 논의된 주제에 대한 추가적인 정보를 제공하는 도구로 제시되었다. 그림과 표는 독자들이 이해하기 쉽도록 제시하였다. 마지막으로, 각 장의 끝 부분에 제시된 〈교육현장에 적용하기〉는 여러분이 각 장에서 배운 개념들을 활용하여 교실에서 실천하고 적용해보는 활동이다.

교육자들은 이 책이 자신들의 강의계획서나 다른 텍스트 및 추가적인 과제와 어떻게 연결되는지 궁금할 것이다. 우리는 이들에게 17가지 〈교육 영역〉을 모두 실천해보기를 권장한다. 모든 〈실천 예제〉들을 의무적인 과제로 여길 필요는 없다. 우리의 실천과 상호적이고 반성적인 활동을 제시했으며, 많은 교육자들이 우리와 비슷한 목표를 달성하기 위해 훌륭한 활동과 과제수행을 한다는 사실을 알고 있다. 〈교육 영역〉은 우리가 의도한 주요 학습결과가 될 것이다. 이러한 결과를 달성하기 위해서는 다양한 방법이 존재할 수 있다.

감사의 글

It is very special to have Doing Multicultural Education for Achievement and Equity translated in to Korean. We are very grateful to Professor YoungSoon Kim, and the team of graduate students who participated in the translation. Throughout our careers we have steadfastly worked to implement multicultural education in education policy and practice because we strongly believe that it can positively influence students' academic achievement and help them to become better citizens of the world. We believe that this translation into Korean by a team of outstanding scholars will be a major contribution to this effort.

『교사를 위한 다문화교육』이 한국어로 번역되어 발간된다는 것은 우리에게 특별한 의미를 지닙니다. 먼저 번역에 참여하신 인하대학교의 김영순 교수와 번역팀에게 감사의 뜻을 전합니다.

필자들은 교육정책과 그 실천과정에서 다문화교육을 실현하기 위해 지속적으로 연구해왔습니다. 왜냐하면 이러한 작업이 학생들의 학업성취에 긍정적인 영향을 줄 수 있을 뿐만 아니라, 학생들이 보다 나은 세계시민이 되는 데 도움을 줄 수 있을 것이라 믿고 있기 때문입니다. 우리는 인하대학교 번역팀이 수고해주신 이 책이 이러한 노력에 큰 기여를 할 것이라 생각합니다.

Carl A. Grant, Hoef Bascom Professor, University of Wisconsin at Madison

Christine E. Sleeter, Professor Emerita, California State University at Monterey Bay

CONTENTS

역자 서문 ··· 5

서문 ··· 7

감사의 글 ··· 12

1장 훌륭한 교사 되기 ··· 15

판타스틱한 나! ··· 18

가상의 동료들 만나기 ·· 50

교육현장에 적용하기 ··· 57

2장 학생과 성취 ·· 61

성취 ··· 64

교육현장에 적용하기 ··· 95

3장 학교와 사회에서의 형평성을 위한 탐구 ·· 101

다문화교육의 등장 ··· 106

교육현장에 적용하기 ··· 165

4장 학업성취를 지원하는 돌봄 교실 만들기 ··· 167

학교에서의 돌봄과 관계에 관하여 ··· 171

교육현장에 적용하기 ··· 230

CONTENTS

5장 높은 학업성취를 가능하게 하는 학생의 능력 활용하기 ·······················**233**

    문화와 문화자본 ······················· 237

    교육현장에 적용하기 ······················· 291

6장 다문화 교육과정 설계하기 ·······················**295**

    교육과정, 교과서 및 성취기준 ······················· 300

    교육현장에 적용하기 ······················· 346

7장 시험과 평가 ·······················**353**

    3단계 시험(Test Trilogy) ······················· 357

    교육현장에 적용하기 ······················· 394

8장 교실과 교실 밖에서 실천하기 ·······················**399**

    자유와 민주주의를 위한 도구로서의 학교교육 ······················· 403

    교육현장에 적용하기 ······················· 442

    참고문헌 ······················· 449

    찾아보기 ······················· 464

1장

훌륭한 교사 되기

우리는 이번 장에서 다음과 같은 질문에 대한 답을 찾는 데 도움을 받을 것이다.

- 여러분은 어떤 교사가 되고 싶은가?
- 여러분이 교사가 되길 원하는 이유는 무엇인가? 그 이유가 자신의 전문성을 계발하고 교직을 수행하는 데 어떠한 영향을 미칠 것인가?
- 여러분의 가정환경과 가족문화는 교사에 대한 자신의 신념에 어떠한 영향을 미치는가?
- 언론매체, 동료, 학교교육, 종교가 여러분 자신과 교사에 대한 신념에 어떠한 영향을 미치는가?
- 바람직한 다문화교육에 대한 철학을 왜 계발해야 하는가?

교사로 근무하기 시작할 때, 우리의 목표는 단지 좋은 교사가 되는 것이 아니라 훌륭한 교사가 되는 것이었다. 우리가 되고 싶은 교사상은 학생들의 진가를 알고, 학생들이 최상의 수준에 도달하도록 격려하며, 학생들에게 학습 욕구를 느끼게 만들고, 학생들의 관심사를 존중하며, 학생들이 마음을 터놓는 그런 교사였다. 우리가 만난 대부분의 교사와 예비교사들도 같은 목표를 가지고 있다.

그렇다면 훌륭한 교사가 된다는 것은 무엇을 의미하는가? 특히 훌륭한 교사가 되기 위해서 오늘날 학교에 존재하는 다양성을 가진 학생들을 어떻게 이해하고 대해야 하는가?

이 장에서는 여러분의 개인적이고 직업적인 성장, 특히 지식, 기술, 태도 그리고 훌륭한 교사가 되기 위한 기본 조건에 대해 토의할 것이다. 그뿐만 아니라 현대와 같은 다양성의 사회에서 가르친다는 것이 무엇을 의미하는지 검토할 것이다. 이 책은 다양한 학생들을 가르치기 위한 17개의 교육 영역으로 구성되어 있다. 이 장에서는 다음 두 개의 교육 영역을 다룰 것이다.

교육 영역 1: 자신을 비판적으로 성찰하기
교육 영역 2: 바람직한 다문화교육을 위한 철학 계발하기

여러분은 이 책을 읽으면서 동료들과 생각을 공유하게 될 것이다. 이것은 누가 옳고 그른지를 판단하기 위해서가 아니라 여러분의 사고 속에 있는 논리적 추론과정을 발견하고, 타인의 경험과 관점을 충분히 이해하기 위함이다.

이 장은 세 부분으로 구성되어 있다. 첫 번째 부분에서는 여러분이 되고자 하는 교사상과 교사가 되려고 하는 이유에 대해 생각해볼 것이다. 두 번째 부분에서는 여러분과 여러분의 시각에 영향을 주는 사회화의 영향력을 검토해볼 것이다. 세 번째 부분에서는 바람직한 다문화교육을 위한 철학을 계발하는 것에 대해 토론할 것이다. 또한, 우리는 교사가 되고 싶어 하는 학생들이 이 장에서 배운 것을 연습할 수 있도록 할 것이다. 훌륭한 교사로서의 개념을 가지고 이 장을 시작해보자.

판타스틱한 나!

　여러분이 '교사'가 되기 위한 준비를 할 때, 많은 사람들은 여러분에게 훌륭한 교사상에 대한 이미지를 요구할 것이다. 교사교육 프로그램은 교직에 대한 공식적인 표명, 교사교육의 운영 방법 및 운영 과정의 내용 등 여러분과 동료들이 훌륭한 교사가 되기 위해 갖추어야 할 자질에 대한 정보를 제공해준다. 여러분이 교육을 받는 과정에서 만나게 되는 많은 사람들은 어떻게 해야 훌륭한 교사가 되는지에 대한 견해를 가지고 있다. 교수나 교사들은 교수 방법과 태도에 대한 적절한 통찰력을 제공해줄 것이다. 교육에 관련된 서적들은 여러분이 가진 생각을 상기시킨다. 여러분이 교생실습을 통해 만나게 될 유치원생부터 고등학생까지의 학생들은 모두 훌륭한 교사의 자질과 태도에 대해 여러 가지 이야기를 할 것이다. 더욱이 학생들은 수업이 재미있고 마음을 끄는지, 여러분이 따뜻하고 관심 있는 태도를 가지고 있는지에 대해 말로든 행동으로든 여러분에게 표현할 것이다. 심지어 학부모와 지역사회 구성원들은 훌륭한 교사상에 대한 의견을 공유하기도 한다. 여러분의 동료들은 자신들의 학교 경험을 토대로 훌륭한 교사의 자질에 대한 의견을 가지고 있다. 여러분과 다른 인종, 사회 계층, 언어 환경을 가진 동료들의 이야기를 들어본다면, 여러분은 지금까지 생각해보지 못한 다양한 교사의 자질에 대해 듣게 될 것이다.

　그러나 도움이 되는 정보를 제공하는 가장 중요한 사람은 바로 여러분 자신이다. 그리고 여러분이 되고자 하는 교사상에 영향을 미치는 것은 여러분이 이미 가지고 있는 지식, 기능, 태도뿐만 아니라 '교사 되기'에 대한 생각과 행동이다. 전문적 성장과 자기발견에 대한 여러분의 관심은 현재의 시점에서 매우 중요하다. 오늘날 교사들은 한 가지가 아닌 두 가지 성취도 간의 차이를 줄이도록 요구받는다. 첫 번째 차이는 미국 내 인구 집단 간에 존재한다. 이는 중산층과 빈곤선 아래에서 생활하는 학생들 간의 평균 성취도 차이나 백인과 아시아계 미국인, 아프리카계 미국인, 라틴계, 미국 원주민들 사이의 평균 성취도 차이에서 찾아볼 수 있다.

두 번째 성취도 차이는 미국의 학생들과 아시아나 유럽 국가의 학생들 간에 존재한다. 국제학생성취프로그램(The Program for International Student Assessment)에 따르면, 미국의 학생들은 57개국 중 과학 분야에서 29위, 수학 분야에서 35위를 차지했다고한다. 또한 OECD(2004)에 따르면 한때 대학을 졸업하는 학생 비율이 가장 높았던미국은 캐나다(43.5%)의 뒤를 이어 현재 38%로 2위이다. 이 두 성취도 간의 차이를줄이기 위해서는 인종, 민족, 사회 계층, 언어, 지리적 위치에 관계없이 미국의 학생들이 양질의 학교에서 훌륭한 교사들에 의해 성취하도록 격려되어야 하고 도움을 받아야 한다. 이것이 실패한다면 미국 내 인종적 · 사회적 계층 간의 분열은 더욱 악화될 것이다.

교사들의 힘만으로는 학교시설이나 교사 자원 등 불평등하게 분배된 교육적 자원, 가난으로 인한 배고픔이나 질병 같은 삶의 문제, 부모의 실업이나 감당하지 못할 집세로 인한 불안정한 생활 같은 사회구조적 문제들을 해결할 수는 없다. 하지만 교사들은 학생들의 배경과 상관없이 그들이 받는 교육의 질을 상당히 변화시킬수 있다. 미국의 미래교육위원회(National Commission on Teaching and America's Future, 1996: 6)에 따르면, "교사들이 무엇을 알고 무엇을 하는가는 학생들이 배우는 데 가장 중요한 영향을 미친다."고 한다. Haycock(2001: 10)은 모든 배경의 학생들이 자신들의문제를 잘 알고, 자신들에게 높은 기대치를 가지고 있고, 자신들의 마음을 움직이는 교사에게 가장 잘 배운다는 것을 보여주는 보고서에 주목했다. Haycock은 보스턴에서의 연구를 언급하면서 "1년 동안 상위 3분의 1의 교사들이 하위 3분의 1의교사들보다 6배 많은 학습 성과를 이루어냈다."고 말한다.

여러분은 연방정부가 교육계에 요구한 새로운 변화에 대해 들었을 것이다. 이변화는 낙오학생방지법(No Child Left Behind)을 통해 학생들에게 높은 성취를 이루도록 요구하고, 학생들의 높은 성취를 이끌어내는 교사들에게 보너스를 주고, 성취가 낮은 학교는 문을 닫게 하거나 차터스쿨(charter school)[1]로 교체하는 것을 뜻한다.

---

1) 미국에서 교육 개혁의 일환으로 학부모 · 교원 · 자치단체 등이 협력하여 설립한 초 · 중 공립학교의 일종. 일반적인 공립학교보다 규제가 적은 것이 특징이지만, 학생의 성적 향상에 지나치게 치중하는 점 등의 문제도 있음.

이와 같은 정책은 학교의 발전을 추구하는 오바마 대통령의 '정상을 향한 경주(Race to the Top)'에 기인한다. 여러분은 학생들의 성취와 교사들의 보상을 결부 짓는 것에 대해 어떻게 생각하는가? 다른 말로 표현하면, 1년 동안 여러분과 함께한 학생들이 얼마나 배웠는지에 따라 여러분이 받는 성과급이 정해진다는 것이다. 빈곤율이 높은 지역에 있는 학교의 교사들이 약 4,500달러의 성과급을 받는 것에 대해 어떻게 생각하는가? 또한, 여러분은 국가 수준의 성취 기준이 생긴다는 것에 대해 듣게 될 것이다. 국가 수준의 성취 기준에 대해 어떻게 생각하는가? 학교에 대해 정부가 지나치게 통제한다고 생각하는가? 이에 대해 Clark(2010: 29)는 다음과 같이 말한다.

> 높은 성취 기준은 성공이 확실하게 보장된 슬램덩크가 아니다. 비평가들은 미국주지사협회(National Governors Association)가 제안한 기준이 그다지 엄격하지 않거나, 너무 엄격하거나 또는 완전히 잘못되었으며, 비판적 사고와 같이 테스트하기는 어렵지만 더 중요한 능력에 집중하는 편이 낫다고 불만을 제기했다.

이 책의 첫 번째 개정판에서 여러분의 주된 관심은 '탁월한 자질을 갖춘' 교사들이었다. 당연히 모든 학교는 탁월한 자질이 있는 교사들을 확보하는 것이 중요하고, 그것이 학교와 교육에서 여전히 중요한 전반적인 목표라고 믿었다. 하지만 학교 개혁에 관한 담론은 변화하였다. 어떤 사람들은 이를 과도한 학교 개혁이라고 말한다. 이러한 학교 개혁의 노력이 지니는 훌륭한 점은 여러분이 자신의 생각을 말하고, 학생 기구를 조직하고 함께함으로써 이 변화의 선봉에 설 수 있다는 것이다.

이번 장을 다루는 데 있어서 밥 허버트(Bob Herbert)가 2010년 2월 22일에 작성한 〈뉴욕타임스〉의 기사, "빗장은 어디에 걸어야 하는가(Where the Bar Ought to Be)?"가 우리의 주목을 끈다. 허버트는 데보라 케니(Deborah Kenny)에 대한 기사를 썼는데, 그녀는 드물게도 할렘가에 있는 3개의 차터스쿨을 성공시키고, 더 많은 학교를 설립 중이다. 허버트는 그녀에 대해 말한다. "케니는 가르치고자 하는 열정, 독서에 대한 열정, 배움에 대한 열정에 대해서 많은 이야기를 한다. 그녀는 그런 열정을 가지고 있고, 그녀의 학교에 있는 모든 교사와 학생이 열정을 가지고 있기를 바란다." 케니는 교육과정, 학급 규모, 학교 규모, 더 길어진 일정 같은 프로그램 요소에서 학교 개혁이 과장되었다고 믿고 있다. 케니는 그런 프로그램의 요소들 중 어느 것도 교육의 질만큼 중요한 것이 없다고 주장한다. 이는 이 장에서 가장 중요한 문제이기도 하다.

허버트는 다음과 같은 케니의 말을 인용한다. "여러분이 재능 있고 열정적이며 잘 가르칠 수 있는 교사를 확보하고, 그에게 자유로운 교수환경을 제공하고 지지한다면, ……그것은 다른 무엇보다 100배나 중요하다."

케니는 허버트에게 이렇게 말한다. "훌륭한 교사를 형성하는 복잡하고 어려운 과정의 첫 단계는 좋은 사람들의 관심을 끌기에 충분히 도전적이며 높은 기준을 가진 학교 환경을 조성하는 것이다." 케니는 또 다음과 같이 덧붙인다.

여러분은 훌륭한 사람들을 찾는 데 집중하고, 계속해서 배우고 성장하며, 그들이 하는 것을 더 잘하도록 돕는 문화를 만들어야 한다. 여러분은 교사들을 지지하고 존경하는 학교 공동체를 제공해야 한다. 또한, 가르침에 대한 열정이 꽃필 수 있는 그런 자유를 주어야 한다.

우리는 데보라 케니가 설명한 교육의 질에 대한 중요성을 언급한 허버트의 열정을 지지한다. 이 책에서 계획한 교육 영역은 예비교사들이 훌륭한 교사가 되도록 돕기 위해 우리의 학교가 양질의 교육을 준비하는 데 큰 도약이 될 것이라고 믿는다.

이 책은 훌륭한 교사가 갖추어야 할 17가지 교육 영역에 반영된 우리의 비전을 보여준다. 우리의 시각에서 보면, 훌륭한 교사는 다음과 같이 행동해야 한다.

• 바람직한 다문화교육을 위한 철학을 계발하고(교육 영역 2), 자신을 위한 전문적

인 학습 목표를 설정하며(교육 영역 5), 이를 위해 자신을 비판적으로 분석한다 (교육 영역 1).

- 교사는 학습을 유도하는 학생 중심의 교수 환경을 구성하기 위해 학생들을 제대로 이해하고 있어야 한다(교육 영역 3).
- 평등이라는 중요한 목표를 달성하기 위해 사회와 교육에 존재하는 차이에 대한 환상과 사실을 분별하라(교육 영역 4).
- 학급에서 일어난 갈등을 조정하고(교육 영역 6), 편견과 고정관념을 적절히 다루며(교육 영역 7), 협동학습에 초점을 맞추면서(교육 영역 8) 학생들과의 관계를 형성하라.
- 가르칠 때 학생들의 관심과 배경에 집중하고(교육 영역 9), 학습지도계획을 작성할 때 학생들의 학습 스타일을 이용하고(교육 영역 10), 학생들의 언어를 가치 있는 학습자원으로 활용하고(교육 영역 11), 학부모와 지역사회를 연결하여(교육 영역 12) 높은 성취를 달성하라.
- 다문화적인 시각에서 개념을 발전시키는 방식으로(교육 영역 13), 질 높은 다문화교육 자원을 사용하는 방식으로(교육 영역 14) 교육과정을 계획하라.
- 학생들의 학습을 측정하는 도구로서 인증된 평가를 사용하라(교육 영역 15).
- 학생들의 비판적인 의식을 발달시키고(교육 영역 16), 민주적인 참여를 가르쳐서(교육 영역 17) 교실 안팎에서 실천하라.

몇몇 연구자들은 한 개인이 교사가 되는 과정을 강조한다. 저명한 심리학자 Rogers(1961)는 『진정한 사람 되기(On Becoming a Person)』라는 책에서 "인간은 개인적 성장과 자아 발견의 과정을 통해 사람이 된다."고 주장한다. Palmer(1998: 4)는 『가르칠 수 있는 용기(The Courage to Teach)』에서 "거의 일어나지 않지만, '우리가 누구인가?'에 관한 질문, 즉 '가르치는 자아는 누구인가?'"라는 질문을 받는다고 묘사하고 있다. 그는 교사들에게 다음과 같은 질문을 하게 한다. "자아의 우수함이 나의 학생들, 내가 가르치는 과목, 나의 동료들, 나의 세계와 관련하여 어떻게 형성되고 변화하는가?" 그리고 "교육기관이 좋은 교수환경에서 기인한 자아를 어떻게 성장시키고 심화시킬 수 있는가?"

교육 영역 1 자신을 비판적으로 성찰하기

먼저 훌륭한 교사가 되고자 하는 여러분의 비전을 가지고 자아 발견을 시작해보자. 〈실천 예제 1.1〉에서 글이나 그림을 이용하여 여러분이 되고자 하는 교사의 비전을 설명하라.

〈실천 예제 1.1〉

글이나 그림을 이용하여 여러분이 되고자 하는 훌륭한 교사로서의 자신에 대한 비전을 설명하라.

여러분의 비전을 동료들이나 숙련된 선배교사들과 토론해보라. 이 장을 진행하는 동안 여러분의 비전과 이 토론을 마음속에 새겨라. 이 장의 뒷부분에서 여러분이 쓰거나 그린 내용을 다시 찾아보게 될 것이다.

여러분은 교사연수 때 가지고 있었던 경험과 신념에 대해 비판적으로 반성하게 될 것이다. 특히 이러한 경험과 신념은 학교교육에 내재된 다양성 문제와 다양한 학생들을 어떻게 볼 것인가에 영향을 미칠 수 있다. 여러분이 교사라는 직업의 어떠한 점에 끌렸는지를 검토해보고, 전문성 계발을 위해 그런 이유들과 어떤 연관이 있는지를 찾아보라. 이러한 과정에서 여러분은 교육철학을 따르게 될 것이고, 또한 이것은 교육에 관하여 내리는 결정에 대한 지속적인 지침서가 될 것이다. 혹시 이 책에 등장하게 될 가상의 인물들을 만난다면, 그들에게 이 책을 읽기 전에 자신이 가지고 있었던 교육철학을 적용시켜라. 그럼으로써 여러분의 창의적인 생각을 시험해볼 기회가 될 것이다.

✚ 교사가 되고 싶은 이유에 대해 탐구하기

많은 예비교사들은 교사가 되고 싶은 이유에 대해 질문을 받으면 다음과 같이 대답한다. "나는 아이들을 사랑하기 때문에 교사가 되고 싶어요.", "나는 학생들을 학업적으로, 사회적으로 도와주고 싶어요." 이러한 문장들은 교육에 영향을 주는 강력한 표현들이다. '사랑'은 강렬한 감정을 말하고, 여러분이 학생들을 위해 존재할 것이라는 개인적인 선언을 의미한다. 이러한 선언은 Noguera(2003: 25)의 다음과 같은 말과 유사하다.

나는 근본적으로 가난하거나 백인이 아닌 아이들까지 모든 아이들을 위한 교육이 달성될 수 있는 목표라는 신념이 있다. 만약 우리가 모든 아이들이 진정으로 가치 있다고 여긴다면 말이다. 물론 이것은 실제적인 질문이다. 즉, 미국 사회가 진정으로 모든 아이들이 가치 있다고 여기는가에 관한 문제이다.

교사가 되기 원하는 예비교사들의 두 번째 이유인 '학생들을 돕고 싶어서'는 책임감을 의미한다. '도움'이라는 단어는 웹스터사전(1989)에 '도와주거나 지지하는 것'이라고 쓰여 있다. 이 말은 교사가 베푸는 어떤 종류의 도움 또는 지지가 자신의 학생들에게 유용한가를 안다는 것을 의미한다. 또한 각각의 학생들의 학력이 향상될 수 있게 하는 일시적 도움이 무엇인지 아는 것을 의미한다.

여러분은 교사가 되고자 하는 또 다른 이유를 추가적인 단어나 문장으로 표현할 수 있다. 〈실천 예제 1.2〉에서 교사가 되고 싶은 이유를 나열하고, 그것이 어떠한 의미를 갖는지 서술하라.

〈실천 예제 1.2〉

교사가 되고 싶은 이유를 나열하고, 그 이유가 어떤 의미를 갖는지 서술하라.

- 아이들을 사랑하는 것

- 학생들을 돕고 싶은 것

- 가르치고 싶은 또 다른 이유

예비교사들이 교사가 되기를 원하는 대부분의 이유는 교사 경력을 통해 무언가를 얻을 수 있기 때문이다. 예를 들어, 여러분이 아이들을 사랑해서 교사가 되었다면, 여러분은 아이들과 사랑을 주고받는 만족감에 집중할 수 있을 것이다. 또한, 여러분의 도움을 통해 학생들이 배우고 자라는 것을 보면서 개인적 만족감을 발견할 수 있을 것이다.

하지만 '사랑'과 '도움'만으로는 가르치는 것을 포함하는 교사라는 어려운 작업을 수행하겠다는 서약을 지속하거나 유지하는 데 충분하지 않다. 감정이나 서약은 희미해지고 돕고자 하는 소망은 변할 것이다. 3분의 1 이상의 교사들은 5년도 채 되지 않아 교직을 떠난다. 헌신과 열정으로 이 직업을 선택한 사람들의 이직률이 다른 직종의 사람들보다 훨씬 높다는 것은 상당히 놀라운 일이다(Ingersoll,

2001). Andrew(2009)는 교사들이 미국 일자리의 4%를 차지하는 약 380만 명이고, 2004~2005년 사이에 거의 17%에 해당하는 621,000명이 교직을 그만두었다고 보고했다. 그리고 그들 중 거의 절반 정도의 교사가 다른 학교로 이동했다. 다시 말해 하루에 거의 1,000명의 교사들이 교직을 떠나고, 1,000명의 교사들이 미국 내에서 다른 학교로 이동했다는 것이다. 그리고 이 비율은 가난한 학생들이 많은 학교의 경우 17~21%까지 증가하는 것으로 나타났다.

신임교사들이 교직을 그만두는 이유와 관련하여 여러분이 가르치는 것에서 얻고자 하는 것이 무엇인지를 좀 더 종합적으로 살펴보자. 그리고 나서 여러분이 작성한 〈실천 예제 1.2〉로 다시 돌아가 보자. 가르치는 직업은 이직 비율이 높다. 지난 10년 동안 교사는 과도기적 직업으로 여겨져 왔다. 어떤 교사들은 로스쿨이나 의학전문대, 경영대학원에 들어가기 위한 충분한 돈을 벌 때까지만 학생들을 가르친다. 또한 어떤 교사는 남편이 대학원을 졸업하거나 다른 일자리를 얻는 등의 목표를 달성할 때까지만 학생들을 가르친다. Ingersoll과 Smith(2003)에 따르면, 오늘날 일자리를 떠나는 39%의 교사들은 자녀양육이나 가족의 이동 때문에 교직을 그만둔다고 한다.

하지만 교사들의 절반은 학교 경영진이 충분한 지원을 해주지 않거나 학부모나 학생들과의 문제, 의견수립에 있어서 교사들의 영향력 결여, 학생들의 저조한 학업성취, 학생들의 동기 부족, 근무 환경에 대한 불만족 때문에 교직을 떠난다. 교사가 되고자 하는 이유와 교사를 그만두는 이유가 얼마나 유사한지 주목해보자. 임용 초기에 학생들과 사랑을 주고받는 것을 기대했던 신임교사들은 얼마 후 몇몇 학생들과의 관계나 심지어 금전적인 문제로 힘든 시간을 겪고 있는 자신을 발견할 것이다. 특히 교사들은 학급 규칙과 훈육 과정을 확립하고자 할 때 어려움을 겪는다. 자신의 도움을 받아 학생들이 배우는 것을 지켜볼 때의 만족감을 기대한 교사들은 현실에서 학생들을 도울 수 있는 방법을 모를 때 당혹감을 느끼고, 교수학습에 대한 자신들의 믿음과 충돌하는 교육과정이나 시험 준비 전략을 사용해야 하는 압박을 느낀다. 이러한 이유로 교직에서 나타나는 갈등의 양상을 아는 것은 매우 중요하다. 그리고 여러분은 자기계발과 경력의 전반적인 부분에서 가르치고자 하는 자신의 소망을 지킬 수 있는 방법들을 생각해볼 수 있을 것이다.

> **〈글상자 1.1〉 교사들의 이직은 학교와 학생들에게 상처를 준다**
>
> 교사들이 학교를 떠나는 것은 자신이 맡은 학급뿐만 아니라 학교 전반의 학습 리듬 및 단결력, 학교 성과에 영향을 준다. 이것은 가정과 학교 사이에 견고한 관계를 맺고, 지역사회와 학교가 신뢰 관계를 맺는 데 1년까지는 아니더라도 몇 달이 걸린다는 것을 의미한다. 가정과 학교가 장기적으로 좋은 관계를 확립하기 위한 핵심은 사람들의 지속적인 참여와 다년간 형성된 사람들 간의 믿음이다.
>
> 높은 이직률은 교사들 간에 친밀해지는 것을 방해하고, 이는 결과적으로 교사들이 팀을 꾸려 일할 때 낮은 성과를 야기한다. 이와 같이 질적으로 낮은 관계 때문에 학생들은 교사로부터 많은 것을 얻어갈 수 없게 된다. 예를 들어, 1학년을 맡은 교사들이 유치원 교사들과 한 곳에서 수년간 함께 일해왔다면, 그들은 학생들이 무엇을 어떻게 배워왔는지에 대해 서로 이해할 수 있을 것이다. 그리고 학생들의 관심이나 학습에 도움이 되는 사항들에 관한 정보를 이전 교사에게서 전달받는다면 교사들은 학생들을 가르치기 훨씬 수월할 것이다.

학교, 교수법 그리고 인종, 민족, 계층, 성별, 성적 성향, 종교, 장애 유무를 포함한 교사와 학생의 정체성은 교수활동과 학교생활에 영향을 준다. 교사들이 이를 이해한다면 가르치는 것에 대한 불만족이 현격하게 감소할 것이다. 이러한 이해는 특히 학생 수가 많고 업무가 과다한 학교의 교사들이 일을 그만두지 않고 지속하는 이유를 설명할 수 있다. 예를 들어, Nieto(2003)는 보스턴 지역의 교사 7명과 함께 무엇이 교사들에게 일을 계속하게 하는지에 대해 연구했다. 몇몇 요인들은 다음과 같이 나타난다.

일을 계속하는 교사들은 이중언어 교육과 시민의 권리 같은 사회 정의를 위한 운동에 참여해왔다. 더 나은 세계를 위해 일하는 그들의 경험은 교육이 삶을 향상시키고 생계를 유지하기 위해 중요하다는 것을 인식하는 데 도움을 주었다. 교사들은 학생들에게 사랑을 표현한다. 이는 "학생에 대한 믿음, 확신, 신념의 결합과 그들의 용기에 대한 깊은 감탄"을 의미한다. 특히 사회적으로 비주류 배경 출신의 학생들의 경우 사랑은 자신의 정체성을 확인하는 것을 의미하기도 한다. 교사들은 사정이 좋지 않더라도 희망과 가능성을 잃지 않는다. 동시에 그들은 가난, 인종차별 그리고 학생을 도와주기보다는 벌하려고 하는 학칙과 같이 많은 학생들이 겪는 부당함에 분노한다. 분노와 희망은 서로 상반되는 감정이다. 교사들은 사회적 변화의 가능성을 보여주는 사회운동에 참여하여 청소년들의 삶의 변화를 만들어 그들에게 희망을 심어주는 것에 기여한다. 교사들은 가난하거나 심지어 절박한 상황에 처해 있는 학생들을 신뢰하고, 그 학생들의 문제를 정의롭지 않은 사회 분위기 탓으로 돌린다. 교사들은 평범한 사람들이 미래를 계획하는 능력을 가지고 장기적인 과업에 매진한다는 것을 신뢰하고, 자기계발을 위해 학습하려는 젊은 사람들에게 봉사하고 민주주의에 헌신한다. 마지막으로, 교사는 교수법을 개발하는 지적인 연구를 통해서 성장한다. 교사는 지식인이고, 발생할 수 있는 실질적인 문제에 대한 동료들과의 대화와 탐구를 통해 성장하는 존재이기 때문에 교직에 들어서게 된 것이다.

이제 여러분이 교사가 되려고 하는 이유로 돌아가 보자. 〈실천 예제 1.3〉에서 여러분이 무엇을 믿는가에 따라 교직을 계속하게 하는 이유를 탐구해보자. 다시 말하면, 학생들과 문제가 있을 때, 사랑과 학생을 돕고자 하는 마음이 일을 계속하게 만드는가? 또한 여러분과 다른 배경에서 온 학생들을 만났을 때는 어떠한가? 여러분이 학생에게 위협을 받는다면 어떠한가? 학부모가 여러분이 학생들을 다루어 온 방식과 다른 방식을 요구한다면 어떠한가?

Nieto와 함께 연구를 수행한 7명의 교사들에 따르면, 학생들의 다양성과 다양성의 맥락에서 형평성을 지키고자 하는 의지를 인정하고, 이를 교직을 지속하는 여러분의 이유와 연결 지어 생각하는 것은 중요하다. 이것은 모든 학생들에게 이익이 되는 방식으로 학습에 대한 개인적이고 전문적인 도구와 지원을 공평하게 분

〈실천 예제 1.3〉

무엇이 교직을 계속하게 할 것인지 서술하라. 교직을 선택한 이유는 무엇이며, 어떠한 이유로 교직을 계속할 것인지, 어떠한 이유로 교직을 그만둘 것인지 작성해보자.

- 아이들을 사랑하는 것

- 학생들을 돕고 싶은 것

- 가르치고 싶은 또 다른 이유

배하는 것을 의미한다. 이 말은 반드시 모든 학생들을 똑같이 대하라는 것이 아니다. Darling-Hammond와 Wise, Klein(1997: 2)은 다음과 같이 말한다.

> 모든 아이들을 효과적으로 가르치기 위해서 교사는 학생들이 가진 실질적인 다양한 배경에 대처할 준비가 되어 있어야 한다. 이는 언어, 문화, 특성들, 학습 방법, 재능, 지능 등을 포함하는데, 결국 풍부하고 다양한 교수전략의 레퍼토리를 필요로 한다. 게다가, 보편적으로 좋은 교수법이란 학생들이 무엇을 알고 무엇을 할 수 있는지와 더불어 그들이 어떻게 생각하고 배우는지를 발견하는 숙련된 능력을 필요로 한다. 아울러 학습 활동과 학생 개인의 요구를 조화시킬 수 있는 능력을 필요로 한다.

우리는 Darling-Hammond 등(1997: 2)이 교사들이 지녀야 할, 학생들을 사랑하고 도와주는 열정을 강조하고 있다고 믿는다.

〈실천 예제 1.4〉에서 여러분이 작성한 것과 사랑과 도움에 대한 〈실천 예제 1.2〉에서 작성한 것을 비교하고 대조해보라. 여러분의 처음 진술과 Darling-

Hammond 등의 진술에서의 차이점을 고려해볼 때, 여러분은 가르치는 직업을 계속하기 위한 동기부여를 지속시키기 위해 배워야 할 것을 알아낼 수 있는가? 특히 가난한 지역사회의 학교나 매우 다양한 인종으로 구성된 학교에서 학생들을 가르치는 것은 어렵고 고된 일이기 때문에 교사들은 스스로 도전에 몰두하고 학생들이 교사의 목표에 따라가도록 학습 진행의 도움을 찾는 것도 중요하다. 다음 장들은 이러한 도전에 직면하고 생각해보는 데 도움을 줄 수 있도록 설계되었다.

〈실천 예제 1.4〉

사랑과 도움에 대해 다시 생각해보고, 앞에서 작성한 진술문과 이 책에서 인용하고 있는 진술문 사이의 공통점과 차이점을 찾아 작성해보자.

공통점	차이점

✚ 여러분의 세계: 정체성과 문화

학생들과 가르치는 일에 대한 이해는 여러분의 문화적 렌즈, 즉 여러분이 학급에 영향을 주는 신념, 가설, 경험 등을 통해 여과된다. 사실, 자기 자신에 대한 이해 없이 혹은 자신의 관점이 어떻게 다른 사람을 해석하는지를 이해하지 않고 다른 사람을 이해하는 것은 불가능하다.

여러분은 자신의 문화적 렌즈를 갖고 있지 않으면 문화의 관점에서 자신을 설명할 수 없다고 생각할 것이다. Goodenough(1976: 5)에 따르면, 문화는 "그 사회 구성원들에게서 기인한 생각, 신념, 행동원리, 조직의 원칙"으로 이루어져 있다. 이는 행동을 지배하고 지역사회의 구성원들이 공유하는 모든 지식과 원칙을 말한다. 이와 유사하게 Nussbaum(1997: 138)은 문화를 "인간의 삶 특유의 많은 한계 가운데서 인간을 살아갈 수 있는 존재로 만들기 위한 지적인 시도"라고 설명한다. 우리 모두는 우리가 참여하고 동일시하는 복잡한 인간관계의 맥락 속에서 행동양식, 신념, 언어 그리고 세계를 이해하는 방법을 배운다.

예비교사들은 〈그림 1.1〉에서 볼 수 있는 것처럼 가족, 미디어와 광고, 또래집단/친구, 학교, 종교를 포함하는 중요한 사회화의 맥락 안에서 성장하면서 문화를 습득한다.

〈그림 1.1〉의 중간 부분을 보면 인종과 민족, 성별, 사회 계층, 종교, 장애 유무처럼 사회적으로 인간의 차이점에서의 중요한 형태들이 있다. 표면적으로 보면 이러한 개념이 무엇을 의미하는지 명백해 보인다. 하지만 좀 더 자세하게 들여다보면 일반적으로 보이는 것보다 더 복잡한 의미를 담고 있다. 우리는 사람들을 범주화하고 사회를 조직하는 사회적으로 구조화된 방법들과 생물학적 가정들 사이의

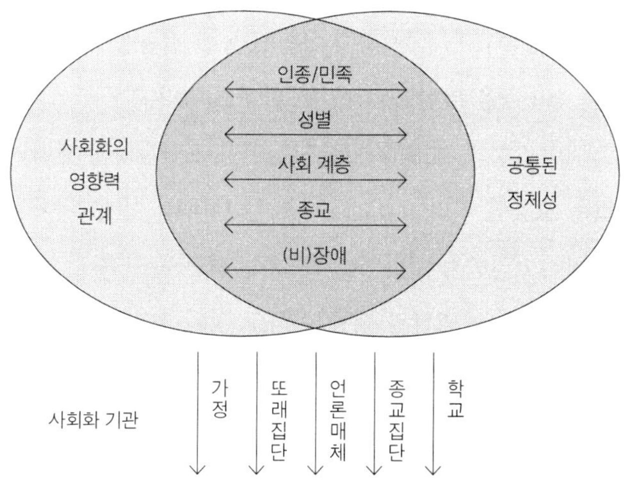

〈그림 1.1〉 교사와 학생에게 미치는 사회화의 영향력

상호작용을 보여주는 인종/민족, 성별, 장애 유무를 살펴보게 될 것이다.

인종은 유럽인들이 전 세계 대부분을 식민지화하던 시기에 생겨난 개념으로, 생물학적 차이점인 피부색을 '인종'으로 명명하면서 고착화되었다. 유럽인들은 식민화 과정을 정당화시키는 방법으로 특정한 피부색이 다른 피부색보다 더 진보하였다는 가정 하에 인종을 계층적으로 구분하였다. 미국에서 1700년대 후반부터 1960년대까지 인종은 권리와 특권을 배분하는 데 쓰였다. 인구조사를 보면, 사람들이 어떤 일을 할 수 있는지, 재산 소유권이나 선거권이 있는지, 누구와 결혼해야 하는지, 어디서 살아야 하는지와 같은 것들이 인종에 따라 결정되었다. 사람들은 보통 인종이 생물학적인 것이라고 생각하지만, 생물학자들은 인간의 종을 발견하지 못했다(Vigilangt, 1997). 인종은 인간들에 의해 만들어진 것이다. 비록 인종이 더 이상 법적으로 권리를 제한하지 않는 개념일지라도 우리는 여전히 인종을 의식하면서 살고 있다. 이와 관련된 내용은 3장에서 자세하게 다루고 있다. 더 나아가, 누군가는 인종이 시간에 따라 변화해왔다고 생각한다. 예를 들어, 아랍인은 9.11 테러 이전에는 백인으로 분류되었다. 하지만 지금은 그렇지 않다. 또한, 여러 인종이 섞인 사람들은 아직까지도 여전히 하나의 인종에 속하도록 압력을 받는다. 반대로, '민족'은 공동체에게 '자신을 넘어서 확장되는', 그리고 '역사적 연속성'을 가지고 있는 '주관적인 소속감'으로 여겨진다(De Vos, 1995: 25). De Vos는 "민족 집단이란 가까이하는 사람들과 공유된 것이 아닌 공통된 전통을 가지고 있는 사람들이 스스로 인지하는 소속감을 말한다(p. 18)."고 밝히고 있다.

성 정체성 또한 복잡하다. 사회적으로 만들어지고 학습되는 젠더와 생물학적 성을 구별하는 것은 도움이 된다. Lugg(2003: 98)는 젠더를 "남성과 여성이 어떤 의미인지에 대해 문화적 · 인종적 · 민족적 · 종교적 집단과 사회에 의해 결정되어 개인들이 따르기를 기대하는 역할과 행동"이라고 정의한다. 개인이 속한 환경의 규범에 따라 개인은 젠더화 된다. 염색체는 인간이 생물학적으로 남성인지 여성인지 혹은 모호한 생식기를 가지고 태어난 간성(intersexuality)("100명 중 1.7명에서 500명 중 1명 정도의 범위에서 나타난다")인지를 정의해준다(Lugg, 2003: 98). 성전환자는 생물학적인 성과는 반대인 성으로 살아가게 된다. 예를 들어, 남성으로 태어난 어떤 사람들은 남성의 몸을 가지고 자신이 여성이라고 느끼며 여성으로서의 삶을 살기를 선택한다. Lugg는 성적 성향을 "가장 편안하게 깊은 감정적 결합을 할 수 있는 사람과의 성관계 또는 성적인 선택의 대상"이라고 정의한다(p. 100). 사람은 이성애자, 동성애자(게이 혹은 레즈비언), 양성애자일 수 있다. 이 개념을 더욱 명확히 하기 위해 Lugg는 "성적 성향은 감정적인 집착이고, 젠더는 정체성의 이행이며, 성은 생물학과 관련된 것"이라고 설명한다.

신체장애는 생물학적으로 흔히 이해될 차이이지만, 사회적으로는 또 다른 형태의 차별이 된다. 신체장애의 의학 모형은 신체적인 제한에서부터 신체에서 일어나는 감정적인 상태와 같은 학습 문제에 이르기까지 모든 신체장애를 포함한다. 1980년대 초에는 신체장애가 생물학적인 것이 아니었기 때문에 신체장애의 '사회화 모형'이 많이 사용되었다(Connor, Gabel, Gallagher & Morton, 2008). Linton(1998)의 설명에 따르면, 사람들은 흔히 신체장애를 의학적이거나 심리적인 상태로 생각하지만 신체장애 연구자들과 시민단체 활동가들은 신체장애를 해결되어야 할 공통적인 사회정치적인 이슈를 나타내는 정체성의 표식으로 사용한다. 예를 들어, 허리아래가 마비된 사람은 신체적 장애를 가지고 있지만, 그 사람이 휠체어를 가지고 있거나 휠체어를 탈 수 있는 상태에 있다면 아마 대부분의 시간을 장애인의 상태로 지내지 않을 것이다. 또한 신체장애는 학교에서만 발견할 수 있는 학습장애 같은 범주가 있다. 학습장애를 발견하기 위해서는 신체장애의 정의와 대비하여 정확하게 측정할 수 있는 테스트를 필요로 한다. 최소한의 뇌기능장애라는 생물학적인 이유로 학습에 '장애가 있는' 사람이라고 생각하는 것과 교수학습의 표준화된 방법이 학교에서 개념화되고 사용되어 학습자를 장애자로 만들었다고 생각하는 것에는 차이점이 있다.

명백히 이러한 사실들은 인간을 구별하는 유일한 방법은 아니며 항상 중요한 방법도 아니지만, 이 내용들은 이 책에서 다룰 만큼 충분히 중요한 내용이다. 이러한 형태의 차이는 더 큰 사회 속에서 사회적 관계와 권력을 통해서, 그리고 그들과 비숫한 다른 사람들과의 맥락 속에서 내면화하는 정체성을 통해 사람들에게 작용한다. 하지만 사회화는 이러한 형태와 관련하여 추상적으로 일어나기보다는 가족, 또래집단, 종교, 언론매체, 학교 같은 주요 사회화 기관에서 일어난다.

교수에 영향을 주는 여러분 가족의 정체성과 문화에 대해 탐구해보자. 〈실천 예제 1.5〉에서는 의사결정이 어떻게 이루어지는지와 같은 1차원적 가정생활에 대해 고려해보고, 교사의 교수활동에 어떠한 영향을 미치는지 생각해보자. 예를 들어, 특정한 한 사람이 중요한 결정을 하는가? 가족 구성원들이 선택해야 할 것에 대해 토론하고 투표하는가? 아이들이 의사결정에 참여하는가, 아니면 주로 어른들에 의해 의사결정이 이루어지는가? 중요한 결정에 있어서 지역사회의 원로들에게 의견을 들어보는가?

〈실천 예제 1.5〉 가족의 의사결정 양상

1. 여러분의 가정에서는 어떻게 의사결정을 하는지 예를 들어 설명하라.

2. 이와 같은 의사결정 양상이 다른 상황(학급을 포함)에서는 의사결정에 어떤 영향을 주었는가?

가정에서 학습한 양식이 학급에서의 의사결정 양식에 어느 정도까지 영향을 미치는가? 여러분과 비슷한 배경의 학생들이 있다면 갈등이 일어날 경우가 적지만, 여러분과 다른 배경에서 온 학생이 있을 경우에는 문제가 생길 수 있기 때문에 이 질문에 대해 생각해보는 것은 중요하다. 예를 들어, 여러분은 자신의 방식에 의존해서 모든 학생들이 중요한 결정을 내리는 데 참여해야 한다고 여길 것이다. 반면

에, 학생들이 의사결정 과정에 참여하는 것이 기대되지 않는 사회 맥락에서 자라온 사람은 결국 학생들을 의사결정 과정에 참여시키려고 노력하지 않을 것이다. 그러면 여러분은 새로운 양식으로 학생들을 가르칠 것인지, 아니면 그들이 편안하게 여기는 방식에 여러분의 기대를 맞출 것인지 결정해야 한다.

여러분 가정에서의 교육이 문화와 학교교육의 관계에 대해 어떠한 영향을 미치는가에 대한 의견을 가지게 되었으니, 이제 〈실천 예제 1.6〉을 작성하라. 이는 여러분의 가정환경과 가족문화를 생각해보고 설명하는 데 도움이 될 것이다.

여러분의 가정환경과 가족문화를 학급 친구의 경험과 비교해보라. 어떤 공통점과 차이점이 발견되는가? 가정에서 배운 생활양식이 교실에서 기대되는 양식에 어떤 영향을 주는가? 가정에서 하면 안 되는 행동은 무엇인가? 여러분이 자라면서 겪어온 가족 내 의사결정 양식과 다른 가족의 의사결정 양식을 이해하기 위해 어떤 준비를 해왔는가?

〈실천 예제 1.6〉 가정환경과 가족문화

여러분의 가정에서 어떤 일이 일어나고 있는지 다음의 질문과 관련하여 서술하라.

① '좋은 삶'이 무엇이고 어떻게 이루어져야 하는지에 대해 가족 구성원들은 어떤 생각을 공유하는가?

② 남성, 여성, 어른, 아이의 역할은 무엇인가?

③ 의견이 일치되지 않으면 어떻게 하는가?

④ 감정을 어떻게 전달하는가?

⑤ 어떠한 행동이 보상을 받는가? 어떻게 보상을 해주는가? 어떤 벌을 주고 어떻게 벌을 받는가? 누가 벌을 주는가?

⑥ 시간은 어떻게 구성되는가? 가족 구성원들이 시간을 지키는 것을 얼마나 중요하게 생각하는가? 예를 들어, 시간을 지키는 것이 중요한가? 시간을 지키는 것이 정시를 의미하는가, 아니면 15분 정도 늦는 것도 허용되는가?

⑦ '여가시간'을 어떻게 보내는가? 누가 무엇을 하는가? 함께 무엇을 하는가? 같이하는가, 아니면 개별적으로 하는가?

⑧ 가족 구성원들은 독서를 하는가? 가족들은 어떤 언론매체에 관심을 갖는가?

⑨ '적절한 식사'는 무엇으로 구성되는가? 하루에 식사를 몇 번 하는가? '적절한' 식습관은 무엇인가?

⑩ 가족 내에서 종교의 역할은 무엇인가?

⑪ 어떤 언어를 사용하는가? 다른 상황에서 서로 다른 언어가 사용되는가?

이제 여러분이 다녔던 학교를 생각해보자. 여러분은 적어도 15년을 학교에서 보냈고, 학교교육이 어떤지 이미 상당히 많이 알고 있다. 하지만 그것은 새로운 생각을 하는 데 방해가 될 수 있다. 〈실천 예제 1.7〉에서 여러분이 학생이었을 때, 학교에 누가 있었고, 학교에서 학생들과 교사들의 관계는 어떠했으며, 그리고 어떻게 학습이 이루어졌는지에 대해 설명해보자.

교사교육 프로그램뿐만 아니라 이 책 전반에 걸쳐서 여러분이 받아왔던 교육과는 다소 다른 교육에 대해 생각해봐야 한다. 게다가, 다른 사람이나 여러분과 다르게 교육을 받은 사람들의 학교 경험을 고려해야 한다. 자신의 경험을 생각해보는 것은 다른 사람들이 이해하지 못하는 교수 접근법이 여러분에게 '이해될 수' 있는지를 알고, 사고의 폭을 넓히고 새로운 경험을 이해하는 데 도움이 될 것이다. 아마 이것을 흥미로운 도전이라고 생각하거나 위협적이라고 생각할지도 모른다. 예를 들어 신임교사에게 그들의 학교 경험에 대해 생각해보라고 하자 중산 계층에서 자란 백인 교사는 동료들과 자신의 경험을 공유하는 데 너무 제한적이라는 것이 드러났다. 모든 사람들이 교사교육에 대한 유용한 경험을 가지고 있고, 모든 사람들의 경험은 한계뿐만 아니라 풍부함도 포함한다는 것을 깨닫는 것이 도움이 된다. 지난 2년 동안 이러한 활동을 가르치면서 필자는 학급의 몇몇 학생들이 부끄러워서 자신의 가정과 가족문화에 대해 자유롭게 이야기하기를 주저하는 것을 발견했다. 하지만 '용감한 영혼들'이 말하기 시작하면 학급 구성원들이 서로를 알아가면서 학급에서의 삭막한 분위기를 따뜻하고 유쾌하게 변화시키는 데 많은 도움이 된다는 것을 발견했다. 그러므로 여러분은 자신의 학급에서 먼저 용감한 영혼이 되어라. 그러면 학급 구성원들은 서로를 잘 이해할 수 있을 것이다.

〈실천 예제 1.7〉 학교에서의 경험

여러분이 다닌 학교에 대해 다음 질문에 답하라.

① 학생들의 인종, 민족, 사회 계층의 구성이 어떠했는가? 인종, 민족, 사회 계층이 다른 사람들과 친해지는 데 학교가 어느 정도의 도움을 주었는가?

② 학급에 장애를 가진 학생이 있었는가? 그 학생과 얼마나 친했는가? 학교 문제를 포함하여 장애와 비장애의 문제에 대해 장애를 가진 사람들의 견해를 얼마나 알게 되었는가?

③ 어떤 학생들이 '똑똑'하다거나 우등생 또는 열등생으로 구분되었는가? 학생들은 어떠한 방법으로 교실에서 분류되었는가?

④ 평상시 학교에서의 일과를 묘사하라. 앞에 묘사한 내용이 어느 정도까지 '정상적인' 가르침이라고 보는가?

〈실천 예제 1.8〉은 여러분의 사회화를 추가적으로 평가하는 데 도움이 될 것이다.

〈실천 예제 1.8〉 간단한 자기 점검

아래 제시한 15개의 문장을 읽고 이에 동의하면 번호 옆에 표시하라.

_____ ① 나의 가족이 속해 있고 내가 자라온 지역사회의 사람들은 대부분 나와 비슷한 사회경제적 지위를 가지고 있다.

_____ ② 내가 잡지에 나왔다고 자랑한다면, 그 잡지는 패션 잡지일 것이다(나는 패션이나 미용 잡지를 사는 데 돈을 쓸 수 있다).

_____ ③ 나의 선생님이 동성애자라도 나는 상관이 없다.

_____ ④ 건강과 체력을 위해서뿐만 아니라 아름다움과 성적 매력을 갖기 위해서 날씬해지고 싶다.

_____ ⑤ 나의 12년 동안의 학교생활에서 인종차별은 거의 없었다(1~10%).

_____ ⑥ 자라오면서 나는 두 가지 언어에 유창해지도록 교육받았다.

_____ ⑦ 자라면서 내가 나고 자란 이웃이나 지역사회와는 다른 사람들과 교류했다.

_____ ⑧ 다른 종교를 가진 사람과 좋은 관계를 가져왔다.

_____ ⑨ 중학교와 고등학교를 졸업하고 현재 대학교를 다니면서 나는 옷이나 다른 것을 살 때 브랜드(예를 들어 Gap, Nike)를 의식한다.

_____ ⑩ 나에게 개인적인 문제(금전적 문제는 제외)가 있을 때 나는 가족 구성원들과 이야기하기 전에 친구들과 먼저 의논한다.

_____ ⑪ 나와 다른 인종의 교사에게 배운 적이 한 번 이상 있다.

_____ ⑫ 내가 다닌 학교의 교육과정은 백인 여성들이나 유색인종 여성들의 역사와 공헌에 관한 내용이 많았다.

_____ ⑬ 학교나 사회에서 누군가가 게이, 레즈비언, 트렌스젠더에 대해 부정적으로 말하면 나는 그들에게 이의를 제기한다.

_____ ⑭ 내가 재미있게 읽는 대부분의 책이나 기사들은 백인, 영어를 사용하는 원어민, 이성애자에 대한 것이다.

_____ ⑮ 내 친구나 미래의 배우자가 나와는 다른 인종적·종교적 배경을 가졌다면 나의 부모님은 허락하지 않을 것이다.

사회화의 영향력이 여러분에게 얼마나 영향을 미치는가에 대한 평가는 어떠한가?

전혀 아니다 _____ 조금 영향을 미친다 _____ 많은 영향을 미친다 _____

여러분이 '전혀 아니다'에 표시한 경우, 다른 사람의 행동이나 가치가 그 사람이 자라온 방식에 영향을 받았다고 생각한 적이 있는지 스스로에게 물어보라. 여러분은 아마 인식하지 못할지도 모르지만, 다른 사람들도 여러분과 같은 생각을 할 것이다.

여러분이 '조금 영향을 미친다'나 '많은 영향을 미친다'에 표시한 경우, 여러분의 응답에서 특정한 양상을 띠고 있다는 것을 볼 수 있을 것이다. 인종, 민족, 언어, 사회 계층의 배경, 젠더, 성 정체성, 종교와 관련한 여러분의 다양한 정체성은 응답에 어떠한 영향을 미쳤는가? 예를 들어, 질문 1번은 가정의 인종, 민족, 사회 계층, 질문 2번은 언론매체나 광고, 질문 3번은 학교와 성 정체성에 관한 것이다.

또한, 이 평가가 여러분이 갖고 있는 다문화교육에 관한 지식, 특히 다양한 형태의 인간의 차이점에 대한 관점과 신념에 대해 정보를 제공하고 있다고 결론을 내린다면, 여러분의 생각이 맞다. 가정, 지역사회, 동료, 언론매체는 인종, 민족, 언어, 젠더, 사회 계층, 성 정체성, 신체장애, 종교와 관련한 정체성에 의해 영향을 받는다. 따라서 접근, 기회, 평등한 대우, 관용은 개인의 정체성에 따라, 그리고 정체성과 개인적 특성에 관련된 차별의 형태에 따라 큰 영향을 받는다. 예를 들어, 미국에서는 여러분이 함께 자라온 이웃에 대한 접근과 고등학교에 다닐 기회가 인종과 사회경제적 지위에 많은 기반을 두고 있다.

우리가 다루어온 다양한 맥락 속에서 각기 자신의 경험을 생각하면 개인적인 정체성이나 여러분이 누구인지를 구체화할 수 있을 것이다. 정체성은 타인 또는 사회적 상황과 관련하여 그들을 나타내는 이야기로 이해될 수 있다. 우리 자신에 대해 구성하는 이야기는 자신이 어떤 사람이고, 어떤 사람과 관계를 맺고 있는지를 설명한다. 예를 들어, 여러분의 친구는 여러분의 믿음과 가치뿐만 아니라 여러분이 어떤 사람인지 이해하는 방식에도 영향을 미친다. 친구와 정체성에 대한 생각을 공유한 대로 여러분은 자신을 '서퍼', '컴퓨터광', 운동선수, 재미있는 것을 좋아하는 사람이라고 볼 수도 있으며, 이것은 여러분이 친구들과 공유하는 자신의 정체성이다. 평소 상호작용하는 사람들과 자신이 가진 신념은 자신이 누구인가 하는 자아정체성, 그리고 자신과 같은 '부류'에 의해 강화된다.

여러분이 편안하게 느끼는 곳에서 벗어나 스스로 생각한 것과 다르게 행동하도록 할 때 다문화교육은 어려워질 수 있다. 예를 들어, 중산층이 되기 위해 일해온 가정이나 중산층으로 생각하는 가정에서 자란 교사는 가난한 사람들과 교류할 때 어려움을 느낄 수 있다. 왜냐하면 현재의 중산층은 가난을 고의적으로 배제하기 때문이다. 즉, '그들'은 '우리'가 아니다.

많은 이성애자 교사들은 동성애자를 존중하는 데 어려움을 겪고, 왜 그들이 성에 집착하는지 궁금해한다. 이 문제는 누군가가 동생애자라는 사실이 밝혀지면, 다른 이성애자들은 그 사람이 게이라고 생각할 것이라는 두려움에 기반을 둔다. 그러므로 그 사람 자신의 정체성과 그러한 정체성에 대한 타인의 이해에 대한 위험을 감수하는 대신에 많은 이성애자들은 게이 이슈와 관점에 대한 학습을 회피한다.

〈실천 예제 1.9〉에서 여러분과 관련 있는 5개의 집단이나 사람들의 '유형'을 나열하라. 그리고 이 집단에 포함되지 않은 사람들에 대해 생각해보고, 그 사람들이 학교나 사회문제를 바라보는 시각에 대해 여러분의 생각과 감정이 어떻게 영향을 미칠지 생각해보라.

〈실천 예제 1.9〉 협력 집단

①

②

③

④

⑤

〈표 1.1〉 사회화의 영향력과 신념 사이의 연결고리

결혼	낙태	이중언어
가족은 결혼상대를 결정하거나 결혼에 대해 이해하는 방식에서 큰 역할을 한다.	가족의 가치 기준은 낙태에 대한 여러분의 태도에 영향을 미친다.	가족은 처음으로 배우는 언어를 통해 근본적인 관계와 구성단위를 제공한다.
언론매체의 광고는 결혼 지체에 대한 신념뿐만 아니라 결혼의 식순과 장식에까지 영향을 미친다.	언론매체는 어러분의 믿음에 영향을 주는 논쟁거리와 시사점을 제공한다.	언론매체는 어떤 언어가 가장 많은 힘과 지위, 명성을 가지고 있는지를 보여주고, 다른 언어를 사용하는 사람들에 대한 전형적인 이미지를 보여준다.
동료들이 지지하는 결혼을 어떻게 생각하는지가 장래의 파트너 결정에 영향을 준다.	동료들과의 토론은 낙태에 대한 생각을 정리하는 데 도움이 된다.	동료들은 어떤 언어가 가장 가치 있는지를 결정한다.
여러분이 받은 교육의 정도는 누구와 결혼할지에 영향을 줄 것이다.	학교에서의 찬반토론은 낙태에 대한 의견을 형성하는 데 도움이 된다.	학교는 어떤 언어가 가장 가치 있는지를 가르치고, 어떤 언어를 사용할 때 고차원적인 사고가 일어나는지 구체적인 모델까지 제시한다.
여러분의 종교는 누구와 결혼하고, 결혼이 무엇이고, 어떤 결혼식을 계획하는지에 관한 여러분의 신념에 영향을 줄 것이다.	여러분의 종교는 낙태에 대한 신념에 영향을 미칠 수 있다.	여러분의 종교는 다양한 언어의 가치에 대해 생각하는 방법을 제공할 수 있다.

이제, 현대사회에서 개인에게 미치는 사회화의 영향력과 다양한 정체성이 어떤 큰 이슈에 어떻게 영향을 미치는지 생각해보자. 〈표 1.1〉은 사회화의 영향력과 세 가지 이슈(결혼, 낙태, 이중언어)에 대한 관계를 설명하고 있다.

〈실천 예제 1.10〉에서는 〈표 1.1〉을 분석하여 학습지도, 학교교육, 학생들과의 활동과 관련된 이슈를 여러분의 신념에 적용시켜보라.

〈실천 예제 1.10〉 사회화의 영향력과 신념의 관계

학교교육, 교수, 학생들과 함께 일하는 것과 관련한 주제를 선택하고, 여러분이 그 주제에 대해 어떻게 생각하는지 중요한 쟁점을 서술하라.

다음 개념들이 여러분의 신념에 어떠한 영향을 미치는지 각각 서술하라.

• 가족:

• 언론매체:

• 또래집단:

• 학교교육:

• 종교:

앞의 〈실천 예제 1.10〉에서는 여러분의 신념과 관점의 배경, 그리고 그것들을 강화시킬 요인들에 대해 살펴보았다. 여러분의 신념이 교수, 학습, 학생, 학부모에 대한 생각에 어떠한 영향을 미치는지에 대해서도 살펴보았다. 여러분은 아마도 어떤 질문들은 너무 개인적이어서 학교교육과는 무관하다고 느낄 수도 있다. 하지만 학교에서는 다른 사람의 자녀들이 하루 6~8시간 동안 여러분과 함께 지내고, 그들의 부모는 자녀들이 자라고 배우는 모든 책임을 여러분에게 위임하고 있다는 사실을 고려하라. 가르치는 것은 그 자체로 사람과 사람 사이에 일어나는 일이다. 자기 자신을 잘 아는 교사들은 그렇지 못한 교사들보다 학생들과 그들의 가족을 존중하고 공평하게 대우하며 훨씬 더 높은 지위를 차지한다. 여러분이 왜 다른 사람들을 특정한 방식으로 대하는지를 안다면, 여러분의 행동을 통제하거나 수정하는 방법을 배우고, 의문을 제기하거나 현재의 한계를 넘어 성장할 수 있다. 여러분이 왜 그렇게 행동하는지를 모른다면, 개인 간의 차이로 인한 좌절과 갈등을 야기할 수 있다.

지금까지 자신에 대해 고찰하고, 다양성에 대한 신념과 가정이 형성된 맥락을 살펴보았다. 이제 바람직한 다문화교육을 위한 철학을 형성하는 단계로 넘어가자. 다문화교육의 첫 번째 구성요소로 철학을 선택한 이유는 여러분이 학급에서 행하는 모든 것에는 신념이 녹아들어 있기 때문이다. 이러한 신념을 명확히 함으로써 발전시켜야 할 부분, 다시 생각해야 할 가정과 신념, 그리고 강한 헌신을 확인할 수 있다.

바람직한 다문화 수업을 위한 철학 계발하기

훌륭한 교사에게 다음과 같은 질문을 해보자. "여러분의 교육철학은 무엇인가?", "여러분이 학생들을 가르치는 동안 여러분의 철학이 바뀌었는가?" 처음에 이 질문을 받은 교사는 당황할 수도 있다. 왜냐하면 이러한 질문들은 일단 그들이 대학을 마친 후나 처음 교직에 발령을 받고 나면 더 이상 들을 일이 없기 때문이다. 일반적으로 훌륭한 교사들은 자신만의 철학을 명확하게 설명할 것이다. 그러면 그들의 철학이 정적인 것이 아니라는 것을 알게 될 것이다. 교육철학은 살아 있고, 생기 넘치며, 끊임없이 성장과 발전을 거듭한다.

'철학'은 '긴 수염을 기른 나이든 사람'에게만 해당하는 것이 아니라는 사실을 배우고 나면 많은 젊은 교사들은 교직 초기에 철학을 계발하고 적용하기 시작한다. 즉, 철학은 '지식에 대한 사랑'뿐만 아니라(Robinson & Groves, 1999) 인간에 관한 크고 작은 질문들을 논리적으로 생각하는 방법(Duck, 1981)이다. 철학은 "삶이란 무엇인가?", "진실이란 무엇인가?", "지식이란 무엇인가?", "행복이란 무엇인가?", "우연과 현실은 무엇인가?", "미(美)란 무엇인가?", "옳고 그름은 무엇인가?"와 같은 심오한 질문들에 대한 지식을 찾는 탐구일 수도 있다(Robinson & Groves, 1999).

또한 철학은 "왜 내가 이렇게 하고 있는가?", "왜 내가 하는 대로 믿고 있는가?", "내 아이들을 어떻게 길러야 하는가?"와 같이 행동과 활동에 대해 다루는 질문에 어떻게 답하는지를 찾는다. 그리고 철학은 과학자, 정치가, 교사들과 같은 전문직에 종사하는 사람들이 윤리적인 문제나 이슈를 고찰하는 데 도움을 주는 분석적인 도구이다. 게다가, 철학은 개인이 인간의 본성과 사회에 대한 가정에 기반을 둔 '일어나야 할' 것에 대한 생각을 안내해준다. 교사들에게 교육철학이란 '훌류한 교사'란 무엇이고, 성취한다는 것이 무슨 의미이며, 이 모든 것이 다양성과 어떤 관련이 있는지를 명확히 해주는 도구로서의 역할을 한다.

Garforth(1964)는 철학이 훌륭한 교사가 되는 데 도움을 주는 네 가지 방법을 제 안한다. 첫째, 철학은 오래된 문제에 대해 새로운 해석을 하게 해주고 현존하는 개 념과 절차를 분석하고 다듬고 수정하는 데 도움을 준다. 예를 들어, 페미니스트 철 학은 남성보다는 여성의 관점에서 이런 이슈들을 충분히 고려함으로써 새로운 해 석을 하게 되었고, 역사, 심리학, 경제학 그리고 다른 학문들과 통합하였다. 페미 니스트인 Spender(1982: 14)는 다음과 같이 설명한다.

우리의 문제는 그동안 문제로 인식되지 못했다. 그 문제는 여성학이 생겨나기 전에 는 인지하지 못했던 문제들이다. 남성들이 만든 지식에 우리가 포함되지 않는다는 것 을 인정했을 때, 우리가 여성의 존재에 대한 자각으로부터 지식은 원한다면 우리 스 스로 만들어야 한다는 것 또한 받아들였다.

19세기에 노예로부터 해방되었던 노예제 폐지론자 소저너 트루스(Sojourner Truth) 는 "나는 여성이 아닌가?"라는 연설에서 다음과 같이 말했다. "나를 보라! 나의 팔을 보라! 나는 밭을 갈고 씨를 뿌리고 거두어들였다. 어떠한 남자도 나보다 나을 수는 없다. 그러면 나는 여성이 아닌가?" 어떤 사람들은 소저너 트루스가 백인이 흑인 여성을 이해한 방식에 도전하기 위해 페미니스트 철학을 사용하고 있다고 주 장할 것이다.

〈실천 예제 1.11〉에서 데일 스펜더(Dale Spender)나 소저너 트루스의 과거 업적에 대한 새로운 해석에 관해 토론해보라.

Garforth(1964)에 따르면, 여러분이 훌륭한 교사가 되는 데 도움을 주는 두 번째 방법은 철학이 전통적인 지식을 평가할 뿐만 아니라 미해결 문제들을 분석하고 명 확히 하는 정보 센터(clearinghouse)의 역할을 한다는 것이다. 철학은 과학자, 신학자, 교육자들이 그들의 방법을 더욱 명확하게 보고, 알맞은 질문을 하고, 잘못된 길을 데일 스펜더나 소저너 트루스의 새로운 해석에 관해 토론해보자.

따르지 않도록 해주고, 혼동된 개념이나 잘못된 주장 때문에 오류를 만들지 않도록 도와준다. 다시 말하자면, 교사들은 철학을 통해서 학교에서 일어나는 상황과 사건을 평가하고 반응하는 도구를 갖게 되고, 학생과 교사들이 학기 내내 지켜야 할 학급 규칙을 만드는 지침서를 갖게 된다. 예를 들어, 학교구와 학교에 정해진 규칙과 절차가 있을지라도 교사들의 철학은 학교 전반의 정책을 이행할 때 교사와 학생들이 다뤄야 할 매일의 진행과정을 결정하도록 도와줄 것이다. 교사들은 교사 중심의 모형을 선택할 수도 있고, 학생들이 학급 규칙을 정하고 문제를 해결하도록 돕는 학생 중심의 모형을 선호할 수도 있다. 교사들이 선택한 원칙의 특정한 모형은 부분적으로 그들의 교육철학에 영향을 받는다.

　세 번째로, 철학은 윤리적인 가이드라인을 제공해준다. 즉, 옳고 그름에 대한 실질적인 결정을 하거나 무엇을 해야 하는지를 결정할 때 유용하게 쓰인다. 또한 선과 악 같은 용어의 의미를 설명하는 데 도움이 된다. 철학은 특정한 상황에서 대안적 선택을 지적해주기도 하고, 어떤 선택에 대해 일어날 수 있는 결과를 제시해주기도 한다. 그러므로 윤리적인 결정이 확실한 증거와 철저한 추론을 기초로 한다는 것을 확실하게 하는 데 도움을 준다. 〈표 1.2〉는 '로 대 웨이드 사건(Roe vs. Wade)' 에 대한 고등학교 보건교사인 두 페미니스트 간의 개인적인 의견을 토론하고 있는 사례를 보여준다. 이는 많은 여학생들에 의해 논의되고 있는 문제이다. 예를 통해 보듯이, 두 명의 교사는 페미니즘 철학이 무엇을 의미하고 낙태를 어떻게 생각하는지를 정의하는 데 서로 다른 우선순위를 사용했다.

<표 1.2> 철학에서의 차이

교사 1	나는 페미니스트 철학을 상당히 옹호합니다. 나는 여성의 동등한 권리를 믿고 있죠. 하지만 낙태 합법화를 지지하는 페미니스트에게는 동의하지 않습니다. 또한, 낙태를 지지하는 사람들의 이유를 옹호하지 못하겠습니다. 왜냐하면 의학적으로나 종교적으로나 태아도 '사람'이라고 믿기 때문에 낙태 옹호자들의 논리를 받아들일 수 없습니다. 또한, 가톨릭교회의 교리를 고수해서가 아니라 나의 종교적 신념 때문에 낙태가 옳지 않다고 생각해왔습니다. 태아가 사람이라면 낙태는 사람을 죽이는 것과 마찬가지이기 때문이죠. 낙태에 동의하는 사람들은 악하고 낙태에 동의하지 않는 사람은 선하다고 말하는 것이 아닙니다. 단지 나는 우리 사회가 생명을 보호해야 한다고 생각합니다.
교사 2	흥미롭군요. 당신의 철학은 어떤 페미니스트 사상은 받아들이지만, 다른 사상에는 반대하고 있군요. 당신은 페미니스트 철학에 대한 자신의 특정한 사상을 꾸며내기 위해 비교하고 비평·대안을 찾으면서 페미니스트 철학을 이용하고 있어요. 비록 낙태에 대한 당신의 입장에 동의하지는 않지만, 당신이 적당한 근거와 적절한 논리라고 믿는 것을 사용하고 있다는 것을 알 수 있어요. 하지만 우리는 서로 다르군요. 왜냐하면 우리는 무엇이 인간이고 아닌지를 의학이 정의하지 못한다고 믿고 있고, 다른 사람이 아닌 여성 스스로 자신의 몸을 조절해야 한다고 믿기 때문이죠.

철학이 훌륭한 교사가 되는 데 도움을 주는 네 번째 방법은 여러분의 심성을 갈고 닦도록 해준다는 것이다. 이러한 방법을 통해 여러분이 듣고 사실이라고 가정한 것을 단순히 받아들이기보다 왜 이 방법과 과정이 다른 것보다 더 나은지를 물어보는 습관을 기를 수 있다. Garforth(1964: 92)는 다음과 같이 말한다.

철학은 관용, 공평, 판단중지(suspension of judgement)와 같은 가치 있는 마음의 습관을 유도한다. 이는 동의나 반대를 결정하는 데 경솔하지 않도록 해주고, 모든 형태의 지적 모조품을 몹시 혐오하게 해주며, 또한 모든 상황을 있는 그대로 인정하는 통찰력에서 오는 평온을 가져다준다.

철학은 아마 다른 사람의 의견을 좀 더 관용적으로 받아들이는 데 도움이 될지도 모른다. 왜냐하면 하나 이상의 시각에서 바라보는 과정과 판단을 중지하는 과정을 거치도록 해주기 때문이다. 또한, 철학은 들은 것을 분석하고 비판하는 방법뿐만 아니라 반응의 구성을 안내하는 방법도 제공한다. 다시 말하자면, 철학은 교사들이 정책과 절차를 이성적으로 검토하고 학생들과 다른 교사들의 요구에 어떻게 부응할 수 있는지를 결정하도록 해준다.

마지막으로, 철학은 우주와 인류에 관한 지식과 진실, 지혜를 탐구하는 것이다. 교육철학은 다음과 같이 교육과 직접적으로 관련된 질문을 던진다. "아동들의 본성은 무엇인가?", "학습의 본질은 무엇인가?", "누구의 관심 위주로 수업이 진행되는가?", "학교는 어떤 지식과 누구의 지식을 가르쳐야 하는가?" 예를 들어, 다양한 언어적 배경을 가진 학생들을 가르칠 때 교사들은 아동의 본질과 언어의 본질에 대한 개념을 정립하고 질문할 때 심사숙고해야 한다. "언어는 학습과 어떤 관련이 있는가?", "한 가지 이상의 언어에서 보이는 유창성은 그 학생과 사회에 어떤 가치를 가지는가?" 이러한 질문을 하는 교사들은 두 개의 언어를 사용하는 학생들이 특정한 학습과 사회적 기회에서 이점을 가지고 있고, 또한 그런 학생들은 학교생활을 하면서 두 가지 언어를 모두 유지하고 개발할 수 있다고 믿는다. 교사들은 이런 종류의 이슈를 심사숙고할 때, '영어만 사용하는' 것에 대해 누구의 관심이 다루어지고 있는지 물어볼 것이다. 이러한 질문은 매우 다양한 학생들이 다니는 학교에서, 특히 성취도가 낮은 학생들이 더욱 성공적으로 성취할 수 있도록 교사를 이끌 것이다.

교육철학의 목적에 대해 알아보았으니, 이제 여러분만의 교육철학에 대해 생각해보자. 이러한 생각을 하는 것이 조금 이르다고 생각할 수도 있지만 현재 여러분이 가지고 있는 지식, 생각, 신념을 고려하는 것이 중요하다. 여러분은 이미 교육의 목표와 훌륭한 교사란 무엇인지에 대한 개념을 가지고 있다. 그렇지 않다면, 교직에 종사하지도 않을 것이다.

〈실천 예제 1.12〉는 여러분의 교육철학에 대해 생각해볼 수 있는 기회를 제공한다. 이 질문에는 정답이 없다는 사실을 아는 것이 중요하다. 중요한 것은 여러분의 대답이 교육 영역과 가르침의 결과를 얼마나 깊이 고려했는가 하는 것이다.

이제 여러분은 기초적인 교육철학을 가지고 있다. 이 책을 공부하고 교사교육 프로그램에 참여하면서 여러분은 학생들의 본성과 학습과정, 배우고 가르치는 가장 중요한 문제들을 어떻게 볼 것인지에 대해 더욱 구체적으로 생각하도록 요구받을 것이다. 여러분은 다양한 관점에서 이러한 이슈들을 고려하고 자신의 사고 안에서 결속력을 향상시키는 데 어려움을 느낄 것이다. 하지만 이제 시작이다. 〈실천 예제 1.12〉는 여러분이 계속 배워가면서 다듬고 교정하기에 유용하다.

✚ 가르침 자체에 대한 여러분의 비전 다시 생각해보기

이 장의 초반부에서 여러분이 되고자 하는 교사에 대한 비전을 발전시키도록 요구했다. 그 이후로 여러분은 가족과 교육 그리고 문화가 여러분의 신념에 미치는 영향에 대한 다양한 토론과 활동에 참여했다. 여러분은 교육철학을 계발하기 시작했다. 〈실천 예제 1.13〉에서는 여러분의 비전을 다시 작성하고 〈실천 예제 1.1〉에서 쓴 첫 번째 답과 비교하고 대조하라. 처음에 쓴 대답과 비교하여 변화가 있는가? 그렇다면, 어떤 영역에서 어떤 변화가 생겼는가? 동료들과 여러분이 쓴 것에 대해 토의해보라. 또한 교사가 되기 위한 준비를 할 때 배우고 싶었던 것에 대해서 이 변화가 가지고 있는 함축적 의미가 무엇인지 토론해보라.

　여러분은 이제부터 셀리아 멘데즈, 리사 톰슨, 길버트 로랜드라는 가상의 인물을 만나게 된다. 그들은 이 책에서 우리와 함께할 예비교사들이다. 서론에서 말했듯이, 이러한 등장인물들은 약간 진부할 수도 있다. 하지만 이러한 점에 너무 신경을 쓰지는 말자. 단지 여러분을 자료에 참여시키기 위한 또 다른 방법의 하나일 뿐이다. 이 장은 여러분의 초기 교육철학을 이용한 활동으로 마무리될 것이다.

〈실천 예제 1.13〉 비전 되돌아보기

교사로서 나 자신을 …… 이렇게 구상할 것이다.

가상의 동료들 만나기

여러분과 마찬가지로 셀리아, 리사, 길버트는 자신들이 읽은 것을 생각하고, 의문을 제기하고, 관찰하고, 서로의 생각에 찬반을 표현할 것이다. 이들은 가상의 인물이지만, 우리의 생각을 복합적으로 가지고 있다는 점에서 진짜이다. 다른 동료들의 생각을 알아봄으로써 여러분이 더 깊게 생각하도록 해주고 또 다른 시각으로 이슈를 바라볼 수 있게 되기 때문에 가상의 인물을 제공하였다. 도입부분에서는 교사교육 프로그램과 인터뷰에 참가할 때 신청서에 적은 그들의 정보와 함께 간략한 설명이 포함되어 있다.

셀리아 멘데즈

셀리아 멘데즈는 스물두 살이다. 그녀는 중간 정도의 키에 카페라테 색깔의 피부, 어깨까지 내려오는 갈색 머리를 가지고 있고, 다른 사람과 있을 때에는 조용한 편이다. 그녀의 엄마는 열아홉 살 때 일자리를 찾아 멕시코의 과나후아토에서 미국으로 건너왔다. 그리고 로스앤젤레스의 식당에서 일하던 셀리아의 아빠를 만났다. 그의 가족은 캘리포니아에서 몇 세대째 살고 있다. 셀리아는 남중부 로스앤젤레스에서 자랐다. 그녀는 교사교육 프로그램에 참가한 다른 학생들에 비해 나이가 조금 많다. 왜냐하면 일을 해야 했기 때문에 진로지도를 제대로 못 받았고, 졸업하는 데 시간이 걸렸기 때문이다.

진행자: 셀리아, 당신은 왜 교사가 되기를 원하나요?

셀리아: 음, 저는 아이들과 함께 있는 것이 좋아요. 엄마를 도와 세 명의 어린 동생들을 키웠어요. 동생들과 학교놀이를 하곤 했죠. 하지만 처음 제가 대학에 갔을 때는 교직에 대한 생각이 없었어요. 전 단지 졸업을 하려고 했죠. 그러다가 제가 사는 지역사회에서 필요로 하는 교사가 되려면 어떻게 해야 할까를 생각하기 시

작했어요. 제가 가장 좋아하는 3학년 때 담임교사인 세노라 바카를 기억해요. 그녀는 진정한 자신이 되라고 하셨죠. 설명하기는 어렵지만요. 그녀는 제게 배우도록 했고, 제가 누구이고, 제가 할 수 있는 모든 것을 아는 것처럼 보였어요. 다른 선생님들도 좋았지만, 그들은 제가 다른 사람이 되도록 하려고 애쓰는 것처럼 보였어요. 그들은 저와 같은 배경을 갖고 있지 않았기 때문에 세노라 바카만큼은 제가 어떤 아이인지 몰랐어요. 이제 전 다른 학생들을 위해 그러한 사람이 될 수 있다는 것을 깨달았어요. 그래서 저는 교사가 되고 싶어요.

진행자: 훌륭한 교사가 되기 위해서 당신이 무엇을 배워야 한다고 생각하나요?

셀리아: 어, 잠시만요. (정적이 흐른 뒤) 제가 알고 싶은 것 중의 하나는 왜 아이들이 어떤 교사들과는 잘 맞고, 또 다른 교사들과는 그렇지 않은지에 대한 것이에요. 저는 아이들이 정말로 성장하는 데 도움이 되는 가르침에 대해 배우고 싶어요. 마치 제 선생님이 그랬던 것처럼요. 저는 이중언어적 학급을 어떻게 구성하는지 배우고 싶어요. 세노라 바카는 제가 실제로 보아온 유일한 선생님이었어요. 저는 읽는 것을 좋아하는데, 학생들에게 가르쳐줄 수 있는 모든 문학작품에 대해 배우고 싶어요. 또한 저는 학교를 어떻게 하면 학생들의 다양성을 위한 더 나은 공간으로 만드는지에 대해서도 알고 싶어요. 단지 제 학급뿐만 아니라 다른 학생들을 어떻게 도와주는지도 말이에요. 그리고 어떻게 학교가 학부모들과 더 잘 지낼 수 있는지도 알고 싶어요. 저는 학부모들이 자신의 아이들이 학교에서 어떻게 행동하는지에 대해 신경을 많이 쓴다는 것을 알아요. 하지만 학교와 관련되려고 하지는 않죠. 제 부모님의 예를 들어볼게요. 그들은 제가 학교에서 어떻게 행동하는지 항상 신경을 쓰셨어요. 하지만 엄마는 미국에서 학교를 다니지 않았고, 영어도 잘 못했어요. 그래서 교사들과 이야기하기를 싫어했죠. 아빠는 평소 일을 하시기 때문에 학교에 오지 못했어요. 하지만 제 과제에 대해 항상 물어보았고 격려를 해주셨어요. 저는 학교와 학부모가 어떻게 더 잘 연결될 수 있는지를 알고 싶어요. 저는 교사가 되기 위해 많은 과정을 밟아야 한다는 것을 알고 있지만, 그 과정에 무엇이 있는지는 몰라요. 하지만 그 과정이 제게

도움이 될 것이라는 것은 알아요.

진행자: 가르칠 때 당신의 강점이 무엇이라고 생각하나요?

셀리아: 저는 아이들에게 매우 참을성이 있는 사람이에요. 정말로요. 저는 제 평생 동안 아이들과 함께했고, 어떻게 그들을 참을 수 있는지 알아요. (한숨을 쉬며) 단 하나의 강점만 말해야 하나요?

진행자: 아니에요. 계속해요!

셀리아: 제 문화와 언어는 별개예요. 저는 이것을 가르치는 데 어떻게 사용하는지 정확하게는 모르지만, 학교가 정말 필요로 하는 문화와 언어를 가지고 있다는 것은 알아요. 고등학교에 다니면서 저는 영어 이외에는 모르는 것처럼 행동했어요. 왜냐하면 제가 어디에서 왔는지 다른 학생들이 알면 부끄러워서였죠. 마치 형편없이 나쁘고 낮은 계급에 있는 것처럼 생각되었어요. 당신도 알겠지만, 참 이상하게도 대학에서는 또 다른 언어를 배우는 것을 필요로 해요. 저는 이미 배웠지만 말이에요. 저는 단 한 번도 스페인어를 아는 것이 강점이 될 수 있다는 생각을 못했지만, 여기에 왔을 때 제가 제2외국어 자격시험에 통과할 수 있다는 것을 알았죠. 저는 더 잘 읽고 쓰는 법을 배우기 위해 스페인어 구사자들을 위한 스페인어 수업을 들어야 했지만, 이중언어가 강점이라는 것을 알게 되었죠. 그래서 제 문화와 언어는 학교에서 여러모로 도움이 될 것 같아요. 예를 들어, 스페인어를 사용하는 학부모와 이야기를 나눌 수 있을 거예요. 그들과 직접적으로 이야기를 나눌 수 있는 교사들은 많지 않으니까요.

진행자: 멋져요! 더 하고 싶은 말이 있나요?

셀리아: 두 가지가 있어요. 첫 번째로 전 훌륭한 학생은 아니었어요. 왜냐하면 일을 해야 했기 때문이죠. 그래서 대학에 가기 위한 준비도 잘하지 못했어요. 학교에서 공부를 열심히 해야 한다는 걸 잘 알아요. 저는 어려운 아이들을 돕고 싶어요. 그게 어떤지도 잘 알아요. 저는 사람들의 성공을 위해 어떻게 밀어주어야 할지를 알고 있어요. 두 번째로 제가 나이가 좀 있고 텔레비전 뉴스를 항상 보기 때문일지는 모르겠지만, 보너스 수당이나 학생들의 성취에 기초한 교사 평가 같

은 새로운 이슈에 대해 관심이 많아요. 저는 이러한 새로운 생각들에 대해 토론하고 싶고, 이 프로그램이 끝나기 전에 정면으로 만날 준비가 되어 있어요.

진행자: 고마워요, 셀리아. 행운을 빌어요. 당신이 질문에 대한 해답을 받지 못하면 교수님께 알리도록 하세요.

리사 톰슨

리사 톰슨은 키가 크고 야윈 편으로, 파마를 한 짧은 금발 머리와 담갈색 눈동자를 가지고 있다. 그녀는 에너지가 넘치는 활발한 성격으로 모든 사람과 잘 어울리며, 이제 막 스무 살이 되었다. 그녀는 자신이 다니는 대학에서 150마일 정도 떨어진, 주로 백인들로 구성된 작은 마을에서 자랐다. 그 마을은 인종적·민족적 구성에서 점진적으로 다양화를 겪고 있다. 리사는 항상 교사가 되기를 소망한다. 또한 그녀는 강인하고 열성적인 테니스선수이고, 중학교 때 이후로 진지하게 테니스를 해왔다. 그녀는 고등학교와 대학교에서 평균 B+를 받아왔다.

진행자: 리사, 당신은 왜 교사가 되기를 원하나요?

리　사: 저는 항상 교사가 되기를 원했어요. 제가 다른 일을 한다는 것은 상상할 수도 없어요. 엄마도 교사인데, 그녀는 자신의 일에 만족해왔어요. 엄마는 5학년을 가르치고 있어요. 항상 새로운 일이 일어나기 때문에 5학년이 좋으시대요. 지루하지 않다는 거죠. 엄마는 학생들과 함께하기를 원하고 그들이 자라면서 배우는 것을 지켜보는 것을 좋아해요. 저는 엄마와 많이 비슷하고, 또 엄마처럼 되기를 상상했어요.

진행자: 어머니가 근무하는 학교에 대해 더 말해줄 수 있나요? 그런 학교에서 근무할 것 같나요, 아니면 다른 학교지만 비슷한 영역에서 일을 할 것 같나요?

리　사: 엄마는 제가 다녔던 초등학교에서 일해요. 당연히 제가 5학년 때는 담당교사가 아니었죠. 학교는 그냥 중산층의 보통학교예요. 대부분이 백인이지만 요즘 점점 바뀌고 있어요. 지난번에 집에 갔을 때 엄마가 그러시는데, 공립학교에 점점 소수민족 학생들이 많아지고 있어서 잘사는 학부모들은 아이들을 사립학교에 보내기 시작했다고 들었어요. 그 학교도 ESL 프로그램을 시작했대요. 제가 어디서 가르치고 싶냐고요? 아직 잘 모르겠어요. 하지만 제가 자라온 곳과 비슷한 곳에서 근무하고 싶어요. 그렇다고 집으로 들어갈 생각은 없지만, 고향 같은 곳에서 살고 싶어요. 왜냐하면 도시는 너무 크고, 문제가 너무 많아요. 그리고 고향으로 다시 옮길 계획도 없어요. 하지만 고향이랑 비슷한 곳에서 살 것 같아요. 저는 이곳이 너무 좋아요. 이 마을은 멋지고 많은 일이 일어나죠. 또 대학교와 모든 것이 있어서 좋아요.

진행자: 훌륭한 교사가 되기 위해 배워야 할 것이 무엇이라고 생각하나요?

리 사: 저는 수학 실력을 올려야 해요. 지금 미적분을 배우고 있지만 그것을 가르치지는 않을 거예요! 다행이죠! 음, 제가 무얼 배워야 하냐고요? 좋은 질문이에요. 제가 학생들에게 하라고 말한 것을 학생들이 하게끔 만드는 방법을 배워야 해요. 저는 학생들이 바르게 행동하지 않을까 봐, 또 해야 할 일을 제대로 하지 않을까 봐 걱정이 돼요. 우리 엄마는 학급 관리는 잘될 거라고 하시지만 저는 걱정돼요. 저는 특수교육 학생들에 대해 더 배우고 싶어요. 제가 중학교와 고등학교 다닐 때, 학교에 앞을 못 보는 여학생이 있었어요. 그녀는 아주 조금만 볼 수 있는 거의 장님 상태였어요. 전 그녀를 전혀 알지 못했지만 몇 개의 수업을 같이 들었어요. 그녀는 괜찮은 학생 같아 보였어요. 그녀는 며칠은 자신에게 알맞은 수업 자료가 있는 다른 학교에서 수업을 듣고, 며칠은 우리와 함께 수업을 들었어요. 저는 체육시간의 일을 기억해요. 저는 가끔 그녀를 돕곤 했지요. 그녀의 이름은 바버라예요. 하여간, 저는 학급에는 다양한 학생들이 있다는 것을 알고, 어떻게 그들과 함께 잘 지낼 수 있는지에 대해 배우고 싶어요.

진행자: 당신은 가르칠 때 무엇이 자신의 강점이라고 생각하나요?

리 사: 저는 사람들을 좋아하고 일을 잘해요. 제 성적이 뛰어나지 않다는 것을 알고 있지만, 적어도 착실하고 일도 잘하고 꽤 창의적인 편이에요. 예를 들면, 영어수업

시간에 글을 써야 했는데, 저는 연극처럼 글을 썼어요, 대화체 형식으로요. 저는 교수님이 이런 형식을 싫어할까 봐 걱정했는데 아니었어요. 저는 이처럼 재미있게 만드는 것을 좋아해요. 여러분이 저한테 해야 할 임무를 준다면 저는 잘 해내겠지만, 어떻게든 그 일에서 재미를 찾으려고 노력할 거예요. 전 학교에 다닐 때, 수업을 재미있게 하는 선생님들을 좋아했이요. 학교에서는 배워야 할 것이 많다는 것을 알이요. 그리고 교사기 그것을 즐기지 않는다면 장애가 될 거에요. 저는 이런 식으로 접근하는 편이에요. 어떤 사람들은 제가 진지해 보이지 않는다고 하지만, 여러분이 너무 진지한 교사라면, 상황이 너무 지루해질 거예요.

진행자: 맞아요. 더 하고 싶은 말이 있나요?

리 사: 운동을 좋아하는 여학생들에게는 제가 좋은 롤 모델이 될 수도 있어요. 저는 테니스선수였고, 규칙적으로 운동을 했어요. 많은 여학생들은 몸을 사용하는 것을 두려워해요. 식욕부진이나 비만을 가진 여학생들이 많지요. 저는 몸을 돌보고 운동을 즐기는 법을 배웠어요. 이것이 제가 교사로서 도움을 줄 수 있는 거예요.

진행자: 고마워요, 리사. 다음에 또 봐요.

길버트 로랜드

  길버트 로랜드는 한국인과 아프리카계 미국인 사이에서 태어났다. 키는 6피트 4인치이고 두 민족이 섞여서인지 독특하게 잘생긴 외모를 가지고 있다. 그는 시카고에서 자랐고, 학교에서 좋은 성적을 받아왔다. 길버트는 역사를 좋아한다. 당대와 역사적 사건들에 대한 다른 해석을 찾는 것을 좋아했다. 그는 수학과 과학이 쉽고 재미있다고 했다. 고등학교 땐 우등생이었고, 과학, 수학, 프랑스어 과목에서 AP반에 있었다. 하지만 그는 중학교 교사가 되기 위한 직업 선택이 다소 불확실했다. 카운슬러는 프로그램에 참여하라고 격려했지만, 그는 이 모든 것에 대해서 확신이 없었다.

진행자: 길버트, 당신은 왜 교사가 되고 싶은가요?

길버트: 솔직히 말해서, 전 아직까지 결정을 내리지 못했어요. 저는 아이들을 좋아해요. 고등학교에서 학업에 문제가 있는 중학생과 초등학생을 돕는 프로그램에 참여한 적이 있어요. 그리고 Boys and Girls Club에서 아이들과 함께 있는 것을 좋아했어요.

진행자: 제가 명확히 할 수 있는 교수법이나 프로그램에 대해 의문이 있나요?

길버트: 아니요, 모든 것이 명확해 보여요. 단지, 제게는 많은 교수법, 수업, 규범, 포트폴리오를 계발하는 것 등이 너무 복잡해 보여요.

진행자: 맞아요. 여러분을 이해해요. 하지만 이 모든 것이 당신에게 도움이 될 거예요.

길버트: 그러기 바라요.

진행자: 당신은 훌륭한 교사가 되기 위해서 무엇을 배워야 한다고 생각하나요?

길버트: 첫 번째로 자신이 가르쳐야 할 과목에 대해 잘 알아야 한다고 생각해요. 그리고 제가 그것을 잘 안다고 믿어요. 그다음에 배워야 할 것은 어떻게 가르치고 어떻게 훈육해야 하는가 하는 문제예요. 이것은 도움이 필요한 부분이죠.

진행자: 당신은 가르칠 때 자신의 강점이 무엇이라고 생각하나요?

길버트: 저는 제가 가르칠 과목에 대해 잘 알고 있고, 고등학교 시절에 중학생들을 가르쳤을 때, 저는 항상 그들을 이해하고 도와주려고 했어요.

진행자: 더 말하고 싶은 것이 있나요?

길버트: 바라건대, 제가 교사가 될 것인지에 대한 결정을 빨리 하고 싶고, 그때까지는 제게 기대된 모든 일을 할 거예요.

진행자: 그렇게 말해줘서 고마워요. 더 알고 싶은 것이 있나요?

길버트: 아니요, 지금은 없어요.

진행자: 고마워요, 길버트. 당신과 만나서 반가웠어요. 다음에 또 봐요.

교육현장에 적용하기

지금까지 우리는 여러분에게 세계관에 대해 점검해보도록 하고, 여러분의 신념에 많은 영향을 주는 요소들을 살펴보게 했으며, 교육과 관련해서 자신만의 철학을 이해해보려는 토론과 활동에 참여하게 했다. 아래는 예비교사들이 이 학습을 결합시켜서 적극적으로 직용해보도록 권한다. 이 장에서 도론한 이론직인 생긱을 여러분의 실제 학급 수업에 적용해보라.

롤링의 『해리포터』는 매우 유명하다. 각 계층의 아이들과 어른들을 팬으로 확보하고 있다. 2000년 여름까지 『해리포터』 시리즈의 첫 세 권은 35개의 각기 다른 언어로 번역되어 3,500만 부가 팔렸고, 대략 4억 8천만 달러의 수입을 올렸다. 이 책은 11~17세까지 해리포터의 학교생활을 연대기 순으로 기록한 것이다. 이 책의 인기를 보건대 앞으로 수년 동안 많은 학교에서 교육과정의 일부로 사용하게 될 것이다. 오늘날 많은 교사들은 교육과정에 『해리포터』 시리즈를 적용할 방법을 찾고 있다. 교사들은 아동 문학이 사회와 삶에 대해 기술하고 있고 공동체의 신념, 가치, 소망을 표현하고 있다고 주장한다.

〈실천 예제 1.12〉에서 여러분은 사회에서의 학교의 역할과 교육에 대한 함축적 의미에 관한 여러분의 신념을 그려보았다. 아동 문학을 다룰 때 그 그림이 어떻게 여러분을 안내할 것인지 아래에 여러분의 생각을 작성하라.

이제 롤링의 책 한 권을 선택해서 수학, 과학, 음악, 사회, 문학, 체육, 미술 등 적어도 두 가지 이상의 영역을 통합한 수업을 계획해보라. 단, 여러분의 초기 교육 철학을 따라라. 여러분이 학생들을 위해 사용하는 모든 자료들과 개인적 만족을 위해 사용하는 모든 자료에 대한 비판적인 인식을 계발하기 위한 목표를 세우라. 이러한 비판적인 인식은 훌륭한 교사가 되는 데 매우 중요하다.

인종과 인종적 구성은 『해리포터』 시리즈에 구체적으로 제시되어 있지 않지만, 많은 사람들이 이 사실을 비평하고 있다.

성별 구성, 남성과 여성의 관계는 탐구해보기 좋은 주제이다. 특히 이야기에서 등장인물에게 주어진 역할과 남성 등장인물의 우월성에 대한 것은 좋은 이야깃거리가 된다.

학생들 간의 사회경제적 차이는 분열을 조장하여 기회에 영향을 주도록 구성되어 있다.

신체장애는 글 안에 은폐되어 있는 침묵과 누가 '정상'으로 간주되는지를 강조하는 방법으로 글 안에 삽입된 전제 안에서 나타난다.

여러분은 아마 학년이나 학생들의 나이를 선택할 것이다. 이번 과제는 5학년 이상의 학생들에게 추천한다. 〈글상자 1.2〉는 여러분의 생각을 유발하기 위한 의견이다. 전체적인 수업 계획 양식은 〈표 1.3〉에 있다. 이것이 완성되면 동료들과 비교해보라. 특히 철학적 신념과 학습목표 및 수업 절차 사이의 일관성에 주목하라. 위에서 제시한 것처럼 해리포터에 대해 생각해본 적이 있는가?

계획 표제: 학문 분야를 가로지르는 문학, Rowling의 ……

교과 영역: 둘 이상의 학문 분야에 중복되는 교과 영역

학년 수준:

수행 시간:

목표: 지도 결과 학생들이 무엇을 할 수 있게 되기를 바라는가?

1. ____

2. ____

3. ____

제안된 절차: 목표를 달성하기 위해 어떻게 가르칠 것인가?

1. ____

2. ____

3. ____

평가: 학생들이 여러분이 의도한 것을 얼마나 배웠는지 어떻게 알아낼 것인가?

1. ____

2. ____

2_장
학생과 성취

우리는 이번 장에서 다음과 같은 질문에 대한 답을 찾는 데 도움을 받을 것이다.

- 성취에 대한 다양한 개념은 개개인에게 어떻게 다른가?

- 결핍 이론[1]은 무엇이고, 교사들이 어떻게 참여하는가?

- 여러 문화 집단에서 온 학생들의 성취에 여러분이 어떻게 영향을 미칠 수 있는가?

- 학생 중심 교육이란 무엇인가?

- 학생들과 그들의 세계를 어떻게 이해할 수 있는가?

- 전반적인 학교의 성취와 학생 개개인의 성취 사이에는 어떤 긴장관계가 있는가?

---

1) 장애인, 특히 정신지체인의 인지 발달은 일반인과는 질적으로 다른 양상을 보인다는 이론이다.

오늘날 교사들은 학생들의 성취도를 높이라는 지속적인 압력을 받고 있다. 대부분의 주에서는 학생들의 시험점수를 올리도록 학교에 요구하는 법률을 제정했다. 그 요구조건 중 '낙오학생방지법(No Child Left Behind Act)'이 눈에 띄는 대목으로, '정상을 향한 경주(Race to the Top)' 캠페인에도 잘 나타나고 있다. 이 캠페인의 목적은 "학생들을 더 높은 수준으로 끌어올리고, 학생들을 잘 가르쳐서 좋은 결과를 일은 교사들에게는 보니스를 주고, 결과를 내지 못한 힉교는 차디스쿨로 대체시킴으로써 학교를 향상시키는 것"이다(Clark, 2010). 이 장에서 우리는 학생과 관련하여 다양한 성취의 의미에 대해 탐구해보고, 전반적인 학교 개혁과 관련하여 정상을 향한 경주의 의미들을 고찰해볼 것이다.

시험성적이나 학습과 관련된 성취의 개념과는 무관하게 우리는 학생들 삶의 전체적인 맥락에서 성취의 개념에 대해 광범위하게 검토해볼 것이다. 이 장에서는 '교육 영역 3: 학생들과 친해지기'에 대해서 다루게 될 것이다.

여러분은 이 장을 공부하기 전에 다음에 제시된 것에 접근할 수 있는지 확인해 보라.

- 인터넷(실천 예제 2.1과 실천 예제 2.5)
- 인터뷰를 할 수 있는 세 명의 성인(실천 예제 2.2)
- 여러분과 대화를 나눌 수 있는 1~3명의 학생들, 적어도 한 학생은 가능한 한 여러분과 달라야 한다(실천 예제 2.6과 실천 예제 2.8).
- 학생들에게 음식을 제공하는 상점(실천 예제 2.7)

성취

   학업성취의 시험점수 척도와 관련해서 성취의 다양한 의미에 대해서 탐구해보자. 그리고 학생들의 성취도에 따라 교사가 어떠한 판단을 내리며, 학생의 성취와 행동에 어떻게 반응해야 할지에 대해 생각해볼 것이다. 우리는 학생들의 관점에서 이 토론을 이끌어 나갈 것이다. 왜냐하면 학생들로부터 시작해서 그들을 중심으로 가르치는 것이 생산적인 학습을 위한 잠재력을 가장 많이 갖고 있기 때문이다.

✚ 성취의 의미

   신문을 통해 보거나 오늘날 학생들의 성취에 대한 대화 내용을 살펴보면, 대부분의 대화는 시험성적에 관한 것이다. 예를 들어, 샌프란시스코 정기간행물(San Francisco Chronicle)의 온라인 판에는 성취에 관해 다음과 같은 글이 올라와 있다.

> 「미국의 성적표(Nation's Report Card)」로 알려진 연간보고서는 주로 한 번에 몇 년간의 시험점수를 보여준다. 하지만 새로운 장기적인 보고서는 몇십 년간의 성적 변화 과정을 보여준다. 그리고 백인 학생뿐만 아니라 미국 내의 다른 학생들의 성취를 보여준다(Asimov, 2005: 13).

   여러분은 이 글에서 시험점수와 성취가 동일한 의미로 사용되고 있다는 것을 찾아볼 수 있다. 이와 비슷하게 여러분은 학교에서 시험점수에 의하여 분류된 성취도를 경험했을 것이다.

   시험은 오늘날 현실적인 문제이다. 시험이 중요하지 않다고 말하는 것은 아니다. 시험점수는 학생들의 학습을 평가하는 유용한 지표가 될 수 있고, 교사들은 그것으로부터 벗어날 수 없다. 하지만 넓은 의미에서 성취는 시험성적보다 더 많은 의미를 가지고 있기 때문에 우리는 학생들에게 성취가 무슨 의미인지를 생각해보아야 한다. 우리는 시험성적을 높이라는 압박 하에 학생들의 성장과 학습의 중요한 영역이 학교에서 간과되는 것을 경험했다. 여러분의 삶에서 시험성적이 좋았을 때는 자신이 매우 자랑스러웠을 것이다. 학업적·지적인 성취를 포함해 시험이 평가하지 못하는 다른 분야에서 좋은 성과를 냈을 때도 마찬가지였을 것이다.

사실 시험점수를 성취의 넓은 의미로 생각하는 교사들은 그렇게 생각하지 않는 교사들보다 다양한 학생들의 삶의 차원과 학업적 성장을 결부시킴으로써 학생들에게 더 효율적으로 접근하고 있는지도 모른다. 그래서 이 장에서는 성취의 다양한 의미를 탐색하는 실천 예제를 소개하고 있다.

인터넷을 검색하여 찾을 수 있는 성취의 개념에서부터 시작해보자. 〈실천 예제 2.1〉을 읽기 전에 컴퓨터를 이용해서 얼마나 많은 성취의 개념이 있는지를 찾아보자.

〈실천 예제 2.1〉 웹 사이트에서 성취 검색하기

구글 같은 검색 엔진을 사용하여 '성취(achievement)'와 '성취하다(achieve)'로 검색했을 때 얼마나 많은 개념이 있는지 찾아보자. 웹 사이트의 목록을 만들고, 각각의 웹 사이트가 성취를 어떻게 개념화하고 있는지 서술하라.

①
②
③
④
⑤

여러분이 찾은 성취의 개념에 대해 어떻게 분류하고 설명할 것인가?

검색하면 다음과 같은 내용을 찾을 수 있다:

- Academy of Achievement(http://www.achievement.org/): 다양한 역사적 인물들에 관한 대화식의 가상 박물관
- Junior Achievement(http://www.ja.org/): 학생들이 성공적인 사업가가 되는 법을 배우도록 도와주는 단체
- Top Achievement(http://www.topachievement.com/): 사람들이 목표설정의 전략을 배우는 소프트웨어 도구
- Achieve, Inc.(http://www.achieve.org/): 시험을 포함한 성적 향상 시스템을 개선함으로써 학교의 학업성취를 올리는 데 도움을 주는 주지사와 기업가들로 구성된 기구

우리는 성취가 의미하는 다양한 개념들을 설명하는 웹 사이트를 찾아보았다. 그 의미는 다음과 같다. 즉, 개인이 속한 지역사회나 국가에 기여하는 것, 개인적 목표를 설정하고 달성하는 것(예를 들어, 운동능력을 향상시키거나 운전하는 법을 배우는 것), 경제적 소득을 높이는 것, 사업에서 성공하는 것, 시험점수를 높이는 것 등이다.

인터넷에서 찾은 성취의 다양한 개념에 대해 생각한 후 〈실천 예제 2.1〉의 항목을 추가해보자. 〈글상자 2.1〉의 인터뷰 팁을 활용하여 자신이 이루고자 한 성취를 달성한 세 사람을 인터뷰하라. 〈실천 예제 2.2〉에서는 인터뷰 질문들을 제시하고 있다. 세 사람은 가능한 한 인종, 계층, 성별, 장애 유무, 성적 성향, 사회적 힘과 특권을 누리는 정도가 달라야 한다. 그 사람들은 어떤 사람이고, 그 사람이 성취를 이루는 데 어떠한 능력이 필요했는가?(예를 들어, 사고 능력, 개인적 능력, 학업 능력, 대화 기술 등)

이제 〈실천 예제 2.1〉의 성취 개념의 목록으로 되돌아가 보자. 그 목록을 어떻게 수정하고 확장할 수 있겠는가? 웹 사이트에서 찾은 성취에 관한 다양한 개념들을 모으고, 여러분이 존경하는 세 사람에 대해 아는 것을 정리하라. 그리고 〈실천 예제 2.3〉을 통해 성취의 개념 중 중요도에 따라 순위를 매겨라.

이 책을 읽는 동안 여러 번의 인터뷰를 진행해야 한다. 인터뷰를 원활하게 진행하기 위해 아래의 팁을 참고하라.

• 불안감 줄이기

불안한 감정을 줄이는 좋은 방법은 질문하는 연습을 하는 것이다. 처음에는 스스로 연습하고, 그다음에는 친구와 연습하라.

• 선약하기

약속을 잡기 위해 미리 연락하라.

이름과 소속을 밝히고, 질문과 관심사에 답해주고, 상대방에게 인터뷰의 목적과 지도교수가 누구인지 알려주어라.

• 준비

대부분의 경우에 인터뷰 질문이 제시된다. 그러나 여러분 스스로 질문을 변경하거나 더 추가할 수 있다.

인터뷰를 진행하기 전에 이 장에 제시되어 있는 자료를 읽어라. 인터뷰 질문만 읽고 준비되었다고 생각하지 마라.

인터뷰 질문을 즉시 할 수 있도록 하고, 상대방의 반응을 적을 수 있는 노트를 준비하라.

하나 이상의 펜을 휴대하라.

• 인터뷰

인터뷰 시간과 장소, 그리고 인터뷰를 하는 사람의 이름을 기록하라.

아무리 시간이 없더라도 바로 인터뷰를 시작하지 말고, 몇 분 정도는 일상적인 대화를 하라. 그렇게 하면 여러분과 상대방이 편안해지는 데 도움이 된다.

인터뷰하는 사람에게 집중하고 경청하라. 적당한 속도로 질문하고, 마음을 졸이지 마라.

만약에 대답이 명확하지 않으면, "다른 식으로 설명해줄 수 있나요?", "더 명확하게 말해주실 수 있나요?" 하고 말하라.

만약에 상대방이 대답을 회피하거나 여러분이 신경을 거슬렀다고 생각된다면, 신중하게 계속하거나 아니면 그 질문을 날려버려라.

인터뷰하는 대상이 녹음하기를 원하지 않을 경우, 어떠한 정보도 적지 말고 그냥 들어라.

인터뷰하는 대상이 계속해서 말하고자 한다면 정중하게 "좋아요, 이제 당신에게 이 질문을 할게요."와 같은 말을 하면서 정중하게 끼어든다.

인터뷰 시간은 30분을 넘지 않도록 한다. 하지만 더 귀중한 정보를 얻을 수 있기 때문에 상대방이 원하면 계속해도 좋다.

• 인터뷰를 마친 후에

가능한 한 손으로 쓴 메모를 다시 읽어보아라. 줄여 쓴 메모나 약어를 정정하거나 수정하라. 여러분이 휘날려 쓴 글을 기억할 것이라고 섣불리 믿지 마라.

여러분의 질문과 관련되는 반응과 견해에 기반을 두어서 공통된 흐름과 패턴에 따라 인터뷰를 했는지 살펴보라.

참고: Black(2002)과 Grant, Sleeter(1996)

〈실천 예제 2.2〉 성취에 대한 인터뷰

1. 당신의 삶에서 가장 훌륭하다고 생각하는 성취에 대해 설명하라.

2. 어떤 능력이 성취를 이루는 데 도움이 되었다고 생각하는가?(예를 들어, 사고 능력, 개인적 능력, 학업 능력, 대화 기술 등)

3. 여러분이 존경하는 사람들의 어떠한 성취를 높이 평가하는가?

〈실천 예제 2.3〉 성취의 개념에 대한 순위 매기기

내가 찾아본 웹 사이트와 내가 존경하는 세 사람의 성취를 다시 생각했을 때, 내가 생각하는 세 가지 가장 중요한 성취의 개념은 ______이다.

①

②

③

여러분의 동료들과 이 목록을 공유하고 그 이유에 대해 서로 말하라. 어떤 공통점이 있는가? 다른 점은 무엇인가? 동료들의 생각을 듣고 여러분이 말한 이유를 다시 생각하게 되었는가? 여러분이나 동료들의 성취에 대한 개념은 인종과 성별에 영향을 받았는가?

시험점수와 무관하게 성취의 개념을 생각해보는 것은 교사에게 매우 중요한 일이다. 예를 들어, 주아니타(Juanita)는 저소득가정 학생들이 많은 학교에서 2학년 담임교사를 맡고 있다. 그녀가 근무하는 학교는 '성취도가 낮은' 학교로 지정되었고, 시험점수를 높이라는 압박을 받고 있다. 주아니타는 학생들이 학년 수준에 맞는 읽기, 쓰기, 수학을 배워야 한다고 믿고 있고, 시험은 학생들이 얼마나 잘하는지를 측정할 수 있는 지표로서 간주된다. 하지만 그녀는 시험점수를 높이는 것에만 집중할 때 학생들이 지루해하는 것에 대해 고민하고 있다. 그녀는 다음과 같이 말했다.

저는 가르치는 것을 좋아하지만 재미를 느끼지는 못했어요. 그저 종이와 연필뿐이죠. 그리고 학생들이 지루해할 것이라는 것을 알았고, 저 자신도 그럴 거예요. 왜냐하면 저는 상호작용을 좋아하고 학생들의 흥미를 유도하는 활동을 하는 데 익숙해져 있기 때문이죠(Sleeter, 2005, p. 130).

그래서 주아니타는 성취에 대해 좀 더 폭넓게 생각했다. 그녀는 학생들이 대학 입학을 위해 준비해야 한다고 생각하기 때문에 고등학교 교사들에게 학생들이 고등학교와 대학에서 잘해내기 위해서는 무엇을 반드시 배워야 하는지를 조사하였다. 그들은 학생들이 컴퓨터로 문서작성을 할 줄 알아야 하고 조사방법을 알아야 한다고 말했다. 이러한 생각들은 시험성적을 넘어서 성취에 대한 생각의 폭을 넓혔다. 그래서 그녀는 2학년 교육과정을 재편성하여 학생들에게 인터넷을 검색하는 방법, 문자, 사진, 클립아트를 삽입한 문서를 만드는 방법에 대해 가르쳤다. 그리고 학생들의 과제를 모아 책을 만들었다.

성취에 대한 그녀의 생각은 학생들이 기초 능력을 습득하는 것에 머물지 않고 지식의 생산자가 되고, 지식의 과정을 알게 되고, 상위의 사고 능력과 기술적인 도구를 사용하는 것으로 확장되었다. 또한 성취에 대한 그녀의 생각은 대학을 가기 위한 준비에 초점이 맞추어졌다. 이러한 생각을 가지고 사고와 창조를 강조한 환경 속에 읽기, 쓰기, 수학 능력을 끼워 넣었다. 이 과정에서 그녀는 학생들을 수업에 더 많이 참여시켰다. 주아니타가 고등학교 교사들에게 대학에 진학하기 위해 학생들에게 무엇이 필요하냐는 질문을 한 것이 너무 시기상조라고 생각해서는 안 된다. 왜냐하면 그녀는 2학년을 가르치기 때문이다. 교육 관련 연구들은 많은 우수한 학생들이 비록 학교에는 출석하지만, 수업이 지루해지면 4학년 때 학교에 무관심해진다고 보고하고 있다.

또한, 여러분이 학생들에게 삶의 기회를 더 빨리 제시해줄수록 그들은 직업 준비에 대해 토론하는 것을 더욱 편안하게 느낄 것이다. 여러분이 처음으로 대학교에 가려고 생각했을 때나 대학에 가고자 한다는 것을 깨달은 때를 생각해보라. 이 질문을 위스콘신 대학교의 사범대 수업시간에 물어봤을 때, 48명의 학생 모두 자신이 어렸을 때부터 알았다고 말했다. 그리고 소수의 학생들은 "대학에 가는 것은 항상 기대였고, 필연적인 결론이었죠."라고 말했다.

초등학교 교사 Berger(2001: 102)는 여러 해에 걸쳐 성취에 대한 비전 있는 교수법을 개발하였다. 시험점수와 관련한 비전에 대한 토론에서 그는 다음과 같이 말한다.

학생과 학교가 학생의 성과, 사고, 인성의 질에 따라 평가된다고 상상해보자. 어떤 사람이 학교를 방문한다고 가정해보자. 그 학교에 다니는 7세 이상의 어떤 학생이든지 그 사람을 정중하게 맞을 준비가 되어 있다. 그 학생은 잘 관리된 학교 내부를 친절하게 설명하면서 안내해준다. 그리고 자신의 학업성취에 대한 포트폴리오를 명료하게 설명해준다. 또한 그 포드폴리오에는 독창적이고 높은 수준의 작품이 들이 있고, 자신민의 능력이 기록되이 있다.

Berger의 지적에 의하면, 우리가 이러한 폭넓은 비전을 가지고 성취를 평가한다고 가정한다면, 학생들에게 시험을 치르도록 준비시키는 모든 에너지가 '사려 깊고 훌륭한 시민을 키우는 것'으로 전환될 것이다.

학생 대화 2.1

길버트: 이것은 내가 성취를 바라보는 시각과는 다소 다른 방법이야. 어림잡아 말해도 약간은 도전적이지. 내게 성취는 학교 시험에서 항상 좋은 점수를 받는 것이었어. 맞아. 체육을 잘하거나 트로피를 타는 것, 완벽한 출석률 등은 모두 성취의 형태야. 하지만 진정한 성취는 책에 있는 것을 '내던져버리는 것'이었어.

셀리아: 그래 길버트, 지난밤에 시 낭독대회(poetry slam)에서 너희가 공연을 축하하며 발을 구르며 환호하는 걸 보았어. 시 낭독대회에서 우승한 것도 성취라고 생각하니?

리　사: 맞아, 길버트. 생각해봐. 이른 나이에 고등학교나 대학교를 그만둔 연예인이나 유명 운동선수들의 성취가 시험점수에 의해 평가되어야 한다고 생각하니?

셀리아: 그래. 그들은 아마 계약의 규모, 집의 위치와 평수, 그리고 그들이 받은 협찬에 의해 성취가 평가될 거야.

✚ 무엇이 성취에 영향을 미치는가?

　교사들은 무엇이 학생들의 성취에 영향을 미치는지 끊임없이 판단한다. 학생들이 잘하든지 못하든지, 교사들은 그들이 어떻게 잘하는지도 알고, 왜 그 정도의 성과를 이루었는지에 대한 견해도 가지고 있다. 교사들은 무엇이 학생들에게 동기를 부여하는지, 얼마나 많은 가족의 지원을 받고 있는지에 대한 견해를 드러내려는 경향이 있다. 학생들의 동기부여, 능력, 가족의 지원에 대한 이러한 견해는 교사들이 학급에서 취하는 행동과 학교가 학생에게 제공하는 프로그램, 즉, '영재반', '대학진학반', '보충반' 같은 프로그램의 종류를 안내하는 경향이 있다.

　학생들이 성취하는 이유를 해석할 때 일어나는 과정들에 대해 탐구해보자. 교사들은 학생들이 교실에서 무엇을 하는지, 그리고 교사에게나 학급 임무에 대해 어떻게 반응하는지를 기반으로 무엇이 성취에 동기를 부여하고 촉진하는지에 대해 가정한다. 〈실천 예제 2.4〉에서 교실에서의 행동과 그 행동에 내포되어 있는 다양한 요소들의 관계에 대해 생각해볼 것이다. 첫 번째 열에서는 다양한 특성을 가진

〈실천 예제 2.4〉 교실 행동 해석하기

학생 유형	학생들이 교실에서 하는 행동	이 경우에 얼마나 많은 노력을 투자하는가?	교사가 해야 할 일
지루해하고, 도전정신이 없고, 일을 너무 쉽게 생각하는 학생			
영어를 배우고 있지만 아직 유창하지 않은 학생			
잘할 수 있음에도 배운 내용의 요점을 거의 찾지 못하는 학생			
자신에게 결여된 능력이나 배경을 필요로 하고, 과제가 너무 어려워서 좌절하는 학생			

학생들을 그려보도록 하고, 첫 번째 행에서는 전형적인 교실 행동과 그런 학생들의 노력에 대해 묘사하고, 교사들이 어떻게 반응하는지에 대해 생각해본다.

이제 학생들의 행동에 대해 검토해보자. 학생들의 행동은 얼마나 유사한가? 그들의 노력에 대한 설명은 얼마나 비슷한가? 교사들의 행동에 대한 설명은 얼마나 비슷한가?

필지는 수업에서 이 실친 예제를 여러 빈 사용했다. 하지만 우리가 여기서 세시한 방법과는 조금 상이했다. 우리 수업에서는 예비교사들을 네 그룹으로 나누어 각 그룹이 서로 다른 점이 있다는 것을 말하지 않은 상태로 단 한 가지 학생 유형을 서술하도록 하였다. 각 그룹이 이 질문에 대한 답을 적고 토론한 후에 다른 그룹들에게 발표하였다. 이 발표는 가장 비슷한 행동과 노력을 설명하는 것부터 시작하였다. 예비교사들은 주로 대상 학생을 침착하지 못하고, 부주의하고, 주어진 일을 하지 않는다고 묘사하거나, 노력을 거의 하지 않거나 시도는 하지만 효과적이지 않은 것으로 묘사했다. 이때쯤이면 그들은 똑같은 학생을 묘사하고 있다고 생각한다. 하지만 교사가 무엇을 할 수 있는지에 대해 발표할 때, 그들은 서로의 생각에 동의하지 않을 뿐만 아니라 처음에는 다른 그룹이 말한 것에 대해 당황하기도 한다. 이 제안은 난이도 있는 과제를 부여하는 것부터 과제를 쉽게 하는 것까지 포함한다. 또한 학생들이 흥미를 느낄 수 있는 것을 찾아내는 것부터 특별 교육이나 이중언어 프로그램 등에 참여시키는 것도 포함한다. 우리는 예비교사들이 발표한 각각 다른 네 개의 사례를 보여주면서 그들의 제안은 학생들의 교실 행동에 기반을 둔 것이 아니라 그 행동에 대한 추측된 이유에 기초한 것이라는 사실이 갖는 의미를 토론한다.

학급에서 교사들은 학급 활동, 노력, 행동 그리고 또 다른 눈에 보이는 요소들에 기초하여 학생들의 학습 잠재력과 동기부여에 대해 판단을 내린다. 이러한 판단은 학교의 수준에 따라 달라지기도 한다. 예를 들어, 중학교에서는 각기 다른 학습 잠재력을 가진 학생들이 다른 미래를 위해 다른 준비를 필요로 한다는 가정하에 학생들을 다양한 진로로 분류한다.

하지만 〈실천 예제 2.4〉에서 볼 수 있는 것처럼 똑같은 교실 행동은 다양한 이유 때문에 일어날 수 있다. 즉, 어떤 행동에 대한 여러분의 대응은 적절할 수도 있고 전혀 적절하지 못할 수도 있다. 학생들이 왜 그렇게 행동하는지, 어떤 반응이 최선인지 교사들은 잘 알고 있지만 앞의 사례에서와 같이 학생들을 오해하는 상당한 증거들이 있다.

인종, 민족, 언어, 사회 계층의 렌즈로 인해 학생들의 교실 행동을 종종 잘못 이해할 수 있다. 하지만 교사들은 자신들이 이러한 렌즈를 끼고 학생들을 바라보았다는 사실은 모른다. 우리는 교사로서 학생들에 대한 우리의 해석을 기반으로 대응하고, 학생들은 다시 자신들에 대한 우리의 해석과 우리가 그들을 어떻게 대하는지에 따라 반응한다. 교사들에 의해 이러한 순환이 깨지지 않는다면, 이것은 계속해서 일어날 수 있고, 정신적으로나 물리적으로 학생들에게 학교를 그만두게 할 수도 있다.

길버트: 이 부분을 읽다 보니 내가 항상 생각해왔던 것을 확인할 수 있었어. 교사들이 나를 흥미롭고 복잡한 방식으로 바라보았다는 거야. 어떤 사람은 내가 아시아계여서 과학과 수학을 잘할 것이라고 생각했고, 흑인이라는 사실은 내 가족에 대해 궁금증을 불러일으켰어. 내가 엄마 아빠와 함께 사는지, 또는 한부모가정이 아닌지 하는 질문을 자주 받았어. 또한, 사람들이 나에 대해 알기 전까지는 내 키가 상당히 크기 때문에, 그리고 절반은 흑인이기 때문에 남자애들은 내가 농구를 잘할 거라고 생각하더군.

셀리아: 길버트, 인정하기는 싫지만, 우리가 처음 만났을 때 나도 너에 대해서 비슷한 생각을 했어. 내가 만약에 과학실험 파트너를 고른다면, 나는 리사 대신에 확실히 너를 골랐을 거야. 악의는 없어, 리사. 네가 과학과 수학을 잘하지 못할 거라고 생각했어.

길버트: 아시아계이기 때문이니, 아니면 아프리카계이기 때문이니? 아니면 둘 다?

셀리아: 오, 미안해, 길버트. 너에게 상처를 주려고 한 말은 아니야.

길버트: 아니야, 괜찮아. 네 덕에 재미있었어.

리　사: 너는 나 대신에 길버트를 골랐어. 이건 네가 편견을 가지고 있다는 것을 보여주는 거야. 내가 고등학교 과학 특별과정에서 B+를 받았다는 것을 알아줬으면 좋겠어.

"겉표지만 보고 책을 판단하지 말라"는 속담이 있다. 마찬가지로 사람을 피부색에 따라 판단하면 안 되고, 성별이 특정 직업에서 개인의 능력과 기술을 예측할 수 있다고 추측하면 안 된다. 몇 년 전, 저자가 비행기를 탔을 때의 일이다. 비행기에 탑승한 몇몇 남성들은 조종실에 들어가는 여성 기장에 대해 이야기하고 있었다. 그들의 대화는 그녀가 부조종사여서 다행이고, 다른 기장이 남자라서 다행이라는 것에 초점이 맞춰져 있었다. 하지만 비행기가 이륙하자, 여성의 목소리가 흘러나왔다. 그녀는 이 비행기의 기장 제인 스미스(Jane Smith)이고 자신이 비행을 책임지고 있다는 방송이었다. 그 남자들은 서로를 바라보며 얼굴을 찌푸렸다. 저자는 혼자서 웃었다.

21세기에도 여전히 어떤 사람들이 할 수 있는 것과 할 수 없는 것에 대한 사람들의 편견이 존재한다. 여기서 요점은 이러한 점에 대해 교사들이 의아하게 생각한다는 것이다. 또한, 예비교사들이 학생들과 다른 사람들에 대한 판단을 내리는 데 사용되는 생각은 고정적이지 않다는 것을 기억해야 한다. 사람을 정형화하는 데 사용되는 용어나 문구는 의미가 변하지 않은 채 더욱 정교해지고 미묘한 차이를 가진다. 예를 들어, 1960년대의 교육자들은 가난한 학생이나 유색인종 학생들에게 '문화적 혜택을 받지 못한(culturally disadvantaged)' 또는 '문화적 혜택이 결핍된(deficient)'이라는 용어를 사용했다. 1970년대에는 '도심 속 빈민가(inner city)'나 '문화적으로 다른(culturally different)'이라는 용어를, 1980년대는 '도시 학생(urban student)', 1990년대에는 '문화적으로 다양한(culturally diverse)'이나 '위기에 처한(at-risk)' 학생들이라는 용어를 사용했다. 2000년대에 이르자 교육자들은 **'위기에 처한**(at-risk)'이라는 용어를 '한부모가정' 같은 용어와 함께 계속 사용하고 있다. 이러한 모든 용어들은 가난한 아프리카계 미국인과 라틴계 미국인 학생을 일컫기 위해 사용되었다. '문화적으로 다양한(culturally diverse)'것이 '문화적으로 결핍된(culturally deficient)'것보다 좋게 들릴지는 모르지만, 이와 상관없이 교육자들은 똑같은 학생을 일컫는 용어로 사용하였다. 단지 용어만 달라진 것뿐이다.

교사들은 학생들이 교실 안에서 같은 행동을 보이더라도 흑인이나 라틴계 학생들보다 백인이나 아시아계 학생들이, 가난한 계층의 학생들보다는 중산층이나 상위층의 학생들이 더 가르치기 쉽다고 생각한다. 교사들은 아시아계 학생들의 학업적 어려움이 영어를 잘하지 못하는 것에 있다고 여기지만, 아프리카계 학생들의 학업적 어려움은 가정적 배경과 가정교육에 대한 교사들의 믿음의 결과라고 생각한다(Baron, Tom & Cooper, 1985; Codjoe, 2001; Cooper & Moore, 1995; Hauser-Cram, Sirin & Stipek, 2003; Irvine & York, 1993; Pang & Sablan, 1998; Tettegah, 1996; Warren, 2002).

다음 교사의 말에 대해 생각해보자. "제가 교실에 들어갔을 때 정말 절망했어요. 제 앞에 앉아 있는 학생들은 학교에서 열정이나 학습 동기가 없고, 또 가정형편이 상당히 어려운 환경에서 살고 있다는 것을 알았어요(Shields, Bishop & Mazawi, 2005: 1)."

이 말은 "학생을 병리학적으로 비정상적이다(pathologize)."라고 보는 것이고, 학교에서의 어려움이 학교에서 일어나는 일 때문이 아니라 학교 밖의 삶에서 기인한다고 보는 것을 의미한다. 이를 설명하는 또 다른 용어는 결핍 이론 혹은 그들이 가진 인지된 결핍의 관점에서 성취를 설명하는 것이다. 만약 학생들이 가정환경 때문에 배우지 못한다면, 왜 이들을 교육시키기 위한 방법을 찾으려고 노력하지 않는가?

위의 토론에서는 학생들과 학부모에게 직접적으로 학교가 학생들을 위해 무엇을 하는지를 묻지 않았다는 것을 알 수 있다. 결핍 이론에 근거할 때, 학생들의 성취를 도울 방법이 거의 없다고 생각하거나, 학생이나 학부모가 잘 교육받지 못했다고 가정하면서 그들에게 조언을 구하지도 않는다는 것이다. 사실, 여러분이 학급을 운영하기 위한 모든 해답을 알고 있다고 해서 전문적으로 가르칠 준비가 되었다고 생각하는 것은 잘못된 생각이다. 잘 준비된 전문가들은 자신들의 지식의 한계를 인정하고, 묻고 듣는 것을 가치 있게 생각하고, 자신이 모르는 것에 대해 인정한다. Schultz(2003: 9)는 교사가 되는 자격으로서 잘 듣고 잘 배우는 사람이 되는 것이 중요하다면서 다음과 같이 말했다.

> 학생의 말을 잘 들어주는 것은 그 사람이 언어, 제스처, 행동을 통해 말하려고 하는 바를 깊게 이해하는 것을 의미한다. 듣는 것은 근본적으로 다른 사람과 관계를 맺는 것을 의미하고, 그 관계를 통해 변화를 도울 수 있다. 남의 말을 들으면, 듣는 사람은 적절한 반응을 보여주어야 한다.

이 책에서는 여러분을 교육의 대상이 아닌, 학습의 적극적 주체로서 학생들의 말을 잘 들어주고 관심을 갖게 함으로써 교육을 시작하도록 안내할 것이다.

✚ 학생 중심 교육

수많은 연구들이 학생 중심 교육을 강조하고 있다. 미국심리학회(American Psychological Association)는 1993년에 높은 수준의 성취를 가장 잘 지원하는 조건들에 관한 종합연구에 기초하여 일련의 '학습자 중심 심리원리(Learner-Centered Psychological Principles)'를 제시하였다. 그 원리는 〈표 2.1〉에 제시되어 있다. McCombs(2003: 96)는 다음과 같이 말한다.

> 학습자를 최우선시하는 것은 학습자 중심 교육의 핵심이다. 주안점은 "교사들이 무엇을 가르치는가?"에서 "학생들이 무엇을 배우는가?"로 변화된다는 것이다. 학습자

중심 교육을 하는 교사들은 자신이 가르치기 전에 학생들 개개인을 파악하는 방법을 찾아야 하고, 안전하게 양육하는 상황을 제공해주어야 한다는 것을 알고 있다. 또한 그들은 학습이 평생 동안 이루어지는 과정이며, 배우고자 하는 동기도 학습 상황이 뒷받침될 때 자연스럽게 생겨난다는 것도 알고 있다.

학생들과 상황이 서로 다르기 때문에 학습자 중심의 교육방법에는 고정된 방법이 없다. 학습자 중심 교육은 교사가 학생들을 파악하는 것을 요구한다. 또한, 배운 것을 학생들이 알고 있는 지식 위에 쌓아올릴 수 있도록 학생들의 지식을 교수학습과정에 참여시킬 것을 요구한다. 학생들을 가르치고 배우는 과정에 참여시켜서 학생들 스스로 학습하도록 해야 한다. MaCombs(2003: 96)에 따르면, 사실 "학생들이 교사의 학습자 중심 교육의 실천에 대해 어떻게 생각하느냐에 따라 학생들의 동기부여와 성취를 가장 잘 예측할 수 있다." 이는 특히 학생들의 감정과 생각에 대한 교사의 수용력이 학생들의 동기부여에 많은 관련이 있다는 것을 의미한다. 학생들에게 성취하고자 하는 동기를 부여하는 데 가장 중요한 것은 "교사들이 긍정적인 대인관계를 장려하고 학생들의 목소리를 경청하는 것에 대한 학생들의 인식"이다(MaCombs, 2003: 96).

학생 중심 교수는 학생들과 친밀해지고, 더 넓은 사회문화적 공동체에 포함시키고, 학생들의 관심사에 관련된 교육의 틀을 구성하는 데 학생들을 포함하는 것을 의미한다. 문화적으로 관련 있는 학습자 중심의 교수를 사용하면 보통의 경우보다 훨씬 더 높은 수준의 성취에 도달할 가능성이 있다.

예를 들어, 2003년에 고등학교를 자퇴하거나 낙제할 위기에 있는 멕시코계 고등학생들을 대상으로 애리조나의 투손(Tucson)에서 사회정의교육 프로젝트(Social Justice Education Project)가 시작되었다(Cammarota & Romero, 2009). 그 당시 그 지역 고등학교에서는 3분의 1이나 되는 멕시코계 고등학생들이 자퇴를 했다. 그래서 고등학교 교사, 투손 연합교육국의 멕시코계 미국인 연구부(Tucson Unified School District's Mexican American/Raza Studies Department)의 책임자, 그리고 애리조나 대학 조교수를 포함한 3명의 라틴계 교육자들은 사회과 교육과정을 개발하기 위해 힘을 모았다. 이 교육과정은 연방정부의 기준에 맞고, 멕시코계 미국인(Chicano)의 시각에서 본 인종적 · 경제적 불평등을 가르치고, 학생들을 대학 수준의 읽기 과정에 참여시키고, 심화된 대학원 수준의 리서치, 쓰기, 비판적 사고 능력을 계발할 수 있는 지역연구에 참여시키는 것을 포함하고 있었다. 이 프로그램은 성취도 점수가 낮은 멕시코계 학생들의 비율이 높은 고등학교에서 시작되었다. 2006년에 전년도 연방정부의 시험 중 하나에 낙제했던 학생들이 프로젝트에 참여한 해당 연도에는 시험에서 모두 통

<표 2.1> APA 학습자 중심의 심리원리

인지와 메타인지 요인	1. 학습과정의 본질: 복잡한 교과 학습은 정보와 경험으로부터 의미를 구성하는 계획적인 과정일 때 가장 효과적이다.
	2. 학습과정의 목적: 성공적인 학습자는 시간이 지나면서 지지와 수업지도를 받아 의미 있고 일관된 지식을 생성해낼 수 있다.
	3. 지식의 구성: 성공적인 학습자는 새로운 정보를 기존의 지식과 의미 있는 방식으로 연결할 수 있다.
	4. 전략적 사고: 성공적인 학습자는 복잡한 학습목표를 달성하기 위해 여러 종류의 사고와 추론전략을 창출하여 사용할 수 있다.
	5. 사고에 관한 사고: 정신작용을 조절하는 고차원적인 전략은 창의적이고 비판적인 사고를 촉진한다.
	6. 학습 상황: 학습은 문화, 기술, 수업의 실제를 포함하는 환경적 요인 등에 영향을 받는다.
동기적 요인과 정서적 요인	7. 동기와 정서가 학습에 미치는 영향: 무엇을 얼마나 학습하느냐는 학습자의 동기유발에 영향을 받는다. 결국 학습에 대한 동기는 개인의 정서 상태, 신념, 흥미와 목표, 사고습관 등에 영향을 받는다.
	8. 학습하려는 내재적 동기: 학습자의 창의성, 고차원적 사고, 자연적 호기심은 모두 학습 동기유발에 영향을 미친다. 내재적 동기는 적절한 기발함과 난이도를 가진 과제, 개인적 관심과 관련이 있는 과제, 개인의 선택과 통제를 허용하는 과제에 영향을 받는다.
	9. 동기가 노력에 미치는 영향: 복잡한 지식과 기술을 습득하기 위해서는 학습자의 폭넓은 노력과 연습 지도가 필요하다. 학습자의 학습동기가 없다면, 강요 없이는 노력을 하려는 의욕이 생기지 않는다.
발달상의 요인과 사회적 요인	10. 발달이 학습에 미치는 영향: 개인이 성장해감에 따라 학습에 대한 기회와 경험, 제약조건들이 존재한다. 학습은 신체적 · 지적 · 정서적 · 사회적 영역에서의 발달, 즉 영역 내와 영역 간의 차별적 발달이 고려될 때 가장 효과적이다.
	11. 사회가 학습에 미치는 영향: 학습은 사회적 상호작용, 대인관계, 다른 사람과의 의사소통에 영향을 받는다.
개인차 요인	12. 학습에서의 개인차: 학습자들은 학습을 위한 서로 다른 전략, 접근, 능력을 갖는다. 이러한 것은 선(先)경험이나 유전과 상관관계가 있다.
	13. 학습과 다양성: 학습은 학습자들의 언어, 문화, 사회적 배경을 고려할 때 가장 효과적이다.
	14. 기준과 평가: 적절한 수준의 도전적인 기준을 세우는 것과 학습자와 진단, 과정, 결과 평가를 포함하는 학습 발달을 평가하는 것은 학습 과정의 필수적인 부분이다.

출처: McCombs, 2003.

과했다. 또한 그 학생들은 "그들과 비슷한 상황에 있는 백인 학생들보다 애리조나 주의 성취 평가(AIMS)의 두 영역에서 더 높은 성과를 보였으며, 세 번째 영역에서는 거의 비슷했다(Cammarota & Romero, 2009: 472)." 이 프로그램을 마친 학생들은 고등학교를 졸업하고 나서는 그들 스스로 능력 있는 학습자로 여겼고, 절반 이상이 대학에 진학하였다. 프로그램의 공동책임자들은 이 프로젝트가 대학 가기에 대한 기대와 멕시코계 학생들이 인종차별에 저항하고 극복하도록 준비시키는 것에 집중한 것이 그들의 관심을 자극하고 그들의 정체성을 학업적 성취와 연결하도록 도왔다는 것을 강조하였다.

교육 영역 3 학생들과 친해지기

학습에 있어서 학생들의 참여와 의견은 매우 중요하므로 학업적 성취를 위해 어떻게 다문화교육을 해야 할지를 생각하는 것에서부터 시작해보자. 뛰어난 교사들은 심지어 정부와 학교 체계의 요구사항을 처리하면서도 학생들에게 맞춰 그들의 일을 결정한다. 그렇게 하기 위해서 그들은 단순히 학기 초만이 아니라, 전 학기에 걸쳐서 학생들과 친해지려고 노력한다. Schultz(2003: 8)는 이것을 학생의 말을 경청하는 자세를 취하는 것이라고 설명한다. 그녀가 말하는 '경청한다'는 것은 교사가 학생들과 관계를 맺고, 이 관계를 통해서 학급의 개개인 학생들, 집단 내 학생들의 행위, 그리고 폭넓은 학생들의 삶의 상황에 주의 깊게 관심을 기울인다는 것을 의미한다. 그녀가 생각하는 경청이란 학생들이 말하는 것뿐만이 아니라 학급에서의 학생들의 의견, 제스처, 속삭임, 심지어 침묵도 '경청하는' 것에 포함된다. 이는 학생들과 거리를 두는 것이 아니라 그들과의 친분을 두텁게 함으로써 학생들에게 귀를 기울이는 것이고, 경청하는 관계를 '가르침의 시발점'으로 간주하는 것을 의미한다. 이 책에서 여러분은 여러 가지 방법을 사용해서 학생들의 말을 들을 수 있는 기회를 갖게 될 것이다. 인터뷰를 하거나, 이야기를 나누거나, 학생들이 그들의 이웃을 안내해주는 '여행가이드' 역할과 같은 방법을 사용할 수 있다.

Schultz(2003)는 한 학생의 말을 통해 한 학급의 의견을 경청하는 기본 틀을 개발했다. 개개의 학생들과 친해진다는 것은 학교에서의 경험, 학생들의 질문, 지적 능력, 성향, 세상을 보는 관점 등을 고려하는 것을 포함한다. 학급의 환경과 균형을 잘 파악하기 위해서는 그 집단의 역학관계와 학급 학생들 간의 관계에 주의를 기울여야 한다. 학생의 삶에서 사회적, 문화적 그리고 지역사회의 맥락을 이해하기 위해서는 학교 밖에서의 학생의 삶과 학급에서 일어나는 일 사이의 관계를 고려해야 한다. 마지막으로 교사들이 침묵을 경청하기 위해서는 논의된 것만큼이나 논의되지 않은 것에 대해 관심을 기울여야 한다. 다시 말하자면, 학급에서 누구의 관점이 소외되는가? 누가 제 목소리를 내지 않는가? 여러분 대부분은 아직 정규 교사가 아니다. 우리는 여러분이 교육의 '바다'로 발걸음을 내딛기 원한다. 그러나 수영을 하거나 수영을 하기 위한 위치에 서 있으라는 것은 아니다. 따라서 우리는 특정한 학생에게 관심을 쏟는 것보다는 학교 밖에서의 학생들의 세계에 관심을 갖도록 안내할 것이다.

학생 대화 2.3

리 사: 학생 중심 교수법은 좋아 보이긴 하지만, 누가 실제로 이런 교수법을 사용할까? 그런 수업을 실제로 본 적이 있어? 정상을 향한 경주(Race to the Top) 캠페인과 학교 시스템에서 이러한 방향으로 가르치는 것이 허락될까? "어떻게 가르칠 것인가?"를 가르치는 교사교육 프로그램에서 사용된 아이디어는 정말 아니야.

길버트: 맞아, 이건 내가 고등학교 다닐 때도 없었고, 대학에서도 보지 못했어. 그래서 그랜트와 슬리터는 무엇을 말하려는 거야?

셀리아: 내가 생각하기에 너희 둘은 핵심을 놓치고 있는 것 같아. 너희는 학생 중심 교육이 모든 학생에게 딱 맞춘 교육이라고 생각하는 것 같아. 그리고 너희는 정상을 향한 경주와 공통 교과과정(Common Core Standards)에 겁먹은 것 같아. 지도 방

법을 개별화하는 것이 최선일지는 몰라도 나는 학생 중심 교육은 교과 문제가
아니라 학생들의 요구와 질문에서부터 시작한다는 의미로 이해하고 있어. 이러
한 교육은 정상을 향한 경주와 공통 교과과정을 무시해야 한다는 의미가 아니
지만, 이러한 점들과 학생 중심 교육을 연결하는 것은 어려울 수 있어.

우리는 학생 중심 교육이 특히 도입 초기에는 많은 어려움이 있을 것이라고 인
정한다. 교사가 학생 개개인이 어떤 학생인지 아는 것은 어려운 일이다. 즉, 그들
의 희망, 꿈, 실패, 학교에 대한 생각 등이 무엇인가를 알기 위해서는 시간이 필요
하고, 어떻게 어디서 어떤 성취 계획을 세우는지를 알기 위해서는 학생들의 신뢰
를 얻는 것이 필요하다. 그 외의 대안적인 방법은 바람직하지 않다. 즉, 학생들의
배경에 대한 고려 없이 교과목을 가르친다면 정부와 교육구의 요구조건을 맞추지
못할 것이다. 교과목 중심의 교육과 공통 교과과정을 다루는 학생들을 돕지 않는
교육은 학생들이 자퇴를 하거나, 시험성적이 좋지 않거나, 전반적으로 학업성취가
좋지 못한 방향으로 흐를 수밖에 없다.

✚ 학생들의 다양성

일반 학생은 존재하지 않는다. 훌륭한 교사들은 모든 새로운 학생들을 알아가는
것부터 시작한다. Schultz(2003: 37)에 따르면, 교사들에게 표준화된 교재, 교수 자
료, 교수 절차를 제공하여 학생들의 성취를 높이기 위한 시도가 있었음에도 "많은
교사들은 교실 내 학생들이 가지고 있는 특성을 이해하려는 목표를 계속 추구하고
있다." 그러한 상황에서 교사들은 학생들의 생활기록부에 관한 자료를 받을 것이
다. Clark(2010: 25)에 따르면, 이 자료는 "학교가 특정한 학생의 시험성적, 출석률,
유치원부터 성인이 될 때까지의 모든 정보를 알 수 있게 해주고, 교사들의 수업계

획부터 지역이나 주정부의 노동정책에 이르기까지 모든 것을 계획하는 데" 쓰일 것이다. 인종·민족·가족적 다양성과 관련하여 학생들의 특성에 대해 토의한 다음, 각각의 학생들의 생활기록부를 받은 교사들에게 어떤 영향을 미치는지에 대해서도 이야기해보자.

학생들의 다양성을 고려하는 방법 중 하나는 인구통계학적 자료를 검토해보는 것이다. 미국의 '평균' 학급은 다음과 같다. 한 학급당 30명(여학생 15명, 남학생 15명) 중 백인 17명, 아프리카계 미국인 5명, 라틴계 미국인 6명(멕시코계 3명, 푸에르토리코인 1명, 중앙아메리카인 1명, 쿠바계 1명), 아시아계 미국인 2세 1명, 미국 원주민 1명이다. 백인 학생 4명은 고소득가정의 학생인 데 반해, 아프리카계 학생 중 2명, 라틴계 학생 3명, 나머지 백인 학생 2명은 빈곤선 이하의 가정 출신이다. 학생들의 가족구성은 매우 다양하다. 그리고 2명의 학생만 어머니가 직업이 없고 아버지만 직업이 있다. 그리고 9명의 학생은 한부모가정이며(그중 5명은 빈곤선 이하이다), 18명 학생들의 부모는 직업이 있거나 비정규직이라도 직업을 가지고 있다. 한 학생은 부모님이 아닌 조부모와 함께 살고 있다. 한 가정은 곧 이혼을 할 것이고, 몇몇 학생은 재혼가정이다(NCES, 2005).

이 중 6명 학생의 모국어는 영어가 아니다. Macias(2010)에 따르면, 미국에서 언어 소수자를 표현하는 일반적으로 통용되는 정의와 개념이 있다. 그들은 '언어 소수자(language minorities)' 및 '비영어적 배경(non-English-language background)'의 사람들이라고 불린다.

영어보다는 다른 언어를 사용하고, 영어 사용 가능 여부와 관계없이 영어를 사용하지 않는 환경에서 자랐거나 살아왔을지도 모른다. (미국이나 미국의 관할구역에서 태어났거나 아니면 다른 나라에서 태어나서 자랐을지도 모른다.)

언어 소수자는 청각장애인이나 청력이 손상된 사람도 포함한다. Macias는 "언어가 정체성을 나타내는 집단에 대한 민족적 구분으로 활용된다."고 말한다. 여러분은 '비영어 숙달자(non-English proficient)'나 '미숙한 영어 숙달자(limited English proficient)'에 대해 들어본 적이 있을 것이고, 최근에는 앞의 6명과 같은 학생을 '영어학습자(English language learners)'라고 부른다.

더욱이 Eck(2001)는 "오늘날의 학생들은 다수의 거주자가 기독교인인 나라에 살지만, 세계에서 가장 종교적으로 다양한 나라에서 살고 있다."고 말한다. 2008년에 미국 성인의 76%는 기독교인(25%는 가톨릭, 16%는 침례교인, 13%는 주류 기독교인, 5%는 일반 기독교인, 4%는 오순절교인)이라는 것이 확인되었다. 다른 주요 종교는 1%가 유대교, 1%가 이슬람교, 0.5%가 불교이다. 1%는 다른 종교 활동을 하는 사람들이고, 15%는 종교를 갖지 않은 사람들이었다(OABITAR, 2006).

하지만 교사들은 학생들의 신상 정보를 광범위하고 복합적으로 취급하지 않는다. 교사들은 특정한 학교와 지역공동체에서 특정한 학생들을 가르친다. 학생들을 구체화하는 지역사회와 역사 안에서 그들의 위치를 파악하기 위해 온라인 도구를 이용함으로써 여러분이 살고 있는 지역의 인구통계를 살펴볼 수 있다. 〈실천 예제 2.5〉에서 커먼코어데이터(Common Core of Data)에 있는 검색 도구를 사용하여 미국교육통계센터(NCES)에서 이용할 수 있는 통계자료를 조사하라.

〈실천 예제 2.5〉 교육구 자료

교육구나 지역사회를 알아보기 위해 http://nces.ed.gov/ccd/districtsearch에, 구체적인 학교를 알아보기 위해 http://nces.ed.gov/ccd/schoolsearch/에 접속해보자. 어떤 자료가 사용 가능한지 알아보고, 학생들의 인구통계에 대한 설명을 적어보자.

• 교육구나 학교 명칭:

• 자료에 기반을 둔 설명:

사실 이 자료는 여러분에게 학교나 교육구의 특정한 학생에 대하여 거의 알려주지 않는다. 하지만 여러분이 묻고 싶어 하는 몇 가지 질문을 제시해준다. 예를 들어, 특정한 학교의 학생이 주로 백인이고, 아시아계 학생(그들은 집에서 다른 언어를 사용한다)이 아주 적다면, 대부분의 아시아계 가정은 그 지역에 새로 이주한 사람들인가? 그렇다면 그들은 어디서 왔는가? 그들의 자녀들은 학교, 이주과정, 다른 학생들을 어떻게 경험하는가? 새로 이사 오는 백인 가정이 있는가? 하지만 눈에 띄게 섞이기 때문에 그들이 새로 왔다고 인식되는가? 전통적인 범주에 의해 인종적 관계가 눈에 띄지 않는 혼혈의 학생들이 있는가? 교사들과 다른 학생들은 누가 학교에 속해 있고 속해 있지 않은지에 대한 생각을 가지고 있는가? 그렇다면 이러한 생각들은 어떻게 행동으로 나타나는가?

이러한 질문에 대한 대답을 그저 추측해서는 안 된다. 사실, 어떤 질문들은 주어진 맥락에서 의미가 없다는 것이 드러날 수도 있으며, 그런 반면에 더욱 핵심적인 다른 질문이 생길 수 있다. 하지만 우리는 예비교사들이 학급에 있는 모든 다양한 학생들의 말을 들을 준비가 된 상태로 교실에 들어가기를 장려한다.

여러분이 텔레비전이나 인터넷, 잡지에서 보았듯이 온라인 의료기록은 더 많은 사람들에게 건강을 향상시켜주는 역할을 한다. 이러한 기술은 교육에도 적용된다. 학교가 학생들에 관한 학업기록과 많은 사회적 데이터를 가지고 있었지만, 그 정보들이 관리되거나 실질적으로 사용되기 어려웠다. 병원과 학교에서의 현대적 기술은 환자와 학생의 기록을 단순화시켜 보관하고, 학교의 경우 학생들의 학업 누적기록을 이용할 수 있게 하였다. 이는 학생들의 학업성취를 향상시키는 데 커다란 도약점이 될 수 있다. 당연히 이 자료를 어떻게 사용하는지를 배워야 하고, 그 기록은 우리의 사고방식에서 교과 중심 교육보다 학생 중심 교육으로 더 나아갈 수 있게 할 것이다. 여러분이 수업 계획 시 정보를 제공해주는 학생들의 자료를 사용하는 방법을 배우기 바란다. 하지만 이러한 새로운 혁신은 여러분의 학습과 인내를 둘 다 요구할 것이다.

✚ 학생들의 세계 발견하기

1장에서 여러분은 자신의 세계에 대해 탐구해보았다. 〈그림 1.1〉에서처럼 여러분의 세계를 형성하는 것과 같은 사회화 기관들(가족, 언론매체, 광고, 동료, 종교기관, 학교)은 학생들의 세계를 형성하는 데 도움을 준다. 이러한 사회화의 영향력은 연동구조를 형성한다. 하지만 모든 개개의 학생들은 다양한 정체성에 의해, 그들 주변 사람들에 의해, 그리고 민족, 인종, 언어, 계급, 성별, 사회 계층, 능력에 따른 불평등한 힘의 구조에 의해 영향을 받는다.

교사들은 학생들의 세계에 영향력을 주는 것을 알아볼 수 있는 일련의 방법들이 있다. 예를 들어, 교육과정이 어느 정도까지 학생의 세계를 지지하거나, 토대로 삼거나, 아니면 무시하는지 고려해보자. 〈실천 예제 2.6〉에서 학생들의 세계와 그들의 교육과정, 교사 사이의 관계를 고찰해보자. 첫 번째 열은 '사회화의 영향력'이고, 두 번째 열은 '교육과정', 그리고 세 번째와 네 번째 두 열은 '교사'라고 붙여놓았다. 각 두 개의 열은 플러스(+)와 마이너스(-)가 있다. 플러스는 학생들 세계의 영향력이 교육과정이나 교사에 의해 반영되거나 지지되고 있다는 것을 의미하고, 마이너스는 학생들 세계의 영향력이 무시되거나 부인되는 것을 의미한다.

한 학생을 선택하여 인터뷰하라. 그 학생에게 학교에서의 전형적인 일상을 묘사해보도록 하라. 그다음에는 학교에서 배우는 것과 가정에서 배우는 것, 언론매체에서 보는 것 등이 어떤 관계가 있는지 물어보라. 또한, 학생의 교사들은 어떤 사람들인지, 그리고 가족 구성원들은 어떤 사람들인지에 대한 관계에 대해 물어보아라. 글상자에서 학생들이 말한 것을 기초로 예시를 써보아라.

〈실천 예제 2.6〉의 표를 채운 후에 그 학생들에게 언제까지 또는 어느 정도까지 그들이 설명한 예들이 중요한지 물어보라. 아마 어린 학생들은 이러한 질문에 대해 생각해본 적이 없을 것이다. 종종 교사들과 학생들은 교실수업과 학생들의 세계 간에 최소한의 접촉을 하는 데 너무 익숙해지게 되고, 결국 학생들에게 무관심해진다.

교육과정	교사		사회화의 영향력	
	+	−	+	−
가족				
언론매체				
동료				
종교 기관				

예를 들면, 몇 년 전 크리스틴은 초등학교 교사들에게 언어 과목이 학교 밖의 학생들의 삶과 어떠한 연관이 있는지 설명을 요구했다. 그들은 사실상 별 연관이 없다는 것을 알았다. 하지만 더욱 놀라운 것은 그들은 이에 대해 생각해본 적도 없고, 읽기에 대한 학생들의 무관심은 언어 과목에 대한 관심이 부족해서라기보다는 가정환경 때문이라고 생각하고 있었다는 것이다.

학생들의 세계와 교실 수업 사이의 간극은 클 수도 있고 작을 수도 있으며, 비교적 중요하지 않을 수도 있고 매우 중요할 수도 있다. Igoa(1995)는 이러한 차이가 얼마나 큰지를 설명하면서 이주 아동들에 대해 기술했다. 예를 들어, 그녀는 1975년에 베트남의 사이공(현재는 호치민 시)에서 미국으로 피난 온 한 베트남 난민 학생의 사례를 들었다. 교사들은 그녀가 최근에 이주해왔다는 것을 알았지만, 학교생활에 수많은 어려움을 겪고 있다는 것은 몰랐다. 그 학생이 미국생활에 적응하는 것을 배울 때 학교에 종종 지각했지만 지각은 규칙위반으로 다루어졌다. Igoa는 다음과 같이 말한다.

덩(Dung)이 전쟁의 공포를 겪은 지 얼마 안 되었다는 것을 교사들이 알았다면, 교사들은 그녀를 좀 더 도와주고 지각을 눈감아주었을 것이다. 부모와 교사들 모두 그녀가 새로운 나라에 적응하느라 고군분투하고 있다는 것을 알지 못했다(p. 95).

Igoa는 이주한 다른 아이들이 경험하는 '문화적 분리'에 대해 계속 설명한다. 그들은 집에서 보는 사람과는 다른 사람이 된다. 그들은 "문화적 분리는 나 자신의 다른 부분을 잃어버리는 것 같기 때문에 상처가 된다."고 말한다.

교사가 학생들에게 귀를 기울이지 않으면 학생들의 세계와 교실 세계 사이의 차이가 얼마나 큰지 또는 얼마나 중요한지를 알지 못한다. 각각의 사회화의 영향력은 학생과 교사에게 개인적으로나 모두에게 평등과 성취에 대한 생각에 영향을 줄 수 있는 메시지를 전달한다. 아프리카계 미국인의 어려움에 관한 〈뉴욕타임스〉의 일련의 기사는 그들의 삶의 기회가 고용과 교육통계에서 나타나는 것보다 훨씬 더 비참하다고 결론지었다(Eckholm, 2006: 2). 그 기사 중 하나가 중학생들과 예비교사들의 토론 주제로 제공되었다. 몇 명의 아프리카계 남학생들이 다니고 있는 중학교 학급에서 이 기사는 교사들이 지금까지 경험했던 것보다 훨씬 활기찬 학생들의 참여를 이끌어냈다. 그들은 아프리카계 남성들이 영화에서 어떻게 묘사되는지, 가정에 대해, 특히 아버지에 대해 어떻게 무시하는 말을 들었는지에 대해 언급했다. 하지만 그들은 그런 말을 하는 교사나 교직원들이 '영향력 있는 사람(boss)'이기 때문에 어떻게 대응해야 할지 몰랐다. 예비교사들은 그 자료를 보고 아프리카계 남성들이 사회에서 어려움을 겪고 있는 것에 대한 일반적인 가정을 자세히 고찰할 필요가 있다고 느꼈다. 한 학생은 다음과 같이 말한다.

있잖아, 나는 종종 왜 흑인 아이들이 바지를 내려 입는지에 대해 생각해봤어. 그들 스스로의 생각인지, 언론매체에서 본 것인지, 아니면 다른 곳에서 본 것인지 말이야. 나는 아직도 모르겠지만, 백인 워너비(흑인처럼 행동하는 백인아이)들은 언론매체나 흑인 친구, 그리고 백인 워너비 친구들로부터 배운다는 것을 알아.

길버트: 맞아, 왜 흑인과 백인 남자아이 모두 바지를 내려서 입을까? 그냥 단순히 일시

적 유행일까? 교사들은 이런 유행에 대해 어떻게 해야 할까?

셀리아: 대학에 다니는 몇몇 남학생들도 바지를 내려 입어. 마치 남성 속옷을 광고하는
　　　　것처럼 말이야.

리　사: 길버트, 내가 보기에는 바지를 내려 입고, 문신을 하고, 귀걸이를 하는 것이 남
　　　　학생들의 성취에 영향을 준다고 생각하지 않아. 그래서 교사들은 이러한 유행
　　　　이 학생들을 가르치는 데 방해가 되는 것을 허락하지 않아.

✚ 시장조사에 관한 통찰

　시장조사는 학생들의 세계에 대한 통찰, 그리고 교육과정과 학습지도를 어떻게
계획할지에 대한 의견들을 제공해준다. 시장조사자들은 청소년들의 관심을 끌어
내기 위한 방법을 알기 위해 그들의 습관, 선호도를 연구한다. 교실에서 청소년들
은 수업을 듣기 싫어도 들어야 한다. 하지만 상점은 학급과는 다르다. 청소년들이
왜 상점에 가고 싶어 하는지를 알아낼 필요가 있다. 이를 알아보기 위해 시장조사
자들은 남학생들과 여학생들 간의 차이(사실 시장조사자들이 이런 차이를 만들어내는 것일 수
도 있다고 주장하는 사람들이 있다), 서로 다른 나이집단 간의 차이, 학생들의 신체적 특성
의 차이를 조사했다(Siegel, Coffey & Livingston, 2001; Zollo, 1999). 광고가 청소년들을 마케
팅에 참여하도록 자극한다고 의문을 제기할 수도 있지만, 그럼에도 우리는 도움이
될 만한 것을 찾아냈다.

　Siegel 등(2001: 43-44)은 8~12세 사이의 학생들이 선택하는 데 영향을 주는 네 가
지 요소가 있다고 말한다. 그 요소는 힘, 자유, 재미, 소속감이다. 힘은 통제, 참여,
결정을 내리는 데 관련된 것이다. 자유는 '안전한' 독립에 관한 것이다. 학생들은
자전거 또는 스쿠터를 타고 집에서 떨어진 곳으로 가거나 여행을 하지만, 집과 너
무 멀리 떨어지려고 하지는 않는다. 또한 자유는 가족의 범위 밖으로 벗어나는 기

회를 이용하는 것을 포함하지만 전화, 이메일, 편지로 계속 연락하면서 지낸다. 또한, 재미는 어른들을 욕하거나 단어게임을 하는 상황에서 일어난다. 소속감은 참여하고 싶은 집단에 받아들여지는 것을 말한다.

교사들은 상점들이 사용하는 다음과 같은 전략을 배울 수 있다. 옷걸이의 높이, 계산대, 거울, 계속해서 틀어놓는 음악 장르 같은 세세한 부분에 신경을 쓰는 상점은 그러한 시장 전략을 사용하지 않는 상점보다 소비자의 마음을 더욱 끌 것이다(Zollo, 1999). 예를 들어, 계산대보다 높이 서 있는 키가 4피트인 소녀는 구매할 때 자신이 '통제권(power)'을 가지고 있다고 느낄 것이다. 그녀는 어른들을 위한 상점에서 구매하는 것이 아니기 때문에 '자유'와 독립심을 느낄 것이다. 어른들은 이런 상점의 인테리어나 음악에 대해 못마땅할 수도 있지만, 그녀의 나이에 맞게 특별히 제작되었기 때문에 '재미'를 느낄 수 있다. 마지막으로 그녀가 느끼는 힘, 독립심, 재미 때문에, 그리고 '그녀의 마음에 들게 디자인된 상점'이라는 장소 때문에 소속감을 갖게 된다.

상인들이 시장조사에서 얻은 기본 틀을 어떻게 이용하는지를 알기 위해서 특정한 청소년 집단이나 특정 인종집단을 상대로 하는 상점에 가보자. 〈실천 예제 2.7〉을 지침서로 사용하여 상점의 디자인과 구성을 관찰해보자.

상점에 방문하여 상점이 특정한 청소년 집단에게 사용한 전략을 살펴보자. 이러한 현장탐구가 학급 환경, 교육과정, 생활지도 프로그램을 구성하는 데 어떤 의미를 주는가?

나중에 다시 논의하겠지만 가능한 한 학생들은 교과과정, 지도안, 평가결정에 참여해서 교사들과 '힘'을 공유해야 한다. 그러한 활동은 교과과정에 대한 개념을 학생들 스스로 제시한 방법으로 배울 수 있는 기회를 제공해주어야 한다. 따라서 교사들은 감독과 책임을 유지함과 동시에 학생들에게 '자유'를 주고, '재미'를 느낄 수 있게 할 것이다. 활동들은 학생들의 나이에 맞는 활동과 절차로 연구된 개념에 투자하도록 해야 한다. 그러면 학생들은 소속감을 느낄 수 있을 것이다. 그리고 모든 학습은 다양한 정체성을 가진 학생들의 관심이 과소평가되거나 무시당해서는 안 된다는 것을 확실히 해야 한다.

〈실천 예제 2.7〉 상점의 디자인과 구성

상점은 ________을 통해 학생들이 힘을 가지고 있다는 것을 느끼게 한다.

상점은 ________을 통해 학생들이 자유를 가지고 있다는 것을 느끼게 한다.

상점은 ________을 통해 쇼핑하는 것을 재미있게 만든다.

상점은 ________을 통해 학생들에게 소속감을 준다.

상점이 지향하는 가치는 무엇인가?

상점은 다음과 같은 방법으로 언론매체와 광고를 사용한다.

• 여러분의 친구는 상점에서 어떤 불편함을 느끼는가? 그 이유는?

• 상점은 도시 학생, 도시 주변 학생 또는 시골 학생 중 누구에게 물건을 더 많이 파는가?

• 상점은 어떤 방법으로 종교와 관련해서 신경을 쓰는가?

• 영어가 모국어가 아닌 학생들에게 어떻게 서비스를 제공하는가?

• 인종, 계층, 성별 그리고 사회경제적으로 다른 손님을 어떻게 다르게 대하는가?

하지만 청소년들이 무엇에 관심이 있는지를 가정하기보다는 그들과 대화하는 것이 중요하다. 청소년들이 시장조사의 의미에 대해서 어떻게 생각하는지를 알아보기 위해 인종, 민족, 모국어, 사회 계층, 종교, 장애 유무, 성적 성향, 성별과 같은 요소들에서 여러분과 다른 요소를 가지고 있는 학생을 알아보자. 그 학생에게 여러분은 훌륭한 교사가 되기 위해 배우고 있고, 도움이 필요하다고 말하라. 〈실천

예제 2.8)은 여러분이 물을 수 있는 질문들을 제공하고 있다.

이 인터뷰를 마친 후에 여러분이 예상했던 것과 비슷한 부분을 생각해보자. 무엇이 여러분을 놀라게 했는가? 그 학생이 여러분의 학급에 있다면, 교사로서 이 인터뷰가 어떤 의미를 가지는가? 그 학생이 말한 것에 대해 동료들과 토의해보자. 여러분의 인터뷰와 동료들의 인터뷰를 결합했을 때 어떤 유형이 나타나는가?

〈실천 예제 2.8〉 학생들의 말

1. 학생들은 일반적으로 강한 힘을 갖고 있지는 않다. 여러분이 힘이 있다는 것을 느껴본 상황이나 활동에 대해 설명해보겠는가?

2. 학생들은 많은 자유를 가지고 있다고 느끼지 않는다. 여러분이 어느 정도의 자유를 느낄 수 있는 상황이나 활동에 대해 설명해보겠는가?

3. 학교 안에서나 밖에서 재미있다고 생각하는 활동은 무엇인가?

4. 언제, 어디서 소속감을 느끼는가?

5. 내가 여러분의 담임교사라면, 훌륭한 교사가 되기 위해 내가 할 수 있는 가장 중요한 두 가지는 무엇인가?

우리는 약간의 상상력을 동원해 학생들에게 똑같이 관심을 끌 수 있는 학급을 구성할 수 있다. 학급에서 교사들은 모든 학생들에게 힘을 주고, 자유와 재미를 제공하며, 소속감을 갖도록 격려해야 한다는 것을 기억하라. 학생들의 인구통계적 특성에 관심을 기울이는 것은 교사로서 여러분이 그들의 선택을 추진하는 네 가지 필수적인 동기부여의 요소를 제공해주기 위해서 매우 중요하다. 하지만 그러한 특성에 관심을 갖는 것과 정형적으로 그 특성을 이용하는 것 사이에는 미묘한 차이

가 있다. 우리는 학급의 다양성을 경계하기 위해 인구학적 특성을 이용하고, 그들이 가진 다양성이 무엇을 의미하는지를 알기 위해 학생들의 말을 경청한다.

〈실천 예제 2.9〉에서 여러분과 동료들이 인터뷰한 학생에 관하여 교육과정, 수업, 교실환경에서의 힘, 자유, 재미, 소속감에 대한 생각을 나열하라.

〈실천 예제 2.9〉 적용해보기

선택의 동기부여	교육과정	수업	교실환경
힘			
자유			
재미			
소속감			

위의 표를 완성한 다음 동료들과 여러분의 생각에 대해 토론해보라. 이 표를 채우기 전에 학생들과 이야기했을 때와는 얼마나 다른가? 여러분과는 다른 학생을 선택할 때의 차이점이 있는가? 이를 통해 무엇을 배웠는가?

학생 대화 2.5

리　사: 너희들도 알겠지만, 〈실천 예제 2.9〉를 하면서 생각해보게 되었어. 나는 '재미', '소속감', 특히 '자유'에 대한 개념을 이해했어. 왜냐하면 학교에서 보내는 시간 내내 그것에 대해 듣고 배웠기 때문이야. 우리는 1775년 미국 독립전쟁과 1776년에 있었던 독립선언을 공부할 때 '자유'에 대해 배웠어. 자유는 학생들에게 가장 친숙한 개념이야. 하지만 나는 '힘'에 대해 토론할 때 가장 힘들었어.

셀리아: 왜?

리　사: 음, 학교는 그것에 많은 관심을 갖지 않기 때문이야.

길버트: 좋은 지적이야. 우리는 미국에서 일어난 전쟁에 대해 배웠어. 그리고 교과서에
　　　서는 그 전쟁들이 모두 자유와 관련된 것이라고 설명해. 힘에 대해서는 아무것
　　　도 나와 있지 않아.
리　사: 하지만 학급에서 일어나는 대부분의 일은 힘에 관한 거야. 나는 아이들을 통제
　　　하는 것이 걱정돼. 하지만 그것은 모두 교사의 힘에 달려 있어.
셀리아: 그러면 너는 학생들의 힘이 어디에 있는지를 묻는 거지? 정말 좋은 질문이고,
　　　나도 아직 그 질문에 대해서는 생각해본 적이 없어.

　힘은 보이게 또는 보이지 않게 작용하고, 학교와 대부분의 기관은 힘의 역학관계가 있다는 것을 이해하는 것이 중요하다. Roper-Huilman(1998: 23)에 따르면 힘은 "모든 사회체계에서 사람들이나 구조에 의해 행사될 때 나타나는" 것이다. 교사들과 학생들은 특정한 방법으로 행사할 수 있는 힘을 가지고 있고, 이는 교사 대 학생, 학생 대 학생과 같은 관계에서 나타난다. 그러므로 교사들은 학급과 학교에서 힘의 흐름을 이해함으로써 학생들을 더 잘 이해할 수 있고 그들의 태도와 행동을 더 잘 해석할 수 있다.

교육현장에 적용하기

가상으로 설정한 주립대학교에서 예비교사들은 3학년 때 일반 수업 이외에 학생들과 교류하는 프로그램에 참여했다. 프로그램의 목적은 예비교사들이 학교 구조 밖에서 학생들을 알도록 돕는 것이다. 프로그램의 과제에는 지역사회기관에서 봉사하기, 방과 후 학교 교사 되기, 방과 후 학교 프로그램에서 음악, 미술, 체육교사로서 일하는 것이 포함되어 있다.

주립대학교의 학생인 글렌다(Glenda)가 마셜(Marshall)중학교에서 방과 후 학교를 지도하는 과제를 부여받았을 때, 그녀는 화가 났다. 언론매체를 통해 그녀가 아는 마셜중학교는 도시의 남쪽에 위치해 있고, 낮은 시험성적으로 비난을 받고 있으며, '정상을 향한 경주' 학교 개혁의 대상이었다. 대부분의 학생은 유색인종이고, 그중 80%는 무상급식 대상자였다. 글렌다는 대학에서 그리 멀지 않은 도시의 서쪽에 위치한 학교에 배정해 달라고 요구했다. 그녀는 자신의 요청이 받아들여지지 않아 화가 났고, 프로그램의 계획자인 킹(King) 교수한테 자신의 의견을 말하고 싶었지만 마음이 내키지 않았다. 그녀는 자신의 의견이 그 학교의 학생들과 함께 일하고 싶지 않다는 방향으로 해석될 수 있다고 생각했다. '이 프로그램의 어디에나 인종과 다문화와 관련된 것이 존재한다.'고 그녀는 혼자 생각했다.

글렌다가 과제의 세부사항을 알아보기 위해 마셜중학교에 도착했을 때, 그녀의 예측은 더 나쁜 쪽으로 흘러가고 있었다. 그녀는 살바도르인 한 명, 베트남인 두 명, 아프리카계 미국인 세 명, 총 6명의 6학년 남학생들을 가르치도록 배정받았다. 그 학생들의 읽기와 수학 점수는 해당 학년보다 적어도 2년 뒤처진 상태였다. 학교는 글렌다에게 학생들의 흥미를 끌 수 있는 수학과 읽기 자료를 읽기 책과 함께 제공했다. 그리고 곧 학생들의 학업부진에 관한 기록을 볼 수 있는 자료를 제공할 것이라는 약속을 받았다.

글렌다가 그 자료들을 책상에 올려놓자, 학생들이 큰 불평과 함께 얼굴을 찌푸렸다. 아이들은 매우 불쾌해했고, 그녀를 무시하고 자기들끼리 이야기하며 배우려고 하지 않았다. 그날 밤, 그녀는 초조해서 침대에서 몸을 이리저리 뒤척이며 스스로에게 물었다. '무엇을 해야 할까? 내가 어떻게 도울 수 있을까? 내가 정말 어떻게 그들을 도울 수 있을까? 정말 학생들의 학업이력에 도움이 될까? 아니면 더 많은 일이 일어날까?'

여러분이 글렌다라면 무엇을 할 것인가? 여러분의 계획을 써보아라.

글렌다는 다음과 같이 했다. 그녀는 학생들이 숙제를 해올 때마다 음료수 및 과자 같은 보상을 주기로 결심했다. 과자와 음료수는 대략 이틀 정도는 효과가 있었으나, 이내 그 효력을 잃었다. 그렇게 되자, 그녀는 문제가 원점으로 돌아간 것 같았고 더 심각한 문제에 빠진 것처럼 느꼈다.

방과 후 학교 실습에 동반하는 대학 세미나에서 킹 교수는 『Doing Multicultural Education for Achievement and Equity』라는 책을 주었다. 글렌다는 그 교재가 시골지역에서 학생들을 가르치기를 원하는 두 명의 자유주의자[2]들이 썼다는 사실을 알고는 세미나에 적극적으로 참여하지 않았다. 킹 교수가 그 책에 관한 토론을 이끌 때 고개를 숙이고 있었고, 소그룹 토론을 할 때는 다문화교육에 맞춰진 초점을 비난했다. 그녀는 그 책이 오히려 교사 준비생들이 알아야 할 학급경영 같은 더욱 중요한 관심거리로부터 동떨어져 시간만 낭비한다고 말했다.

시간이 갈수록 그녀는 더 절망적이었지만, 의지가 될 만한 것을 찾고 있었다. 더욱이 그녀는 자신도 모르게 학생들에게 관심을 기울이고 있는 자신을 발견했다.

---

2) 역자 주: 이 책의 저자인 칼 그랜트와 크리스틴 슬리터

그들은 나름대로 호감이 가는 면이 있었다. 그녀는 새로운 방식을 시도해보기로 결심했고, 『Doing Multicultural Education for Achievement and Equity』에 나와 있는 방법을 따라해보기로 했다. 다음 수업시간에 그녀는 학생들에게 워크북이나 챕터북을 읽지 않을 것이라 전하고, 대신 서로에 대해 알아가기 위해 이야기를 나눌 것이라고 말했다. 그녀는 학생들을 두 그룹으로 나누고 각각의 그룹이 자신한테 묻고 싶은 세 가지 질문과 다른 그룹에 묻고 싶은 세 가지 질문을 생각하라고 제안했고, 그녀 역시 세 가지 질문을 생각하겠다고 말했다.

엘살바도르에서 온 학생인 마누엘(Manuel)이 말했다. "우리는 서로를 잘 알고 있습니다. 그러니까 선생님께 여섯 개의 질문을 해도 되겠습니까?" 글렌다가 말했다. "나도 너희들에게 여섯 가지 질문을 할 수 있다면 괜찮아." 모두 미소를 지으면서 각자의 그룹으로 이동했다. 글렌다는 평소 학급에 존재하지 않던 웃음소리와 진지함을 느낄 수 있었다. 각각의 그룹은 묻지 않고 질문을 적을 사람을 지정했고, 모두가 참여하였다.

글렌다는 학생들이 준비한 질문을 보고 깜짝 놀랐다. 그들은 진지했고, 쓸데없는 호기심이 아니었다. 학생들은 "어디서 자랐나요?", "부모님은 무슨 일을 하나요?", "선생님이 사는 동네에는 어떤 사람들이 사나요?", "왜 교사가 되고 싶나요?", "선생님은 대학교가 너무 크다고 생각하나요?", "어떤 운동을 하나요?"와 같은 질문을 했다. 글렌다는 여섯 개의 질문에 대답한 후에 "이제 내 차례야."라고 말했다. 글렌다는 그들에게 학교 밖에서 무엇을 하느냐고 물어봤다. "너나 다른 사람들이 어떤 것을 잘한다고 말할 수 있니?", "누구를 존경하고, 이유는 뭐니? 그리고 왜 존경하니?", "만약 네가 방과 후 수업을 계획하게 된다면 무엇을 어떻게 계획을 세울 거니?" 그리고 마지막으로 글렌다는 "어떻게 하면 네가 학교에서 공부를 더 잘할 수 있을까?"라고 물었다.

글렌다는 다시 한 번 그들의 진지한 대답에 놀랐다. 모든 아이들은 그녀가 중학교 때 그랬던 것처럼 가정에서 어떤 책임을 지고 있었다(예를 들면, 동생들 돌보기, 집안 청소하기). 모든 남학생들은 어떤 운동을 잘한다는 것과 다른 성취에 대해서도 이야기했다. 예를 들어, 베트남 학생인 대니(Danny)는 가족이 직접 키운 작물을 농산물시장에서 파는 것에 소질이 있었다. 한 아프리카계 학생은 90살이 된 증조할아버지를 얼마나 잘 돌보는지에 대해서 이야기했다. 마누엘은 자신이 얼마나 영어를 잘 배우고 있는지, 그리고 가족들이 매달 내는 세금에 대한 계산과 번역을 위해 자신을 의지하고 있다고 말했다.

글렌다는 누구를 존경하고 그 이유가 무엇인지에 대한 질문에 대해 학생들이 대답한 것을 듣고 또 한 번 놀랐다. 그들이 존경하는 사람은 진정한 영웅들이 아니었다. 모든 학생들이 운동선수나 연예인을 존경하지만, 영웅을 존경하지는 않았다. 아프리카계 학생인 존(John)이 마틴 루터 킹을 존경한다고 하자, 다른 학생들은 "하지만 우리는 그 사람에 대해서 잘 모르잖아."라고 말했다.

글렌다가 시계를 봤을 때 원래 90분 동안 진행하려고 했던 프로그램 시간을 넘겼다는 것을 알았다. 하지만 학생들은 아무도 불평하지 않았고, 평소처럼 교실 밖으로 나가려고 하지도 않았다. 그녀는 학생들에게 "이미 시간이 지났지만 한 가지 질문을 더 해도 될까?"라고 말했다. 그녀는 마지막 두 질문을 합쳐서 조심스럽게 물었다. "담임교사들은 무엇을 하고, 너희가 공부를 더 잘할 수 있기 위해서 내가 무엇을 할 수 있을까?" 대니는 글렌다를 보고 "우리가 오늘 한 것을 계속해요."라고 말했다. 마누엘은 "맞아요. 이건 재미있어요."라고 말했다. 존은 "재미있을 뿐만 아니라 저는 그 대학교가 선생님한테 너무 큰 게 아니라면 저한테도 너무 크지 않을 거라는 것을 알았어요."

뉴스 논평자인 폴 하비(Paul Harvey)는 이야기의 첫 번째 부분을 말한 다음에 두 번째 부분을 말하라고 강조한다. 이야기의 두 번째 부분은 글렌다가 시카고에서 학생들을 가르칠 때 적용시킨 것을 말한다.

여러분은 글렌다의 행동이 교사-학생 구조에 다가가는 급진적인 출발이라고 보는가? 어떤 사람들은 글렌다가 "상자 밖으로 나왔다"고 하더라도 그녀의 방법이 독특하지는 않다고 말할 것이다. 하지만 이것이 바로 훌륭한 교사가 학생들과 친해지기 위해 하는 것이다. 특이하거나 훌륭하거나, 또는 둘 다 아니거나, 여러분이

상자 속에서 나와 학생들을 돕기 위해 몇 번이나 시도했는지 세어보아라. 그 결과에 만족하는가? 더 훌륭한 학업성취를 하도록 도움을 줄 두 학생을 찾아보라. 여러분이 얼마나 도울 수 있는지를 알아내어 실천해보라!

3_장

학교와 사회에서의 형평성을 위한 탐구

우리는 이번 장에서 다음과 같은 질문에 대한 답을 찾는 데 도움을 받을 것이다.

- 미국에서 다문화교육은 언제, 어떤 이유에서 시작되었는가?
- 1950년대 중반 이후 학교의 형평성은 얼마나 향상되었는가?
- 학교에서 형평성이 향상되었다는 환상을 갖게 하는 원인은 무엇이며, 왜 그러한 환상이 지속되는가?
- 제도적 제약과 개인적 제약조건들은 교사들의 수업에 어떠한 영향을 미치는가?
- 훌륭한 교사들은 교실과 학교에서의 형평성을 위하여 무엇을 할 수 있는가?

대부분의 사람들은 일반적인 수준에서 형평성을 옹호한다. 그러나 형평성이란 무엇을 뜻하는가? Secada(1989)는 사회의 자원을 분배하는 문제에서 형평성이 중요하면서도 구별되는 두 가지 고려사항을 담고 있다고 지적한다. (1) 양질의 교수자료, 좋은 교육, 주택 혹은 의료 등과 같은 자원들의 분배가 어떻게 결정되는가? (2) 가장 공평하거나 바람직한 분배는 어떻게 결정되는가이다. 형평성(equity)은 반드시 균등(equality)과 동일한 의미는 아니다. 후자인 균등이라는 단어는 셀 수 있거나 측정할 수 있는 요소들을 언급할 때 사용하는 용어로서, 예를 들면 시험성적, 재정 배분 또는 도서관이 소장한 도서의 숫자 같은 요소들을 언급할 때 사용한다. 또한 균등은 모든 사람들을 정확히 동일한 방법으로 대우하거나, 인구 전반에 걸쳐서 자원들을 균일하게 배분함을 나타내는 개념이다. 반면, 형평성은 어떤 것이 가장 바람직하고 공정한 것인지를 판단한다. 만약 불균등한 '혜택'에서 출발한 집단이 성공하려 할 때 형평성은 자원이나 기회들이 불균등하게 배분될 필요가 있다는 것에 주목한다.

학교개혁운동은 정치적이고 문화적인 배경의 산물로서 역사적으로 '수월성'과 '형평성'이라는 선택의 기로에서 혼란을 겪어왔다. Tyack과 Cuban(1995)은 "보수적인 정치 풍토에서는 경쟁과 질이란 말을 선호하였지만, 1930년대와 1960년대와 같은 진보적인 시대에는 접근성과 평등의 이데올로기를 강조하였다."고 주장하였다. 그와 동시에 수월성과 형평성은 모순되는 목표이기 때문에 함께 추진될 수 없다고 주장하는 사람들이 있었다. 예를 들어, Fantini(1986)는 "공립학교의 질은 가장 능력 있는 사람들만이 아니라, 모든 학습자가 성공할 때 높일 수 있다."고 강력하게 주장하였다.

여러분은 학업성취 격차를 줄이기 위한 노력들을 많이 경험했을 것이다. 이번 장을 공부하면서 우리는 그것이 의미하는 사실과 환상을 구별하도록 유도할 것이다. 2001년 의회에서 통과하여 법률로 제정된 '낙오학생방지법(No Child Left Behind)'은 형평성과 수월성 모두를 향상시키기 위해 시행되었다. 이 법안에서는 연방기금을 지원받는 주(州)에서 공립학교와 학생을 포함하여 성적책임제도를 시행하여야 한다고 명시하고 있다. 이러한 제도는 3~8학년까지의 모든 학생들이 매년 반드시 치러야 하는 국가 수준의 읽기와 수학 학업성취평가에 기초하고, 12학년까지 모든 학생들이 기초학업수준의(proficiency) 성적을 받을 수 있도록 하는 주정부 차원의 연간 향상 목표에 기초를 두고 있다(U. S. Department of Education, 2001). 비록 '정상을 향한 경주(Race to the top)'가 학생들의 시험성적과 연간 향상에 기초하여 학교 등급 매기기 같은 개혁절차를 바꾸고 있지만, 성적 책임에 대한 관심은 아직까지 제자리에 머물러 있다. 교육부장관 안 던컨(Arne Duncan)은, "우리는 성적책임제를 개혁하여 학생들의 성장에 기여하고 성취 격차를 줄일 수 있기를 바라며, 학생들이 대학과 취업준비 기준을 숙지하고, 고교 졸업률과 대학 입학률을 높이기 원한다(*The New York Times*, 1쪽, 2/1/10)."고 주장하였다. 또한 던컨은 다음과 같이 말한다. "우리는 그것이 얼마나 큰 과제인지 알고 있다. 그러나 만일 우리가 성적책임제를 보다 효과적으로 시행하고, 학생들과 교사들에게 더욱 공정하며, 수업이 더욱 효율적이기를 원한다면, 이러한 모든 요인들을 살펴볼 필요가 있다."

이번 장에서는 학생들의 학습과 성취 사이의 격차, 높은 수준의 교육에 대한 접근, 보충수업과 교육적 자원의 지역적 불균형, 경제적인 자원의 불균형한 배분 등의 문제에 관한 학교 안팎에서의 형평성을 다루고자 한다. 또한 학교는 사회적인 요구와 구조를 반영하고 기여하기 때문에 학교를 좀 더 넓은 사회적 맥락 속에서 고찰하고자 한다. 교사들이 주정부와 국가의 공식적인 행사, 정책들, 관습 등에 영향을 받지 않는 날은 하루도 없을 것이다.

이번 장에서는 다문화교육의 등장, 다문화교육의 역사, 학업성취의 격차를 줄이고자 하는 다문화교육의 노력에 대하여 탐구할 것이다. 이러한 모색을 통해 지역사회와 학교에서의 학습 향상에 대한 환상을 다룰 것이고, 변화해야 하지만 여전히 반복적이고 불공정한 패턴을 가진 학교의 관행에 초점을 맞출 것이다. 여기서는 '학업 격차'를 알 수 있게 해주고, 또 그러한 격차를 좁힐 수 있도록 결정하는 데 도움이 되는 배경과 상황을 포함하여 두 가지 교육 영역을 제시하고자 한다.

교육 영역 4: 사회적 · 교육적 차이들에 대한 사실과 환상 식별하기

교육 영역 5: 자신을 위한 교육 전문가로서의 학습 목표 설정하기

이번 장에서 여러분은 다음과 같은 내용에 대해 살펴보아야 한다.

- 방문 가능한 페미니스트 서점(실천 예제 3.3)

- 영화 「Harvey Milk」(실천 예제 3.4)

- 1960년대 또는 1970년대에 학교에서 가르쳤던 교육자(실천 예제 3.5)

- 인터넷(실천 예제 3.5와 3.6)

- 대학 진학률이 높은 고등학교(실천 예제 3.8)

- 지역 학교에서 근무했던 교사, 지역사회 신문, 지역 슈퍼마켓(실천 예제 3.10)

- 여러분이 인터뷰할 수 있는 학생 2명과 교사 1명(실천 예제 3.13)

- 학교에 다니는 자녀를 둔 게이, 레즈비언 또는 양성애자 부모나 양육자(만일 '커

  밍아웃한' 사람을 알고 있다면: 실천 예제 3.15)

다문화교육의 등장

여러분은 다문화주의(multiculturalism)와 다문화교육(multicultural education)이라는 용어를 자주 접했겠지만, 1970년대 중반에는 학자들과 소수의 언론인들을 제외하고는 이러한 용어들을 거의 사용하지 않았다. 다문화주의라는 개념은 1980년대의 예술가들과 작가들이 자주 사용하였고, 다문화교육은 1970년대 후반과 1980년대 초반에 교육 정책과 실행에 관해 다른 관점을 보여주는 개념으로 자리매김하게 되면서 대중성을 갖게 되었다. 다문화교육의 등장에 기여한 세 가지 사건과 문제들로는 (1) 시민권리 운동, (2) 편향된 교육과정 자료에 반감을 가진 지역사회의 운동, 그리고 (3) 학업성취 가능성에 대한 인종주의자의 가설들이 있었다. 세 번째 항목은 5장에서 다룰 것이므로 여기에서 우리는 앞의 두 가지에 집중하고자 한다.

학생 대화 3.1

셀리아: 이런, 여기 이 책에 역사 부분이 나와 있네!

길버트: 역사가 뭐 잘못됐니?

셀리아: 역사는 지루하잖아. 옛날이야기이고, 죽은 사람들에 관한 것이잖아. 나는 지금 어떤 일이 일어나는지 더 알고 싶어.

리　사: 나도 그래. 대부분 이런 형평성에 관한 것들은 우리 부모님이 어렸을 때 다루었던 것이잖아. 난 왜 우리가 교사가 되기 위해 역사를 배워야 하는지를 모르겠어.

길버트: 내가 역사를 매우 좋아하는 것처럼 보이겠지만, 너희들에게 지난 역사에 기초해서 오늘날 무슨 일이 일어나고 있는지 말해줄 수 있어. 과거에 어떻게 그런 일들이 일어났는지 알지 못하면 오늘을 이해할 수 없어. 그리고 리사, 너에게 상처주려고 하는 말은 아니지만, 형평성의 문제는 '옛날에도' 모두 해결되지는 않았어.

리　사: 아니야, 몇 가지는 해결되었어. 우리는 같은 대학, 같은 프로그램, 그리고 같은 기회를 가지고 있잖아. 내가 듣기로는 내 부모님들이 어렸을 때까지도 이런 일이 일어나진 않았대.

셀리아: 맞아. 형평성을 갖는다는 것은 한 번의 사건이 아니라 진보하는 과정을 말하는 거야. 우리가 지금 어디에 있는지를 알아보기 위해 우리가 걸어왔던 길을 볼 수 있도록 시계를 몇 분 뒤로 돌리는 것은 좋은 것 같아.

✚ 시민권리 운동

다문화교육은 사회기관, 일상의 사회정책, 그리고 개인적인 관례 내에서 아프리카계 미국인들이 인종차별을 없애기 위해 이끈 1960년대의 시민권 운동에서 시작되었다. 여기에서는 아프리카계 미국인이 이끈 민권운동을 살펴본 후에 멕시코계 미국인, 미국 원주민, 여성들, 동성애자, 장애인 인권운동도 간단히 검토하고자 한다.

수많은 사건들이 이 운동을 촉발했으며, 그중 두 가지가 중요하다. 첫 번째 사건은 브라운 대 토페카 교육위원회(Brown vs. Board of Education of Topeka, 1954) 재판의 대법원 판결이 주요 기점이라고 할 수 있다. 이 판결에서는 "(흑백은) 분리되지만 평등하다"는 문구가 삭제되었는데, 본래 이 문구는 1896년 공공시설에서 인종 분리를 지지했던 플레시 대 퍼거슨(Plessey vs. Ferguson) 재판에 대한 대법원의 판결에 따른 것이다. 두 번째 사건은 브라운 사건이 있고 나서 바로 1년 후, '민권운동의 어머니'로 일컬어지는 로사 파크(Rosa Park)가 앨라배마 주 몽고메리에서 버스 좌석을 백인 남성에게 내어주기를 거절한 사건에서 시작되었다. 나흘 후인 1955년 12월 5일, 마틴 루터 킹 목사는 흑인사회에 버스 탑승 거부 운동을 하도록 촉구하였다. 수동적인 저항을 보여준 몽고메리 버스 보이콧 사건으로 인해 몽고메리에서는 버스에서의 인종 분리가 사라졌다. 이 사건은 민권운동의 시발점으로 자주 보도되었고, 1964년 민권법(Civil Rights Act)으로 완결되었다. 이 법은 연방기금을 받는 어떤 프로그램이든지 인종, 피부색, 종교, 성 또는 출신 국가에 의한 차별을 금지했다.

1960년대에 시민권리 운동가들은 그들의 안전, 심지어 생명까지 위협을 받았다. 시민권리를 위한 거리 행진가들과 인종차별 반대자들의 활동은 여러 차례 과열되었고, 때때로 폭력적이었다. 이것은 1906년 조지아 주 애틀랜타에서 일부 흑인들이 살해되고 도시가 며칠 동안 마비된 인종폭동, 그리고 남부에서 발생한 폭행에 항의했던 흑인들이 주도한 1917년 뉴욕 시에서 열린 '침묵 저항 퍼레이드'와 같이 대립적인 사건들에서도 마찬가지였다. 하지만 1960년대에 미국 시민은 매일 밤 텔레비전 뉴스를 통해서 민권운동의 고뇌를 경험할 수 있었다. 거기에서 미국인들은 남부 및 북부와 서부의 다른 지역에 살고 있는 미국 시민의 헌법과 민권이 침해되는 것을 목격하였다. 그들은 피부색 때문에 신체적으로, 언어적으로 그리고 정서적으로 학대받는 많은 시민을 보았다. 몇몇 백인은 유색인을 평등하게 받아들일 경우, 제도적이고 개인적인 특권(백인 특권)을 빼앗기게 될까 봐 두려워했다. 미국 시민이 지켜보는 가운데서도 인종차별주의자들은 욕설을 퍼부었고, 어떤 경우에는 주정부군조차 어린 흑인 소년소녀들이 공립학교에 등교하는 것을 방해하였다. 『A Country of Strangers: Blacks and Whites in America』에서 Shipler(1997: 4)는 다음과 같이 언급한다.

1950년대에 민권운동이 시작되었을 당시, 어린아이였던 우리 세대는 끔찍하고도 잊을 수 없는 이미지를 가지고 성장하였다. 나는 흑인 아이들이 학교로 들어갈 때, 귀엽고 작은 백인 소녀들이 증오스러운 비명을 지르며 얼굴을 찡그리던 것이 아직까지도 좀처럼 잊히지 않는다. 나는 난생 처음 천진하고 순수한 얼굴이 단지 가면일 수도 있다는 것을 알았다.

모든 인종적 · 사회적 계층의 배경을 떠나 미국인들은 그들이 목격한 뻔뻔스러운 인종차별주의에 대해 점차 실망하고, 좌절하고, 분노하게 되었으며, 올바른 일을 하기를 원하게 되었다. 그들의 도덕적이고 윤리적인 나침반은 존 케네디나 로버트

케네디, 그리고 마틴 루터 킹 주니어 등의 암살로 인해 많은 수정을 필요로 했다. 특히 킹 목사의 죽음은 많은 미국 시민에게 사회 정의와 시민권리에 관해 깊이 생각할 동기를 부여하였고, "할 만큼 했어(Enough was enough)!"라고 말하게 되었다.

남부 일대에서 발생한 폭력사태와 더불어, 미국 전역의 사람들은 매체를 통해 인종차별주의와 사실성의 분리주의가 북부의 많은 학교에서 유색인종 학생들에게 지행되고 있는 것을 보았다. 많은 사람들이 인종차별주의적 태도와 행동을 유지하는 그들의 역할에 의문을 제기했다. 예를 들어, 어떤 백인들은 'White flight'(아프리카계 미국인 가족들이 이주해 들어오면, 백인들이 그들의 이웃을 떠나 이주하였다)에 동참하였다.

저자는 다음과 같이 기억한다.

우리 가족이 백인들만 거주하는 곳으로 이사한 첫날, 우리 집 건너편에 주차되어 있던 경찰차를 기억한다. 우리 부모님은 시카고 서쪽에 위치한 집을 구입하셨다. 주말에 나는 백인 가족들의 3분의 1 이상이 그곳을 떠나는 것을 보았다. 학교 운동장에서 남동생과 내가 다른 아이들과 농구를 하려고 하면 무시를 당하였다. 두 번째 주말에는 우리가 살았던 구역뿐만 아니라, 옆 동네의 모든 백인 가족들이 이사를 하였다.

〈실천 예제 3.1〉에서 피부색 때문에 차별 당한 사람들의 감정을 자신의 문제로 생각해보자. 여러분이 소외당했을 때를 생각하고, 어떻게 느꼈는지를 기록해보자.

〈실천 예제 3.1〉 소외당한 사람의 입장이 되어보기

여러분은 모욕을 당하거나, 소외당하거나, 또는 눈에 안 보이는 사람 취급을 당한 적이 있는가? 만약 그렇다면, 소외에 대해 어떻게 느꼈고 어떻게 반응하였는지를 기술하라. 만약 그렇지 않다면, 저자와 그의 남동생이 운동장에서 무시를 받았을 때 느낀 기분에 대해 기록하라. 만약 여러분이 저자의 입장이었다면 어떻게 하였겠는가?

동료들과 여러분의 의견을 나누어보자. 소외에 대해 어떻게 대처하는지에 관한 여러분의 반응은 무엇을 시사하는가? 여러분과 급우의 반응은 자신에 관한 부정적인 느낌을 내면화하거나, 반격하거나, 또는 무엇을 해야 할지 알지 못한 채 좌절하는 것으로 나타날 것이다. 민권운동은 부당한 상황에 저항하고 조정해나가는 조직적이면서도 건설적인 방법이 되었다.

✚ 치카노 운동

아프리카계 미국인의 행동은 치카노 운동을 조직한 멕시코계 미국인을 포함하여 역사적으로 인권을 박탈당한 집단들의 운동을 일으켰다. Rosales(1996)에 따르면, 이 운동은 멕시코계 미국인들이 직면했던 불평등의 문제를 환기시켰다. 그것은 토지 임대의 회복, 공적 · 사적 제도권에서의 차별, 노동자들의 권리, 교육의 질, 그리고 선거와 정치적인 권리 등에 관한 것이었다. 치카노 운동은 미국과 멕시코 사이의 전쟁이 끝나고 현재의 미국과 멕시코 국경 성립 시기인 1848년 이후에 일어나기 시작하였다. 그리고 이 사건은 수십만 명의 멕시코인들이 하루 아침에 미국 시민이 되는 결과를 초래하였다(Rosales, 1996).

1960년대의 치카노 운동에서 높이 평가받는 인물인 세자르 차베스(Cesar Chavez)는 캘리포니아의 중앙 분지에서 농장노동자연대를 조직하기 위해 대항하고, 포도 농장 파업을 지휘했다. 차베스는 1962년 캘리포니아의 델라노(Delano)에서 전미농업노동자조합(UFW)을 출범시켰다. 전미농업노동자조합의 결성에 관해서 차베스는 이렇게 언급하였다.

나는 농장노동자 캠프를 포함하는 아빈(Arvin)과 스톡톤(Stockton) 사이의 86개 마을의 지도를 직접 그렸고, 그곳 모두를 조사하기로 결정했다. 6개월 동안 아이디어를 얻기 위해 그 지역을 조사하였다. 우리는 이름과 주소 그리고 노동자가 급여를 얼마나 받아야 하는지를 묻는 작은 설문지 카드를 만들었다. 아내가 설문지를 등사판으로 인쇄하였고, 우리 아이들을 데리고 2~3일씩 각 마을을 다니며 집집마다 돌리고 캠프와 상점에도 나눠주었다. 약 8만 장의 카드가 8개의 밸리 카운티로부터 수거되었다. 나는 그런 방법으로 많은 답신을 받았는데, 사람들이 임금에 관해 작성한 부분을 보고 충격을 받았다. 농장주들은 1달러나 1달러 15센트를 지불하고 있었고, 사람들은 자신의 노동력에 대해 시간당 고작 1달러 25센트를 받아야 한다고 생각했다. 몇몇 사람들은 설문지에 다음과 같은 메시지를 남겼다. "하나님께서 우리가 승리할 수 있게 해주시기를 바랍니다." 또는 "우리가 승리할 수 있다고 생각하십니까?" 또는 "좀 더 자세히 알고 싶어요." 그래서 나는 연필로 메모한 이런 카드들을 따로 분리해놓고, 차를 몰고 그 사람들을 찾아갔다[카를로스 지메네스(Carlos M. Jimenez)에서 인용. 1994, p. 230].

제2차 세계대전 이후에 탄력을 받은 치카노 운동은 학생운동이 전 세계에서 활발해진 1960년대 후반에 약화되었다. 학생들을 위한 주요 조직인 'MEChA'는 캘리포니아에 설립되었다. 치카노 운동은 멕시코계 미국인 고등학교 학생들이 1970

〈실천 예제 3.2〉 다음 연설문은 무엇을 의미하는가?

민권운동의 핵심 인사들이 말한 인용문들은 그 운동의 목적뿐만 아니라, 그들의 신념에 대한 통찰력을 엿볼 수 있다. 아래에 두 가지 연설문이 인용되어 있다. 동료들과 아래 인용문의 의미를 토론해보라.

세자르 차베스는 이렇게 말하였다. "이 싸움은 결코 포도나 상추의 문제가 아닙니다. 이 싸움은 어디까지나 사람에 관한 것입니다."
한 유명한 미국 원주민 인디언은 이렇게 말하였다. "이 땅을 소중하게 다루라. 이 땅은 너희 부모가 너희에게 준 것이 아니다. 이 땅은 너희의 후손들에게서 빌려온 것이다. 우리는 조상으로부터 이 땅을 물려받은 것이 아니라, 우리의 자녀들로부터 빌려온 것이다."

년에 LA의 한 교실에서 수업을 거부한 사건과 1970년 LA에서 '대중의 정당(Party of the People)'인 라 라자 우니다(La Raza Unida) 정당 설립을 포함한 몇몇 주요 사건들로 나타났다. 라 라자(La Raza)는 멕시코계 미국인들을 위한 더 나은 주택, 직업 그리고 교육 기회를 원했다. 이 운동 기간 동안 정치적인 행동주의와 문화적 자부심을 묘사하는 치카노 예술이 크게 유행하였다(Rosales, 2000).

〈실천 예제 3.2〉는 인권운동 정치지도자들의 연설문이 내포한 의미에 대해 생각해보는 활동이다. 이러한 연설들은 여전히 우리의 사고에 영향을 미치고 있다.

✚ 미국 원주민의 레드파워(Red Power) 운동

1960년대와 70년대의 미국 원주민 운동(American Indian Movement, AIM) 또는 레드 파워(Red Power) 운동은 거의 400년 동안 인디언의 문화와 정신을 파괴하고, 인디언의 영토를 없애고, 정치적 · 경제적인 주류 사회로 인디언들을 동화시키려는 미국 정부의 정책에 저항하기 위해 조직되었다(Banks & Richards, 2004). Wittstock과 Salinas는 다음과 같이 말한다.

이러한 민권운동은 미국이나 캐나다 그리고 중남미 식민지 정부들의 파괴적인 정책들을 거부하기 위해 필요한 인디언의 관심을 불러일으키고 의지력을 회복시키기 위해서 출발하였다. 미국 원주민 운동은 모든 인디언들을 이어주는 깊은 정신과 믿음이었다.

미국인의 민권운동과는 달리 레드파워 운동은 자결권과 인종차별주의를 다르게 다룬다. 그들의 목표는 인종차별 폐지가 아니며, 원주민들의 인권보다 자치권 보존을 더 강조하지는 않았다.

미국 원주민 운동에서 주목할 만한 사건은 1969년, 인디언식 이름을 따온 연방 토지인 알카트라즈(Alcatraz) 섬의 복원, 1973년 파인 리지(Pine Ridge) 인디언 보호구역이 있는 사우스다코타(South Dakota) 주 운디드 니(Wounded Knee) 지역의 대치 상황, 그리고 1972년 수도 워싱턴(Washington D. C.)에서 행진한 다음 인디애나 업무국을 점거한 사건, '파기된 조약의 20조힝 인디언 선언문(Trail of Broken Treaties' 20-points Indian Manifesto)'을 닉슨 대통령에게 제출한 것 등이 있었다. 그 선언문은 다음과 같다.

1. 조약의 복원(1871년 의회에 의해 종료됨)

2. 새로운 조약을 만들기 위한 조약위원회의 설립(원주민 지역 자치권을 포함)

3. 의회에서 발언할 인디언 지도자

4. 조약의 책무와 위반에 관한 재고

5. 상원에 제출해야 할 비준되지 않은 조약들

6. 조약 관계에 의해 통치되는 모든 인디언들

7. 조약 권리 위반에 대한 원주민 국가의 구제

8. 조약을 해석하는 인디언들의 권리 인정

9. 인디언 관계의 재건을 형성하기 위한 연합의회위원회

10. 미국이 원주민들로부터 차지한 110만 에이커의 토지 복원

11. 종료된 권리의 복원

12. 원주민 지역의 정부 관할권 폐지

13. 인디언 공격행위에 대한 연방정부의 보호

14. 인디언 문제 담당국의 폐지

15. 연방 인디언 교섭을 위한 새로운 사무국 설립

16. 헌법으로 정한 미국과 원주민 사이의 관계에서 분열을 해결하기 위한 새로운 사무국

17. 원주민들의 상업 규제, 세금 그리고 무역 제한에 대한 자생력 기르기

18. 인디언의 종교적 자유와 문화적 존엄성 보호

19. 지역 관련 선택을 위한 인디언의 의결권 확립, 정부 통제로부터 자유로운
    국가 수준의 인디언 기관
20. 모든 인디언들을 위한 건강, 주택, 고용, 경제적인 발전과 교육의 개선과 지지

✚ 여성운동

여성운동의 역사는 세 가지 동향으로 설명할 수 있다. 첫 번째 동향은 여성들이 자신들의 권리를 위해 투쟁하고자 조직화되었고, 그 결과 1919년 투표권을 얻었으며, 1960년대까지 지속되었다. 이는 미국여성사 프로젝트(National Women's History Project)에서 다음과 같이 의미 있게 묘사되었다. "사려 깊고 헌신적인 시민의 작은 모임이 세상을 바꿀 수 있다는 것을 결코 의심하지 마십시오. 사실상 그것이 유일한 길이었습니다." 이 진술은 1848년 7월 13일, 엘리자베스 스탠턴(Elizabeth Stanton)과 네 명의 여성이 민주주의의 성장 속에서 여성의 권리 혹은 여성 권리 결여에 대해 토론하기 시작하면서 언급한 말이었다. 우리가 읽은 바에 따르면, 그들의 질문은 다음과 같다. "왜 폭정으로부터 자유를 얻기 위해서 70년이나 앞서 싸웠던 미국 혁명에서 여성의 권리는 포함되지 않은 것인가? 미합중국을 세운 선조는 여성들이 사회 전반에 걸쳐 더욱 활발히 활동하도록 함으로써 사회에 이익을 가져올 수 있다고 생각하지 않았는가?" 물론 스탠턴과 그의 친구들이 처음으로 그런 주장을 한 여성들은 아니었으나, 그들이야말로 여성의 권리를 위한 대규모의 행동 프로그램과 활동을 실천하고자 계획했던 최초의 주창자들이었다. Eisenberg와 Ruthsdottir(1998)는 이렇게 말한다.

함께 차를 나눈 이틀 동안 이 작은 모임에서는 대규모 집회를 열기로 결정했다. 그들은 날짜와 적당한 장소를 정하고 작은 광고문 하나를 세네카 카운티 커리어(Seneca

County Courier)에 게재하였다. 그 광고는 "여성의 사회적 · 시민적 · 종교적 지위와 권리에 대해 토론하는 대회를 개최한다."고 밝히고 있었다. 모임은 1848년 7월 19~20일 Seneca Falls에 있는 웨슬리안 채플에서 열렸다.

1960년대 여성운동의 두 번째 물결은 여성들의 불공평한 대우에 관한 대중의 인식을 일깨웠다. 미국여성사 프로젝트(National Women's History Project)에 따르면, 몇몇 사건이 이 운동의 도화선이 되었다.

1. 1961년, 노동부의 여성사무국은 연방정부가 여성에 대한 차별금지 해결에 적극적인 역할을 할 책임이 있다고 주장하였다.
2. 케네디 대통령은 여성 지위에 관한 위원회를 소집하였고, 의장으로 일리노어 루스벨트(Eleanor Roosevelt)를 지명하였다.
3. 베티 프리던(Betty Friedan)은 『여성의 신비(The Feminine Mystique)』를 출판하였다.
4. 인종, 종교, 국적뿐만 아니라, 성(性)에 기초한 어떠한 고용차별도 금지하는 1964 민권법 Title VII이 통과되었다.
5. 1966년, 여성부(National Organization for Women, NOW)가 조직되었다.
6. 1972년 교육법 Title IX[1]에서 여성들에게도 상급 교육과 직업학교의 기회를 평등하게 주었다.
7. 1977년, 여성잡지 「Ms. Magazine」이 창간되었다.

현재 진행 중인 세 번째 동향에 대하여 Eisenberg와 Ruthsdottir(1998)는 여성들이 성과 생식에 관한 권리,[2] 종교적 예배에서의 여성 지도자들, 그리고 보육 자원과 시설을 제공하는 사업시설 등과 같은 복합적인 문제에 직면해 있다고 하였다.

---

1) 이 법은 1972년에 통과되었으며, 연방정부의 재정지원을 받는 모든 기관에서 성차별을 금지하는 것을 골자로 한다.
2) 이 개념은 1994년 카이로에서 개최된 국제인구계획회의에서 제창된 것으로 개인, 특히 건강과 성생활에 대한 여성의 자기결정권을 보장한다는 견해를 담고 있다.

〈실천 예제 3.3〉은 페미니스트 서점에 방문하는 활동이다. 가능하다면, 그 서점에서 취급하고 있는 책에서 이와 같은 문제들이 어떻게 반영되어 있는지 알아보도록 한다.

〈실천 예제 3.3〉 페미니스트 서점 방문하기

여성학과 여권 신장 연구 관련 서적을 취급하는 서점을 방문하라. 가능하다면, 서점 주인에게 어떤 동기로 시작하게 되었는지 질문하라. 서점의 다른 코너를 둘러보고, 서적의 재고가 일반 서점과 비교할 때 비슷한지 다른지를 알아보라. 여러분이 사는 지역에 페미니스트 서점이 없다면, 자주 가는 서점 주인에게 여성학 서적 판매에 대해 질문해보라.

✚ 동성애 인권운동

1951년, 미국 내 첫 번째 게이 인권조직인 매타킨협회(Mattachine Society)가 설립되었다. 1969년 스톤월(Stonewall) 폭동은 동성애 인권운동의 시발점이 되었다. 폭동은 뉴욕경찰국이 그리니치빌리지(Greenwich Village)의 게이 전용 술집을 급습하여 여장을 한 종업원들과 손님들을 체포하면서 시작되었다. 다른 때와는 달리 종업원들과 손님들은 "참을 만큼 참았다(Enough was enough)"고 생각했기 때문에 저항했다. 기록에 의하면, 그 술집에서 2천여 명의 레즈비언과 게이 그리고 성전환자 지지자들이 경찰을 제압하고, 그들을 클럽 안으로 밀어 넣었다. 폭동은 사흘 동안 계속되었다. 이 사건으로 인해 레즈비언, 게이, 양성애자 그리고 성전환자들(LGBT)은 자신들을 격리하고자 하는 법률과 편견에 대항하는 행동을 시작하였다. 1년 후인 1970년, LGBT(lesbian, gay, bisexual, transgender) 운동가들은 이 폭동을 기념하여 뉴욕을 포함한 몇몇 주요 도시에서 행진을 하였다. 그 이후 프라이드 행진(Pride Parade)은 전국적으로 매년 6월에 열렸고, LGBT는 다른 사람들과 동일한 인권을 주장하였다(Head, 2010).

영화 「Harvey Milk」(실천 예제 3.4)는 샌프란시스코에서 펼쳐진 게이 인권운동의 생생한 모습을 보여준다.

〈실천 예제 3.4〉 영화 「Harvey Milk」 관람하기

1970년대와 그 이전 게이들이 경험한 인권운동의 투쟁에 대한 이해를 공유하기 위해 동료들과 영화 「Harvey Milk」를 관람하라. 그 시대에 게이들이 직면한 문제와 현재에 게이들이 직면한 문제를 비교하고 대조해보라.

✚ 장애인 인권운동

미국에서 장애인 인권운동은 1970년대에 시작하여 흑인 인권운동과 여성운동에 의해 더욱더 활기를 띠었다. 이 운동은 서로 다른 종류의 장애를 가진 사람들을 단결시켰다. 이 운동에는 신체장애, 정신장애, 시각장애, 청각장애, 다른 장애들과 장애가 없는 사람들도 포함되었다. 이 운동의 목표는 장애를 가진 사람들의 삶의 질을 증진시키고, 그들이 직면한 불이익과 차별에 대항하는 것이었다.

이 운동의 첫 번째 목표는 교통, 건축물 그리고 물리적 환경에 대한 접근성과 고용, 교육, 주거의 동등한 기회를 포함하여 장애를 가진 사람들을 위한 시민 권리를 성취하는 것이었다(Barnartt & Scotch, 2001). 시민 권리 법률은 모든 사람이 동등한 기회를 누리는 것을 목표로 한다(Bagenstors, 2009). 여기서 안전과 접근성은 중요한 문제이다. 지금은 당연하게 받아들여지는 도로, 공원, 건물, 화장실의 장애인용 경사로는 장애인 인권운동에 의해서 만들어진 것이다. 또 다른 변화로는 엘리베이터, 교통 승강기, 휠체어 경사로 등이 있다. 특히 교육과 고용에 대한 접근성은 첫 번째 목적에 포함되어 있다. 장애인들의 교육기회를 보장하고 독립을 촉진하는 정책으로 인해 장애인들은 긍정적인 태도 변화를 갖게 되었다. 이 때문에 그들은 학교에 다니고 직업을 갖게 되었다.

장애인 인권운동의 두 번째 목적은 생활방식, 자기결정 그리고 독립적으로 살 수 있는 개인적인 능력을 기르는 데 있다(Barnartt & Scotch, 2001). 병원에서 지내는 대신, 필요하다면 보조원의 도움을 받아서라도 성인으로서 독립적인 생활을 할 수 있는 권리는 매우 중요하다.

- 1963년, 케네디 대통령은 신체장애, 정신지체, 음성 및 시각장애, 청각장애가 있는 모든 아이들이 교육을 받아야 한다고 규정하는 공법(Public Law) 88-164에 서명하였다.
- 1968년의 건축장벽법(Architectural Barrier Act)은 연방정부의 재정을 지원받아 건축되는 모든 건축물에 장애인을 위한 접근로를 설치하도록 규정한다.
- 1975년의 '모든 장애아동을 위한 교육법(1990년에 Individuals with Disabilities Education Act로 이름이 바뀜)'은 장애를 가진 모든 학생들에게 '최소한의 제한적인 환경에서' 무상의 통합교육을 받을 권리가 있다고 규정한다.

✚ 민권운동이 교육에 미친 영향

교사, 학부모 그리고 다양한 배경을 가진 사람들은 학교와 교실에 여러 가지 민권운동을 도입하였다. 그들은 예비교사 프로그램의 개선을 요구하였고, 현재의 교육 수준을 유지할 전문성 계발 프로그램을 주장하였다. 그들은 다양성을 해결할 이전과 다른 새로운 교육과정을 요구하였고, 더 많은 유색인 교사와 교장들을 요구하였다(Parkay, 1983). Silberman(1970: 57)은 『Crisis in the Classroom: The Remaking of American Education』에서 이렇게 기술하였다.

공립학교는 가장 기본적인 임무인 인간 조건의 균형을 유지하는 데 참담해하고 있다. 오히려 가난하고 불이익을 낳는 사람들의 운동이 미국의 경제적·사회적 삶의 주류에 포함되도록 촉진하고 있다. 학교는 균형을 유지하기보다는 조건의 차이를 더욱 영속화시키고, 그 차이를 거의 줄이지 못하고 있다.

이와 유사하게 『White Teacher, Black School』의 저자인 Parkay(1983)는 "1960년대 후반부터 적극적인 소수 집단이 증가함에 따라 자성의 목소리가 확대되었으며, 이에 따라 교육자들은 빈민가 학교들이 사회에 존재하는 강력한 편견을 반영하고 있으며, 실제로 '제도화된' 실패를 하였음을 깨닫기 시작했다." Parkay는 일반적으로 교사, 학생 그리고 사회가 직면한 변화에 대처할 수 있는 새로운 프로그램이 필요하다고 주장하였다. 그는 많은 새로운 교육 프로그램들이 소수민족의 학부모들, 학교 직원들 그리고 좌절한 교사들의 요구에 맞춰질 필요가 있음을 주장하였다. 또한 그는 전통적인 교사교육 프로그램이 교사가 도심 내 학교에서 교육할 수 있도록 준비하는 데 적합하지 않다는 것을 알아야 한다고 주장하였다(p. xvi).

이러한 요구는 다문화교육과 이중언어 교육의 발달을 가져왔다. 초기 다문화교육 도서 중의 하나인 『Teaching Strategies for Ethnic Studies』의 서문에서 J. Banks(1975: xi)는 그러한 프로그램과 교재가 필요하다고 주장하였다.

최근 수십 년 동안 미국 공립학교를 괴롭혀온 '침묵이라는 거대한 거짓말'을 없애기 위해 교육구들마다 강력한 시도를 하고 있다. 이러한 노력은 미국에 살면서 미국의 민족 집단과 인종, 민족의 역할에 대해 배우지 못한다면 그것은 온전한 교육이 아니라는 교육자들의 뒤늦은 깨달음에서 기인한 것이다.

Banks는 "비교민족학을 가르치고 정규 교육과정 속에 민족적 내용을 통합할 필요가 있는 전략, 개념 그리고 교재"를 제공하기 위해 이 책을 발간했다.

이중언어 교육에 대한 주정부 인가는 1800년대 중반으로 거슬러 올라간다. 그때는 많은 주에서 유럽 이민자들의 교육을 위해 독일어, 프랑스어, 스페인어 같은 유럽 언어의 사용을 허락하였다. 하지만 20세기 전반기에 미국 토착문화 보호운동은 이중언어주의를 억압하였다. 1923년까지 34개 주의 학교에서는 영어만 사용하도록 하였다(Ovando, 2003). 1960년대 초반, 카스트로 혁명으로 쿠바에서 도망쳐 플로리다에 살던 쿠바인들은 쿠바로 돌아가기를 기대하면서 학교에서 이중언어 교육을 요구했다. 그들은 초등학교에 성공적인 이중언어 프로그램을 정착시켰는데, 이는 다른 곳에서 이중언어 프로그램이 개발되는 데 원동력이 되었다. 1968년, 쿠바계 학부모들과 교육자들의 요구에 부응하여 의회는 교육구가 이중언어 프로그램 개발을 위해 신청한 자금을 제공하는 '이중언어 교육법(Biligual Education Act)'을 승인하였다. 이러한 새로운 이중언어 교육 프로그램은 특히 남서부에 사는 멕시코계 미국인과 원주민 교사들에게 용기를 주었고, 학교가 그들 자녀들의 요구에 부응하라는 압력을 가하기 위해 조직화되기 시작하였다(Ovando, 2003).

1974년, 미국 연방대법원은 언어적 소수자 아이들이 수정헌법 14조항에서 학습에서의 언어 장벽을 극복하도록 고안된 특별 프로그램에 대한 권리를 갖는지에 관한 질의를 제정하도록 요구받았다. 라우 대 니컬스의 재판(Lau vs. Nichols)에서, 샌프란시스코 공립학교의 중국 아이들은 언어 보충수업을 받지 못하기 때문에 학습에서 동등한 기회를 제공받지 못했다고 주장했다. 연방대법원은 1964년의 민권법을 소수언어를 사용하는 학생들에게 적용하였고, 더 나은 언어교육에 대한 추가적인 요구를 받아들였으며, 그 학생들이 영어로 지도받을 권리가 있고, 영어를 배우는 과정에서 그들이 이해하는 언어로 교과 내용을 배울 수 있는 권리가 있다는 데 동의하였다. 교육에 미친 민권운동의 영향에 관한 직접적인 견해를 얻기 위해 그 당시 학교에서 근무한 경력 교사를 인터뷰하거나, 민권운동 웹 사이트를 방문하여 〈실천 예제 3.5〉를 완성해보자.

1960년대와 1970년대에 학교에서 근무했던 교사를 인터뷰하라. 민권운동으로 인해 교육계에 일어난 변화에 관해 질문하라. 만약 인터뷰할 교육자가 없다면, PBS의 광범위한 자료인 'Eyes on the prize'(http://pbsvideodb.pbs.org/resources/eyes)와 같은 민권운동 웹 사이트를 방문해보라.

민권운동은 주택문제에서 직업문제와 학교문제에 이르기까지 사회 제도 전반에 걸친 배타적인 태도에 도전하였다. 학교에서 학부모와 학생들은 배타적 관행, 배타성과 불공평의 상징에 대항하였다. 이러한 내용들은 학생들을 가르치는 학습 자료가 되었다.

✚ 편향된 학습자료

다문화교육은 인종과 성에 대한 편견으로 가득 찬 교과서와 수업자료에 반대하는 학부모들, 지역사회 구성원들 그리고 교사들(교과서와 수업자료 연구에 의해 지지받고 있는)의 적극적인 활동을 통하여 성장하였다. 1970년대까지 교과서는 모두 백인 중심의 역사를 다루었고, 인종과 민족성에 대한 고정관념을 담고 있었으며, 유색인종과 비주류인종들의 역사와 문화는 생략되었다(Kane, 1970; Klineberg, 1963: Michigan Department of Public Instruction, 1963). 예를 들면, Butterfield, Demos, Grant, Moy 그리고 Perez(1979: 388)는 1976년 당시 대중적으로 사용된 기초 읽기 교과서를 분석하고 다음과 같이 진술하였다.

70년대 후반의 책을 60년대나 70년대 초반의 책과 비교하였을 때, 많이 줄었다고 하더라도 어린 독자들에게 부정적인 영향을 줄 수 있는 편견은 여전히 존재하고 있다. 아동이 고정관념의 영향 없이 최대한의 잠재력을 개발할 자격이 있다고 믿는다면, 아동은 편견 없는 교재를 가질 권리가 있으며, 출판사와 교육자들은 그러한 교재를 공급할 책임이 있다.

교과서에는 인종적인 편견과 더불어 성적인 편견도 많이 포함되어 있다. '여성의 언어와 이미지(Women on Words and Images, 1975)'는 "교과서에서 남성이 여성보다 두세 배나 많이 다루어지고, 직업적인 역할에서는 남성을 거의 여섯 배나 많이 다룬다."고 주장했다. 교과서에서는 여성들이 집 밖에서 일하는 모습을 거의 다루지 않았다. 여성들에게는 단지 어머니와 아내의 역할만 부여하였다.

많은 학부모들과 지역사회 구성원들 그리고 교사들은 모두 백인, 중산층, 성차별주의자 중심의 교과서를 비난하고 구입을 거부하였다. 출판업자들에게는 고정관념을 없애고, 미국 내에 사는 다른 민족, 인종, 성별 그룹의 역사와 공헌에 대해 더욱 포괄적인 설명을 제공하도록 요구하였다. 출판사들은 수백만 달러의 매출 손실에 직면하자 마지못해 변화하기 시작하였다. 예를 들어, 출판사들은 더 많은 유색인종, 특히 아프리카계 미국인들을 교과서 내용에 포함시켰으며, 여성들의 역할을 확장시켰다. 또한, 출판사들은 남부와 북부의 같은 학년에서 사용한 같은 제목을 가진 교과서의 발췌본 생산을 점차 중단하였다.

저자들은 1990년에 1980~1988년 사이에 발간된 1~8학년 대상의 사회, 읽기, 언어, 과학 그리고 수학 과목 교과서 47종을 분석하였다(Sleeter & Grant, 1991). 분석 결과, 백인들은 끊임없이 주된 관심의 대상이었고, 다양한 역할을 보여주고 있었다. 또한 백인 중심으로 교과서 내용의 주제와 업적을 소개하고 있었다. 흑인들은 두 번째로 많은 인종집단이었지만, 흑인 역사에 대해서는 피상적인 서술과 함께 제한된 범위의 역할만 보여주고 있었다. 아시아계 미국인들과 라틴계들은 주로 역사나 현대의 민족적 경험이 거의 없는 인물들로 다루어졌고, 미국 원주민들은 과거 속에 갇혀 있어 거의 보이지 않았다. 교과서들은 성(性)과 연관하여 주로 여성차별주의자의 언어와 성에 대한 고정관념을 담고 있었으며, 여성들은 보다 많이 비전통적 역할 속에서 다루어지고 있었다. 사회 교과서는 가장 비합리적이라 할 수 있었는데, 남자 80%, 여자 20%가 등장하였다. 남성은 주로 읽기와 문학 교과서에서 지배적이었고, 많은 교과서에서는 대부분 두 성별에 대해 고정관념적인 성 역할을 보여주었으며, 어떤 교과서에서는 사람에 관한 교과서 내용을 동물에 관한 내용으로 대체하기도 하였다. 게이나 레즈비언에 관한 언급은 없었다. 아동과 청소년을 위한 도서에서 성적 성향을 다루는 내용이 증가하고 있지만, 교과서 출판사들은 학교의 반발 때문에 이성애자가 아닌 사람들의 언급을 피해왔다. 또한 장애를 가진 사람들은 간헐적으로만 등장하였다. 교과서는 모든 사람이 마치 중산층인 것처럼 묘사하고, 부득이한 경우에만 중산층보다 상위 계층이나 하위 계층 사람을 묘사했다. 인종차별주의, 피정복자, 성차별 그리고 사회 계층에 관한 개념은 전혀 논의되지 않았다.

교육자들은 오늘날 교과서에 관하여 어떻게 말하고 있는가? 〈실천 예제 3.6〉은 여러분 자신의 내면을 찾는 활동이다.

우리는 이 책의 6장에서 교과서에서 다루는 주제를 다시 살펴보고 교육과정의 내용에 관해 더 논의할 것이다. 교과서는 특정 그룹에 대한 배제 양상을 나타냈으며, 교과서 그 자체가 사회적 현실을 반영하고 있다. 즉, 교과서는 민권운동 기간과 오늘날에도 여전히 이와 같은 양상을 보이고 있다.

〈실천 예제 3.6〉 교과서에 나타난 편견

1. 인터넷 검색엔진에서 아래에 나열된 구절 중의 하나를 입력해보라.

- 교과서에 나타난 인종적 편견
- 교과서에 나타난 성적 편견
- 교과서에 나타난 동성애에 관한 편견
- 교과서에 나타난 장애에 관한 편견

2. 나열된 항목 중에 검색 글 하나를 선택해 읽어보자. 읽어본 것을 한 페이지 이내로 요약하고 그 내용을 동료들과 이야기해보자.

셀리아: 모든 사람에게 중요한 것을 배워야 하기 때문에 교과서에 누가 등장하는지는 중요하지 않다고 하는데, 이런 말 들어본 적 있니?

리　사: 우리 엄마도 그렇게 말하셨어. 엄마는 아이들이 알아야 할 필요가 있는 것을 배우는 것에 대해 더 신경 써야 한다고 생각하셔. 학교는 과학, 수학, 쓰기를 더 잘 가르쳐야 해. 교과서에 누구의 사진이 나왔는지를 신경 쓰는 것은 별개의 문제야.

셀리아: 복잡한 문제네. 학교가 모든 학생을 더 잘 가르쳐야 한다는 것에는 동의해. 하지만 나는 중학교 때까지 교육과정 속에서 나와 같은 사람이 보이지 않는 것이 이상했어. 나는 학교에 관심을 기울이지 않고 학교가 마치 다른 사람들을 위한 것 같다고 생각하는 아이들을 많이 알고 있어.

길버트: 맞아, 복잡해. 교과서에 실린 사진들은 교육과정이 나타내는 상징적인 관점을 드러내. 나는 사진에는 그다지 관심이 없지만, 그 관점에는 신경을 많이 써. 리사, 예를 들어 과학에서 여성운동가들의 관점은 무엇일까?

리　사: 흠…… 생각해보자. 나는 여성의 역할은 전통적으로 돌보는 것을 포함하고 있다고 생각해. 그래서 여성운동가의 관점에서 볼 때, 과학은 마치 아이 돌보기 같은 돌보는 일을 통해서 인간 본성에 대해 알게 되는 것에서 시작할 수 있겠지. 과학을 사람 돌보는 일에 적용하는 것을 포함하지.

셀리아: 재미있는 생각이네. 그럼 우리는 중학교 교과서를 이렇게 볼 수 있지. 집에서 돌보는 일을 하는 것에 대해 학생들이 알고 있는 것을 파악하기 위한 범위를 알

수 있겠지. 그럼으로써 책 속에서 여성과학자들의 수를 헤아릴 수 있고 말이야. 아마도 내 경험을 고려하는 자료들이 그렇지 않은 자료들보다 훨씬 더 많은 관심을 불러일으킨다는 것을 알아.

리 사: 교과서 속의 편견은 내가 생각했던 것보다 더 심각하구나. 이런 새로운 생각에 관해 엄마한데 빨리 말해야겠어!

시민권리 운동의 맥락에서 교과서에 드러난 편견은 다문화교육의 발전을 촉발시킨 주된 요인이었다. 교육자들에게 더 큰 문제는 학교가 다양한 형태의 불평등과 배타성에 도전하고 있다는 것이다. 위에 언급된 학생들의 대화는 교육과정을 구성하는 관점과 교육과정을 구성하는 사람 사이에 연결고리가 존재한다는 것을 보여준다. 우리가 이 책에서 고려해야 할 점은 학부모와 지역사회가 공조하고, 학력별 학급편성, 그룹화, 다양한 언어를 통해 학습시키는 방법을 활용하여 학교가 다양한 학생들을 잘 교육시키든지 아니면 배타성과 불공평한 성과를 지속하게 할 수 있다는 사실이다.

과거에 존재한 불공평한 태도와 행동은 어떻게 되었는가? 우리는 형평성과 평등이 도래한 사회 속에서 모든 학생의 요구에 부응할 새로운 교육 프로그램에 대해 계속해서 논쟁할 필요가 있을까? 인종을 구별하는 식당과 카페는 이미 과거의 일이다. 사실상 인종과 장애에 기초한 학생 차별은 여전히 존재하기는 하지만, 더 이상 합법적이지 않고 공식적으로 허용되지 않는다. 학생들의 다양성과 사회적인 정의를 지지하는 프로그램 내의 교육기준뿐만 아니라, 학생들의 다양한 요구를 고려하는 교육 프로그램은 대부분 대학에서 찾을 수 있다. 그럼에도 이러한 프로그램의 목적, 즉 다문화적이고 사회적 정의의 관점을 실천하는 교사를 훈련하고 양성하는 프로그램은 아직 완성되지 않았다.

교사를 위한 다문화교육

　여러분 주변에는 우리가 앞에서 언급한 사항들, 즉 불공정과 불공평이 오늘날에도 여전히 존재하고 있다고 생각하는가? 외관상 아무런 이상이 없어 보이는 어떤 대상의 내부에 상처가 났을 경우, 그 모양이 변화되는 것일까? 우리는 이러한 현상을 '진보의 환상(illusion of progress)'이라고 부를 수 있다. 교육 영역 4는 표면 바로 밑을 들여다보도록 안내해줌으로써 여러분은 청소년들을 위한 유능한 옹호자가 될 수 있고, 그럼으로써 여러분은 오늘날 다문화교육이 갖는 의미를 이해할 수 있을 것이다.

　학교에는 사회적으로 진보의 환상이 많이 있다. 예를 들어, 드디어 아프리카계 미국인이 대통령이 됨으로써 많은 사람들은 인종차별이 과거의 일이라고 주장할 수 있다. 다양한 인종집단의 학생들은 서로 우호적으로 상호교류를 하는 학교 식당이나 운동장에서 관찰을 통해 이러한 주장을 뒷받침할 것이다. 더욱이 단일 인종집단으로 구성된 학생 그룹은 또 다른 그룹이 자신들을 방해하고자 계획한다고 두려워하거나 그것을 인정하려 하지 않는다. 성차별은 대부분 남학생으로 구성된 반(예: 자동차정비반)과 대부분 여학생으로 구성된 반(예: 가정경제반)에서는 거의 나타나지 않는다. 가정경제학은 '가족소비자학(Family and Consumer Studies)'이라는 명칭으로 바뀌었고, 남녀 모두에게 인기 과목이 되었다. 휠체어에 앉은 학생들은 학교의 많은 활동들에 참가하고, 졸업파티뿐만 아니라 비장애 학생들과의 댄스파티에도 참가한다. 학교 응원단, 밴드 그리고 스포츠 팀은 전체 학생의 다양성을 반영한다. 더욱이 유색인 학생이 학생회의 회장이 되고, 게이나 레즈비언이 학급의 리더가 되기도 하며, 아랍계 미국인 학생이 동창회의 구성원이 되기도 한다.

　교사와 학교 행정가들은 학생들이 모든 수업과정과 활동에 참여할 수 있다는 것을 알려준다. 학교 관계자들은 유색인이나 여성들의 기여를 인정하는 이벤트를 지원하고 조정한다. 나아가 교사들은 자신이 맡은 학급에 장애인이나 이중언어를 구사하는 학생들이 오는 것을 환영한다. 많은 사람들은 성차별주의자의 행동과 게이나 레즈비언들을 공격하는 행위에 대해 옹호하지 않는다. 그리고 모든 교사들은 실제로 급식비를 내는 학생들과 무료 또는 할인 급식을 받는 학생들을 차별하지 않으려고 노력한다. 또한 많은 교사들은 학급 교육과정에 편견들이 있지 않은지 검토하며, 소수 언어 학생들을 위한 교육전략을 배우기 위해 기꺼이 워크숍에 참여한다. 이러한 환상들은 모든 학생들이 학업적으로 우수해지기 위한 형평성과 공정힘이 학급, 학교 그리고 사회가 작동하는 데 자연스러운 질서라고 생각하는 데서 비롯된다.

사람들은 우리 모두가 평등하다고 믿고 싶어 한다. 그러나 대학 수업 외에 여러분이 사회 계층에 대한 토론을 마지막으로 들은 것은 언제인가? 물론 누군가는 '복지 맘(welfare moms)'[3]이나 '빈곤층 자녀들(poor kids)'에 관해 말할지도 모른다. 하지만 미국 사회에서 계층에 관한 심도 있는 토론은 좀처럼 이루어지지 않는다. 〈실천 예제 3.7〉에서 미국의 사회 계층에 관한 여러분의 지식을 평가해보자.

이에 대한 해답은 이 장의 마지막에 제시하였다. 여러분의 답변은 얼마나 이 해답에 근접해 있는가? 1970년대 후반부터 1990년대 후반까지 미국인 최하층 5분의 1의 수입(인플레이션을 적용해서)은 6%가 감소한 반면, 최상층 5분의 1의 수입은 55%나 증가했다는 사실이 놀랍지 않은가?(Economy Policy Institute, 2000)

또 다른 예로 인종 통합(racial integration)에 대해 생각해보자. 많은 학교에서 인종 통합이 이루어진다. 하지만 일반적으로 말하면, 거주지 분리가 널리 퍼져 있기 때문에 학교에서의 인종차별은 시민권리 운동 이전의 수준으로 돌아가 있다. 더욱이 많은 학자들이 말하기를, 만약 지역공동체의 인종과 사회경제적인 구조를 검토해본다면 인종 · 민족 간, 그리고 사회 계층 간의 통합은 더욱 어려워지고, 차별은 더욱 확고해질 것이라고 주장하고 있다. Kozol(2005: 1)은 이렇게 말한다.

마틴 루터 킹과 서굿 마셜(Thurgood Marshall)이 살던 시기에 청소년기를 보낸 사람들이 가장 크게 낙심하게 될 경험은 오늘날의 공립학교를 방문하여 얼마나 많은 학교가

---

3)   역자 주: 정부 보조를 받는 엄마

인종차별의 요새들이 되어 있는지를 발견하는 것이다. 브라운(Brown) 판결 이후 30년 간 일시적인 진보를 일구어내고 인종차별에 투쟁한 지도자는 자신의 이름이 새겨져 있는 학교가 예전과 하나도 변하지 않은 것을 보고 실망하게 된다.

〈실천 예제 3.7〉 사회 계층에 관한 퀴즈

1. 2006년 미국 인구의 상위 1%에 해당하는 사람들이 가진 자산의 비율은?

   12.8%___________   34.6%___________   7.5%___________

2. 상위 2~10%의 인구가 가진 미국 자산의 비율은?(경영자, 전문가, 중소기업가)

   50.5%___________   25.2 %___________   36.9%___________

3. 미국 인구의 하위 90% 사람들이 가진 자산의 비율은?

   40%___________   28.7%___________   15.9%___________

    교사들이 효과적으로 형평성을 추구하기 위해서는 사실과 환상을 구분해낼 수 있는 능력을 발달시켜야 한다. 만일 진보가 계속되는 것이 시대의 흐름이라는 생각을 단순하게 받아들였다면, 그 사람은 이미 굳어진 관행 외에 다른 어떤 이유도 찾아보려 하지 않을 것이다. 반면에, 어떤 사람이 미국 사회와 학교가 완전히 불공평하다고 믿고 있다면, 그 사람은 스스로 사회에 영향력을 줄 수 없을 것이라 생각한다. 어떠한 태도로도 예비교사들은 학교나 사회의 고질적인 형평성 문제를 고심하거나 해결할 수 없다.

    그러나 교사들은 교실에서 학생들을 옹호하는 공동 노력에 참여하면서 차이를 만들 수 있다. 예를 들면, 교사는 다양한 집단의 학생들 사이에서 학업 격차를 줄이는 중심 역할을 한다. 형평성이 자연적으로 향상될 것이라는 믿음이나 그러한 진보가 아예 불가능한 것이라는 믿음은 뒤로 하고, 우리는 사회학자들이 제시한

'제도적 구조(institutional structure)'와 '행위 주체자(personal agency)'라는 개념을 통해 그러한 문제를 논의해볼 것이다.

✚ 제도적 구조와 행위 주체자

제도적 구조는 사회적으로 구조화된 관계 유형이다. 형평성이라는 개념을 구체적으로 말하자면, 사람들을 자원 법규 처우에 따라 분류하는 범주를 정하는 것을 의미한다. 그것이 법이든, 일반적 절차든, 단순히 사실 자체든 말이다. 예를 들어, 학생들은 연령에 따라 다른 학년으로 나뉘고, 해당 연령에 맞게 공유된 가설에 따라 필요한 것을 배우게 된다. '학년의 단계'는 아동, 교육과정, 시험 등을 정의할 수 있는 확고한 구조가 되었다. 제도적 구조는 반드시 불공평하거나 제한적인 것만은 아니다.

행위 주체자는 제도적 구조 속에 있거나 제도적 구조에 관계없이 그들이 원하는 대로 행동할 수 있는 사람들의 능력을 뜻한다(Giddens, 1984). 예를 들어, 3학년을 맡고 있는 교사는 '3학년 교육과정'을 가르치도록 요구된다. 그러나 3학년 교사들은 그들의 교육과정을 각기 다른 방법으로 해석하고, 그 결과 아동과 자료들을 가지고 다른 방법으로 가르칠 뿐만 아니라, 학생들에 대한 요구 또한 다양하다.

이런 문제들에 관해 생각해보지 않은 예비교사들은 종종 인간은 완전한 '자유의지(Free Will)'를 가졌다고 가정한다. 그러한 가정은 예비교사들에게 사람들이 직면하게 되는 제도적 제약을 은폐시킨다. 예를 들어, 많은 예비교사들은 빈곤한 가정들은 열심히 일을 하지 않기 때문이고, 숙제를 하지 않는 학생들은 교육에 관심이 없을 것이라고 가정한다. 이와 동일하게 문제시될 수 있는 가정은 사람들의 문제들이 오로지 제도적인 압박들로부터 기인한 것이기 때문에 교사를 포함한 누구도 이러한 문제들에 관해 아무것도 할 수 없다고 생각한다.

제도적 구조와 행위 주체자에 대한 우리의 이해를 더욱 복잡하게 만드는 것은 '문화적 인종주의(cultural racism)'이다. 문화적 인종주의는 인종차별주의의 한 형태로, 인종적인 우등함과 열등함의 생물학적인 표식이라기보다는 문화적인 차이에 따른 인종주의의 한 형태이다. 그리고 "중요한 것은 피부색이 아니라 문화이다."라고 주장한다(Blount, 1992: 2). 예를 들어, 예비교사들은 부모들이 열심히 일하지 않는 이유를 그들이 흑인이라거나 라틴계라는 데 있지 않고 그들의 문화에서 기인한다고 생각한다. Blount가 강조하기를, "문화적 차별주의의 또 다른 방법은 인종적 범주인 '백인'을 대신하여 문화적 범주인 '유럽인'이라고 말하는 것이다(p. 2)."

형평성에 대한 사실과 환상을 구별하는 법을 배우는 것은 분명히 존재하는 불평등을 배우는 것을 수반한다. 즉 그러한 불평등이 얼마나 정교해지고 있는지, 연관된 제도적 형태에 얼마나 자리매김을 하고 있는지, 또한 동시에 학생들과 교사들 그리고 기타 성인들이 형평성을 향하여 얼마나 노력하고 있는지에 대한 가능성을 발견하는 것을 의미한다. 제도적 구조는 많은 힘을 가지고 있고, 사람들이 만든 것이다. 우리의 일상 행동들을 통하여 우리는 제도적 구조들을 재창조하고, 그것들을 파기할 능력도 가지고 있다. 그런 측면에서 우리는 필요한 곳 어디에서든지 변화를 창출할 수 있다.

학생 대화 3.3

길버트: 나는 소위 여기서 '행위 주체자'라고 부르는 것에 찬성하는 쪽이야. 나는 차별을 많이 인식하고 있지만, 사람들 스스로 많은 차별을 하고 있다고 생각해.

셀리아: 어떤 뜻인지 예를 들어줄래?

길버트: 내가 장담하건대, 너는 이것에 찬성하지는 않을 거야. 하지만 여성 운동경기를 한 번 보자. 나는 여성들이 운동경기에 많이 참여하게 된 것을 알고 있어. 특별히 연방에서 후원받고 있는 교육기관에서 성차별을 금지하는 1972년의 Title IX 이후에 말이야.

리　사: 네 말이 맞아. 그 일이 내가 운동경기에 참여할 수 있게 된 이유라고 들었어. 말
　　　하고 싶은 요점이 뭐니?

길버트: 하지만 많은 사람들이 남성들의 운동경기들, 특히 미식축구, 농구 등 여성들의
　　　운동경기보다 더 많은 관심과 수입을 올린다는 사실을 좋아하지 않아. 그렇지
　　　만 인정할 건 인정하자. 여성들은 남성들이 하는 것만큼 운동 능력을 키우는 데
　　　많은 노력을 하지 않아. 그리고 여성들은 여성이 하는 운동경기를 관람하는 데
　　　시간을 보내지 않아. 반면, 남성들은 스포츠를 보는 데 많은 시간을 돈을 소비
　　　하지.

리　사: 길버트. 미안하지만, 너는 여성들의 운동경기가 계속해서 퇴보하게 되는 이유를
　　　모두 알고 있니? 여성 운동경기는 황금시간대에 방송되지도 않고, 시설이나 코
　　　치들도…….

셀리아: 맞아, 길버트. 네 얘기는 크게 잘못된 것 같아. 하지만 우리의 논쟁은 제도적 구
　　　조의 중요성 대(對) 행위 주체자의 중요성으로 종결되었어.

〈실천 예제 3.8〉은 누가 어떤 종류의 교육을 받는지 조사함으로써 진보라는 환
상의 이면을 바라볼 수 있도록 도와준다. 이 실천 예제를 위해서 대부분의 학생을
대학이나 우수한 기술, 직업학교에 진학시킨 고등학교를 방문해보자. 학생들의 인
종 및 민족, 사회 계층, 성별 요소에 관심을 갖고 여러 계층 학생들이 작성한 작문
자료를 최대한 모아보자. 이러한 요소들 중 하나 정도는 동일한 집단일지도 모르
겠지만, 분명히 세 가지 요소가 모두 동일하지는 않을 것이다.

〈실천 예제 3.8〉 학교에서 불공평 사례 조사하기

1. 대학 진학반, 우등반 그리고 3, 4학년의 화학과 물리반을 방문하라. 그리고 학생들의
　인종, 사회 계층, 성별을 기록하라.

• 인종:

- 사회 계층:
- 성별:

2. 기본 과학, 수학 그리고 다른 반을 방문하라. 이러한 수업을 듣는 학생들의 인종, 사회 계층, 성별을 기록하라.

- 인종:
- 사회 계층:
- 성별:

3. 직업 기술반을 방문하라. 이 수업을 듣는 학생들의 인종, 사회 계층, 성별을 기록하라.

- 인종:
- 사회 계층:
- 성별:

여러분이 발견한 것은 무엇인가? 시각적으로 불분명한 학생들의 사회 계층 배경에 대해 질문할 필요가 있을지도 모른다. 여러분이 관찰한 것과 두 명의 동료가 작성한 것을 비교해보자. 이 조사에서 일반적인 유형이 있는가?

많은 교육자료에서는 불균형적으로 아프리카계 미국인, 라틴계, 미국 원주민 그리고 저소득층 학생들이 상급반에 진학하지 못한다는 연구가 있다(Lucas, 1999; Oakes 2005). 이유가 무엇일까? 제도적 제약이라는 이러한 장애물은 잘 돌봐주는 교사들이나 사회의 다른 일원들이 유색인종 학생들과 저소득가정의 학생들을 교과별 상급반으로 진학시키기 위한 준비를 하지 못하도록 방해하고 있는가? 대답은 "예"이다. 일반적으로 제도적이고 개인적인 제약이 존재하기 때문에 이것을 제거하기는 어렵다.

제도화된 장벽은 불균형적으로 작용하여 특정한 인종집단의 학생들과 일부 사회 계층의 많은 학생들을 상급반에 진입하지 못하게 방해한다. 상급반 배치시험에서 과도하게 높은 평균점수를 요구하는 것, 이러한 학생들이 초등학교 때부터 상급반 진학을 위한 준비를 하지 못하고 가장 경험이 적은 교사들에게 배정받는 것이 바로 이러한 장벽이다. 개인적 제약은 저소득층 학생들 또는 편부 및 편모가정의 학생들이 높은 학업수준을 성취할 수 있는 지식이나 열의를 가지고 있지 않다고 생각하는 교사들의 믿음이다. 또한 그러한 학생들을 지도 상담하여 상위권으로 갈 수 있는 길을 제시해주거나 그런 학생들이 잘 배울 수 있도록 하는 추가적인 노력을 하지 않는 교사들의 신념도 포함한다. 예를 들어, 어떤 학생이 가난하거나 유색인종이거나 편부모가정의 학생일 경우, 몇몇 교사들은 이 학생의 동등한 기회와 형평성을 주장하지만, 대부분의 교사들은 이 학생을 소위 '위험에 노출된' 학생이라고 생각해 그 특성과 학업 능력으로 인해 학교와 주류 사회에서 성공할 수 없을 것이라 믿는다.

이제는 더 넓은 사회에서 형평성 문제들을 살펴보자. 그리고 이러한 것들이 학교교육에서 어떻게 반영되고 재생산되고 있는지 살펴보자.

✚ 더 넓은 사회에서의 진보라는 환상

이 절을 시작하면서 '좋은 인생'을 살 수 있는 몇 가지 중요한 사회적 지표(임금과 직업, 주택 소유와 좋은 주거지, 의료 혜택의 질)가 어떻게 분배되어 있는지 살펴보자. 〈실천예제 3.9〉에서 사회적 자본의 공평한 분배와 관련하여 미국 사회에서 지난 수십 년간 어느 부분이 발전했고 그렇지 못한지 검토해보자.

다음 각각에 인종, 성 그리고 능력에 따라 미국이 형평성의 배분을 이루었다고 생각하는 것을 기술하고, 그렇지 않은 부분을 기술하라.

- 수입:
- 직업:
- 주택 소유:
- 의료 혜택의 질:

다음의 내용을 읽으면서 우리가 보여주는 자료와 여러분이 기술한 내용을 확인해보라. 수입과 직업에 관해 먼저 시작해보자.

✚ 수입과 직업

여러분은 성장하면서 부모님의 월급이나 연봉에 대해 가까운 가족들과 이야기를 나눈 적이 있는가? 대부분의 예비교사들은 "아니오"라고 대답했다. 그들은 대학 학자금이나 장학금을 신청하기 전까지는 부모의 연간 수입을 알지 못했다. 반면, 대부분의 예비교사들은 부모의 직업에 대해서 자세히 알고 있다. 더욱이 성장하면서 부모 직업의 지위(높은지 낮은지)에 관해 다양한 방법으로 알고 있었다. 이 두 가지 문제의 핵심은 부모들이 자녀가 최소한 자립할 수 있도록 일정 수준의 돈을 벌 수 있는 좋은 직업을 갖기를 바란다는 것이다. 미국에서 수입이 좋은 훌륭한 직업은 기본적인 인간의 권리로 간주되는 것 이외에도 중요한 지위의 상징이다.

누구나 다 수입이 좋은 직업을 가질 수 있을까? 미국에 있는 주요 기업과 사회적인 기관을 방문해서 중간 이상 관리직을 포함하여 전체적인 다양한 직업의 형태를 알 수 있을까? 물론 관리직에 있는 몇몇 아프리카계 미국인이나 라틴계 또는 백인 여성들을 찾을 수는 있지만, 인구에 비례한 만큼의 지위를 차지하고 있을까? 누가 직업을 가졌는지, 그리고 누가 그렇지 못한지에 대한 질문은 똑같이 중요할 것이다. 서비스직과 기술직이라는 이중의 노동시장에서 어떤 직업이 다른 직업보다 많이 차지힐까?

이것에 관해 미국 인구조사국과 다른 신뢰할만한 자료들의 보고서가 있다. 미국 정부의 통계를 살펴본 결과, 몇 년 동안 백인과 남성이 더 수월하게 직업을 구했고, 여전히 경제적인 활동과 고용에 있어서 유리하다는 것을 알 수 있었다. 2005년 백인의 4.4%만 일자리가 없었던 반면, 라틴계의 실업률은 6.6%였고, 아프리카계 미국인의 경우는 10.4%였다(U. S. Department of Labor, 2005). 2010년 1월 주요 노동자 집단의 실업률은 성인 남성 10.0%, 10대 청소년 26.4%, 흑인 16.5%, 히스패닉 12.6%로 약간의 변화를 보였고, 흑인의 실업률은 여전히 백인의 경우보다 상당히 높게 나타났다. 성인 여성의 실업률은 7.9%로, 그중 백인은 8.7%로 감소했다. 아시아인의 실업률은 8.4%였다(U. S. Bureau of the Census, 2010, 2).

고등학교를 졸업한 백인들은 아프리카계 미국인과 라틴계 고등학교 졸업자보다 20% 이상 수입이 높고, 전문직 종사자의 경우는 40% 이상 수입이 높았다(U. S. Bureau of the Census, 2000; p. 158, Table 252). 많은 미국 원주민들은 심각한 빈곤과 실업을 경험하고 있다. 32%의 미국 원주민들은 2001년 미국 전역에서 빈곤하게 살고 있었으며, 실업률 또한 미국 평균보다 대체로 2.5배 높게 나타났다(U. S. Department of Health and Human Service, 2001). 여성들은 전례 없는 숫자로 노동시장에 참여하고, 법, 의료, 엔지니어링을 포함한 고소득 전문직의 전통적인 남성 영역을 실제적으로 잠식해 갔다. 하지만 전일제 근로 여성의 소득은 전일제 근로 남성 소득의 약 80%이다. 미국 노동부(2008)에 따르면 다음과 같다.

전일제 임금과 봉급을 받는 여성들의 주급(週給)은 638달러이며, 남성의 주급 798

달러의 80%였다. 16~24세 사이의 주급과 비교할 때, 젊은 여성은 젊은 남성이 받는 주급의 91%를 받았다(420달러와 461달러에 관한 상대적 비교).

이러한 임금 격차는 1970년대 중반 이후로 1990~2000년대 사이에 70% 중반을 오르내리며 변화하고 있다. 더욱이 예비교사들의 생각과는 반대로 교육은 수입에서의 성별 차이를 좁히지 못했다. 예를 들어, 2001년에 학사 학위를 가진 남성의 평균 수입은 56,264달러였지만, 학사 학위를 가진 여성의 평균 수입은 40,768달러였다(U. S. Department of Labor, 2002). 많은 여성들이 전통적으로 남성의 직업으로 여겨졌던 직업군으로 진입하였음에도 여성들은 여전히 사무원이나 보육교사 같은 전통적으로 저임금인 '핑크 칼라(pink collar)'[4] 직업에 집중되어 있다.

미국 노동부(2008)에 따르면, 2008년 여성들이 종사하는 10가지 가장 일반적인 직업은 다음과 같다.

1. 비서와 행정 보조원 3,168,000명
2. 정규 간호사 2,548,000명
3. 초 · 중등 교사 2,403,000명
4. 계산원 2,287,000명
5. 소매상 판매원 1,783,000명
6. 간호보조, 정신과보조, 가정건강보조 1,675,000명
7. 소매판매원의 일선 감독자/매니저 1,505,000명
8. 웨이트리스 1,471,000명
9. 안내원과 사무원 1,323,000명
10. 사서, 경리, 회계감사원 1,311,000명

많은 여성들이 가장의 역할을 하면서 위와 같이 지속되는 임금의 격차로 인해

---

4)   역자 주: 전통적으로 여성이 차지해온 직종에 종사하는 노동자 계층을 가리키는 말

아동 빈곤의 원인이 되고 있다. 2004년, 편부가정의 13%만 빈곤에 속하는 반면, 편모가정의 약 28%가 가난하게 살고 있다(U. S. Bureau of the Census, 2005). 이러한 상황은 아동들에게 심각한 영향을 미친다. 이혼 절차에서 여성들은 남성들보다 자녀 양육권을 더 많이 갖게 되지만, 더 낮은 임금으로 가족을 부양해야 한다.

최근 전동 쇼핑카트와 휠체어, 문자가 되는 전화 등 장애를 가진 사람들을 위한 보조 기술들이 많이 증가했다. 더욱이 '장애인 교육 향상법(Individuals with Disabilities Education Improvement Act, IDEIA)'과 같은 연방, 주정부 법률은 통합 학급을 요구한다. 그러나 동시에 장애를 가진 대부분의 성인들은 직업이 없거나 시간제로 고용되고, 그들의 수입은 최저생계비보다 낮은 편이다. 1998년에 장애를 가진 고등학교 졸업자들 중 3분의 1만 직업을 가졌고, 이것은 25년 전보다 약간 증가된 수치일 뿐이다(U. S. Department of Labor, 1998). 노동시장에서 실업과 빈곤은 특히 이중적 차별에 직면해 있는 유색 장애인들에게 더욱더 심각하다.

요약하자면, 1980년대 중반 이래로 노동시장에서 형평성이 있다는 환상이 존재해왔으나, 사실상 임금의 격차는 더욱 벌어지고 있었다. 1970년대 중반과 1990년대 사이에 제조업은 해외로 진출하였고, 미국 노동자들은 정리해고 되면서 미국의 평균 시간당 소득은 12달러 6센트에서 10달러 83센트로 감소하였다(Sklar, 1995). 2001~2003년까지 1,140만 노동자들이 직업을 바꾸었다(U. S. Department of Labor, 2004). 저임금 서비스직, 특히 시간제 직종이 상당히 많은 임금을 지급받았던 전일제 기술직이나 준전문직의 일을 대신하였다. 임시직은 노동시장에서 가장 빠른 성장을 보이는 분야이다. 종종 시간제로 일하는 임시직은 영구직이나 전일제 노동자들보다 더 적은 혜택(건강보험이나 휴가기간 등)을 받고, 대부분 주(州)에서는 그들을 노동법 보호와 실업보험의 혜택에서 배제하였다. 동시에 기업의 이윤과 고위 경영진의 급여는 급격히 상승했다(Leondar-Wright, 2007).

✚ 식생활과 주거

가계 소득은 아동들의 식생활에 직접적인 영향을 미친다. 미국에서 약 1,300만 명의 아동이 기아를 경험하거나 기아의 위험에 노출된 가정에서 살고 있다. 이러한 아동 중 약 300만 명이 일상적으로 음식을 너무 적게 섭취하거나 하루 종일 굶고 지낸다. 시 당국은 식료품 지불능력이 없는 무능력자의 증가가 저임금, 급상승하는 주택가격, 그리고 실업 증가에 기인한다고 생각한다(Headley & Lowe, 2000). 교회와 자선단체들은 그러한 사람들에게 도움을 주기 위해 노력한다(Bread for the World, 2002). 주거 문제도 마찬가지이다. TV 광고들은 처음 주택을 구입하는 장면을 감동적으로 보여준다. 우리가 보았던 장면에서 종종 가난한 사람들이나 유색인들이 집 열쇠를 받는다. 의도적이건 비의도적이건 그 광고는 자기희생을 치르면서 노동윤리를 따라 열심히 일한 사람들이 주택을 소유할 수 있다는 의미를 담고 있다. 또한 광고들은 주택 소유가 '아메리칸 드림'의 가장 훌륭한 모습이라고 전달한다. 특히 많은 빈곤한 사람들에게 광고는 바람직한 삶의 환상이다.

주택 소유는 1996년 미국 전체 인구의 65%에서 2004년에는 69%로 증가했다. 주택 소유는 아프리카계 미국인(49%), 아시아계(60%), 미국 원주민(56%), 라티노(48%)와 비교해서 백인(2004년 73%)이 가장 높다(Infoplease, 2006). 그러나 해비탯(Habitat for Humanity, 2005)[5]에 따르면, 3천만 가구 이상은 적당한 주택이 부족하였다. 평균적으로 미국에서 약 80만 명의 인구가 집이 없다(National Coalition for the Homeless, 2009). 여성 노숙자의 60%, 그리고 남성 노숙자의 41%는 자녀가 있다(Burt et al., 1999). 그리고 많은 노숙자들은 장애를 가지고 있고, 그들 대부분은 과거에 복지시설에서 생활했다. 많은 가정이 부적합한 주거환경에서 살고 있고, 종종 저렴한 주택의 부족으로 인해 매우 비좁게 살고 있다.

여러분은 필수적으로 지출되는 부분이 고정된 상태에서 소득의 불균형이 있다면 사람들이 어떻게 가계를 영위할 수 있는지 볼 수 있을 것이다. 〈실천 예제

---

5)　역자 주: 빈곤층 사람들의 주거 정비를 지원하는 국제 조직

3.10)에서 여러분은 동료들에게 지역의 학교를 정의하고, 학부모들이 어떤 어려움을 겪고 있는지를 탐색할 것이다.

여러분의 동료들과 학생들이 재정적인 어려움 없이 학교에 출석할 수 있도록 그들의 부모가 충분한 수입이 있는지에 관해 토론하라. 그리고 의료 서비스의 비용과 질에 관해 밀해보자.

〈실천 예제 3.10〉 좋은 직업이 차별을 만든다

1. 학부모의 직업에 관해 여러 해 동안 학교에서 함께 근무하고 있는 교사들에게 이야기해보자. 이 정보를 가지고 학부모들의 연간 소득을 추측해보라. 연방세금과 주세금을 빼고 대략 세금을 얼마나 내는지 질문해보자. 그리고 12개월로 나누어 대략의 월 소득을 계산하고, 여기에 작성해보자.

2. 지역신문을 보거나 지역 부동산회사에서 주택 가격이나 아파트 임대비용을 조사하여 월간 액수를 기록해보라.

3. 그런 다음 식료품에 지불하는 비용을 알기 위해서 가까운 슈퍼마켓에 가서 식료품을 구입하고 월간 액수를 기록해보라.

4. 난방, 수도, 전화 등을 포함한 공공요금이 보통 한 달에 얼마나 지출되는지를 알아보고 그 대략의 액수를 기록해보라.

5. 예산에 가끔 영화관람 하는 것, 유선 TV의 월간 비용, 4인 가족이 한 달에 2회 정도 하는 외식비도 포함해보라.

6. 위 비용을 표로 만들어보라.

✚ 건강관리

　이 책을 읽는 독자들은 상당히 좋은 건강보험에 가입했을 것이고, 훌륭한 의료 서비스를 제공받고 있을 것이다. 여러분이 방문하는 병원이나 의원은 최상의 서비스를 제공할 것이다. 의사를 만나기 위해 하루 종일 길게 줄을 서서 기다리는 일도 없을 것이다. 간호사, 의사 그리고 다른 의료진들은 여러분과 개인적인 친분이 있을 수도 있고, 비록 알지 못한다 할지라도 그들은 여러분을 친절하게 잘 진료해 줄 것이다. 그리고 여러분은 지금 그런 혜택을 중요하게 여기지 않을지도 모른다. 그러나 모든 사람들이 그러한 대우를 일상적으로 받을 것이라 생각한다면, 그것은 착각이다.

　현실에서 건강관리와 건강관리의 질에 영향을 미치는 건강보험은 상당히 격차가 심하다. 미국인의 약 16%와 800만이 넘는 아동들은 건강보험에 가입해 있지 않다(U. S. Bureau of the Census, 2006). 저소득층 의료보장제도(Medicaid)는 미국 내에서 빈곤층 사람들을 위한 기본적인 건강보험임에도 최근 2000년도까지 약 1/3가량이 이 보험에 가입하지 못하였다(U. S. Bureau of the Census, 2001). 2000년대 초반에 89%의 백인이 건강보험의 혜택을 받고 있고, 82%의 아시아계 미국인들, 80%의 아프리카계 미국인들, 62%의 라틴계, 71%의 미국 원주민과 알래스카 원주민들이 건강보험에 가입하였다(U. S. Bureau of the Census, 2005). 더욱이 소득, 건강보험 그리고 건강 상태가 비슷한 경우 백인이 더 나은, 더 많은 의료 혜택을 받고 있고(Pugh, 2002), 백인들이 유색인종들보다 더 긴 기대수명을 가지고 있다. 2006년에 백인 남성의 기대수명이 76세인 데 비해 흑인 남성의 기대수명은 70세였고, 백인 여성은 81세인 데 비해 흑인 여성은 76.9세였다(Brown, 2008; De Navas-Walt 외, 2006). 그리고 다른 유색인종 집단과 비교하여 미국 원주민들의 기대수명은 2.5년 짧았다(U. S. Department of Health and Human Services, 2001). 미국은 게이, 레즈비언 그리고 양성애자들의 권리를 보호할 연방법이 없고, 많은 주에서 '동성애 행위'를 불법으로 간주하고 있기 때문에 게이나 레즈비언의 배우자들은 건강보험의 혜택을 제대로 받지 못하고 있다.

부모가 재정적인 어려움을 겪고 있다고 해서 자녀들이 학교에서 제대로 성장하지 못하는 것은 아니다. 실제적으로 가족들은 그들 자녀가 성장할 때, 그들의 부모보다 나은 환경에 있을 것을 기대하고 있고, 학교를 그러한 기대의 수단으로 간주한다.

리 사: 이건 너무 우울하잖아! 나는 내가 백인이고, 중산층 가정에서 성장했다는 사실에 죄책감을 느껴. 그리고 이런 모든 문제들이 불합리해.

셀리아: 이런 현상을 바라보면서 우울할 수도 있을 거야. 그런데 왜 죄책감을 느끼지, 리사?

리 사: 음, 나는 내가 유리한 위치에 있다고 여기지 않았는데, 이 자료들을 읽고 난 후 백인들이 모든 이점을 다 차지한 것처럼 보여. 하지만 난 부자가 아니니까 나 자신을 비난하지 않아도 되겠지?

길버트: 리사, 이 모든 것이 네 책임은 아니야. 너는 단지 그렇게 태어났을 뿐이야. 우리 모두가 다 그래. 나는 이 상황에서 우리가 무엇을 할 수 있을지 질문해보고 싶어. 우리는 교사가 되기를 원하고 계획 중이잖아. 그래서 최소한 우리가 가르치는 아이들을 도울 수 있을 것이고, 학생들에게 상처를 주지 않을 수 있을 거야.

셀리아: 우리가 바로 미래라고 말한 사람이 있잖아. 때때로 나는 그것에 대해 생각해. 우리는 과거가 아니라 오히려 미래인 거야. 그리고 우리가 가르치는 아이들은 미래의 미래야. 우리는 어쨌든 끔찍한 나라에서 태어나지는 않았지만, 미국은 여전히 많은 문제를 안고 있는 나라야.

길버트: 항상 문제들은 존재해.

셀리아: 그리고 그런 문제들을 해결하기 위해 일하는 사람들, 우리 같은 사람들이 있는 것이라고 생각해.

리 사: 아마 우리가 더 나은 환경을 만들 수 있을 것이고, 우리가 가르치는 아이들이 미

래에 더 나은 환경을 만들 수 있을 거야.

교사를 위한 다문화교육

위의 학생들은 대화를 통해 행위 주체자라는 생각을 말하고 있다. 혹은 기관들이 어떻게 일하는지를 변화시키고, 누가 무엇에 접근하는지를 변화시킬 사람들의 능력에 대해 말하고 있다. 행위 주체자는 개인적 책임이라는 개념과는 약간 상이하다. 개인적 책임(personal responsibility)이란 용어는 그들 자신의 삶을 관리할 수 있고, 그들에게 이용 가능한 자원들의 유리함을 취할 수 있는 개인적인 능력을 말한다. 행위 주체자는 자신의 삶을 관리하는 것뿐만 아니라, 우리 주변의 세상을 변화시킬 수 있는 활동을 시행할 수 있는 능력까지 포함하는 것이다. 예를 들어, 의료와 건강보험이 많은 사람들에게 비용 부담이 크다면, 모든 사람들이 가족들을 위해 적절한 의료를 제공할 개인적 책임을 발휘할 수 없다. 행위 주체자란 이용 가능한 어떤 것에 대한 제약 내에서 할 수 있는 것을 하는 것만 의미하지 않고, 제도적인 불공평을 줄이기 위해 규정을 바꿀 수 있는 일을 하는 사람을 의미한다. 이런 경우, 의료를 위해 보다 많은 혜택이 주어지도록 주도적인 역할을 하는 것까지 의미한다.

✚ 학교에서의 진보라는 환상

사회적 불균형과 양질의 교육에 접근하는 데 존재하는 격차를 관련짓기 위해 〈실천 예제 3.11〉을 완성해보라. 〈실천 예제 3.11〉에는 여러분이 교육현장에서 직면할 수 있는 심사숙고해야 할 두 가지 질문이 있다. 또한 길버트, 리사, 셀리아의 말을 주목해보라. 그리고 그들의 말이 그들 삶의 경험과 함께 이 자료를 읽으면서 얻은 지식에서 나온 것임을 마음에 새겨두자.

1. 현재 근무하고 있는 학교에 컴퓨터가 필요하다고 가정해보자. 학교 예산은 충분하지 않고 학생들이 컴퓨터를 받기 위해서 몇 년을 기다려야 하기 때문에 학부모들이 기금모금 행사를 계획한다. 각 컴퓨터는 대략 1,000달러 정도이다. 이 기금모금 활동을 통해서 학교가 얼마나 많은 새 컴퓨터를 구입할 수 있을지 계산해보라. 왜 그런 계산을 했는지 가능한 한 구체적으로 보고서를 짧게 작성해보자.

2. 여러분은 여러분의 학생들 중 대학에 진학할 학생이 몇 명이라고 생각하며, 왜 그렇게 생각하는가? 대학 진학을 결정하고 대학을 선택하는 데 여러분이 얼마나 많은 영향을 미쳤다고 생각하는가? 여러분이 그렇게 생각하는 이유에 대해 가능한 한 구체적으로 보고서를 작성해보라.

학생 대화 3.5

길버트: 문제가 좀 있어. 만약 학부모들이 컴퓨터를 구입해야 한다면, 우리 학교는 컴퓨터를 충분히 확보하지 못할 거야. 컴퓨터는 교육청에서 구입해야 하고, 모든 학생이 컴퓨터를 이용할 수 있어야 해! 하지만 우리 학교 학부모들은 그렇게 많은 돈이 없어.

리　사: 만약 학부모들이 그들의 자녀가 학교에서 어떻게 지내고 있는지 관심을 갖는다면 컴퓨터 구입을 위한 모금에 기부할 거야. 우리 부모님이 하셨던 것처럼. 아니면 최소한 중고라도 말이지.

셀리아: 리사, 모든 학부모들이 컴퓨터를 사줄 형편은 아니야. 만약 내가 다녔던 고등학교가 컴퓨터를 구입할 수 있도록 지역 회사로부터 경제적인 도움을 받지 못하였다면, 내가 대학에 갔을 때까지도 컴퓨터 사용법을 배우지 못했을 거야.

리　사: 그렇구나. 나는 다만 내가 자랐던 곳과 같은 장소에서 가르치고 싶어. 그래서 나는 이러한 문제들에 대해 왜 관심을 가져야 하는지 모르겠어. 나는 정말로 가난한 학교나 소수인종 학생들이 많은 학교에서는 가르치고 싶지 않아. (잠시 중단) 길버트, 너는 나를 이해하지 못할 수도 있지만, 무조건 반박하지 말아줘. 하지만 이러한 다문화 문제들에 대해서 토론하면 할수록 내가 성공적인 교사가 될 수 있을지에 대한 의문뿐만 아니라, 가르쳐야 하는 선택에 대해서도 의문이 많이 생겨.

셀리아: 리사, 넌 할 수 있어.

길버트: 리사, 들어봐. 누가 나를 가르쳤건 나는 열심히 공부했어. 그 선생님들이 나를 가르치고 싶어 했든지 아니었든지 간에 말이야. 학교와 학생들은 너를 필요로 해. 네가 배우려고 한다면 말이야.

셀리아: 내 선생님들을 포함해서 대부분의 사람들이 내가 대학에 진학하지 않을 거라고 생각했어. 사람들은 나에게 최선은 고등학교 졸업 후에 취직하는 것이라고 생각했어. 하지만 나는 대학에 진학하고 싶었고, 우리 부모님도 내가 대학에 가기를 원하셨어. 아마도 우리는 우리 학생들과 함께 대학생활에 관해 이야기할 수 있고, 그런 이야기가 진행되는 방향을 알게 될 거야. 내 음악 선생님은 백인 중산층인 야스퍼(Mr. Jasper)라는 분이었지. 그분이 그렇게 했어. 그래서 내가 여기에 있지!

길버트: 그리고 생각해봐, 리사. 어느 날인가 세상에 속한 '주의들(isms)'에 대항하여 투쟁하던 어떤 이들을 말이야.

셀리아: 학교 제도도 포함해서 말이지?

길버트: 맞아, 바로 그거야. 언젠가 한 아이가 대학 강의실에 앉아서 가장 좋아하는 선
　　　　생님, 본인을 훌륭한 사람이 되도록 활기를 불어넣어준 분이었던 리사 톰슨 선
　　　　생님에 관해 이야기하고 있을 학생을 생각해봐.

리　사: 나도 그리고 싶어.

셀리이: 니도.

길버트: 나도 그래!

　학교는 어떤 학생들을 위해서는 합리적으로 일을 처리하지만 다른 학생들을 위
해서는 그렇지 못할 때가 있다. 훌륭한 교사가 되기 위해서 여러분은 침묵을 깨야
할 필요가 있다. 즉, 현재 많은 관심을 받지 못하고 있지만 공론화되어야 하고 행
동으로 실천되어야 하는 학습 주제를 소개할 방법을 생각해내야 한다. 훌륭한 교
사는 지역사회가 아동의 열망에 대해서 알고 후원하는 이들이다. 지역사회의 많은
이들이 그러한 열망을 실현하기 위한 노하우가 부족할지라도 말이다. 훌륭한 교사
들은 관계를 형성하기 위해, 그리고 학생들의 배경과 관심을 일깨워주기 위해 지
역사회의 생활 방식을 배운다. 그리고 학생들이 어떤 지역사회에 속하든지 배움과
성장을 위한 원천, 즉 인간적·물질적 자원들을 동일시하기를 배운다. 더욱이 훌
륭한 교사들은 정치적으로도 통찰력이 있다. 그들은 지역사회가 겪고 있는 정치적
이고 경제적인 압박을 볼 수 있고, 아이들이 성공하지 못하게 하는 사회적인 제약
으로부터 자유로울 수 있도록 도울 수 있는 사람이다.

　물리적인 시설과 근로 조건을 포함한 많은 제약들은 수업의 질에 영향을 주고,
훌륭한 교사가 되려는 예비교사들에게 불리하게 작용한다(Corcoran, Walker & White,
1998; Earthman & Lemaster, 1996; Olson, 2003; U. S. Department of Education, 1998). Moore(2006)는
효과적인 교육과 전문적인 성장을 지원하는 데 중요한 근무 환경을 다음과 같이
제안하였다. 공정한 교수업무, 동료교사들과 협력할 수 있는 기회, 학습 지원, 지
속적인 전문성 개발, 그리고 경력을 확장시킬 수 있는 기회들, 학생들과 수업을 하

기 위한 지원, 높은 수준을 위한 교육과정 지원, 적합하고 안전한 시설들, 그리고 교사를 지지하는 학교장의 리더십 등이 있다. 나아가 Moore의 연구는 불충분한 근무 환경의 영향으로 교사들, 특히 신임교사들이 학교를 떠나거나 교직을 그만두게 되는 비율이 높은 것에 주목한다. 그 보고서는 특히 재능이 있는 교사들이 근무 환경을 개선하면 교직을 계속할 수 있을 것이라고 말한다. Schneider(2003)는 어떤 학교 시설, 어떤 근무 환경이 가르치고 배우는 일에 영향을 주는지를 알아내기 위해 공립학교 교사들에게 국가적 차원의 조사를 실시하였다. 전국 모든 학년에 걸쳐 교사들의 견해는 잘 준비된 교실 환경이 교사의 교수 능력과 학생의 학습 능력을 신장시킨다는 것이다. 열악한 환경의 교실에서 교사들은 학생들을 적절하게 교육시키기 어렵다. 오히려 이러한 교실 환경은 교사들의 건강에 부정적인 영향을 주고, 교사들이 다른 학교로 전근할 가능성을 증가시킨다. 1990년대 중반 이후, 연방정부는 학교 환경의 실태에 대한 보고서를 작성하는 일에 적극적이었고, 그런 학교 환경이 교사들의 효율성과 교수활동의 질을 어떻게 저해하는지에 대한 조사도 지원하였다. 이 보고서는 열악한 학교도 최고의 훌륭한 교사를 필요로 하는 학생들이 있다는 사실을 파악하였다. 첫 번째 보고서는 열악한 상황의 학교와 좋은 상황의 학교 특징들을 비교하였고, 동일한 하위 부류의 학교들(대도시의 학교들, 미국 서부에 있는 학교들, 규모가 큰 학교들, 소수민이나 빈곤 정도가 높은 학교들)이 끊임없이 중요한 문제점들을 보인다고 주장했다(U. S. General Accounting Office, 1996). 두 번째 GAO 보고서는 1990년도에 미국 내 학교의 22%가 적정 수용인원의 25%를 넘는 과밀학급이라고 주장했다. 더욱이 가장 과밀한 학교는 물리적으로도 가장 열악했다. (45%가 건물 유형이 하나이기 때문에 열악한 상태였고, 59%는 하나의 건물로 되어 있으며, 적정 수준 미만으로 판단되었다. 46%는 최저 수준의 환경 조건을 가진 것으로 보고했다.) GAO 보고서는 수용인원보다 재학생이 많은 학교는 그렇지 않은 학교에 비해 소수민족 등록률이 높은 경향이 있다고 주장한다(U. S. Department of Education, 2001).

정상을 향한 경주는 교사들에게 낙오학생방지법 고위험 시험(No Child Left Behind high-stakes testing)에서 받는 압박감을 다소 완화시키지만, 학교에서 개혁을 요구하며 학년마다 일반적인 교육의 목표들을 발전시킬 것을 촉구하고, 아이들이 학업 수준들을 맞추고 있는지, 교사들은 잘 가르치고 있는지를 평가하기 위해 더 좋은 시험 문항들을 개발할 것을 촉구하고 있다(Clark, 2010). Clark에 따르면, 모든 학생에게 양질의 교육을 제공하려는 오바마 정부가 목표로 하는 네 가지 교육적인 실행 개선은 다음과 같다. 수치화된 학업성취 자료 활용, 학생의 목표, 교사 충원, 그리고 문제를 가진 학교 개혁이 이에 해당된다. 학생들을 성공적으로 이끄는 방법에는 학생들을 더 높은 성취기준으로 끌어올리고, 학생들의 성적을 높인 교사들에게 성과급을 지급하고, 최악의 학교들은 차터스쿨(charter schoo)[6]로 대체하는 것이다.

셀리아: 길버트, 너라면 만일 학생들의 성적을 높여 약 4,500달러의 성과급을 받을 수 있는 극빈층 지역에서 교사를 할 생각이 있니?

길버트: 셀리아, 그런 생각은 해본 적이 없는데. 하지만 왜 못하겠어? 내가 성과급으로 4,500달러를 벌 수 있다는데. 넌 어떻게 생각하니?

셀리아: 성과급을 받는 것과 '극빈층'이란 말은 힘든 학교임에 틀림없는 것 같아. 나는 그런 곳에서 일하고 싶지 않아.

리　사: 나라면 그걸 택할 거야. 나는 늘 그런 곳, 즉 내 주변 사람들이 '더 어려운 학교'라 부르는 곳에서 가르치고 싶기 때문이야. 그리고 나는 오바마 대통령이 말하는 '질 높은 교육'을 하는 학교는 우리가 위에서 읽었던 최상의 근무 조건과 시설들이 있는 곳이고, 헌신적인 교사들이 있는 학교라고 믿어.

　　셀리아, 길버트 그리고 리사가 나누는 대화를 보면 여러분이 누군가와 토론을 시작하기 전에 여러분 자신의 생각을 먼저 정리할 필요가 있다. 단순하게 생각해보

---

6)　역자 주: 미국의 교육 개혁 일환으로 일반 공립학교가 아니라, 학부모 · 교원 · 자치단체 등이 협력하고 공적 자금을 받아 설립한 초 · 중 공립학교의 일종이다.

라. 학생들의 성적을 향상시킨 교사들에게 동기를 부여하고 보상을 해주기 위해서 성과급을 지급하는 학교에 근무하고 싶은가? 여러분은 성과급을 받는 것이 여러분이 근무하고 있는 학교의 학생들에게 모욕이 되는 것이라는 생각은 하지 않는가? 아니면 그것이 질 높은 교육을 위한 마케팅의 한 부분이라고 생각하는가?

✚ 수업 지도

여러분이 수업을 하고 있을 때, 종이 울리기를 바라는 교육과정과 수업을 가장 잘 표현한 말은 무엇인가? '지루함'이 맞는가? 많은 수업 내용은 지루하다. 중학교에서 수업할 때, 지루함은 학생들이 수업을 묘사할 때 가장 많이 사용하는 단어이다(Grant & Sleeter, 1996). 지루할 때, 학생들은 수업에 관심없고 딴 짓을 한다. 많은 교사들은 이러한 행동을 훈육의 문제로 해석한다. 우리는 최근에 은퇴한 어느 독서 전문가와 이야기를 나누었는데, 그분은 지역을 옮겨서 대체교사를 하고 있는 분이었다. 그녀는 어느 날 초등학교에 대체교사로 부임하게 되었다. 그곳 주정부가 음운법(phonics) 지도와 언어에 대한 기본적인 기능에 대해서만 강조하였기 때문에 유일하게 갖고 있는 교수학습 자료는 학생들에게 단순한 언어기능을 연습하게 하는 워크북뿐이었다. 그녀는 흥미를 주기 위해 최선을 다하였지만, 학생들이 분명히 지루해하는 것을 보았다. 그러나 수업에서 연습문제를 주로 사용하는 교사는 활동에 집중하지 못하는 학생들을 잘 다루었던 그녀의 능력을 높이 평가했다. 은퇴한 독서 전문가는 읽기에 어려움을 겪는 학생들이 문학 작품에는 흥미조차 갖지 못한 채 매일 워크북에 집중하는 것을 보고 깜짝 놀랐다. 그리고 지루함이 주는 직접적인 결과는 학생들의 읽기능력 부족이나 바람직하지 않은 행동으로 나타났다.

〈실천 예제 3.12〉에서는 여러분이 지루하다고 느끼는 수업에 대해 간단히 묘사해보아라. 왜 지루하였는지를 설명해보자.

〈실천 예제 3.12〉 무엇이 수업을 지루하게 하는가?

① 나는 ________ 수업시간이 _____________ 때문에 지루하였다.

② 나는 ________ 수업시간이 _____________ 때문에 지루하였다.

　비록 일반적으로 다양한 양상들이 나타나기는 하지만, 중학교 수업보다 대부분의 초등학교 수업들은 다양한 방식으로 이루어진다. 초등학교 수업에서는 읽기 지도를 할 때, 많은 교사들은 한 그룹을 가르치고 나머지 그룹은 학습지를 풀게 한다. 수학, 사회, 과학 또는 언어 시간에는 많은 교사들이 교과서를 사용하면서 교과 전반을 가르친다. 수업은 보통 교과서에 나와 있는 순서대로 가르치면서 교사용 지도서에 나와 있는 질문을 학생들에게 던지고, 시중에 출판된 유인물 또는 워크북 등을 사용하여 칠판에 쓰면서 설명해준다. 어떤 초등교사들은 수업을 개별화하고, 학습센터를 사용하고, 소그룹 지도를 한다.

　중등학교에서는 수업이 보다 일률적이다. 한 연구자는 중등학교의 수업을 "줄 맞춰 놓여 있는 의자에 앉아 있는 학생들에게 교사 혼자서 말하고, 질문하고, 학생들의 대답을 듣고, 수업시간 전반에 걸쳐 학생들을 감독하고, 가끔 학생들의 보고서, 토론, 영상 발표를 시키는 형상"이라고 묘사하였다(Cuban, 1994: 222). 그나마 과학 수업을 하는 실험실은 학습에서 다양함을 제공해주는 공간이다. 진로 교육, 체육, 예술 수업들은 더 다양한 활동들을 제공한다.

　최근 낙오학생방지법의 일환으로 수업은 더욱 일률적이 되었고, 특히 학교들은 학력 신장을 위해 매우 분주해졌다. 학업성취가 낮은 초등학교 교사들은 종종 교과서와 교사용 지도서를 직접 가르친다. 또한 많은 반복훈련들과 연습, 그리고 시험 준비를 해야 했다(Grant & Brown, 2006). Kozol(2005: 28)은 정부에 의해 집행되는 비인격적이고 기계적인 관행에 교사들이 동의해야만 했다고 지적하면서, "교육경력에 상관없이 '교사가 배제된' 교과과정을 가르쳐야 하는 교사들은 자신의 직업적인 전문성을 존중받는다는 느낌을 받지 못한다"는 사실에 주목했다.

✚ 교사의 기대치

교사가 학생들에게 갖는 기대치는 학생들이 질 높은 교육을 받는 데 영향을 미친다. 여러분은 기대치를 높게 또는 낮게 가질 수 있는 상당한 능력을 가지고 있다. 교사들의 기대치는 우리가 토론하였던 제도적인 제약의 일환으로 학습에 많은 제한을 가져올 수도 있다. 오랜 기간 동안 여러 연구자들은 학생들의 인종과 교사들이 학생들에게 가진 기대치 사이의 상관관계를 연구하였다. 이러한 연구들은 "교사들은 백인과 아시아계 학생들의 학업능력이 아프리카계나 라틴계 학생들보다 뛰어나다고 보는 경향이 있음"을 지속적으로 발견하였다(Irvine, 2003). 그러나 중요한 것은 기대치가 여러분의 행동에 어떻게 영향을 미치는가이다. 교사들이 어떻게 가르치고 학생들에게 어떻게 반응하는가 하는 것은 교사들이 얼마나 많은 배움의 기대치를 갖고 있는가와 학생들이 교사의 행위들을 매우 잘 습득한다는 것과 연관된다. 예를 들어, 교사들이 얼마나 많은 시간을 실제로 가르치는 일에 사용하며, 게임을 하거나 잡담을 하는 것과는 반대되는 실제의 학습에 책임지고 가르치고 있는가는 교사가 얼마나 진지하게 학생들을 교육시키는 것에 관여하고 있는가를 보여준다. 교사들은 학생들과 어떻게 소통하고 있는가? 토론의 깊이와 넓이는 어떠하며, 토론을 통해서 학생들을 배움의 길로 인도하는 범위는 어느 정도인가? 결국 교사들이 어떻게 학생들과 소통하는가도 기대치를 전달하는 방법이 된다. 기대치는 결국 '교사와 학생 간의 협상'을 통하여 전달될 수 있는 것이다. 어떤 수업에서 학생들이 25~30분 정도 조용히 수업을 잘 받는다면, 나머지 시간 동안 급우들과 어울릴 수 있는 시간을 주는 것을 예로 들 수 있다. 하지만 그러한 협상은 학생들에게서 학기를 통틀어 가치 있는 학습시간을 빼앗는다.

〈실천 예제 3.13〉에서 여러분이 현장 경험 때 만난 두 명의 학생을 인터뷰해보자. 가능하면 학생들에 대한 교사들의 기대치를 고려해서 다른 인종과 다른 성별의 학생들을 선택하라. 그런 다음 여러분이 인터뷰했던 학생들의 교사가 가지고 있는 기대치에 관하여 그 교사를 인터뷰해보라.

〈실천 예제 3.13〉 교사 기대치

1. 학생들을 위한 질문

- 담임선생님은 네가 무엇이 될 거라고 생각할 것 같니?
- 선생님이 너를 어떻게 생각할 것 같니?
  (a) 똑똑하다 (b) 보통이다 (c) 다루기 어렵다
- 그렇게 대답한 이유

2. 교사를 위한 질문

- (학생 이름)이 자라서 무엇을 하고 있을 거라고 생각하는가?
- (학생 이름)이 가진 학업적인 잠재력은 어떠한가?
  (a) 똑똑하다 (b) 보통이다 (c) 다루기 어렵다
- 그렇게 대답한 이유

대답을 비교해보라. 학생들과 교사의 기대치가 근접하는가? 그렇지 않다면, 왜 여러분은 그렇게 생각했는가? 그리고 학생들에게 그러한 기대치가 어떤 영향을 미칠 것이라고 생각하는가?

✚ 교사-학생의 상호작용

학생들에 대한 기대치는 교사가 수업에서 학생들과 어떻게 상호작용하는지에 영향을 준다. 여러분은 다음 내용이 사실이라고 생각하는가?

- 많은 교사들은 같은 반에서 백인, 남학생 그리고 중산층인 학생들과 더 많이 상호작용하고, 이름을 더 많이 부르고, 칭찬해주고, 도전할 수 있는 기회를 준다.
- 많은 교사들은 흑인 남학생을 가장 많이 꾸짖는다.
- 교사들은 남학생보다 여학생들에게 관심을 덜 가지는 경향이 있다. 교사들은 여학생보다 남학생에게 더 긍정적이거나 부정적인 관심을 갖는다.

여러분은 위의 모든 사항들을 사실이라고 생각하는가? 몇 가지 연구에 따르면 여러분의 생각이 옳다(Okpala, 1996).

교사들은 학생들의 행동을 통해 그들을 어떻게 다룰지를 결정한다. 만일 학생들이 버릇없는 행동을 한다면, 교사들은 그들을 꾸짖는다. 만약 학생들이 손을 들면, 교사들은 그들의 이름을 부른다. 만약 학생들이 교실을 벗어난다면, 교사들은 학생들을 무시하는 것은 아니지만, 일상적인 일이라고 생각한다. 여기에서는 교사들이 어떻게 학생들을 이해하고 있는가에 대한 분석이 간과되었다. 만약 한 학생이 몸을 자꾸 움직인다면, 그것은 무엇을 뜻하는가? 그것은 학생이 지루하거나, 흥미를 잃었거나, 활동적이거나, 버릇이 없다거나 또는 화장실에 가고 싶다는 것을 뜻하는 것인가? 일반적인 패턴이 어긋나지 않는 한, 백인 중산층 남학생은 교사로부터 더 많은 교육적인 주목을 받게 될 경향이 있다. 이러한 행동주기는 교실에서 계속해서 나타난다. 〈실천 예제 3.14〉는 만약 여러분이 관심 또는 무관심이라고 생각하는 동일한 형태의 패턴을 계속해서 보게 된다면 어떻게 반응해야 하는지를 생각해보는 활동이다.

이제 교사의 행동에 대한 학생들의 갈등에 관해 쓴 대답을 살펴보자. 예를 들어, 만약 여러분이 계속해서 무시를 당한다면, 여러분은 관심을 가져달라고 요구할 것인가? 침묵할 것인가? 여러분의 친구들을 괴롭힐 것인가? 교사 행동의 어떤 점이 여러분에게 자극이 되는가? 그리고 교사의 행동에 여러분은 어떻게 반응할 것인가? 반복적인 이런 행동은 진지하게 관찰해보아야 한다. 우리는 교실에서 교사와 학생 간의 상호작용이 부정적으로 계속되는 상황을 자주 경험했다. 그러한 경우 교사와 학생 모두 그들이 어떻게 서로 상호작용을 하였는지를 생각하기보다는 상대방이 보여주는 결과라고 생각한다. 부정적인 영향을 많이 받은 학생들은 교사들과 문화적으로 다르고, 결과적으로 교사가 '정상적인' 행동이라고 믿는 것과 다른 행동으로 인해 교사로부터 오해를 받는다.

✚ 우열반과 수준별 반 배치

초등학교에서 광범위하게 발견되는 우열반(Ability grouping)과 고등학교에서 대입을 위한 주요 교과별 · 수준별 반 배치는 학생들의 학업능력 평가에 기초하여 학생들을 구분함으로써 종 모양(bell-shaped curve)의 곡선을 제도화하는 데 일조한다. (수준별 반 배치는 학생들을 대학 준비반이나 기초반으로 편성하는 것을 뜻한다. '종 모양 곡선'은 가장 많은 학생들이 중간에 위치하고, 점점 감소하는 수의 학생들이 스펙트럼의 최상과 최하에 분포하는 것을 뜻한다.) 여러분은 〈실천 예제 3.8〉에서 수준별 반 편성을 간략히 살펴보았다. 그 실천 예제에서의 답변들을 복습해보자. 어떤 부류의 학생들이 상급 과학반과 수학반에 가장 많이 있는가? 직업 훈련반에는 어떤 학생들이 모여 있는가?

우열반과 수준별 반 배치에 대한 찬반양론은 미국 교사들의 연합 출판물 『온 캠퍼스(On Campus, Lucas, 1992; B. L. Mitchell, 1992)』의 'Speak Out' 면에서와 같이 교사들 사이에서 계속적으로 토론되는 주제이다. 이 글에서는 두 명의 교사가 그들의 입장에 대해서 토론하는데, 하나는 우열반 제도가 평생 지속되는 낙인이 될 수 있다는 것이고, 다른 의견은 능력 있는 학생들이 무시되지 않아야 한다는 내용이다. 많은 사람들이 우열반과 수준별 반 편성이 대부분의 학생들에게 최선이라고 인정함에도 "어떤 학생 그룹도 동일 그룹에서 계속적으로 이점을 얻지 못한다"는 점과 중간과 하위 그룹은 종종 부정적인 영향을 받는다는 결론에 주목한다(Oakes, 2005: 7).

Oakes는 1970년대 후반 미국 내 25개의 중등학교에서 수준별 반 편성이 광범위하게 실시되고 있음을 발견했고, 어떻게 이런 관행이 양질의 수업에 불공평하게 접근하도록 제도화되는지를 설명하였다. 다민족학교의 상위반 수업에서는 백인들이, 하위반 수업에는 소수민족과 하위 계층의 학생들이 불균형적으로 많이 배치되었다(Lucas, 1999). 상위반 학생들은 더 많은 수업 시간, 더 많은 숙제, 더 다양한 교수활동, 명확한 지도, 높은 수준의 사고력 기술에 집중하려는 경향이 있고, 하위반 학생들보다 대학 진학에 접근하는 내용에 더 많이 노출되어 있었다. 대부분 상위반 학생들은 학교에 대한 열정과 개인적인 능력에 대한 감정을 표현하는 반면, 하위반 학생들은 학교에 대한 관심을 갖지 않고 학습적으로 무능력하다고 느낀다. 영재반(Classes for gifted students)에는 여전히 백인들이, 정신지체와 정서장애 학급에는 아프리카계 미국인들이 불공평하게 많이 배치되었다(미국 교육부, 2000). 어떤 학교에서는 라틴계 학생들이 특수학급에 너무 많이 배치되어 있었고, 또 다른 학교에서는 라틴계 학생들이 그에 해당되든지 아니든지 간에 이중언어 교육반에 배치되어 있었다. 수준별 반 배치는 1970년대에 광범위하게 나타난 반면에 현재는 일반적인 일이 아닌 것처럼 보인다. 하지만 Andrew(2007: 1)에 따르면, 비공식적으로 수준별 반 배치 활동이 지속되고 있는데, 초등학교에서의 유급제도가 아마 그러한 비공식적 수준별 반 배치를 나타내는 사례이다. 따라서 학생들의 교육적 궤도는 그러한 현실 속에서 오랫동안 잠정적으로 형성되고 있다. Andrew는 고교 졸업과 대학 입학, 그리고 대학 졸업에서 학년 유급의 영향에 대해 조사하였다. 그는 수준별 반 배치 제도와 마찬가지로 학년 유급이 앞서 말한 세 가지 교육적 단계에서 위험 요소로 작용한다는 것을 알아냈다. 비록 학생들을 구분하여 분류하고 진학을 위해 편성하는 방법과 수단이 사라졌지만, Andrew가 지적한 대로 수준별 반 배치는 여전히 계속되고 있다. 훌륭한 교사들은 학생들을 평가하는 '몇 가지 방법들'과 그들을 주류 사회로 편입시키고자 하는 노력에 대해 항상 주의 깊게 지켜봐야 한다. 또한 훌륭한 교사는 학생들을 불공평한 배움의 기회, 단순히 따라가게 하는 수준별 반 배치의 또 다른 방법을 수행하도록 해서는 안 된다.

수준별 반 배치의 또 다른 형태는 아프리카계 미국인, 라틴계 그리고 소수 언어 학생들을 특수학급에 배치하는 것이다. 이러한 반 배치는 좋은 의도를 가졌음에도 우려할만하다. 2002년에 특수 아이를 위한 위원회(Council for Exceptional Children)는 이렇게 주장한다.

많은 아이들이 특수교육이나 그와 관련한 도움을 받아야 한다고 평가된다. 사실상, 그들이 그렇지 않은데도 말이다. 이런 일이 한 교육구 내에 속한 한 그룹의 학생들에게 반복적으로 발생할 때, 이것은 특수교육을 받는 학생들의 불공평한 인종적 비율을 초래한다. (실제로 미국 내 많은 학군 가운데서 아프리카계 미국인 학생들에게 이러한 일이 많이 일어난다.) 특수교육 프로그램에 속한 그룹의 구성원이 그 프로그램에서 교육 시스템에 속한 그룹의 비율보다 높을 때, 혹은 장애 범주(예를 들어, 학습장애, 정신지체, 정서장애 등)로 알려진 그룹의 비율보다 높을 때, 그 집단은 지나친 대표성을 띠게 된다. 그러한 학생 편성은 공정하지 않고, 항상 문제의 소지가 있다(p. 1).

✚ 기술에 대한 접근

컴퓨터 기술에 대한 접근도 불공평한데, 이를 간단하게 '디지털 격차(digital divide)' 라고 부른다. 어떤 이는 우리가 살고 있는 이 시대를 '정보의 시대'라고 한다. 컴퓨터 사용능력은 정보의 시대를 성공적으로 살아가기에 필수불가결한 지식이고, 컴퓨터는 지식 수행에 있어서 필수적인 도구이다. 컴퓨터 사용능력과 컴퓨터를 얻기 위해서는 돈이나 장소가 모두 필요하다. 컴퓨터에 대한 접근은 학생이 다니는 학교의 상대적인 부유함과 아주 밀접한 상관관계가 있다. 저소득층 아이들이 전문직업인들의 자녀들보다 컴퓨터가 충분한 학교에 다닐 수 있는 가능성은 매우 적을 것이다. 또한 그 학생들은 집에서도 컴퓨터에 접속할 기회가 거의 없다. 한 연구는 2004년을 기준으로 대학생들의 컴퓨터 사용 빈도를 조사한 결과 백인 대학생이 87%, 흑인 학생은 76%, 라틴계는 81%로 나타났다(Farrell, 2005: 32). Farrell에 따르면, "흑인 학생들은 히스패닉 학생보다 5%, 아시아계 미국인 학생들보다 15% 학업성취가 낮고, 다른 소수 학생들보다 학습에서 뒤처진다"고 말한다. 고속 인터넷 연결 비용은 디지털 격차에 크게 기여한다. Farrell은 저소득 공동체들이 고속인터넷 시장에 고려되지 않고, 아이들에게 점점 과학기술적인 접근의 기회가 줄어들고 있는 실정이라고 지적했다. Gorski와 Clark(2002)에 따르면, 디지털 격차는 비영어권 사람들뿐만 아니라, 영어를 제2언어로 사용하는 사람들에게도 큰 영향을 나타내고 있다고 한다. Gorski와 Clark가 말하기를 인터넷 웹페이지의 대부분은 영어로 되어 있지만, 전체 인터넷 사용자의 57%가 영어 외의 언어를 사용하는 사람들이라고 밝혔다. 두 사람이 주장하고자 하는 것은 컴퓨터와 인터넷 기술의 발전으로 인해 미합중국과 광범위한 지구촌이 사회문화적·교육적으로 통합되고 있다는 것이다. 그럼에도 컴퓨터를 가지지 못한 사람들에 대한 관심은 대단히 적으며, 그로 인해서 디지털 격차는 점점 심화되고 있다는 것이다. 예비교사들은 다음과 같은 Gorski와 Clark의 전망에 대하여 심각하게 고려해야 할 것이다.

컴퓨터 기술은 언어와 제2 외국어 수업에서 편리한 도구이다. 이러한 상황에서 컴퓨터를 사용하는 방법은 거의 유럽 중심적 교육방법인 '기술과 반복학습(skills and drills)'이다. 즉 학생들에게 음운학과 문법, 단어와 동사 활용법들을 알게 해주는 컴퓨터 소프트웨어를 활용한다.

✚ 성적 소수자들에 대한 평가절하

대체로 사회에서와 마찬가지로 학교에서 발생하는 차별은 지속적으로 심각한 결과를 초래하고 있다. 예를 들어 게이, 레즈비언, 양성애자 그리고 성전환자(LGBT) 청소년들을 보자. LGBT는 사회에서 법적으로 인정되는 지위를 갖지 못하고, 많은 이성애자들은 그들을 경멸하는 눈빛으로 보는 것이 매우 일상적이다. 결과적으로 여러 보고서들에 따르면, 48~76%의 LGBT 청소년들이 자살을 생각했고, 그중 29~42%의 청소년들이 자살을 시도한 적이 있다고 한다(Russel & Joyner, 2001). 게이와 레즈비언 청소년들이 이성애자 청소년들보다 더 우울하고, 절망을 느끼며, 자살 성향을 가지고 있다. 또한 이성애자 청소년들(13%)의 두 배가 넘는 LGBT 청소년(30%)이 자살 시도를 한 적이 있다고 보고하였다(Safren & Heimberg, 1999). LGBT 10대들은 마약을 남용하며, 폭력과 희롱의 희생자가 되고, 가출을 하여 결국은 거리를 배회하게 된다(Bruce & Obolensky, 1990; Krucks, 1991; Uribe & Harbeck, 1991).

Susan Cochran은 게이와 레즈비언 청소년들의 우울증 비율이 아주 높고, 불안장애와 마약 남용이나 의존 현상이 일반화되어 있다고 보고한다. 게이 남성은 심각한 우울증 재발생 비율이 높고, 15~54세 사이의 성적 소수자들은 불안장애, 마약 남용 장애와 자살 충동이 더 높게 나타난다. 정신건강 의료서비스를 더 많이 이용하는 계층은 동성애자들인 것으로 나타난다(DeAngelis, 2002: 2 인용).

Cochran은 LGBT 사람들에 대한 이러한 형태의 정보 수집은 이전의 일반적 조사로는 절대 불가능하다고 강조한다. 왜냐하면 이러한 연구 조사는 정신의학적인 문제와 성적인 행동을 포함한 HIV(AIDS 바이러스) 위험 요소들에 대한 검사를 기본적으로 해야 하기 때문이다. Cochran은 "이런 내용이 새로운 발견이라 할 수 있는데, 이는 소수에 해당하는 게이와 레즈비언 그리고 양성애자들의 대량 샘플을 수집하기가 어렵기 때문이었다"고 말한다. 이는 이성애자와 LGBT 사람들의 정신건강 면에서 중요한 차이점이 없다는 이전의 결과와는 상반되는 것이다. 그러나 그녀는 이러한 결과들이 "동성애자가 선천적인 정신병이라는 거짓된 주장을 퍼뜨리기를 원하는 사람들에게 유리한 정보를 줄지도 모른다"고 우려하였다(p. 2).

또한 LGBT인 부모나 양육자들의 아이들은 학교에서 어려움을 겪는다. 〈실천 예제 3.15〉에서는 LGBT의 자녀가 학교에 다니는 경우, 그들의 삶에 부모의 성적인 취향이 어떤 영향을 미쳤는지를 확인하는 인터뷰를 할 것이다. 물론 그들은 게이, 레즈비언 혹은 양성애자인지를 여러분이 확신할 수 있도록 '커밍아웃한(out of closet)' 사람들이어야 한다. 만약 여러분이 누구를 인터뷰해야 할지 모른다면, 그 자체가 사람들이 자신들의 모든 것을 드러낼 수 없다는 비수용적인 태도를 보여주는 것이라고 볼 수 있다.

이 인터뷰가 여러분이 좀 더 포용적인 교실 환경을 만드는 데 도움이 되었는가?

앞에서 우리는 여러분을 학교와 더 넓은 범위의 사회로 안내했다. 우리의 의도는 사회적이고 교육적 자원들에 접근하는 데 있어서 지속적인 불균형에 관해 비판적인 생각을 갖도록 하는 것이었기 때문에 격차를 줄이는 데 방해가 되는 제약들을 토론하도록 하였다. 다음의 논지로 나아가기 전에 〈실천 예제 3.16〉에서 여러분이 읽고 생각했던 것에 관해 자세히 살펴보도록 하자. 우리는 여러분이 갖고 있는 진보에 대한 환상을 넓혀주고자 했고, 제도적 제약들이 교수-학습에 어떤 영향을 주는지에 대한 인식을 증대시키도록 하였다. 인식은 행동을 하기 위한 첫걸음이다. 학문적인 도전을 이루어내고, 다양한 문화에 주의를 기울이며, 공평성을 지니고, 모든 학생들을 차별하지 않는 교실을 만들고자 하는 태도는 바람직하다. 이 책의 나머지 부분은 이러한 개념들을 발전시켜 나가고자 한다. 신임교사로서 학교에서 몇 년간 유용한 제도적 도구였던 수준별 반 배치를 없애려고 하거나, 이미 확립된 학교의 관행을 중단시키려고 한다면, 학교 관리자와 다른 교사들로부터 저항을 받게 될 것이다. 학교에 산재한 형평성에 대한 문제를 제기하기 위해서 신임교사는 우선 형평성에 대한 다른 교사들의 태도와 의견을 모으고, 문제해결에 있어서 학교 내에서 차별받는 학생들에게 영향을 미칠만한 자료를 수집해야 할 것이다. 그러나 교사는 우선 자신이 영향력을 미칠 수 있는 공간에서의 제도적 제약들을 파악해야 한다. 그리고 문제를 해결하기 위해 목표를 세움과 동시에 계획을 수립하고, 교사 자신이 가진 배경을 고려하며, 개인적 제약 요인이 없는지 살펴보아야 한다.

〈실천 예제 3.15〉 포용에 관해 배우기

가능한 질문들은 다음과 같다.

① 여러분의 성적(性的) 정체성 때문에 여러분의 자녀가 학교에서 차별 대우를 받은 적이 있는가?

② 다른 부모들이 자녀가 학교 밖의 어떤 이벤트나 활동(예: 생일파티)에서 여러분의 자녀와 함께 어울리게 하는가?

③ 교사들이 여러분 또는 여러분의 자녀를 차별적으로 대우하는가?

〈실천 예제 3.16〉 진보에 대한 환상: 검토하기

1. 격차가 의미 있게 줄어든 2~3가지 영역을 기록해보자.

   ①

   ②

③

2. 여러분은 가장 중요하게 생각하지만, 지금까지 전혀 혹은 아무런 진전이 없었던 2~
   3가지 영역을 적어보라. 왜 그것들이 중요한지, 그리고 당신이 그것을 주장하는 데
   있어 어떤 역할을 할 수 있는지에 대해서 설명해보자.

   ①

   ②

   ③

교육 영역 5 자신을 위한 교사로서 전문적 학습 목표 설정하기

우리가 앞에서 조사한 유형들은 일정 기간 동안 존재해오며 많은 교육자들에게 알려지고 논의되어왔다. 사실상, 우리가 언급한 진보는 교육자들의 노력을 통해 폭넓게 이루어진 것이었다. 교육자들은 지역사회들과 사회운동을 연계하며 다른 사회적 제도들과 더불어 학교를 위해 학생들의 요구에 보다 공정하고 민감하기 위해 노력하였다.

이제 여러분 자신의 입장을 생각해보자. 여러분은 아직 학생들을 가르쳐보지 않았다. 그래서 실제로 여러분은 자신만의 정립된 교수법을 아직 가지고 있지 않다. 교사로서 여러분이 취할 행동들과 그런 행동들을 형성할 방법이 아직 정립되지 않았다는 말이다. 훌륭한 교사가 되는 것은 끊임없이 학습과 반성을 필요로 하는 진행형의 과정이다. 〈실천 예제 3.17〉에서 여러분이 학생이었을 때의 경험을 돌아보아라. 어떠한 수업, 계획 그리고 학교 경험들이 여러분에게 가장 많이 도움을 주었으며 무엇이 도움되지 않았는가?

초등학교 또는 중등학교 시절로 돌아가 생각해보자. 가능하면 여러분의 기억을 되살리기 위해 졸업앨범을 사용하라. 아래의 두 가지 질문에 답을 나열하거나 기술하라.

① 여러분의 학업적 성취와 사회성 발달에 도움이 된 모든 것

② 여러분의 학업적 성취와 사회성 발달에 도움이 되지 않은 모든 것

여러분의 경험과 동료들의 경험을 비교해보라. 여러분은 그 경험에서 비슷한 점이나 다른 점을 발견하게 될 것이다. 교사들의 교육관은 대부분 학생이었을 때 경험하였던 것을 기초로 형성된다. 여러분의 경험들을 주의 깊게 분석하면 분석할수록 도움이 된다. 이는 그 경험들과 그에 따른 반응들이 여러 방면에서 여러분에게는 효과적이었으나, 당신이 가르치는 학생들에게는 잘 적용되지 않을지도 모르기 때문이다.

학생 대화 3.7

리　사: 〈실천 예제 3.17〉을 마칠 때까지는 내가 받았던 수업에 대해 생각해본 적이 없어. 그런데 몇 가지 문제점을 발견했어. 아무도 나에게 수학을 배우길 강요하지 않았어. 나는 지금도 수학을 싫어하는데, 그래서 내가 가르칠 학생들이 수학을 좋아하지 않을까 봐 걱정이야.

길버트: 이제 네가 문제점을 알아냈다면, 그것을 어떻게 풀어야 하는지도 알 수 있을 거야. 나는 학교생활이 어렵지 않았어. 특히 역사와 프랑스어 수업은 마치 재미있는 게임 같았어. 내 경험에 의하면, 학생들의 요구를 전부 받아들여야 한다고 생각하지 않아. 왜냐하면 학생들의 발전에 방해가 되기 때문이야. 내가 학교에

다닐 때 친근하게 대하기 어려운 역사 선생님이 계셨는데, 학생들이 그 점 때문에 그 선생님을 꺼려했지만 나는 그분께 많은 것을 배웠어.

리　사: 학창시절에 네게 도움이 되지 않았던 것도 있었니?

길버트: 그럼. 나를 쳐다보면서 "혼혈, 흑인, 편부모가정에서 자랐으니까 문제를 일으킬게 분명해"라며 혼잣말을 하는 선생님들이 있었지. 정말이야.

셀리아: 아, 더 큰 문제가 있었구나!

길버트: 나한테 학교는 나와 우리 집에서 일어나는 모든 문제들로부터 벗어날 수 있는 곳이었어. 나에게 학교는 나의 잠재력을 볼 수 있고, 편견을 갖지 않은 선생님들이 나에게 도움이 되었다고 생각해.

셀리아: 나는 너랑 확실히 다른 학교에 다녔던 것 같아! 내가 다녔던 학교는 대부분 아주 지루했어. 특히 고등학교에서는 매일 똑같은 것을 반복했어. 매주 월요일마다 같은 활동을 했고, 매주 화요일도 똑같았어. 정말 지루했어!

리　사: 결론은 우리 세 명 모두 도전하기를 좋아한다는 거야. 맞지? 비록 그 당시에는 불평했지만, 우리에게 도전하고 싶다는 마음을 갖게 해준 선생님들께 감사하는 마음을 가지고 있어.

　　우리가 함께 작업했던 모든 예비교사들은 학생들을 가르칠 수 있는 능력을 가지고 있었다. 또한 모든 예비교사들은 자기성장을 할 수 있는 잠재력을 가지고 있었다(실천 예제 3.18 참조). 다음 장으로 넘어가기 전에 여러분 자신이 지닌 잠재력에 대해 기록해보자. 특히 1장에서 완성하였던 여러분의 답을 살펴보면서 다음의 질문에 집중해보자.

- 훌륭한 교사를 향한 여러분의 꿈(실천 예제 1.1과 1.3)

- 여러분을 교사로서 이끌어줄 요소에 관한 분석(실천 예제 1.3)

- 여러분의 가정과 공동체(실천 예제 1.6) 및 여러분과 관계 있는 집단에서 배웠던 문화적인 뿌리(실천 예제 1.9)

- 이전의 학교교육에 대한 분석(실천 예제 1.7)
- 자신의 교육철학(실천 예제 1.12)

〈실천 예제 3.18〉 자신의 강점과 성장 가능성을 지닌 분야

1. 다문화사회에서 교사가 되기 위한 여러분의 특별한 경험과 통찰을 나열해보자.

①

②

③

④

2. 배우고 성장해야 할 필요가 있는 주요 분야를 기록해보라. 이후의 장에서 무엇을 더 배우고 싶은가?

①

②

③

④

2장에서 학생들에 관해 여러분이 얻게 된 통찰들을 다시 점검해보라. 오늘날 교실에서 학생들의 다양성에 어떤 특별한 관심을 기울이고, 학생들에게 여러분이 어떤 영향을 주고, 학생들이 여러분에게 준 통찰들을 재점검해보라. 이번 장에서는 학생들의 정체성과 배경 사이의 관계에 대해 살펴보았고, 사회와 학교에 만연한 형평성의 문제들에 대해 생각했다.

이 모든 영역들이 서로 관련되어 있다는 사실들을 상기하면서 자신이 현재 가지고 있는 강점이 무엇인지 생각해보자. 그리고 이번 학기를 통하여 어떤 영역을 중점적으로 배우고자 하며 성장시키려고 하는가?

여러분은 이제 전문가로서 성장을 시작해야 한다. 최고의 교사들은 지속적으로 학습하려고 하며, 다른 사람이 배우라고 말하는 것을 주의 깊게 듣고 책임감을 가지고 배우려고 노력한다. Haberman(1995)은 가난한 아이들의 우상이 된 교사들에 대한 연구를 통해서 최고의 선생님은 그들 자신, 그들의 편견, 그리고 다른 배경을 가진 아이들에 관한 그들의 신념, 그들의 이전 경험들을 매우 비판적으로 본다고 강조하였다. 그리고 그들은 그러한 비판적인 분석에서 무엇인가를 배우려고 노력한다. 더욱이 최고의 교사들은 그들이 실제로 맡은 학생들을 위해서 무엇이든지 지속적으로 배우려고 한다. 그들은 한마디로 배우는 것을 멈추지 않는다. 또한 그들이 배우고 향상시킬 수 있는 영역을 항상 발견한다. 동시에 그들은 학생들을 위해 항상 최선을 다한다. 그들은 포기를 거부한다. 우상이 된 교사들은 배움을 사랑하고, 교사를 포함하여 모든 사람들이 배우는 교실을 만들어간다.

교육현장에 적용하기

수업이 끝난 후, 리사는 피곤한 몸을 이끌고 집으로 돌아갔다. 그녀는 자신이 참여한 수많은 대화들로 인해 힘이 났지만, 한편으로는 마음이 심란했다. 그녀는 아파트를 들어설 때, 정신적으로는 지쳐 있었지만, 육체적으로는 지치지 않았음을 알았다. 그녀는 운동복으로 갈아입고, 운동화를 신고 4마일을 달렸다. 달리는 동안 그녀는 머릿속으로 어떤 생각들을 구체화시킬 수는 없었지만, 마음이 점점 안정되어갔다.

리사는 체육 분야에서 여성들이 동등한 권리를 가질 수 있도록 투쟁하였고, 여전히 여러 문제들을 해결하기 위해 앞장서 싸우고 있었다. 그녀는 고등학교 실습 시간에 더 좋은 시설을 사용하기 위해 서로 경쟁했다. 그러나 그녀는 학교가 인종차별을 폐지했기 때문에 유색의 학생들을 위해 더 많이 활동하고 있다고 추측하였다. 그리고 그녀가 자라온 동네의 인종적인 동질성 같은 문제나 그녀가 살고 있는 주변에 관심을 기울이지 않았다는 것을 깨달았다.

집에 돌아와 샤워를 하고, 가운을 갈아입고, TV를 켰다. 그녀는 다음 날 수업을 준비하기 위해 책을 펼치기 전에 약간의 채소를 먹기로 했다. 그런데 TV에서 자신의 연령대를 겨냥한 TV쇼가 방송 중이었다. 젊은 중산층 백인! 이런 생각이 미치자, 그녀는 셀리아와 길버트가 자신의 경험에 대해 나쁜 감정을 가지기보다 배움을 위한 경험으로 활용했다고 말한 것을 떠올렸다. 그래서 그녀는 다음 질문에 해답을 찾으면서 TV쇼를 비판적으로 분석하면서 보기 시작했다.

- 주인공의 인종, 성별, 사회 계층 그리고 성적(性的) 성향은 무엇인가? 조연의 경우에는 어떠한가? 등장인물 중 장애인이 있는가?
- TV쇼는 미국 내에서 다양성에 대해 어떤 이미지를 전달하는가? 세계적으로는 어떠한가?
- TV쇼는 미국 내에서 형평성에 대해 어떤 이미지를 전달하는가? 세계적으로

는 어떠한가?

- 광고들은 시청자에게 어떤 생활방식을 보여주는가? 그것은 누구의 생활방식인가? 그런 생활방식에서 누가 가장 이익을 얻는가? 누가 가장 손해를 보는가?
- 다른 TV쇼들은 같은 시간대에 다른 관점과 다른 시청자 층을 대상으로 방송하고 있는가? 내가 채널을 바꿨더라면 무엇을 배웠을까?
- TV쇼에서 많이(혹은 전혀) 반영되지 않는 지역은 어디인가? 그런 쇼들이 많아지면서 득을 보는 사람은 누구이고 득을 보지 못하는 사람은 누구인가?

한 시간 동안 TV쇼를 보고 나서 리사는 아주 좋은 생각이 떠올랐다. 어느새 피곤함이 사라지고 오히려 생기를 되찾았다. 그러한 비판적 분석을 통해 그녀는 주변의 삶에 수동적인 관찰자가 아니고, 무능력하지도 않았다. 최소한 그녀 자신의 배움과 행동을 통해서 행위 주체자의 역할을 하고 있다는 것을 알았다. 그녀는 너무 흥분하여 자신의 발견을 말하기 위해 셀리아에게 전화를 걸었다.

여러분이 자주 보는 TV쇼를 켜보자. 여러분이 만약 TV쇼를 좋아하지 않는다면, 지금 방송하고 있는 어떤 쇼라도 시청해보라. 리사의 질문을 가지고 그 쇼를 분석해보라. 그리고 여러분 주변의 언론을 비판적으로 분석함으로써 여러분이 배울 수 있었던 것에 관해 한 문단 정도를 써보라.

4장

학업성취를 지원하는 돌봄 교실 만들기

우리는 이번 장에서 다음과 같은 질문에 대한 답을 찾는 데 도움을 받을 것이다.

- 훌륭한 교사는 학생–교사 간의 친밀함을 어떻게 긍정적인 방향으로 발전시켜 나갈 수 있는가?
- 돌보는 교사가 된다는 말은 무엇을 뜻할까?
- 갈등 해결은 어떻게, 그리고 어떤 목적으로 사용할 수 있을까?
- 협동학습을 어떻게 효과적으로 활용할 수 있을까?
- 학급 모임들을 어떻게 효과적으로 운영할 수 있을까?
- 학생들이 편견과 고정관념에 대해 문제의식을 느낄 수 있도록 어떻게 도움을 줄 수 있을까?

1, 2, 3장은 학생들을 가르치기 위한 기초 단계를 구축하는 것이었다. 앞장에서 여러분은 자신을 되돌아보고, 학생들을 점검하고, 학생 중심의 교육이 학업성취를 위한 기초라는 사실을 확인하였다. 또한 여러분은 학생들의 사회적 · 역사적 맥락을 바탕으로 교실을 폭넓게 바라보았다. 이제 교실 속으로 들어가 그것을 실천해야 할 때이다. 이디부터 시작하는 것이 좋을까?

우리는 관계들에서 시작하는 것이 가장 좋다고 생각한다. 왜냐하면 관계성들은 교실에서 일어나는 일뿐만 아니라, 그 외의 모든 것의 기초를 형성하기 때문이다. 학생들에게 학습이라는 것은 모험을 경험하는 일과 다를 바 없다. 즉, 새로운 사상들을 배우고 기술은 물론 정체성까지 배우기 때문이다. 이는 학생들이 교사가 진심으로 자신에게 큰 관심을 가지고 있다고 믿으며, 학급 친구들이 그런 모험을 경험하는 것을 방해하는 것이 아니라, 도움을 준다고 믿기 때문에 이루어지는 것이다. Meier(2002: 18)는 다음과 같이 기술하고 있다.

초보 학습자들이 위험이나 실수 또는 바보처럼 행동하는 것을 두려워하지 않을 때, 학습은 가장 빨리 이루어진다. 실제로 최고의 학습은 아동에게 일어나지 않을 것이라고 생각할 때 일어난다.

교사들은 학생들의 학습과 성장을 유지할 수 있는 관계를 만들고, 학생들이 그러한 모험을 할 수 있도록 해야 한다. 그러나 교사들이 학생들에게 감정적인 부분을 보여주기 때문에 학생들과 관계를 형성하는 데 어려움이 있다.

신뢰를 쌓는 것, 진정한 돌봄 관계를 형성하는 것은 중요한 일이다. 대부분 교육자들은 돌봄이 좋은 교육에 필수적인 것이라는 사실에 동의한다. 돌봄은 학습과 성취를 지지하는 것뿐만 아니라, 사회를 함께 지탱하는 근본적인 접착제이다. 여러분에게 이 장을 시작하는 데 도움을 주기 위해 첫 부분에서 교사-학생, 학생-학생 사이의 관계에 있어 돌봄의 개념을 적용하여 돌봄의 의미가 무엇인지를 알아보고자 한다. 그리고 이 장에서는 세 가지 교육 영역이 전개될 것이다.

교육 영역 6: 갈등 해결 활용하기

교육 영역 7: 편견과 고정관념에 대해 말하기

교육 영역 8: 협동학습 활용하기

이번 장에서 제시할 대부분의 실천 예제는 여러분 자신의 경험에 이러한 생각들을 분석하고 관련시켜야 한다. 그러나 그중 몇 가지는 다음을 통해 해결해야 한다.

• 인터넷(실천 예제 4.7과 4.12를 위해)

• 인터뷰를 할 수 있는 세 사람(실천 예제 4.3을 위해)

• 여러분과 대화할 수 있는 약 다섯 명의 청소년들(실천 예제 4.8을 위해)

학교에서의 돌봄과 관계에 관하여

1990년대 학교에서의 돌봄과 관계에 관한 연구에서 캘리포니아의 서쪽 지역에 있는 4개의 학교에 몸담고 있는 모든 사람들(학생, 교사, 학교의 시설관리자, 학교식당 종사자)에게 "학교 운영에서 가장 주된 문세는 무엇입니까?"라는 질문을 하였다. 사람과 사림 사이의 관계들, 즉 그들은 돌봄이 주된 문제라고 대답했다. 사림들은 힉교에서 가질 수 있는 최고의 경험이 다른 사람들을 돌보고, 경청하고, 존중하는 것이었다고 말했다. 하지만 그들은 하루 동안 개인적인 관계를 가질 수 있는 시간이 너무 짧고, 서로에 대한 어려움과 잘못된 이해가 너무 많다고 언급하였다. 둘째는 인종, 문화 그리고 사회 계층 등의 요인들이 문제로 나타났다. 왜냐하면 이러한 요소들은 누가 높은 학업성취도를 경험하는가를 결정하는 요소였고, 또한 누가 학교에서 이해력이 높고, 학교로부터 충분한 도움을 받는지를 결정하는 요소가 되었기 때문이다. 응답자 중 한 명은 이 연구를 한마디로 "학교는 나에게 정신적인 고통을 안겨주었다"고 요약하였다(Institute for Education in Transformation, 1992).

학생 대화 4.1

셀리아: 맞아. 위의 연구가 내 중학교 시절을 많이 생각나게 하네! 여러 인종이 다니는 학교였지만, 서열이 있었어. 나처럼 갈색 피부에 스페인어 억양을 쓰는 사람은 낮은 서열 중에서도 더 낮게 취급받았어. 나는 그 당시에 학교가 싫었어.

길버트: 나는 학교가 싫다거나 그러한 서열이 나에게 정신적인 고통을 줬다고 말하려는 것은 아니야. 나는 상당히 강인한 성격을 가지고 있었어. 하지만 나는 10학년 때까지도 적응하지 못하는 친구들을 알고 있었는데, 그들은 학교에서 자신의 정체성을 찾지 못했어. 그 친구들은 자기 본래의 모습과 학교에서 요구하는 모습 사이에서 선택해야만 했어. 학교가 '학생'에 대해 정의하는 방법에 있어서 그들은 양쪽 모두가 될 수 없었어.

리 사: 나는 내 경험이 너희들과는 다르기 때문에 너희들의 경험에 관해서 묻고 싶어.
        하지만 더 심각한 주제를 가지고 이야기하기 전에 우리가 서로에 대해 신뢰를
        갖게 된 것이 다행이라고 생각해. 이전 장까지 너희 둘을 잘 이해하지 못했어.
        너희가 나를 비웃지 않을 것이라는 사실을 알게 되었고, 내가 인종차별주의자
        나 건방진 사람이라고 생각하지 않을 거라는 사실을 알기 전까지는 내 의견을
        말하는 것이 매우 조심스러웠어.
셀리아: 나도 동감이야. 내가 인종차별주의자처럼 보이는 것에 대해선 상관없어. 그러
        나 어리석어 보일까 봐 걱정이야. 나는 내 마음을 열기 전에 누군가를 먼저 알
        고 싶고, 그 사람을 신뢰하고 싶어.

   리사와 셀리아는 많은 학생들의 생각을 반영하고 있다. 토론 시간에 학생들은
마음을 터놓고 이야기하고 싶어 하지만, 그들은 다른 사람들이 자신의 말과 행동
을 어떻게 생각할지에 관해 염려한다. 신뢰를 쌓고 자신의 생각을 말할 수 있는 생
산적인 교사가 첫 번째로 할 일은 학습 환경을 만드는 것이다. 특히 미국에서 '인
종'에 대한 토론 주제는 혼혈 인종들이나 소수민족들에게는 가장 어려운 주제일
것이다. 길버트의 말처럼 '자기 본래 모습을 찾는 것'은 학교에서 친구들의 압박이
나 학교의 기존 방법을 따르려는 학교와 교사들의 압력 때문에 어려운 일이다. 우
리는 자신의 정체성을 찾기 위해 평생 동안 노력하게 될 것이다. 그렇게 한다면 여
러분은 좀 더 쉽게 그 문제를 다룰 수 있을 것이다.
   어느 누구도 교사나 학생들의 마음에 상처를 주는 방법으로 학교와 교실을 운
영하려고 하지 않는다. 그러나 우리가 학생들과 관계를 형성하지 않는다면 이러한
일은 항상 발생한다. Hoffman(2009)은 사회-정서적 학습과 교과 학습 사이에는 하
나의 상관관계가 있는데, 교육자들은 그들이 교실에서의 돌봄 관계를 오로지 성
적의 성취 향상을 위한 도구로서 인식하지 않도록 유의해야 한다고 하였다. 그녀
가 주목한 것은 교육자들이 학교와 교실에서 학생들이 가지고 있는 정서를 존중하
기보다는 그 정서가 학생 개인이 '가지고 있는' 것이며 통제할 수 있다고 생각하는

경향이 있다는 것이다. 왜냐하면 관계는 중요하기 때문에 우리는 교사-학생 사이의 관계나 학생-학생 사이의 관계에 대하여 검토하고자 하며, 다음과 같은 내용들을 검토하고자 한다.

✚ 학생-교사 관계

교사들이 모든 학생과 돌봄 관계를 형성하는 것은 학생들이 높은 학업성취를 달성하도록 '성적의 격차'를 좁히는 데 가장 중요한 출발점이라 할 수 있다(Bell, 2002-2003). 뉴질랜드에서 이루어진 한 연구는 '관계 기반 교육'과 학생의 교과 학습 사이의 직접적인 상관관계를 보여준다. 왜 마오리족의 많은 학생들(마오리족은 뉴질랜드의 원주민이다)이 학교생활에서 적응하지 못하고 낙오하였는지를 살펴보는 연구에서, 마오리족 학생들은 교사와 그들 관계의 중요성에 관해 많은 점을 시사하고 있다. 중등교사들이 마오리족 학생들과의 인간관계를 발전시키고, 협동학습과 같이 상호작용할 수 있는 교수전략을 사용하도록 연수를 받았다. 그 이후 마오리족 학생들의 출석률과 학업성취가 향상되기 시작하였다(Bishop, Berryman, Cavanagh & Teddy, 2009). 즉, 교사-학생 간의 관계 강화를 통해 학생들이 교실에서 더 많은 참여를 하게 되었고, 더 높은 학업성취도를 보여주었다(Klem & Connell, 2004).

그러나 많은 교육적인 개념들과 마찬가지로 '돌봄' 역시 그 의미가 다르게 해석된다. 많은 신임교사들은 교사직을 시작하면서 교육 전문가의 길에 들어서는 이유를 설명하기 위해서 돌봄, 사랑 그리고 도움이란 단어들을 사용한다. 1장에서 여러분이 어떻게 학생들을 사랑하고 도울 것인지에 대해 토론한 내용을 다시 확인해 보자. 그 토론에서 여러분은 돌봄을 실천하기 위해 무엇을 해야 한다고 제안하였는가? 1장을 읽은 이후 여러분의 생각은 달라졌는가?

학생들은 교사들의 행동을 통해 교사의 돌봄을 경험한다. Noddings(1995)는 "돌봄이란 사람들에게 친절하고 좋아하도록 만드는 따뜻하고 애매한 감정만은 아니다. 돌봄을 실천하기 위해 우리는 돌봄이라는 목적들을 위한 우리의 최선을 다하고자 한다"고 말한다. Gay(2010)는 돌봄과 돌보지 않음의 관계를 다음과 같이 명확히 규명하였다. "인간관계의 돌봄은 참여자들을 위한 인내, 절제, 배려, 편의 그리고 격려해주는 것으로 그 특성을 규명할 수 있다. 그리고 돌보지 않음이란 성급함, 무절제, 명령이나 조종이라는 말들로 규정할 수 있다." 교사들은 종종 어떤 학생들과는 따뜻하고 건설적인 관계를 만들기 쉽고, 다른 학생들과는 매우 어렵다는 것을 알고 있다.

〈실천 예제 4.1〉에서 서로 다른 학생들에 대한 여러분의 생각을 간단히 작성해보자. 여러분의 현재 생각에 솔직하게 답할수록 학생들을 더 잘 이해할 것이다. 교실에서의 진정한 문제는 단지 여러분이 학생들에게 어떠한 감정을 느끼는지 하는 것만이 아니다. 보다 더 중요한 것은 다음과 같다. 첫째, 여러분이 부정적인 감정

〈실천 예제 4.1〉 서로 다른 학생들에 대한 반응

여러분에게 다음과 같은 감정을 유발시키는 유형의 학생들에 대해 간략히 서술하여라.

- 선호하는 학생

- 호감이 잘 안 가는 학생

- 위협을 느끼게 하는 학생

- 동질감을 느끼게 하는 학생

- 여러분을 강하게 끌리게 하는 학생

- 환경에 부적합하다고 느끼는 학생

- 심지어 여러분이 알아차리지도 못하는 학생

을 일으키는 어떤 학생들과 관계를 형성하고 유지하기 위해서 그 부정적인 감정조차 수용할 것인지의 문제이다. 둘째, 여러분이 특권을 주기 위해 어떤 학생들에게 긍정적인 감정을 허용할 것인지에 대한 문제이다.

돌봄과 돌보지 않는 관계를 특징짓는 Gay(2010)의 행동 기술과 관련하여 여러분이 작성한 것을 검토해보라. 어떤 유형의 학생들이 인내, 질제, 배려, 편의, 격려 등의 방법으로 관계를 형성하기에 가장 좋은가? 이떤 유형의 학생들이 성급함, 무절제, 명령 그리고 조종의 방법으로 관계를 형성하기에 가장 적합한가? 여기서 솔직하게 생각해보자. 이제 분명하게 자신의 생각을 표현해보자. 그랜트가 회상하기를, 슬리터는 자신에게 중증 장애를 가진 학생들에 관한 지식과 그들과의 상호작용을 발전시키도록 촉구하였다.

여러분이 학생과 어떻게 관계를 맺는가에 따라 그들이 여러분을 존중하는 방식이 달라진다. 〈실천 예제 4.1〉에서 여러분이 작성한 것을 기초로 해서 어떤 학생이 여러분에게 만족스럽고, 따뜻하고, 존경받는 느낌을 가지게 할 것인가? 학생들이 여러분의 태도에 어떻게 반응하는지 조심스럽게 생각해보자. 비록 학생들이 다양한 성격, 학교에 관한 감정, 문제 그리고 학교 밖에서의 삶의 배경 지식을 가지고 수업에 참여하지만, 여러분에 대한 학생들의 반응은 대부분 여러분이 학생들에게 어떤 태도를 보였는가에 따라 달라질 것이다. 심지어 교사들이 생각하기 전에 학생들은 교사의 몸짓언어만으로 교사의 감정을 '읽어내는 것'이 가능할 것이다.

학생 대화 4.2

길버트: 곰곰이 생각해봤는데, 5학년 때 프랭크(Franks) 선생님이 기억나. 그 선생님은 불쌍했어. 그분은 나이가 들었고, 시대에 약간 뒤처졌지. 그래서 우리는 그 선생님을 심하게 괴롭혔던 것 같아. 우리는 그 선생님이 뭔가 이상하고, 잘 알아차리지 못한다고 생각했어. 그래서 선생님을 화나게 만들려고 했어. 예를 들면, 선생님 의자에 압정을 놓는다던가, 선생님이 조용히 하라고 할 때 시끄럽게 한

다던가, 선생님 물건을 숨긴다던가 하면서 말이야. 선생님은 우리 대부분을 개성이 없는 아이들이라 생각했어. 왜냐하면 우리 중의 절반이 백인이 아니었기 때문이지. 우리는 다른 선생님들을 존경했고, 그들에게는 그렇게 행동하지 않았어. 그리고 그 선생님은 우리에게 최악의 선생님이 되었어.

셀리아: 난 그 선생님께서 너희들의 행동이 가정환경의 영향을 받았다고 생각했다고 장담해, 맞지?

길버트: 맞아!

리　사: 너는 단지 그 선생님이 나이가 들었다는 이유로 무례하게 굴었구나?

길버트: 그렇지 않아. 그 선생님이 나이가 들어서였기 때문이 아니라, 그분이 우리를 좋아하거나 이해하지 않았기 때문이지.

리　사: 글쎄, 이상할 것도 없지. 나 역시 내 의자에 압정을 놓는 사람을 좋아하지 않았을 거야.

길버트: 하지만 우리는 그 선생님이 우리와 같지 않았기 때문에 괴롭혔어. 나는 우리 행동이 그분을 더 나쁘게 만들었을 것이라고 생각해. 하지만 만일 그분이 우리의 이름을 똑바로 부를 줄 알고, 우리 가족들에 대해서 묻거나 관심을 보이거나, 우리가 지난 주말에 했던 일들을 물으면서 학업을 지도했더라면 하는 생각이 들어. 그렇다고 만약 그분이 나한테 "안녕, 길버트"라고 불렀다고 해서 내가 갑자기 착한 학생이 되지는 않았겠지. 대부분 아이들은 자기를 진심으로 좋아하는 사람에게 일부러 못되게 굴지는 않아.

　　2장에서 우리는 학생들과 친근하게 지내는 것에 대하여 논의하였다. 학생들과 친밀한 관계로 유지함으로써 우리는 '모든 아이들의 인성'과 '그들의 교육과 삶에서의 창조자, 건축자 그리고 배우가 될 수 있는' 그들의 잠재적 능력을 발견할 수 있다(Schultz, 2003, p. 35).

　　우리는 학생들이 가지고 있는 어려운 문제들을 일찍 발견하여 깨닫고, 개인적으로 학생들과 알고 지내는 것이 교사로서 매우 도움이 된다는 것을 알게 되었다. 우리가 학생들의 개인생활을 자세히 캐묻는다거나 학생들의 문제를 찾아내는 것이 아니라, 학생들의 관심사가 무엇인지, 학생들은 어떤 사람이 되고 싶어 하는지, 학생들이 가진 소망과 꿈이 무엇인지, 학생들이 무엇을 잘하는지를 알아내는 것을 말한다. 대부분의 학생들은 교사가 진실하게 관심을 보이면 솔직하게 자신을 드러낸다.

〈실천 예제 4.1〉이 설명하는 것처럼 '돌봄'은 행동으로 표현된다. 〈실천 예제 4.2〉에서 돌봄을 표현하는 가장 좋은 행동이 무엇인지를 생각해보자. 돌봄을 표현하는 것에 동그라미를 그려보라.

〈실천 예제 4.2〉 돌봄은 무엇을 뜻하는가?

양육하기	학생들이 돌봄을 받고 있다고 느끼게 하기	학교 안팎에서 학생들의 모든 생활에 관심 갖기
학생들을 안전하게 하기	사회 정의를 위해 행동하기	개인의 생활에 관심 갖기
인종차별에 반대하여 솔직하게 행동하기	자신의 학생들이 원하는 미래를 위해 학생들을 준비시키기	학생들이 최선을 다하도록 격려하기

학급 친구들과 어떤 항목을 선택했고, 왜 선택했는지에 대해 토론해보자. 얼마나 많은 친구들이 어떤 항목을 선택했는가? 그리고 어떤 항목을 선택하지 않았는가? 선택하지 않은 단어들이 사회 정의와 연관이 있거나 '학생들이 최선을 다하도록 격려하는 것'과 같은 돌봄과 관련한 덜 자극적인 문제와 관련이 있는가? 여러분은 왜 우리가 위의 몇몇 항목들을 제시하였지 의아해할지도 모른다.

우리가 그 항목을 선택한 이유는 아이러니하게도 돌봄이 가장 많이 필요한 학생들임에도 교사와 학생 사이에서 발생하는 큰 문화적 차이 때문에 가장 적게 돌봄을 받기 때문이었다. 이러한 차이에 관한 한 예로 교사들의 대다수가 백인인 반면에 학생들은 급격히 다양화되고 있다는 사실이다. 젊은 백인 교사가 인종차별주의

자처럼 보이는 것을 걱정하는 것은 일반적인 일이다. 모든 사람을 수용할 줄 안다고 표현하기 위해서 젊은 교사들은 모든 학생에게 공평하고 친절하게 대하지만, 피부색이 다른 학생들에게는 마치 동정하는 것처럼 보인다. 교사의 이런 태도는 학생들이 아무런 노력이 없이 무언가를 얻고자 할 때 교사가 용인해주거나, 물건을 가지고 도망가는 것을 묵인하고, 학부모와 이야기하는 것을 피하며, 그들 부모가 자녀교육에 도움이 될 수 없다고 믿고 있을 때 분명하게 나타난다.

리　사: 이럴 수가. 너무 당황스러워! 지난 학기 현장 실습에서 내가 겪었던 일을 생각해보니 난 그렇게 생각하지 못했어. 나는 소수인종 학생들이 많이 있는 교실에서는 현장 실습을 한 적이 없었어. 그리고 내가 그 학생들과 어울릴 수 있는지 걱정했어. 어느 날 한 흑인 소녀가 백인 아이한테서 책 한 권을 빼앗아가던 것을 기억해. 나는 아무 말도 하지 않은 채 그 여자아이를 보고만 있었어. 왜냐하면 나는 그 여자아이가 나를 좋아하게 하려고 애를 쓰고 있었기 때문이야. 나는 그것이 옳지 않다는 것을 알지만, 인종차별주의자가 될까 봐 어쩔 수 없었어.

셀리아: 리사, 네가 무슨 말을 하려는지 알아. 하지만 우리가 그 학생을 가르치지 않는다면 무엇이 옳고 그른지를 어떻게 배울 수 있겠니? 너는 다른 사람을 꾸짖을 때 냉정한 사람이 되는 것을 원하지 않을 거야. 하지만 반대로 생각해보면 그것을 통해 친절하면서도 확신에 찬 사람이 될 수 있어.

길버트: 내 생각에는 우리 모두가 학생들이 우리를 좋아하는지 아닌지를 걱정하는 것 같아. 너희뿐만 아니라 나 역시 그래.

셀리아: 맞아, 나도 그래. 3학년 때 나를 가르치셨던 세노라 바카(Senora Baca) 선생님이 생각나. 그 선생님이 훌륭했던 점은 내가 똑똑하다고 선생님이 믿고 계신다는 것을 나에게 알게 했다는 것이었어. 그리고 내가 잘 배웠는지 아닌지를 선생님이 관심을 가졌다는 점이야. 그 선생님은 엄격하셨어. 그 선생님이라면 감히 교

실에서 다른 아이의 책을 빼앗아가는 일은 하지 못했을 거야. 선생님이 심술 맞았기 때문이 아니고, 심술 맞지 않았기 때문이었어. 그 선생님은 우리가 똑똑한 학생인 것처럼 대해주셨어. 아마 너희들도 너희를 그렇게 대해주는 사람에게 실망을 주고 싶지 않았을 거야.

길비트: 문제는 편안하게 느끼는 것과 돌보는 것이 똑같다고 생각하지 않도록 배우는 것이라고 생각해. 부드럽게 대하는 것이 학생들에게 진정한 도움이 되긴 않아. 단호하게 대하는 것이 학생들에게 도움이 많이 되기도 해. 그래서 교사들이 학생들에게 계속적으로 단호한 모습을 보이는 거야.

문화 차이에 관한 또 다른 실천 예제는 인종, 민족, 언어, 사회 계층 또는 능력 등의 차이를 넘어서는 교사-학생 관계를 형성하는 것이다. 관계는 교사들이 학생들에 대한 어떤 판단에서 벗어날 때 종종 방해가 된다. 아래에 Marx와 Pennington(2003: 101)이 한 예를 보여준다.

예비교사인 레이첼(Rachel)은 30분짜리 과목을 가르치는 동안 영어와 교육 전반에 대해 '무관심한 태도'를 보인 한 아이에 관한 소감을 설명하였다. 그녀의 판단에 결정적인 것은 미구엘(Miguel)이라는 한 아이가 그 시간 동안 아무 말도 하지 않았다는 사실이다. 그녀는 교사 일지에 이렇게 기록하였다. "나는 영어는 물론이고, 심지어 자신의 모국어조차 능숙하지 않은 아이를 만났다."(레이첼과의 네 번째 인터뷰) 그녀[Rachel]는 스페인어를 할 줄 몰랐고, 그들이 함께한 시간 동안 미구엘도 아무 말을 하지 않았다. 레이첼은 이것을 알아낼 방법이 없었다.

우리는 학생들이 가난해서 가정에서 사랑받지 못한다고 생각하고, 교사가 그들에게 사랑을 주는 것을 직업으로 여기며, 학생들이 교사가 아니면 사랑을 받지 못한다고 생각하는 예비교사들과 만나보았다. 때때로 연민으로 엮인 이러한 가정은 학교에서 안아주기를 요구하는 학생들에게서 원인을 찾을 수 있다. 그러나 학생에 대한 무관심 연구를 통해서 Finzi, Ram, Har-Even, Shnit과 Weizman(2001)은 실제로 방치되고 있는 아동들은 성인에게 애정을 추구하기보다 오히려 그들로부터 도망치려 하는 경향이 높다고 지적한다. 우리는 또한 장애를 가진 아이들이 '불운하다'고 느끼는 교사들도 만나보았다. 부정적인 가정이나 연민을 가지고 배려와 돌봄의 관계를 정립하는 것은 불가능한 일이다.

또한 피부색을 구별하지 않는 사람과 사려 깊은 관계를 형성하기도 어렵다. 왜냐하면 어떤 사람이 피부색을 구별하지 않는다고 강조할 때, 그 사람은 다른 사람의 개성에 대한 상당 부분을 무시하고 있기 때문이다. Thompson(1998)은 우리에게 백인들의 교육 영향력에 따라 그들이 어떻게 돌봄을 이해하고 있는지 관해 알아둘 필요가 있다고 주장한다. 그 이유는 다음과 같다.

> 대부분 돌봄에 관한 백인 페미니스트들의 이론에 반대해서 돌봄에 관한 흑인 페미니스트들은 인종에 관한 문제에 큰 관심을 가진다. 그리고 돌봄에 관한 컬러블라인드 (color-blind) 이론들은 순수성을 강조하려는 경향이 있는 반면, 흑인 페미니스트들의 윤리 이론은 지식을 강조한다(p. 532).

멕시코계 미국 학생들이 주로 다니는 고등학교에 대한 연구에서 Valenzuela(1999)는 두 종류의 돌봄, 즉 심미적인 돌봄과 진심의 돌봄에 대해 설명한다. 심미적인 돌봄은 학교교육에서 학생들이 어떻게 행동하거나 표현하는 것에 관심을 둔다. 이러한 입장을 가지고 있는 교사들은 학생들이 학교의 요구에 충실한지, 그리고 학생들이 누구로서의 돌봄을 받고 있는지에 기초하여 학생들을 판단한다. 교사들은 학교에 관심을 보이는 학생들에게 상을 주고, 그들을 '무관심' 대상으로 여기지 않으며, 결국 그들은 교사들의 낮은 관심을 받게 된다. 반면에 진심어린 돌봄은 교사와 학생 상호간의 관계에 기초를 둔다. 그래서 관계 형성을 우선시한다. 학생과의 관계에서 교사는 전체로서 학생들을 알아가고, 그들의 발전을 도모하는 데 책임을 갖는다. Valenzuela는 이런 관계가 특별히 educación이 학습의 기초를 형성하는 공동체 속에서 성장하는 멕시코계 미국 학생들에게 중요하다고 지적한다. educación은 "아이들에게 도덕심, 사회성 그리고 개인의 책임을 가르치는 가족의 역할을 말하고, 다른 모든 학습의 기초를 지칭하는 용어이다."(p. 23) 그녀가 연구한 고등학교 교사들의 대다수는 진심어린 돌봄보다는 심미적인 돌봄을 가지고 있으며, 학생들은 교사들의 돌봄을 얻기 위해서 학교교육의 동화 기능을 '매입(買入)'하는 것이라고 주장한다. 학교에서 무관심한 대우를 받는 학생들은 학교교육을 거부한다. Valenzuela는 돌봄에서 언어처럼 학생들의 중요한 사회문화적인 배경을 간과해서는 안 된다고 주장한다. 진심어린 돌봄은 학생들이 그들의 언어와 문화를 발전시킬 수 있도록 격려하고, 동시에 학업 능력을 향상시킬 수 있는 기회와 자원을 제공하며, 학업적으로 최선의 기회를 가질 수 있도록 격려하는 것이다.

길버트: 셀리아, 너 스페인어 할 수 있지? educación[1]이 무슨 의미니?

셀리아: 우리 지역에서는 아동에게 읽고 셈하는 것뿐만 아니라, 바르게 사는 법을 가르치는 것을 중요하게 생각해. 존경할 만한 사람이 되고 좋은 가치를 갖는 것, 자신과 다른 사람들을 돌보는 것 등등 말이야.

길버트: 누군가는 실제 삶에서 교육을 잘 받은 바보가 될 수도 있어. 그럼 그 사람은 educación을 받지 못한 것이겠네?

셀리아: 그런 셈이지. 아동을 지도하는 것은 너의 가장 중요한 책임이야. 학생들이 관심을 갖는지 너는 알 필요 없어. 너는 학생들에게 필요한 존재야. 학생들을 가르치고, 좋은 사람이 되도록 그들을 도우면서 말이야. 나는 어른들로부터 그런 것을 기대하면서 자랐어. 내가 항상 훌륭하다는 것은 아니지만, 어른들이 나를 충분히 돌보고, 개인적으로 나를 지도해주기를 기대했어. 리사, 나는 단호함과 따뜻함이 동시에 있어야 한다고 생각해.

---

1) 역자 주: 스페인어. 넓은 의미에서의 교육과 훈련을 의미하는 용어

리 사: 좋은 생각이야!

리사, 셀리아, 길버트는 모두 educación이 중요한 개념이라는 것을 알게 되었다. 우리가 그들로부터 듣게 되는 한 가지 개념은 이러한 교육적인 가치관이 학교들마다 공평하게 수용되지 못하고 있다는 것이고, 특히 도시 빈민 학교들에서는 관심을 끌지 못한다는 사실이다.

Noddings(2005)는 교사가 무엇을 하고 어떻게 느끼는지 하는 것뿐만 아니라 실제적으로 학생들이 얼마나 돌봄을 받는지를 느끼는 정도의 상호 대인관계를 돌봄이라고 정의했다. 그녀는 다음과 같이 말한다.

관계에 대한 견해는 일부 미국 사람들에게 받아들이기가 어렵다. 왜냐하면 서양의 전통은 개인주의이기 때문이다. 그러한 전통에서 선행은 엄격한 발달 과정을 통해 어렵게 형성한 개인의 소유물로 여겨진다.

그러므로 단지 가르치는 것만이 교사들의 일이라고 여기거나, 학생들이 자신에 대한 교사들의 감정을 무시해도 된다고 주장하는 교사들이 있다면 많은 학생들이 중요하다고 생각하는 관계의 핵심가치를 놓치는 것이다.

Gay(2010: 48)는 이렇게 주장한다,

학생들을 진심으로 돌보는 교사들은 그들의 인간애를 존중하고, 학생들에게 높은 자존감을 갖도록 장려하며, 학생들에게 높은 학업 성과를 기대한다. 그들은 학생들의 기대를 만족시킬 수 있는 전략들을 활용한다. 교사들은 또한 학업적·사회적·개인적이고 도덕적인 행동들과 학생들이 본받을만한 가치들의 모범이 된다. 그런 면에서 학생들은 당연히 자신이 존중받을 만한 존재라고 여긴다.

높은 기대를 가진 돌봄을 행동으로 실행하지 않으면서 그저 학생들을 향한 따뜻하고 감상적인 느낌은 친분의 형성 없이 학생들에게 만족을 전달하는 것과 같은 '학업적인 태만'의 형태를 만든다. 이것은 특별히 교사-학생의 관계가 그들의 학습에 필수적이라는 의미이다.

〈실천 예제 4.3〉에서는 세 명을 인터뷰하여 가장 호감을 갖는 교사를 어떻게 생각하며 어떻게 기억하는지를 알아보자. 여러분이 인터뷰한 세 명은 어느 연령대든지 상관없다. 다양한 견해를 얻기 위해서 다른 배경을 가진 사람들을 선택하지.

〈실천 예제 4.3〉 선호하는 교사

학생 세 명에게 그들이 가장 선호하는 교사를 설명하도록 해보라. 그리고 왜 그 교사인지, 또는 왜 그분을 선호하는지 질문해보라. 아래에 그들의 설명을 제시해보자.

- 인물 1:

- 인물 2:

- 인물 3:

인터뷰가 끝나고, 교사들의 돌봄의 증거를 설명하기 위해 세 가지 기술한 내용을 검토해보라. 그리고 Valenzuela, Noddings 그리고 Gay의 견해와 관련하여 위의 자료들을 다시 읽어보라. 또한 인터뷰 내용을 반영하는 어떤 단어들이나 구절들에 동그라미 표시를 하라. 여러분은 다음에 학생들과 함께 수행할 이 활동에서 무엇을 배웠는가?

연구 과정에서 학생들은 종종 자신들이 좋아하는 교사들을 '돌봄'으로 묘사하지만, 항상 친절할 필요는 없다고 설명한다(Alder, 2002; Gay, 2010; Irvine, 2003). 일반적으로 학생들은 무관심한 교사들보다는 '따뜻하게 요구하는 교사'에게 더 관심을 갖는다(Kleinfeld, 1975). 따뜻하게 요구하는 교사들은 학생들로부터 좋은 결과물들을 기대할 뿐만 아니라 학생들을 지지한다. 그럼으로써 그들은 좋은 관계를 형성할 수 있다. 따뜻하게 요구하는 교사들은 학생들을 인간적으로 존중하고 있다는 것을 보여준다. 여러분이 선호하는 교사를 인터뷰했을 때 따뜻한 면과 학생들에게 요구하는 측면이 모두 발견되었는가?

교사들은 게이, 레즈비언, 양성애자 또는 성전환자(LGBT) 학생들에 대하여 어떻게 그들의 정체성을 인정하며, 혹은 성 정체성으로 고분군투하고 있는 것에 대한 관심을 어떤 방법으로 표현할지 궁금해할지도 모른다. 교육과정에 LGBT 사람들과 그에 대한 이슈를 포함시키고 자신이 근무하는 학교에서 '안전한 학교' 정책을 적극적으로 지지하는 교사들은 다양한 성 정체성을 가진 사람들에게 관심을 기울인다. 이러한 돌봄의 표시는 LGBT 학생들에게 대화할 수 있는 이해력이 있는 교사가 있음을 보여주는 것이다.

돌봄을 실천하는 교사들은 학생들이 직면한 장벽들을 인식하고 학생들에게 그것들에 대처하도록 도와준다. 고정관념은 유색인종 학생들, 여학생들, LGBT 학생들, 그리고 장애를 가진 학생들이 직면한 중요한 장벽이다. 학생들은 자신의 모습이 반복적으로 무능력하게 그려지는 것을 보면서 자랄 때 자신의 능력을 의심한다. 예를 들어, 아프리카계 미국 학생들은 표준학력시험에 응시할 때 고정관념이라는 장벽을 느낀다. 여학생들은 종종 과학이나 기술 과목에서 기대 이상의 점수를 얻고자 할 때 이러한 면을 느낄 수 있다. Steele과 Aronson(1995)은 다음과 같이 설명한다.

어떤 사람이 속한 그룹에 대하여 부정적인 고정관념이 존재한다는 것은 그 고정관념이 적용될만한 상황에서 그 사람이 그것을 자신의 특성으로 확정지을 위험성을 안고 있기 때문에 자기 자신에게나 고정관념을 갖고 있는 다른 사람들 모두에게 그러한 확정을 심어줄 위험이 있다(p. 808).

학생들은 기대 수준보다 '낮아지는 것'을 두려워하는 상황에 처했을 때가 그렇지 않을 때보다 더 나쁘게 행동한다. 돌봄 관계는 학생들이 이런 장벽을 피해가도록 돕는 데 반드시 필요하다. 교사는 진정한 돌봄의 관계 속에서 학생들을 지지하고 격려하며, 학생들의 가정환경을 존중하고 있다는 것을 보여주며, 학생들에게 높은 기대치를 갖고 학생들의 능력을 믿고 있다는 것을 보여준다.

리　사: 한 가지 사례를 들어보면, 나는 수학에 공포증을 가지고 자랐어. 너도 알다시피 여학생들이 수학을 잘 못하잖아.

셀리아: 나도 그래.

리　사: 맞아. 수학 시험을 볼 때, 나는 아무런 생각을 할 수 없어서 낮은 점수를 받게 되지. 나에게 아무런 도움을 주지 않았던 기하학 선생님이 있었어. 그분은 수업 중에 여학생들을 꽤나 무시했어. 그러니 시험을 보면 형편없었지. 봤지? 무얼 기대할 수 있겠어? 그 선생님은 실제로 그렇게 말하지 않았지만, 우리를 아주 어리석은 여학생들로 과소평가했어. 그리고 우리를 매우 어리석게 만들어버리는 것처럼 보였어.

셀리아: 선생님은 스페인 억양을 가진 여학생은 더 나쁘게 대했어! 나는 내 가족을 무시할까 봐 너무 두려웠고, 그 스트레스가 내 머리를 굳어버리게 했다고 생각해.

✚ 학생-학생 관계

　　학생과 학생 관계는 교사와의 관계와 마찬가지로 돌봄 교실에서 중요한 역할을 한다. 학생들은 정서적으로 안전하다고 느낄 때가 그렇지 않을 때보다 학습 효과가 더 높다. 만약 교사가 동료 학습을 위한 수업환경을 만든다면, 학생들은 동료들의 다양한 관점으로 인해 더 많이 학습할 수 있다. 더욱이 민주주의 사회에서의 생활을 위하여 서로 다른 사람들을 존중하고 소통하는 것을 배우도록 격려해야 한다. 교실에서의 한 이야기가 그러한 실례를 보여준다.

다양한 학교에서 가르치고 있는 어느 중학교 교사는 민주주의를 열렬히 신봉하고, 학생들이 서로를 잘 알게 하고, 쟁점이 되는 문제들을 토론하도록 학습하는 일에 노력한다. 그녀는 2001년 9월 11일 이후에 교실에서 일어난 일에 관한 이야기를 들려주었다.

나는 우리가 아프가니스탄을 폭격할 것인지에 관해 학생들과 토론하고 있었다. 학생들 대부분은 "그렇게 해서는 안 돼요. 왜냐하면 무고한 시민을 폭격할 수도, 우리가 당한 잘못된 일을 우리 스스로 하는 것일 수도 있기 때문이죠. 폭격은 어떠한 것도 해결할 수 없어요"라고 말했다. 그러나 두 명의 남학생은 "아니에요, 우리는 바로 그들을 폭격해야 해요. 그들이 우리에게 한 일을 생각해보세요"라고 말하였다. 나는 그 학생들에게 토론을 시키고, 모든 사람들이 이 소년들의 생각이 옳다고 느끼지 않는다는 것을 확신시키려 하였다. 매일 나는 이런 종류의 토론을 할 수 있고, 토론할 때 서로를 존중하면서 다른 의견을 자유롭게 말할 수 있는 교실 분위기를 만들려고 노력하였다. 나는 개인적인 의견을 학생들에게 말하지 않았고, 학생들 스스로 생각하기를 바랐다. 마침내 여학생 중 한 명이 "음, 아흐메드(Ahmed)는 어때요?(아흐메드는 9.11 이틀 후에 사라진 파키스탄 학생이었다. 내 생각에 그는 파키스탄으로 돌아간 것 같다)"라고 말했다. 그리고 다른 학생들도 "아흐메드는 어때요? 아흐메드가 파키스탄에 있잖아요. 그에게 무슨 일이 일어날까요?"라고 물었다. 그러자 그 두 명의 남학생들도 생각을 바꾸고 말하였다. "그러면 우리는 집으로 돌아가야 해요. 그들에게 폭격을 해선 안 돼요." 어떤 위대한 논쟁도, 어떤 많은 근거도 그들의 마음을 돌이킬 수 없었지만, 친구인 아흐메드와 가졌던 인간적인 관계가 그들의 마음을 돌이킨 것이다(Sleeter, 2005, pp. 173-174).

이 사례에서 교사는 그녀의 학생들과 공동체를 형성하였다. 그녀는 공통점을 찾아내고, 공감대를 유발했으며, 공감에 바탕을 둔 결론을 이끌어낼 수 있었다.

교실에서 협력 관계를 형성하는 것은 학생들 스스로 공감대를 찾아내고, 서로 간에 공동체를 형성할 수 있다는 의미이다. 공동체와 공감은 저절로 만들어지는 것이 아니지만, 만들어 갈 수 있는 것이다(Eisler, 2000). 공감은 다른 사람들의 감정을 구별해낼 수 있고, 타인의 역할과 관점을 이해하며, 그 결과 자신의 감정적인 표현을 조절할 수 있는 것을 뜻한다(Feshbach, 1975). 학생들이 타인의 견해에 꼭 동의할 필요는 없지만, 다른 학생들의 견해가 이치에 맞는다는 것을 이해하는 방법을 배울 수 있다. 그러므로 학생들은 그들이 깊이 고려하는 문제에 관해 타인이 어떻게 느끼는지를 이해하려고 노력해야 한다(Feshbach & Feshbach, 1987).

청소년들은 유아기부터 청년기를 거치면서 점점 정체성과 사회적인 관계에 몰두하게 된다. 심지어 어린아이도 사회적인 맥락 속에서 실마리를 찾으면서 자신이 누군지에 대해 생각한다. Van, Ausdale, Feagin(2001)은 세 살 정도의 아동이 유치원에서 인종과 인종차별주의에 관해 어떻게 배우는가를 연구하였다. 일반적으로 어른들이 믿고 있는 것과는 반대로, 아동들은 피부색의 차이를 인식하고 있었다. 더 넓은 사회에서 피부색과 관련된 고정관념을 배우기 시작했다 할지라도 아동들은 피부색을 그들 자신들 사이에서 구별해내고 배제와 포함의 표시로 사용하였다. 백인 아동이 유색 아동에게 권위를 표현하기 시작하는 점에서 아이들은 더 넓은 사회의 인종관계에 대해서도 인식하고 있다. 탁아시설에 다니는 동안 그랜트의 손자는 자신의 피부색 때문에 생일파티에 초대받지 못했다. 교실과 운동장에서는 좋은 친구였던 파티의 주인공은 저자의 손자가 '흑인'이기 때문에 자신의 파티에 올 수 없다고 말했다.

Gifford-Smith와 Brownell(2003)에 의하면, 유년기까지 "아동들은 진정으로 친구들이 속해 있는 다른 세계에 참여한다고 말할 수 있다."(p. 236) 아동들의 사회적인 상호작용은 30% 이상이 친구와 더불어 일어난다. 또래집단이나 따돌림 등의 현상은 누구와 언제, 무엇에 관해 상호작용을 하는지에 대한 구조를 더욱 분명히 서술하고 있다. 이러한 또래집단의 구조가 나타나면서 어떤 아이들은 거절과 소외감을 느끼는 반면, 어떤 아이들은 애정을 받거나 지지를 받고 있다고 느낀다. 아마도 여러분 자신의 청년기 시절을 회상해보면, 집단화는 때때로 가벼운 경쟁관계나 폭력적인 관계로까지 심화되어 서로 간에 경쟁을 불러일으킨다. 따돌림은 최근 학생-학생 관계에서 심각한 문제로 인식되고 있다. 예를 들어, 미국에서 초등학교 학생의 거의 5분의 1이 집단 따돌림을 당했다고 보고된다(Drake, Price & Telljohann, 2003). 소위 왕따를 경험한 학생의 학업 성적이 저조하게 나타나는 경향이 있다. 아마도 학업성취가 낮은 학생과 왕따를 당한 경험이 있는 학생이 학교를 거부하게 되는 이유에는 상호 연관관계가 있다(Swearer, Espelage, Vaillancourt & Hymal, 2010). 오늘날 왕따는 예전과는 다르게 여러 가지 양상으로 일어난다. 그랜트가 최근 학교 관찰에서 알게 된 학생들은 서로에게 "방과 후에 널 가만두지 않을 거야"라는 핸드폰 문자 메시지를 보낸다.

초등학교 고학년과 중학교 시기에 사회와 학교, 또래들의 상황은 어떤 그룹의 학생들의 자존감 형성에 중요한 역할을 하였다. 아프리카계 미국인 남학생들(Madhere, 1991), 멕시코계 여학생들과 백인 여학생들(U. S. Department of Education, 1998), 그리고 LGBT 학생들, 특별히 성전환자 학생들이 그러한 그룹이다(Glsen Research Department, 2001). 다른 모든 아동들처럼 게이와 레즈비언 학생들은 평균적으로 아홉 살 정도에 처음으로 성적인 감정을 경험한다. 그러나 이성애자 친구들과는 달리, LGBT 학생들은 청소년 시기에 그들이 경험한 감정들이 사회적으로 용납되지 않는다는 사실을 알고 고민한다. 3장에서 설명하였듯이, 이는 그들의 자존감에 큰 충격을 줄 수 있다(Sears, 1993). 정체성과 자존감은 동료와의 상호작용에 의해서뿐만 아니라 자기 자신에 대한 이미지와 대우, 그리고 학교 밖의 자신과 닮은 사람들에 대한 이미지와 대우로부터 영향을 받는다.

비록 또래집단에 대해 고정관념과 배타심을 가질 수도 있지만, 또래집단이 갖는 부정적인 이미지들을 바꿀 수도 있다. 예를 들어, Tatum(1997)은 자신의 저서 『Why Are All the Black Kids Sitting Together in the Cafeteria?』에서 '자신과 같은' 또래들과 사회적인 집단을 형성하는 것이 소속감뿐만 아니라, 긍정적인 정체성을 형성하는 데 용이하다고 주장한다. 때때로 그룹 형성은 그들의 정체성이 학교의 배경과 교육과정에 의해 평가절하 된 학생들을 보호하는 데 도움이 된다. 여러분의 중·고등학교 시절을 회상해보라. 여러분의 친구는 저녁시간에 전화로 수다를 떨며 시간을 보내거나 주말에 함께 쇼핑몰에 갈 뿐만 아니라 여러분의 자아상, 정체성 그리고 문화적인 가치를 형성하는 데 중요한 역할을 한다. Tatum은 자아상 발전의 이해와 현존하는 인종과 민족의 경계를 뛰어넘어 대화에 참여할 필요를 강조한다. 담임교사들에게 중요한 문제는 동료 집단 형성을 막는 것이 아니라, 아동들과 청소년들이 학급에서 누구와 친한 관계를 맺고 경험들을 나눌 것인지에 대하여 인지하는 것이다. 교실 그리고 또래집단을 형성하는 상황에서 교사들은 어떻게 존중과 돌봄의 관계를 갖도록 도와줄 수 있을까?

우리는 학교 밖에서도 어떻게 친구의 범위가 서로 다름을 뛰어넘어 구축될 수 있는지 살펴볼 수 있다. 예를 들어, Calabrese와 동료들은(2008) Circle of Friends 프로그램이 학교 내의 친구나 특별 교육기관에서의 친구 간의 관계들과 그 영향에 대한 연구를 보고하였다. 그러한 연구에서 친구 관계의 대부분은 특별 교육기관에서보다는 일반 교실에서 일어나는 것으로 나타났지만, 장애를 가진 학생은 많은 시간을 특수교육을 받는 것으로 밝혀졌다. Circle of Friends는 장애를 가진 또래가 장애를 갖지 않은 또래와 짝을 이루고, 그들이 함께하는 활동을 구성하였다. 연구자들은 장애를 가진 학생과 장애를 갖지 않은 학생 모두 점점 친해지며, 더 많은 친구들을 사귀게 되고, 교우관계를 확장해가는 것을 발견하였다. 시간이 지나면서 장애를 가진 학생들의 친구들은 그 범위가 점점 증가했다. 그와 동시에 비장애인 학생들은 장애를 가진 사람을 대할 때 가장 먼저 자신들과 공통점이 있는 사람들이라고 보는 법을 배웠다. 연구자들의 결론에 따르면, 이 프로그램과 같이 고립과 분리를 제거하고자 하는 계획들은 모든 참가자들을 변화시킬 수 있는 계기가 될 수 있다.

길버트: 선생님들이 이러한 것을 이해해주었으면 좋았을 텐데. 나는 괜찮은 학생이었어. 사실 나는 대단한 학생이었지. 그런데 다른 아이들은 내가 이상한 애라고 생각했어. 흑인 학생들은 내가 너무 아시아 학생처럼 보인다고 생각했고, 아시아 학생들은 흑인 학생들에게 편견을 갖고 있었어. 그래서 나는 어느 곳에서도 적응하지 못했어. 우리 부모님은 내가 혼혈인 것을 이해할 수 있도록 격려하셨지만, 그것은 다른 아이들이 나를 어떻게 보는지에 대한 답이 되지는 않았어. 고등학교 시절은 최악이었어. 왜냐하면 알다시피 남자애들은 얼마나 많은 여학생들이 자신을 좋아하는지를 알고 싶어 하잖아. 나는 예외였지.

리 사: 그때로 돌아간다면 난 널 좋아했을 거야. 길버트!

길버트: 아니, 그러지 않았을 거야. 리사, 너는 인기가 많았을 것 같은데.

리 사: 그렇게 인기가 있었던 것은 아니야. 난 스포츠, 특히 테니스를 좋아했어. 하지만 개구쟁이라고 불리는 건 싫어했어. 6학년 때 귀엽다고 생각했던 남자애 두 명이 내게 말한 게 있어. 내가 너무도 개구쟁이라 아무도 나랑 결혼하고 싶어 하지 않을 거라고 말이야. 아마도 그때부터 난 여성스러워졌다고 생각해. 머리도 꾸미고 패션에 관심을 가지고 화장도 하기 시작했어. 그래, 네 말이 맞아. 난 인기 있고 싶어 했어. 그런데 노력을 해야만 했어. 왜냐하면 인기 있게 보이기 위해서 스포츠를 포기하고 싶지 않았기 때문이야.

셀리아: 초등학교 때 대부분의 아이들이 다른 나라의 억양이 섞이지 않은 영어를 잘했고, 그들은 나만큼 피부색이 까맣지 않았어. 나는 백인이 되고 싶었어!

리 사: 설마!

셀리아: 아니야, 난 백인이 되려고 항상 흰 우유만 마시곤 했어. 난 초콜릿우유를 좋아했지만, 피부가 더 갈색이 될까 봐 두려워서 초콜릿우유를 마시지 않았어. 난 할머니랑 과나후아토에서 여름을 보내는 것을 좋아했는데, 할머니는 나보다도 더 피부색이 까맸어! 여름방학이 끝나 로스앤젤레스로 돌아와 학교로 되돌아

갔어. 내가 가장 사랑하는 가족들이 학교에서 가장 비참한 아이들의 피부색과 비슷해 보여서 난 정말 슬펐어. 절대로 닮고 싶지 않은 아이들 말이야. 때때로 나는 상처받지 않은 아이처럼 보였지만, 실제로는 상처를 많이 받았어.

교사들은 시험 문제에 집중해야 하는 환경과 업무로 압박을 받는 상황에서 학생들의 정체성, 집단 정체성에 대한 관심을 충분히 갖지 못할 때가 많다. 또한 교사들은 학생들이 자신이 원하는 사람이 되는 데 영향을 주는 다른 사회적인 요소들로부터 도전에 직면한다는 사실에 관심을 갖지 못한다.

✚ 훈육

많은 교사들은 훈육이 교사의 교육과 학생들의 학습에서 가장 필수적인 요건이라고 주장한다. 하지만 훈육, 학업 운영, 처벌 그리고 권위주의 사이에는 차이점들이 있다. 이러한 차이를 이해하는 것은 다문화교육과 학업성취를 향상하는 데 있어 가장 중요한 부분이라고 볼 수 있다. 다음에 제시되는 정의를 읽어보고, 어떠한 접근법이 여러분의 교수 방법에 적합한지를 자문해보자.

훈육은 학생들이 교실에서 어떻게 행동해야 하는지와 그 행동에 영향을 주기 위한 교사들의 능력에 대하여 다룬다. 훈육은 자기 자신을 향한 지도여야 한다. 책임감이란 내면에서 나오는 것이기 때문이다. 그것은 특히 학생들이 학업성취라는 압박을 받는 동안 학습과정에 있어서 지속적이며 중심적인 위치에 있다. 훈육은 학생들이 자기 자신과 타인을 향한 존엄과 존경의 뜻을 보여줌으로써 그들의 행동에 대한 책임감을 갖도록 도와주는 것이다(Fuller, 2001).

학급 운영은 훈육보다는 폭넓은 의미의 활동이다. 학급 운영은 교사가 학생들의 참여와 협력을 증진하고, 건전한 돌봄이 있으며, 생산적인 교육 환경을 조성하는 것을 의미한다. 더욱이 학급 운영은 교실의 편성, 즉 교육과정을 계획하는 일이나 수업 절차와 학습자료들을 편성하는 것, 학습을 극대화할 수 있는 환경을 만들고, 학생의 발달을 관찰하며, 학생의 요구와 문제점들을 파악하는 것들을 포함한다(Lemlech, 1991). 다문화적인 관점에서 보자면, 학급 운영이란 교사들이 학급을 조성하는 모든 능력을 나타내는데, 이를 통해 모든 학생을 환영하고 장려하며, 인종이나 성, 사회·경제적인 한계를 뛰어넘어 협력하고 기대치를 높이는 것이다.

처벌이란 규칙이나 권위에 반한 행동이나 위반에 대하여 벌을 주거나 받는 것을 뜻한다. 학생들은 종종 교실에서의 처벌을 일종의 '그들에게 적이 되는 우리', 즉 학생에게 적대적인 교사라는 상황으로 인식한다. 처벌은 일반적으로 권위를 가진 누군가가 벌을 줄 수 있는 힘을 가진 것을 뜻한다. 학교에서 처벌은 쉬는 시간 등의 권리를 뺏는다거나 정학 또는 제적 결과 등을 포함한다.

권위주의는 통제 문제와 관련이 있다. 교사들은 학생들에게 자신이 '보스'임을 보여준다. 때때로 교사들은 자신이 권위주의적으로 행동하는 것에 대해 알지 못하고 그런 행동을 거친 사랑의 표현이라고 생각하거나 학생들에게 필요한 것을 주고 있다고 생각하는 경우들이 있다. 더욱이 다문화 교실에서 교사들은 때때로 학생의 일반적인 행동을 바람직하지 못한 것으로 잘못 해석하거나 교사의 권위에 도전하는 것으로 오해한다. 물론 교사들은 교실에서 합법적이며 전문적인 권위를 갖고, 또한 그래야 한다. 그러나 교사들이 학생들의 환경을 인정하는 상황 속에서 교육과정을 제공함으로써 학생들을 돌보고 존중하는 것을 보여줄 때, 권위주의는 자기 훈련의 방향으로 발전할 수 있다.

교육학을 배우는 학생들 중 일부는 교사가 되는 것이 교실을 '통제'해야 한다는 뜻이라고 생각했다고 말한다. 마치 권위적인 보스의 모습으로 말이다. 아마도 다수는 바람직한 학급 운영을 통해서 학생들이 자기 훈련을 발전시킬 수 있도록 하고, 또래들과 어떻게 효과적으로 관계를 맺는지를 가르침으로써 학생들을 돕고 싶다고 말할 것이다. 그러나 실제적으로 볼 때 그 학생들은 저자들이 추천하는 훈련/학급 운영의 방안에 대하여 질문한다. 이런 질문은 직접적인 질문과 가정형 질문의 형태로 나타난다.

우리는 여러분에게 몇 가지 방향을 제시하기는 하지만, 확실히 성공을 보장해 주거나 단 하나의 정답이 있는 것은 아니다. 일반적으로 자기 훈련을 하도록 학생들을 돕는 것은 학생들과 상황의 맥락을 인식하는 것이 필요하다. 예비교사들에게 가장 좋아하는 세 명의 교사들을 생각하도록 하고, 그들 모두가 같은 방법으로 학급을 운영했는지를 생각해보도록 하자. 대부분은 교실 훈련의 방법으로 그들을 도울 수 있는 단순한 방법은 없다는 결론에 도달한다. 하지만 돌봄이 있는 교실을 만들어가는 길은 모든 교사와 학생 사이가 서로 친근해지고 존중하도록 도움을 줄 수 있다.

교사들은 돌봄 교실과 학교를 변화시키기 위해 많은 일을 할 수 있다. 정체성과 자존감을 키우는 긍정적인 관계는 저절로 생겨나지 않는다. 이 장의 나머지 부분에서는 돌봄 교실과 학교를 변화시키기 위해 토대가 되는 세 가지 교육 영역을 전개해보고자 한다.

교육 영역 6: 갈등 해결 활용하기

교육 영역 7: 편견과 고정관념에 대하여 말하기

교육 영역 8: 협동학습 활용하기

교육 영역 6 갈등 해결 활용하기

관계와 관련되는 문제점들은 갈등이 있을 때 분명하게 나타난다. 갈등의 형태는 싸움이나 논쟁일 수 있고, 학생이 화가 나서 하는 말싸움일 수도 있으며, 학생이 어떤 다른 사람으로부터 무엇인가를 빼앗는 것일 수도 있다. 교사로서 우리는 갈등에 대비하지 못하는 경우가 있다. 우리는 갈등이 정서적 안정을 뒤흔들어놓기 때문에 갈등이 당황스러운 것임을 알고 가능한 한 빨리 없애고자 노력한다. 예를 들어 훈육의 문제는 종종 관계 갈등이 있다는 표시이다.

D'Ambra(2004)는 갈등에 대한 여러 가지 반응을 외부적인 면에서 묘사하고 있고, 이러한 반응들은 갈등에 대한 해결책을 찾으려는 상호 참여와 관련이 있다. 반응은 다음과 같은 것들을 포함한다.

- 폭력을 사용하여 갈등을 억제한다.
- 폭력, 중재 또는 조정을 사용하여 갈등을 해결한다. 이런 방법은 학급 규칙을 분명히 말하고, 그 규칙들을 항상 적용하는 것을 의미한다.
- 갈등 해결은 갈등이 일어난 후에 갈등에 대한 해결책을 마련하고자 협상하는 것을 말한다.
- 갈등 방지는 갈등이 일어나기 전에 잠재적인 문제들을 확인하는 주도적인 협상과 중재 그리고 예방 해결책을 산출하는 것을 의미한다.
- 대화의 문화는 차이점이 항상 있음을 인정하고 예의 있게 대화를 이어나갈 수 있도록 말해야 할 필요를 의미한다. 그것은 발생한 문제점을 중심으로 대화를 하는 것이 아니라 차이점에 관해 열정과 가치관을 중심으로 대화를 이끌어 가는 것이다.

신임교사들은 갈등이 표면화될 때까지 갈등을 예상하는 것이 아니라, 종종 갈등 억제 또는 갈등 관리 방법을 사용한다. 〈실천 예제 4.4〉에서는 교육 환경에서 갈등에 대한 반응의 사례를 각각 생각해보라.

여러분은 갈등에 대한 어떤 반응이 생각해보기 쉬웠는가? 어떤 반응이 가장 어려웠는가? 갈등은 불편한 것이기 때문에 우리가 갈등에 대해 다양하게 반응하도록 준비되지 않았다면, 일반적으로 압력을 사용하거나 갈등을 통제하는 방법을 사용할 것이다. 학생들뿐만 아니라 교사도 마찬가지다. 처벌로 갈등을 막거나 관리하려고 하는 것은 학급 규율 문제와 연관된 일반적인 반응이다. 비록 갈등은 압력이나 압력에 기초한 관리 방식으로 해결될 수 있지만, 이러한 반응들은 갈등으로 인해 나타나는 건설적인 환경을 조성하는 데 기여하지는 않는다. Gathercoal(1993)

은 "처벌은 학생들에게 교육자들을 미워하고 두려워하는 마음을 갖게 한다. 학생들은 학교 활동에서 거짓말을 하고, 부정행위를 하며, 휴학을 하거나, 종종 비참여자가 되는 것으로 반응한다"고 말한다(p. 17).

〈실천 예제 4.4〉 갈등에 대한 반응의 예

교육 환경에서 갈등에 대한 각각의 반응 사례를 생각해보라.

갈등 억압:

갈등 관리:

갈등 해결:

갈등 예방:

대화 훈련:

좀 더 자세히 살펴보면, 갈등은 긍정적이거나 부정적인 것이 아니라, 인간에게 의미 있는 것일 수 있다. 우리 대부분은 매일 갈등을 경험한다. 무엇을 먹을까, 봄 방학 동안 집으로 갈까 아니면 친구와 플로리다에 갈까 등의 고민으로 자기 자신과도 갈등한다. 가정, 학교 또는 운동장에서의 갈등은 사람들의 의견이 거의 모든 문제에서 차이가 있을 수 있고, 다른 사람들을 통해 자신의 관점을 다시 생각해야 할 필요가 있음을 배우는 훌륭한 기회가 되기도 한다. 또한 갈등은 자기 훈련, 타인 존중, 자아 존중, 사회 법규 존중, 그리고 다양성의 존중을 배울 수 있는 기회를 제공한다. 갈등의 결과는 참여자들의 행동에 따라 부정적일 수도 긍정적일 수도 있다.

갈등 해결은 존중의 관계를 가지고 돌봄 학급을 세우는 데 반드시 필요하기 때문에 갈등 해결 프로그램은 점점 더 중요해지고 있다. 학교에서의 초기 갈등 해결 프로그램들은 1970년대 초 "학교에서의 폭력에 관해 교육자들과 학부모들의 관심이 증가하면서" 나타났다(Girard & Koch, 1996, p. 111). 이러한 초기 노력들이 확대됨에 따라 1984년에 교육 중재를 위한 국가협회(National Association for Mediation in Education)가 설립되었다. 이후 분쟁 해결을 위한 국가연구소(National Institute for Dispute Resolution)로 기관명을 바꾸고, 갈등 해결의 발전과 수행 그리고 학교에서의 중재 프로그램에 관한 일들을 하였다.

오늘날 많은 학교들은 갈등을 해결하고 폭력을 없애기 위해 많은 시간과 노력을 투자하고 있다. 위스콘신과 같은 몇몇 주에서는 예비교사들이 갈등 해결 훈련을 받는다. 일부 주에서는 학생들이 갈등 해결을 더 잘할 수 있는 프로그램이 있다. 또한 어떤 학교 교육구는 유치원이나 저학년 과정에서 갈등 해결에 관한 수업을 진행하여 학생들이 운동장에서 공과 그네를 사용하면서 생기는 갈등이나 교실에서 연필, 컴퓨터, 우정에 대한 갈등을 해결할 수 있도록 지도한다.

갈등 해결 프로그램들은 다소 광범위할 수 있다. 그 방법들을 고찰하거나 그것들을 어떻게 운영할 것인지 여러분에게 보여주는 것은 이 장의 영역 밖이다. Cirillo와 동료들(1998)이 지적한 대로 비록 어떤 개별적인 프로그램이 모든 학생을 치료할 수는 없지만, 학생들이 폭력에 대한 대처 방안을 배울 때, 학생들이 폭력적인 행동에 참여하는 것을 줄일 수 있음을 알아냈다. 바로 이어서 여러 가지 방안을 보여줌으로써 여러분이 해결 프로그램을 시작할 수 있도록 도울 것이다.

갈등 해결의 첫 번째 단계는 어떤 방법이 가장 생산적이며 왜 그런지를 생각하도록 함으로써 갈등을 해결하는 세 가지 보편적 방법을 학생들에게 설명한다. 〈표 4.1〉은 갈등을 다루는 세 가지 방법을 나타낸다. 학생들에게 이러한 대안들을 보여주고, 어떤 것을 학생들이 가장 선호하는지 물어보고, 학생들이 생각하기에 어떤 방법이 그들의 부모가 갈등을 해결하는 데 사용한 방법인지를 질문하라.

<표 4.1> 갈등을 해결하는 세 가지 방법: 교사들이 추천하는 것이 어떤 것이라고 생각하는가?

거절	누군가가 갈등으로 인해 화가 났을 때, 본인이 화가 났다고 말하는 대신에, 무엇인가 잘못되어 있다고 거절한다. 이는 상대방이 무엇이 잘못된 건지, 또는 왜 당사자가 화가 날 수 있는지를 알지 못하기 때문에 갈등 해결에 맞지 않는다. 이런 상황을 설명하지 않는다면, 갈등이 다시 일어날 수 있다.
직면	한 명 또는 여러 학생들이 다른 학생 또는 학생들을 언어적 또는 신체적으로 공격하였을 때이다. 이 공격은 상대방이 문제의 다른 면을 들으려 하지 않거나 말하지 않으려 할 때 종종 일어난다. 그들은 다른 사람이나 그들의 생각을 공격한다.
문제 해결	학생들이 자신의 어려움을 해결하려고 할 때이다. 각 사람은 다른 사람의 말을 듣고, 그들의 문제가 우호적으로 해결될 수 있는 방법들을 찾는다.

문제 해결 접근법은 교사들이 학생들에게 추천하고 가르치는 방법이다. 이 선택은 분명한 것처럼 보이지만, 학생들은 어떻게 이 방법을 사용해야 할지 스스로 알지 못한다. 이를 해결하기 위해서 학생들은 소통 기술, 협상, 조정, 사과, 현재의 만족 유보하기, 그리고 양보 같은 기술들을 배울 수 있다. 우리는 필수적인 두 가지 소통 기술에 대해 논의해보고자 한다. '나 메시지(I messages)'와 '적극적인 경청'이 그것이다.

✚ 나 메시지(I messages)와 적극적인 경청

나 메시지는 학생-교사 간의 친분을 유지하고 심각한 갈등을 피하는 데 중요할 수 있다. 나 메시지는 '그가 말하길, 그녀가 말하길'이라는 식의 고발이 아니라, 인격적인 차원에서 상대방의 말하기와 감정을 요구하므로 아무런 문제가 없는 것처럼 보인다.

<실천 예제 4.5>는 나 메시지의 세 가지 부분을 연습하도록 요구한다. (1) 어떻게 느끼는지를 말하고, (2) 그러한 감정을 유발하는 다른 사람의 행동을 말하며, (3) 다른 사람이 어떻게 해줬으면 좋겠는지 말하기. 나 메시지가 상대방을 꾸짖거

나 다른 사람의 행동에 가치 판단을 부여하는 것이 아님을 주목하라. 오히려 나 메시지는 말하는 사람에게 불편한 감정을 느끼게 하는 다른 사람의 행동 변화를 요구한다. 나 메시지를 훈련하기 위해서 한 학생이 자신의 이전 교사에게 여러분이 그 학생에게 불공정하게 행동하고 매일 괴롭힌다고 말했다는 것을 알게 되었다고 가정해보자. 여러분이 이 일에 대해서 느끼는 바를 그 학생이 알고 있다고 가정하고, 거기에 대해서 나 메시지를 기록해보라.

〈실천 예제 4.5〉 나 메시지 실습

1. 나의 느낌은 ~이다(느낌에 어울리는 단어):

2. 그 행동을 설명해보라.

3. 나는 이것을 원한다(여러분에게 보다 나은 상황을 만들어줄 수 있는 방법을 말하라)

　비난하는 것보다 오히려 나 메시지를 이용해서 여러분의 고민을 표현하는 것은 얼마나 어려운가? 나 메시지를 사용하면 처음에는 어색한 기분이 든다. 그리고 화가 난 상태일 때, 나 메시지는 자연스럽게 나오지 않는다. 학생들에게 나 메시지를 이용하는 역할극을 하게 해서 학생들이 어떻게 말해야 하는지, 어떻게 말로 표현해야 하는지, 어떻게 다른 사람이 느끼는지에 익숙해지도록 해야 한다.

　적극적인 경청은 나 메시지를 보완하는 유용한 기술이다. 적극적인 경청은 다른 사람이 말하는 것을 주의 깊게 듣는 것, 즉 실제로 표면적인 언어뿐만 아니라 그 속에 숨겨진 의미까지도 듣는 것을 의미한다. 종종 갈등 상황에서 우리는 다른 사람의 입장을 전혀 듣지 않고, 우리 자신의 입장만을 취하려고 노력한다. 가장 최근에 여러분이 겪은 다른 사람과의 갈등 상황을 생각해보라. 일단 여러분 마음속에 그러한 예를 갖고 있다면, 기억을 되살려보자. 그러고 나서 여러분 자신의 행동을 결정해보라. Sunburst Communication(1994)이 추천한 『Student Workshop: Conflict Resolution Skills』의 적극적인 경청 기술과 관련한 여러분의 행동을 평가해보자.

- 여러분의 관심을 보여줘라.
- 여러분이 이해하지 못한 것이 있다면 질문을 하라.
- 상대방의 감정을 들어보라.
- 다른 사람의 말이 끝나기 전에 끼어들거나, 주제를 변경하거나, 여러분의 마음을 결정하지 말라.

여러분은 위의 네 가지 중 어떤 경청 기술을 사용하였는가? 어떤 기술을 사용하지 못했는가? 학생들은 적극적인 경청 기술을 연습함으로써 개발할 수 있다. 역할극은 이러한 연습을 할 수 있는 유용한 방법이다. 일부 교사들은 나 메시지와 적극적인 경청을 활용하면서 인형극을 통해 학생들이 갈등, 논쟁, 의견 불일치 상황에서의 역할극을 하도록 한다.

✚ 갈등 해결 접근법

갈등 해결 기술은 학생들이 서로 잘 어울리게 하고, 그들이 만나는 사람들과 다른 관점을 다루는 데 도움을 준다. 더욱이 갈등 해결은 학생들이 감정적으로 화가 나는 정도를 제한할 수 있다. 갈등을 해결하는 대부분의 모형에서는 비슷한 절차를 소개한다. 〈표 4.2〉와 〈표 4.3〉은 두 가지 모형을 설명하고 있다. 〈표 4.2〉는

Sunburst Communication(1994)이 추천하는 모형을 보여준다. 〈표 4.3〉은 Raider 와 Coleman(1992)이 제안한 협력적인 협상의 구조(Framework for Collaborative Negotiation) 단계를 보여준다.

<표 4.2> 갈등 해결 절차

1. 대화하기에 좋은 시간과 장소를 찾는다.

2. 문제를 말한다.
   사실을 파악한다.
   적극적인 경청을 활용한다: 관심을 보이고, 질문하고, 주의를 기울이고, 경청한 내용이 정확한지 확인한다.
   여러분이 어떻게 느끼는지를 말하기 위해서 나 메시지를 사용한다.
   사람이 아니라 문제에 집중한다.
   소통의 장애요인을 제거한다.

3. 해결책을 위한 브레인스토밍을 한다.
   기꺼이 타협한다. 적게 주고 적게 받는다.

4. 모든 사람에게 적용할 수 있는 해결책을 선택한다.

5. 해결한다.
   해결책이 맞지 않는다면, 3단계로 되돌아간다.

자료 출처: Sunburst Communication(1994)

<표 4.3> 협력적인 협상의 구조

단계	임무(예시)
계획	갈등이 협상 가능한지를 결정하라. 현 상태와 요구를 분리하라. 다른 사람의 관점에서 생각하라.
협상을 위한 환경 조성하기	신뢰와 친분을 쌓아라.
정보를 알려주고 질문하기	'나(I)'로 시작하는 서술문을 사용하고, 여러분의 요구를 알려주어라. 다른 요구에 대해서도 물어보아라.
공감대 형성하기	양쪽 모두에게 영향을 주는 문제들을 확인하라. 공유하는 요구들에 대하여 중요한 사항들을 생각해보라.
브레인스토밍	문제 해결을 위한 생각들을 자유롭게 제안해보자. 판단은 유보하라.
해결책 선택하기	지속적인 해결이 될 수 있도록 가장 바람직한 해결책이 되기 위한 제안들을 좁혀보라.

〈실천 예제 4.6〉에서 〈표 4.2〉와 〈표 4.3〉의 모형을 비교하고 비슷한 점을 확인해보자. 그 후, 어떤 경우에 나 메시지가 감정을 표현하는 방법으로 적합하며, 적극적인 경청은 어떤 경우에 다른 사람의 감정을 듣는 데 적합한지를 써보자.

〈실천 예제 4.6〉 갈등 해결 구조에서의 유사점들

지금까지 소통의 기술과 교실에서의 갈등 해결을 위한 전략을 어떻게 세우는지에 대해 생각했다. 여기서는 문제를 해결하는 일반적인 형식인 학급회의에 대해 생각해보자.

✚ 학급회의

학급회의는 학급 관리와 교육과정의 문제를 제시하는 것뿐만 아니라, 학생들 간의 갈등을 해결하고 조율하는 강력한 수단이 될 수 있다. 학급회의의 목적은 매우 광범위하며, 개인적인 문제에 대한 지식 정보를 찾는 것부터 학급 정책들에 관한 결정 사항에 이르기까지 다양하다. 그러나 학급회의는 진솔한 대화와 학생들의 관심, 생각, 의견들을 포함해야 효과적이라고 할 수 있다. 만약 학생들이 진지하게

회의를 진행한다면, 그들의 의견은 분명하게 문제 인식, 토론 그리고 평가의 중심에 놓여 있을 것이다.

학급회의는 협상의 수단으로 충분히 활용할 때는 효과적이지만, 회의를 너무 자주 할 경우 그 의미가 변질될 수 있다. 학급회의는 학생들의 정보를 얻을 수 있는 기회와 생각의 공유가 지속적으로 이루어지고, 가치가 평가되는 민주적인 학급의 교육 영역일 때 가장 효과적이다.

학생들은 학급회의 구조를 형성할 수 있도록 서로 도와야 한다. 다음의 교육 영역들은 필수적이다.

- 학생들이 그룹 토의를 위해서 의미 있는 문제점들을 알아내고 상정할 수 있는 능력
- 회의 진행을 위하여 정기적인 시간을 정하고, 교실에서 얼굴을 마주하여 토론할 수 있는 공간으로 만들기
- 문제 상황을 설명할 때 다른 학생들의 이름을 부르는 것을 자제하고, 공정한 순서에 따르는 등 효과적인 소통 방법을 학생들이 선택할 수 있도록 돕는 지침들
- 개인이나 집단이 문제를 제기하고 해결책이나 권고사항을 제시했을 때, 그것이 도움이 되는 것이라 느끼고 있는지에 대하여 효과적으로 평가할 수 있는 방법들.
- 다음 회의를 시작할 때 이전에 토론한 문제를 간단하게 언급함으로써 학생들에게 도움이 되었는지를 평가할 수 있다.

길버트: 그렇다면 교사로서 우리의 책임 중 한 부분은 우리 학생들이 어떻게 하면 서로 친밀하게 지낼 수 있는지를 가르치는 것이지? 처음 내가 교사가 되기로 생각했

을 때, 나는 주로 역사나 읽기 같은 과목을 가르치는 것을 생각했어. 나는 학생들과 함께하는 것이 즐겁지만, 솔직히 말하면 교육과정의 일부분으로 '나 메시지'와 적극적인 경청 같은 것을 가르치는 걸 생각해본 적이 없어.

셀리아: 그래도 길게 보면 가치 있을 것이라 생각하지 않니? 그런 것이 없으면 대두될 수 있는 여러 문제점들을 생각해봐!

리 사: 좋은 생각이야! 그러기 위해서는 더 많은 정보가 필요해.

많은 예비교사들은 길버트처럼 교수활동에 대해 한정적으로 생각한다. 교수활동은 교과 과정을 다루거나 다음 학년으로 진급시키는 것보다 훨씬 더 많은 것을 의미한다. 교사의 역할 중 하나는 다른 학생들과 잘 지내는 방법을 가르쳐서 다른 사람들의 생각과 상황을 존중하도록 하는 데 있다. 길버트는 가능한 한 빨리 자신의 견해를 수정해야 할 것이다. 그렇지 않으면 그 자신과 학생들 모두는 학문적인 면에서나 사회적인 면에서 불리하게 될 것이다.

갈등 해결을 다루는 다양한 자료들을 이용할 수 있다. 여러분은 인터넷을 통해서 프로그램에 대한 자료, 구성, 설명을 살펴볼 수 있다. 〈실천 예제 4.7〉에서 여러분에게 도움이 될 만한 웹 사이트 4개를 찾고, 이에 대해 간단히 설명해보자.

〈실천 예제 4.7〉 갈등 해결에 관한 웹 사이트

인터넷 검색엔진을 사용하여 여러분에게 유용해 보이는 웹 사이트 4개를 찾아보자. 각각의 URL, 웹 사이트 이름을 간단하게 설명하라.

①

②

③

④

이 활동은 어떤 학생들에게는 "이건 나중에 할 수 있어" 하고 잠시 미루어두는 것일 수도 있다. 그러나 만일 여러분이 이와 같은 생각을 하면서 이 활동을 수행한다면, 의식적으로나 무의식적으로 배울 수 있는 기회를 놓치게 될 것이다. 웹 사이트를 찾으면서 우리는 추가적인 자료와 생각을 발견하고 놀라게 된다. 지금 웹 사이트를 방문하면, 좋은 생각들이 여러분을 기다리고 있을 것이다.

특별히 정치적 · 종교적인 문제들, 그리고 많은 사회적인 문제들에 있어서 대부분 교사들은 학급에서 중립이나 공평한 쪽에 있으려고 한다. 그러나 1장에서 언급한 것처럼 모든 교사들은 자신들의 특정한 사고방식을 가진 채로 교실에 들어선다. 교사들은 자신의 인종이나 민족, 성별, 성적 취향, 사회 · 경제적인 상태, 그리고 종교에 영향을 받는다. 이 특성들과 이에 따른 영향들이 학생들이나 또래들에게 이해되지 못할 때 갈등이 일어날 수 있다. G. Valentine(1997)은 그러한 갈등을 피하기 위해서는 문화적인 관점에 대한 바람직한 이해를 가져야 하며, 그러한 이해가 태도와 행동에 어떤 영향을 주는지를 제시한다. 교사 자신이 짊어지고 있는 짐을 이해하며, 학생들 역시 자신의 짐을 짊어지고 있다는 것을 알도록 도와주는 것은 교실에서 갈등을 효과적으로 해결할 수 있는 방법을 습득하는 데 있어서 결정적이다.

교육 영역 7 편견과 고정관념에 대하여 말하기

학생들은 다른 모든 사람들에 관한 자신들의 생각을 여과시키고 난 후 교실을 이해하는 경향이 있다. 교실은 그 자체로 다른 사람들을 관찰, 해석 그리고 반응을 위한 막대한 공간을 제공한다. Gallas(1998)는 초등학교 교실을 다음과 같이 설명하였다.

때로 일상적이고 평범했던 것은 사실상 독특한 것이었다. 교육의 목적을 위해서 모두 같은 나이의 20명 또는 그 이상의 학생들이 그들의 유일한 교사인 한 여성과 함께 방 안에서 하루의 몇 시간을 지내야 한다는 것은 이상한 일이었다(p. 25).

그녀는 학생들과 자신이 서로를 해석하고 있다는 관점과 더불어 학생들이 교사에 대하여 인식하는 성별로 인해 형성된 교육 환경 속에서의 행위들을 관찰하였다. 저학년 학생들의 성별 행동에 관한 광범위한 분석하고 난 후, 그녀는 "니는 저학년 성별 행동이 무엇인지를 이해하지 못할 때 내가 무엇을 해야 하는지를 결정할 수 없었다"(p. 140)고 결론을 냈다. 이 결론을 통해서 그녀는 학생들이 무엇을 인지하고, 왜 그렇게 인지하는지에 대해서 이해하지 못한다면, 학생들이 자신들과 서로에 대해 해석하고 인식하는 방법을 변경할 수 없다고 강조한다. 이러한 결론은 반드시 신중한 관찰과 세심한 경청을 필요로 한다.

〈실천 예제 4.8〉은 어린 학생들이 사람들의 범주에 관해서 교실에서의 인식들을 조절하는 방법을 제공한다. 우리는 이 실천 예제를 수행할 때 상당히 놀랐다. 만일 여러분도 그렇게 된다면, 다음을 생각해보자. 첫째로, 여러분이 종종 고정관념적이라고 느끼는 사회·문화적 집단을 선택해보라. 우리 학생들 중 몇몇은 '미국 원주민', '흑인 여성', '무슬림교도들', '백인 미국 남성', '게이와 레즈비언', '스페인어권에 속한 사람들' 또는 '휠체어에 앉아 있는 사람들'과 같은 범주들을 선택하였다. 이들을 개념화하고, 사회에서 어떻게 이해되고 있는지 가능한 한 많이 찾아내라. 학생들이 그 집단에 관해서 알고 있는 것이 무엇인지를 알아내기 위해서 약 5명의 학생들을 인터뷰해보자. 그리고 어린 학생들에게 그 집단을 단순히 묘사하도록 질문하고, 어디에서 그런 관점을 배웠다고 기억하는지 질문해보자.

그런 다음, 그 그룹이 사회의 다양한 부분을 어떻게 대표하는지 추가적인 자료를 모아보자. 예를 들어 다음과 같은 것들을 살펴볼 수 있다.

- 아이와 청소년들이 사용하는 언론 매체: 만약 있다면, 그 집단의 어떤 모습들이 보이는가?(TV 만화 쇼, TV 시트콤 또는 영화를 선택할 수 있다)

- 교과서와 같은 학교 자료들: 있다면 어떤 모습으로 보이는가?

- 학생들이 참여하는 종교 기관들: 이 집단은 이 상황에서 어떻게 나타나는가?

〈실천 예제 4.8〉 집단에 관한 설명

1. 여러분이 관찰한 집단:

2. 아이들은 집단을 어떻게 설명했는가?

3. 그들은 그러한 인식을 어디서 배웠는가?

4.집단은 어떻게 서술되었나?

- 언론:

- 교재:

- 그 외의 자료:

이 조사를 통해서 청소년들이 고정관념에 얼마나 의존하고 있는지 알 수 있는가? 그들이 얻은 정보는 어디에서 기인하는가? TV나 영화 같은 대중매체 속에서 청소년들의 관점은 어떻게 나타나고 있는가? 교과서나 다른 학교 자료들은 얼마나 그러한 이미지를 복제하고 있는가? 놀랄 만한 내용이 있었는가?

아이들은 세 살부터 인간이 지니고 있는 차이들에 대해 인식하기 시작한다. 그 후 아이들은 사회에서 성인들, 매체, 학교, 역할 모델, 종교기관과 같은 것에서부터 차이가 얼마나 중요한 것인지를 배운다. 그리고 아이들은 자신이 배운 대로 행동한다. 이를 설명하기 위해 우리는 어린 시절 미국으로 이민 온 흐멍인(Hmong) 타오(Yer Thao)를 인터뷰하였다. 그는 미국에 도착했을 때 다른 아이들이 자신을 어떻게 대했는지를 다음과 같이 설명하였다.

우리는 백인과 아프리카계 미국인들이 섞여 있는 가난한 동네에 정착하였다. 우리는 그 지역에 사는 유일한 흐멍인 가족이었는데, 우리 집 문 앞에 달걀을 던지고, 우리 물건을 부수고, 우리를 괴롭히는 이웃이 있었다. 그리고 그들은 우리가 누구인지 알지 못하는 것처럼 취급하였다. 부모님은 나에게 이렇게 말씀하셨다. "너는 학교에 가라. 그래서 이런 문제를 다뤄 우리를 도와다오. 그런데 네가 밖에 나가면, 그 사람들은 너에게 욕설을 할 거다. 너는 전쟁을 피해 안전한 곳을 찾으려 하는구나. 하지만 넌 이 나라에서 두려움 속에 살게 될지도 모른다. 저기 있는 사람들은 네가 누구인지 알지 못하고, 너도 그들이 누구인지 알지 못할 것이다. 그리고 그들이 너에게 하는 행동방식은 아주 폭력적일 것이다. 그리고 너는 그들이 네게 오면 언제고 무슨 짓이든 할 것 같다고 느낄 것이다." 이것이 내가 경험해야 했던 가장 힘든 시기였다. "점심시간 동안, 또는 수업 시작 전이나 방과 후에 네가 좀 다른 면이 있고, 그런 이슈들을 다루어야만 하기 때문에 너에게 상처 주는 행동을 하는 학생들을 보게 될 것이다. 만일 네가 문제가 있고 영어를 잘하지 못한다면, 대부분 시간 동안 선생님들이나 교장선생님은 네 문제들을 어떻게 해결해야 할지 모를 것이다. 대부분 사건은 복도에서 일어나고, 어떤 선생님들도 알지 못한 채로 대다수 사람들은 말하기를, '글쎄 이 아이는……' 그들은 네가 말하는 걸 알아듣지 못하기 때문이라고 할 것이다. 그래서 그건 네 잘못은 아니었지만, 모든 문제를 일으킨 장본인으로서 비난받게 될 것이다."(Sleete, 2001, Immigrant Kids, p. 2).

분명히 가해자들은 의도를 가지고 그를 괴롭히지는 않았을 것이고, 교사들은 그 소년을 돌보기 위해 노력하였다고 믿을 것이다. 그러나 동시에 그는 다른 학생들과 '다르게' 보였고, 무엇보다도 영어를 거의 할 줄 몰랐다. 다른 학생들은 그를 어떻게 이해해야 할지 알지 못했다. 그가 전형적인 아시아인이고, 이민자이고, 그리고 영어를 사용하지 않는 것 외에는 말이다. 그 학생들은 그를 비웃는 것이 될 수도 있고, 그에게 있는 문제들을 비난할 수도, 또 그런 것을 피할 수도 있음을 알고 있었다. 그래서 그들은 그렇게 행동한 것이다.

리　사: 너희들은 어린 학생들이 서로를 '호모'라고 부르는 걸 어떻게 생각하니? 난 현장 실습 학교에서 그런 말을 많이 들었고, 아무도 그것에 관해 이야기하지 않았어.

길버트: 그 말은 나에게는 정말 상처로 남아. 학생들은 그것이 잘못이란 걸 알아야 해.

리　사: 하지만 학생들은 동성애에 대해 모르잖아. 그들은 단지 들었던 것을 따라하는 거야. 난 항상 그런 행동이 크면 자연스럽게 해결될 것이라고 생각했어.

길버트: 해결될 거라고? 게이를 비난하는 것을 아무렇지 않게 생각할 것이라고? 우리 주변을 봐! 만약 우리가 학생들을 가르치지 않으면, 그 아이들은 듣고 본 대로 모방하게 될 거야.

리　사: 맞아. 하지만 학교에서 아이들에게 게이 문제에 대해 가르친다면 부모들이 항의할 거라는 생각을 안 해봤니?

셀리아: 여기에 두 가지 해결해야 할 문제가 있다고 생각해. 하나는 교육과정의 한 부분으로서 게이 문제를 가르칠 것인가 하는 거야. 내 생각에는 이 책을 6장까지 읽을 때쯤이면 이해하게 될 것 같아. 그러나 지금 우리가 학생들이 안전하다는 것을 느끼는 돌봄 교실을 운영하는 것에 대한 이야기를 하고 있다면, 상대방을 경멸하는 호칭을 사용하는 것은 멈추어야 해. 길버트가 말했듯이, 학생들이 비록 '호모'의 뜻을 알지 못한다 해도 마치 누군가를 놀리는 것이 그 사람에게는 돌을 던지는 것과 같다면 당장 멈추게 해야 해.

아동들은 매우 어린 나이부터 여러 대상들을 최소화하면서 사물들을 대하는 법을 배운다. 이러한 재능은 여러분 자신의 성장과정에서도 기억하듯이, 자라면서 더욱더 정교해진다. 교사는 게이나 레즈비언 학생들과 마찬가지로 새로 온 학생들이 받는 관심의 정도에 관해 신경 써야 한다. 마치 학생들 사이에서 아무 일이 일어나지 않을 것이라고 여기는 일은 순진한 생각이다. 그런 위험성을 무시하는 것은 학문적·사회적 환경으로서의 교실을 위기에 빠뜨릴 수 있다.

인종, 성별, 체형 그리고 장애 같은 것들은 프리스쿨[2]과 같이 이른 학교 시절부터 나타나는 다름의 표식이라 할 수 있다. 예를 들어, A. E. Lewis(2003)는 인종에 관한 아이들의 인식을 분석한 결과, '귀속 과정(ascriptive processes)'이라는 개념을 제시하였다. 이 과정은 일상의 상호작용을 통해서 다른 정체성들이 사람들에게 지정되는 것에 따라 자신의 정체성이 귀속된다는 것이다.

이러한 귀속 과정들은 근본적으로 우리가 다른 사람에 대하여 아는 것을 평가하고자 시도하는 대인관계의 상호작용들을 통하여 이루어진다. 첫 번째는 쉽게 얻을 수 있는 단서들(예를 들어, 피부색이나 얼굴 윤곽같이 가시적인 표식 혹은 억양 같은 청각에서 느끼는 표식, 이웃사람들과 같은 공간적 표식들 등등)을 즉각적으로 독해하고 해석함으로써 인식하는 것이고, 두 번째는 추가적인 정보를 얻게 되었을 때 첫 번째 가설을 다시 읽거나 재해석함으로써 얻게 되는 과정들을 뜻한다. 이 과정들은 밀접하게 연관된 방법으로 실행되어 어떤 사람들은 '동일한'(혹은 '나와 같은') 것으로 결정하고, 다른 사람들은 '다른' 것으로 결정한다(p. 151).

아이들은 어떤 종류의 질문들이 무례하다는 것을 배우기 전에 마음대로 질문한다. 어른들은 종종 사람을 차별하는 것이 예의에 어긋나므로 아이들에게 그러한 질문들을 하지 말라고 한다. 예를 들어, 우리는 아이가 순진하게도 인종 또는 장애에 관한 질문을 해서 당황하며 "쉿!" 하고 말을 중단시키는 부모들을 볼 수 있다.

---

2)　역자 주: 미국에서의 정규 교육의 시작인 유치원 전의 교육과정

그러한 행동에서 아이들은 어떻게 자신의 궁금증을 풀어야 할지 당황한다. 많은 아이들은 이러한 질문들을 금기시해야 한다는 것을 배운다. 그들의 생각은 가족이나 친구들로부터 들은 것 또는 미디어에서 본 것들을 기초로 한다. 종종 아이들은 농담, 조롱 그리고 욕설의 형태로 자신과 다름에 대한 감정을 말로 표현하는 것을 배운다.

학생들에게 올바르게 알려주지 않고 내버려두면, 자신들과 다른 또래들을 이해하는 그들의 태도는 괴롭힘이나 심하면 폭력으로 퇴보할 수 있다. Junoven(2001)에 따르면, 미국 학생들의 약 4분의 1이 "반복적으로 공포 분위기를 조성하는 따돌림에 참여하거나 따돌림의 표적이 된다."고 한다. 더욱이 "따돌림의 표적으로 자기 자신을 바라보는 아이들은 염려와 우울증 수준이 높게 나타나고, 그로 인해 학교에서의 수행능력을 지체시키는 우울 증상을 보인다." 괴롭힘과 따돌림은 욕설에서부터 시작하여 신체적인 폭력으로까지 확대될 수 있다. 이러한 일에 대해서 무관심한 교사들은 아이들에게 어떻게 시민으로서 더불어 살아갈 수 있는지를 가르치는 것에 실패할 뿐 아니라, 소송의 위험까지도 있을 수 있다(Zirkel, 2003).

돌봄 교사들은 (1) 고정관념에 관한 인식을 높이는 것, (2) 편견과 차별이 무엇인지를 가르치는 것, (3) 사람을 상하게 하는 일에 반대의 입장을 취하는 것, (4) 아이들이 차별을 금지하거나 환기시키는 것을 배울 수 있도록 돕는 네 가지 접근법을 사용하여 고정관념, 편견 그리고 괴롭힘에 대한 해결의 열쇠를 찾을 수 있다.

✚ 고정관념에 대한 인식 높이기

편견과 고정관념에 대한 인식을 높이기 위해서 우리가 아는 한 초등학교 교사는 학생들에게 미국 원주민에 관한 고정관념을 시작하면서 '고정관념 탐정'이 되기를 가르쳤다. 우선, 그녀는 학생들에게 미국 원주민의 그림을 그리도록 했다. 그런 다음 그녀는 미국 원주민들이 추천하는 그들에 대한 이야기를 그린 동화책을 골라서 학생들에게 읽어주었다(Slapin & Seale, 1998). 그 책은 서로 다른 사람들의 생생한 삽화가 그려져 있었고, 학생들은 이야기를 들으면서 삽화를 보고 자신들의 그림이 제한적이었다는 사실을 알게 되었다. 그 책을 읽은 후, 교사는 학생들에게 책의 삽화와 그들의 표현을 비교하고, 이러한 토론을 '고정관념'이 무엇인지를 가르치는 데 활용하였다. 그런 다음 그녀는 미국 원주민들의 고정관념을 폭로한 책들을 학생들이 직접 조사할 수 있도록 도서관으로 데려갔다. 그녀는 사회 교과와 문학 교과 전 단원을 통해 사실에 입각한 정보와 고정관념을 계속 비교하였다(Sleeter, 2001, Rethinking Indigenous People). 단원을 다 마치고 나서야 학생들은 고정관념이 무엇이고, 자신들이 어떤 편견을 가지고 이해했는지를 알았고, 토착 미국인들에 관해 더 많은 것을 깨달았다.

<표 4.4> 특정 사회문화적 집단들이 만든 웹 사이트의 실례들

집단	웹 사이트 주소	웹 사이트 이름
원주민	http://www.nativeweb.org/	Native Web
흑인 여성	http://www.bcw.org/	Black Career Women
이슬람인	http://www.amcnational.org/	American Muslim Council
남녀 동성애자	http://www.glsen.org/	Gay, Lesbian, and Straight Education Network
휠체어 사용자	http://www.wheelchairnet.org	Wheelchair Net

그녀가 도입한 과정은 학생들이 자신이 생각한 미국 원주민들에 관한 정확한 개념과 미국 원주민이 스스로를 묘사하는 내용을 비교하는 데 도움이 되었다. 우리가 고정관념과 대조되는 정보를 가지지 않는다면, 고정관념을 사실이라고 인정해 버리는 문제점을 가지고 있다. Aiello(1979)는 장애를 가진 강연자를 교실에 초대하여 장애에 관한 교육을 설명했다. 그때 한 예로, 한 아동이 시각장애인 방문자에게 요리를 할 수 있는지 질문했다. 그녀는 부엌의 음식에 브라유(Braille) 점자 표시를 붙여놓고, 자신이 제일 좋아하는 요리 중의 하나가 스파게티라고 설명해주었다. 그녀를 만나고 난 후, 일곱 살 아동은 "얼마나 안심인지 몰라. 난 장애를 가진 사

람들은 하루 종일 울고 있을 거라고 생각했어"라고 말했다(p. 30).

학생들은 사람들을 개인적으로 알아가는 동안 서로에게 다른 점과 같은 점이 있다는 것을 알게 된다. Derman-Sparks(1989)는 교사들이 학생들에게 권하여 당장 그 자리에서 실제적으로 보고 경험하는 다양한 차이점들, 즉 문화적, 신체적 그리고 성별의 차이들을 소개할 것을 추천한다. 또한 교사들은 다름에 대한 이해를 이타적인 측면에서 다루려 하지 말고, 일상적인 것으로 대하도록 하고 의도적으로 노력함으로써 학생들이 사람들에게 고정관념을 가졌을 때가 언제인지를 깨닫도록 도와줘야 한다.

사람들을 만남으로써 고정관념을 사라지게 하는 것과 더불어, 학생들은 특정 집단의 구성원들이 만들어놓은 웹 사이트들을 찾아보면서 그 집단들이 자신을 어떻게 정의해놓고 있는지 발견할 수도 있다. 그렇게 탐색해봄으로써 우리는 고정관념화되어 있는 사람들의 조직이 만들어놓은 웹 사이트를 알아낼 수도 있다. 앞의 〈표 4.4〉는 우리가 찾은 것을 설명하고 있다.

학생들은 자신이 옳다고 생각했던 이미지들에 대한 설명을 비교하면서 그들 나이에 적합한 웹 사이트를 검색했을 것이다. 학생들은 고정관념의 이미지와 올바른 재해석들과의 차이에 대한 이해들을 발전시키는 동안 고착된 이미지들을 주목하고, 찾아내고, 비판한다. 동시에 학생들은 그들 자신들과 다르다는 사실을 알게 된 사람들과 개인적 관계를 형성하기 위해 보다 정확한 기초를 다지기 시작한다.

✚ 편견과 차별에 대해 직접적으로 가르치기

어린 학생들에게 편견과 차별을 가르친다는 의미는 그들의 학교, 공동체 그리고 사회적인 상황을 검토하고, 그들이 경험한 편견과 차별의 형태에 관해 이야기하도록 언어와 개념적인 도구를 제공하는 것이다. 최근 우리는 한 교사가 차별에 관해 초등학교 학생들에게 가르치는 장면을 녹화한 수업을 보았다. 시청자는 다른 교사들과 예비교사들이었다. 비디오테이프 속의 교사는 학생들과 관련이 있을 수 있는 성차별의 사례와 관련해서 차별이 무엇인지를 설명하기 시작했다. 그런 다음 그 교사는 억양 또는 언어에 관련하여 이민자들에 대한 차별과 같이 학생들이 분명하게 알지 못했던 차별에 관해 계속 설명해 나갔다. 이 토론의 과정에서 그 교사는 아이들에게 그날 일어날 가능성이 있는 일 또는 일어나지 않을 것 같은 일이 무엇인지를 질문하였다. 시청자였던 교사들은 비디오 속의 여교사가 그러한 수업을 가르칠 수 있었다는 것, 그리고 아이들이 의미 있는 단어들로 그런 토론을 할 수 있었다는 것에 놀랐다.

비디오테이프 속의 교사처럼 여러분은 학생들이 이해할 수 있는 사례를 사용하여 편견과 차별의 뜻을 정의내릴 수 있다. 학생들과 함께 사용할 정의를 위해 도움이 될 만한 몇 가지 정의들을 살펴보자.

다음 페이지에 있는 〈표 4.5〉는 차별의 네 가지 정의와 설명을 포함하였다. 그것들을 조사하고 〈실천 예제 4.9〉에서 이 정의들에 나타난 주요 요소들을 조합하여 어떻게 아이들에게 차별을 적절하게 정의 하게 할 것인지 써보자.

계속해서 생각해보자! 편견과 차별에 관해 아이들과 청소년들을 가르치는 데 여러 가지 도서와 교육 자료들이 교사들을 효과적으로 도울 수 있다. Teaching Tolerance(http://www.tolerance.org/)는 그러한 교육을 시작하기에 가장 적합한 사이트이다. 이 웹 사이트와 잡지는 실제적인 제안을 주고, 더욱이 기사들은 차별의 다양한 형태들에 대하여 여러분의 이해와 더불어 어떻게 아이들이 그것을 보고 경험하게 되었는지에 대한 이해를 심화시킬 것이다.

다음은 교실에서 학급과 실천 예제에 관한 생각들이다.

• 아이들이라도 공평하고 공평하지 않은 것에 관한 보편적인 이해를 가지고 있다. 공평에 관한 아이들의 생각은 그들의 인식 확장을 위한 발판을 제공한다. 예를 들어 유치원생들은 모든 사람이 간식 시간에 간식을 먹을 권리가 있고,

어떤 학생들이 간식을 못 먹게 되는 것이 차별이라는 데에 동의할 것이다.

- 역사적으로 여러 단체들이 다양한 형태들로 이루어지고 있는 차별이 합법적이지 않다는 것을 밝혀내기 위해 열심히 투쟁하며 노력해왔다. 이러한 노력의 역사에 관해 배우는 것은 아이들이 그 자신들의 문제들에 더 깊게 파고들 수 있도록 도울 것이다. 여러분은 『Turning on Learning』(Grant & Sleeter, 2007)과 같은 책이나 'Rethinking Schools'(http://www.rethinkingschools.org/)와 같은 사이트에서 그러한 노력들에 관해 어떻게 가르쳐야 하는지에 관한 사례들을 찾을 수 있다.

- NASP의 정의에 나타난 대로 편견, 차별 그리고 인종차별주의는 서로 관련이 있지만 동일한 의미는 아니다. 학생들은 이러한 개념들이 어떻게 다른지 조사할 수 있다. 또한 학생들은 이러한 조사들을 성차별주의, 동성애에 대한 차별주의(이성애주의) 등의 정의로 발전시켜서 적용할 수 있다.

〈표 4.5〉 차별의 정의들

미국국립환경보건원 (National Institute of Environmental Health Sciences)과 국립보건원 (National Institutes of Health)	차별은 시민권법에 정의되어 있는 바와 같이, 다른 사람이나 사람들의 계층과 비교했을 때 보호받는 계층에 속하지 못해 불리하거나 불공정한 대우를 받는 것을 뜻한다. 차별은 다음과 같은 이유, 즉 인종, 성, 피부색, 종교, 국적, 나이, 신체적 · 정신적인 장애, 성희롱, 성적 취향, 또는 고용 평등의 기회(Equal Employment Opportunity, EEO), 과정의 차별적인 관행에 반대하거나 관련 집회 참여 시 보복 당한 일들을 포함한다. 연방 EEO 법률들은 고용주가 직원 모집, 선발, 평가, 승진, 견습, 급여, 훈련, 재직 그리고 근무 환경을 포함하는 모든 고용 면에서 사람을 차별하는 것을 금지하고 있으며, 이는 그들이 보호받는 입장이기 때문이다. http://www.niehs.nih.gov/oeeo/disc-def.htm
법률사무소 사이트, 웨스트 법률사전(Law Office.com, West Legal Dictionary)	성차별: 여성들과 소녀들은 오랜 기간 동안 많은 운동 경기에서 배제되었다. 1970년대에 의회는 공적 지원을 받는 교육 프로그램에서 성차별을 금지하도록 하는 1972년 교육법 개정안 Title IX를 통과시켰다. 입법 개정안에 이은 소송, 대통령의 거부권, 의회의 거부 기각 결의 후에 Title IX는 여성과 소녀들이 연방기금을 지원받는 학교에서 운동 프로그램에 동등하게 참여할 수 있도록 수정되었다. Title IX에서 학교들은 남성들에게 제공되는 운동의 기회를 같은 비율로 여성들에게 제공해야 한다. 법원은 그러한 평등의 실현이 빨리 이루어지도록 요구하지 않는다. 대부분 법원들은 학교가 그 책임을 다하고 있는지를 결정하는 세 가지 연장 안에 참여한다. 첫째, 법원은 운동 참여 기회가 학교 재학생 수에 실질적인 비율로, 각 성별로 제공되고 있는지를 조사한다. 만약 학교가 실질적인 비율로 참여 기회를 제공하지 않는다면, 법원은 그때 학교가 실제 성별보다 더 적게 표시한 성별을 위한 운동 프로그램의 확장 기록을 보여줄 수 있는지를 결정한다. 만약 학교가 보여줄 수 없다면, 법원은 학교가 실제보다 적게 표시된 성별의 흥미와 능력을 수용할 수 있는지를 묻는다. 만약 법원이 학교가 미약한 쪽의 성별을 가진 학생-운동선수를 수용하지 못한다면, 학교가 Title IX를 위반하였음을 판결하고, 성별 간 적극적으로 더욱 동등한 대우를 하도록 명령할 것이다. 전통적으로, 법원은 여성들의 참여 권리를 결정하는 데 신체 접촉이 있는 운동인지 아닌지 사이에 차별을 두었다. 만약 그 이유가 여성들에 대하여 원시적이고 가부장적이고 너무 광범위한 관점에 기초한 것이 아니라면, 학교는 여성들에게 신체 접촉이 있는 운동을 제공하지 않아도 될 것이다. 법원이 새로운 운동팀을 구성하라고 명령하겠지만, 자격이 있는 여성들이 남성팀들과 독립적으로 경기를 하는 것은 아무런 문제가 없을 것이다. http://law.jrank.org/pages/10437/Sports-Law-Sex-Discrimination.html

피츠버그 교육구의 공교육위원회	피츠버그 교육구의 공교육위원회는 학교 교육구가 모든 이해당사자들에게 존경, 관용 그리고 정중함이 드러나고 예의범절을 수용하는 교육 환경이 이루어지기를 요청한다. 이해당사자들이란 모든 피고용인들, 학생들, 학생들의 가족, 거주자들과 학교와 교류하는 모든 사람들을 포함한다. 위원회는 직장과 교육 환경에서 인간관계를 고려하여 모든 이해당사자들에게 동등한 기회를 제공하여 차별이 없는 분위기에서 최선의 성과를 달성할 수 있도록 한다. 그러므로 위원회는 인종, 성별, 종교, 나이, 국적, 장애, 성적 취향 또는 사회 · 경제적인 배경에 기초한 불공평한 차별을 막기 위해 정책을 재확인한다. 인간관계는 다음과 같은 규정에서 금지에 관한 정의를 내린다.

- 인간관계에는 모든 이해당사자들 상호간에 존경과, 관용 그리고 예의가 중요하다.
- 인간관계를 반영하는 실천은 인종, 성별, 종교, 나이, 국적, 장애, 성적 취향 또는 사회 경제적인 배경에 관계없이 모든 이해당사자들에 공평하게 이행될 것이다.
- 인간관계는 인종, 성별, 종교, 나이, 국적, 장애, 성적 취향 또는 사회 · 경제적인 배경에 기초한 불공평한 차별을 불가능하게 한다.
- 인간관계는 인종, 성별, 종교, 나이, 국적, 장애, 성적 취향 또는 사회 · 경제적인 배경에 기초한 적대적인 환경을 조성하거나 그것에 기여할 수 있는 언어, 외적 · 내적 행동들을 불가능하게 한다.
- 인간관계는 인종, 성별, 종교, 나이, 국적, 장애, 성적 취향 또는 사회 · 경제적인 배경에 기초하여 조성된 학교 활동과 교육과정에 대한 접근을 제한하는 언어, 외적 · 내적 행동들을 불가능하게 한다.

http://www.pps.k12.pa.us/143110127104380/blank/browse.asp?1=383&bmdrn=2000&BCOB=0&c=56730

인종차별, 편견 그리고 차별에 대한 미국학교심리학자협회 (NASP)의 입장 성명	NASP는 모든 학생의 권리, 복지, 교육적이면서도 정신적 건강을 증진시키기 위한 입장을 발표하였다. 이는 아이들과 청소년들을 포함하여 모든 사람이 인종 또는 종족에 관계없이 공평한 대우를 보장하는 사회에서만 성취될 수 있다. NASP는 인종차별주의, 편견 그리고 차별은 청소년들이 학업성취, 자긍심, 인격적인 성장, 그리고 궁극적으로 미국 사회 전체의 복지에 부정적인 영향을 미칠 수 있기 때문에 유해하다고 밝혔다. 다문화 문제에 관한 토론은 이 용어들에 대한 정의를 요구한다.

- 편견: 사전의 지식, 생각 또는 이유 없이 형성된 태도, 견해 또는 느낌이다.
- 차별: 한 개인, 집단 또는 다른 대상을 선호하는 차별적인 대우를 말한다. 차별의 근원은 편견이고, 그 행동들이 체계화되어 있는 것은 아니다. 차별에는 두 가지 형태가 있으며, 법적으로는 국가 정책에 기초한 차별이 있고, 현실적인 예로는 국가 정책 대신 주거 · 형태 또는 사람들의 태도에 따른 학교에서의 차별이 있다.
- 인종차별주의: 한 인종의 우위와 다른 인종의 열세를 이용한 제도적인 힘과 권위에 의한 인종적인 편견과 차별을 말한다. 인종차별주의의 결정적인 요소는 편견과 차별에서 오는 인종차별주의와는 달리, 편견을 지지하고 차별적 행위들을 체계적인 방법으로 결과와 그 효과들이 나오기까지 강행해나가는 것을 말한다.

http://www.nasponline.org/about_nasp/pospaper_rpd.aspx

- 몇몇 정의는 차별의 지표를 제시한다. 학생들에게 운동장 같은 그들 자신의 환경에서 차별의 지표를 알아내도록 하고, 어떻게 규율을 지키는지를 도와주어라. 지표들은 차별이 존재하는지를 결정하는 데 사용될 수 있다.

- 그와 동시에 사람들이 다양한 측정지표를 사용하거나, 이를 토대로 판단하거나, 다른 경험과 가치를 가지고 다른 사람에게 강요하면 문제가 일어날 수 있다. 더욱이 사람들은 전체로서의 사회를 위한 공정과 그 사회 내에 존재하는 개인들과 단체들을 위한 공정 중에서 무엇이 진정한 공정인가 하는 문제에 동의하지 않을 수도 있다. 공정한 사회를 만드는 일은 끝이 없다. 왜냐하면 공정과 차별의 문제를 다루는 일은 그러한 과정 속에 생산적으로 참여하는 길을 배우는 하나의 방법이기 때문이다. 예를 들어, 간식 시간에 일어나는 문제를 보자. 몇몇 아이들이 좋아하지 않는 간식을 제공하는 것은 차별인가? 몇몇 아이들이 먹을 수 없는 간식에 대해서 여러분은 어떻게 생각하는가? (예를 들어, 유당을 소화시키지 못하는 아이들에게 우유를 주는 것이 일반적인가? 특히 백인들이 아닌 아이들 사이에서 말이다.) 현실 세계에서 개인의 권리와 집단의 권리 간에 균형 유지를 하는 방법을 생각하는 것은 청소년들이 '공평'의 의미를 통해 사고하는 법을 배우도록 도와준다.

✚ 상처를 주는 사람들에게 반대 입장 취하기

Henning-Stout, James 그리고 Macintosh(2000: 188)는 괴롭힘을 줄이기 위한 노력은 반드시 두 가지 직접적인 목적을 가져야 한다고 주장한다. 즉 "아이들과 청소년들의 안전을 증대시키고, 학교와 공동체 문화들에서 자주 나타나는 동성애에 대한 차별을 반대하는 것이다."

이러한 목적들은 분명히 성희롱을 감소시키는 데 효과적이다. Henning-Stout와 그 동료들은 학교 프로그램들에 대해서만 연구하였지만, 그들의 연구는 교실 수준에서 볼 수 있는 모든 종류의 괴롭힘을 살펴보는 데 유용한 시사점을 제공한다.

학창시절을 떠올려보자. 아이들 사이에서 빈번한 놀림과 욕설들을 기억하는가? (그때로 되돌아가 기억할 수 없다면, 현재 학교에 다니는 아이에게 도움을 청하라.) 〈실천 예제 4.10〉에서 놀림, 욕설 또는 다른 형태의 괴롭힘을 알아보고, 교사가 해결했던 모든 일들에 대해 정리해보라.

〈실천 예제 4.10〉 괴롭힘과 교사 개입

놀림과 욕설 혹은 다른 괴롭힘들	교사들이 그 일을 해결한 방법들

어떤 괴롭힘이 생각났는가? 어디에서 그 일이 일어났는가? 학생에게 어떤 영향을 주었는가? 여러분은 교사들이 무엇을 해주었으면 좋았겠는가?

교직을 이수하는 예비교사들에 따르면, 종종 어떤 교사들은 학생들이 서로 놀리거나 서로를 비난할 때 개입하지 않는다. 그 이유를 교사들은 학생들이 어린 탓으로 돌리거나, 만약 그런 놀림이 약해 보이고 신체적인 충돌이 일어나지 않는다면, 교사들은 문제 해결을 학생들에게 떠넘긴다. 학생들은 교사들이 주변에 없을 때 여러 가지 방법으로 그런 행위들을 하기 때문에 교사들이 학생들 간의 놀림과 욕설을 잘 모르는 경우가 많다. 이는 여러분의 경험과 얼마나 유사한가?

청소년들에게 교사가 이 상황에서 반드시 해야 할 일이 무엇이냐고 물었을 때, 압도적으로 많은 학생들은 교사들이 그만하라고 말해야 한다고 대답했다. 하지만

'그만하라'고 말하는 것으로는 충분하지 않다. 교사들은 다른 사람들에게 상처를 주는 문제에 대해서 공적인 태도를 취해야 한다. 교사들은 롤 모델이고, 교사들이 그러한 자세를 취하지 않을 때, 아이들은 그들이 타인에게 상처를 주는 행동을 통해 용서받았다고 인식하게 된다. 우리가 학생들에게 상처를 주는 행동들과 욕하는 것이 잔인하고 해를 끼치는 것이라고 가르칠 때는 차이가 있다. 아이들은 그들의 행동이 다른 사람들에게 미치는 영향이 얼마나 큰지 알지 못하는 경우가 종종 있기 때문이다.

여러분에게는 어떤 욕설이 상처가 되었는가? 그런 욕설을 친구에게 알려주었는가? 혹은 차마 입에 담기에도 괴로운 말이었는가? "나뭇가지와 돌멩이는 내 뼈를 부러뜨릴 수 있지만, 어떤 욕설로도 나를 다치게 할 수는 없다."는 격언은 도움이 되는 말이다. 왜냐하면 그 말이 잠재력을 갖고서 그 잠재력을 확장해가야 하는 사람에게는 첫 번째 방어선으로 유용하기 때문이다. 그러나 욕설이 상처를 주는 것은 사실이다. 그리고 모든 학생들에게 그것을 이해시키는 것은 우리의 책임이다. 학생들은 욕설만이 상처를 주는 것이 아니라는 것을 배워야 할 필요가 있다. 누군가를 무시하는 것, 아무 말 없이 다른 사람의 소유물을 가져가는 것, 그리고 다른 사람에게 고함지르는 것은 상처를 주는 다른 예들이다. 아이들이 알아야 할 필요가 있는 것은 욕설이나 행위로서 인격적으로 상처를 받지 않는 사람들도 있을지 모르지만, 그러한 것이 다른 사람에게는 상처가 될 수 있다는 사실이다.

교실에서 학생들이 잔혹하거나 상처를 준다고 여기는 욕설이나 행위들의 목록들을 만들어보는 일은 가능할 것이다. 어떤 교사들은 공개 토론을 통해서 진행하고, 다른 사람들은 학생들에게 익명으로 상처가 되는 욕설들과 행동들을 쓰라고 한다. 그 후 교사들은 공개 토론을 위해 그 목록을 수집한다. 어떤 욕설들이 정말로 잔인한 것이고, 왜 욕설을 하는 것이 상처가 되는지를 설명해주는 것은 하나의 교훈을 준다. 그런데 그것은 곧 어떤 특정한 행동들은 묵과할 수 있는 일이 아니고, 학생들에게 욕을 하는 것은 용인될 수 있는 것이 아니라는 사실을 가르쳐주는 것이다. 나아가 그러한 가르침은 '서로를 위한 관심과 돌봄'이라는 주제를 교실에서 일상적으로 다룰 수 있는 담론(談論)으로 자리매김한다.

셀리아: 나는 우리가 서로에 관해서 경멸하는 말을 하지 않도록 가르칠 필요가 있다는 것은 이해해. 하지만 나쁜 말들을 언급하면 학생들에게 그런 말을 가르치는 게 되지 않을까? 내가 그런 말을 교실에서 하기 전까지는 학생들이 그런 걸 전혀 알지 못하고 있었다면 어떡하지? 어떤 학생들은 그렇게 새로 배운 말을 다른 친구들에게 사용하기 시작할 거란 생각이 들지 않니?

길버트: 나도 지난 학기에 한 교사가 이러한 생각을 가지고 있는 것을 볼 때까지는 그렇게 생각했어. 그 교사는 아이들에게 상처를 주는 욕설들을 적도록 했어. 그리고 왜 그 욕들이 상처가 되는지에 관해 말했어. 상처가 될 때 느낌이 어떠했는지를 학생들의 입장에서 맞추어보았어. 그리고 그 교사는 작은 의식을 진행했어. 교실 가운데에 쓰레기통을 놓고 한 사람씩 그들이 받은 욕설들이 쓰인 종이를 찢어서 쓰레기통 속으로 던져 넣는 것이었지. 그런 다음 교실 전체가 교실 밖에 쓰레기통을 놓고는 문을 쾅 닫아버렸어. 그 교사는 그 욕설들이 다시는 우리 교실에서 나오지 않을 것을 공포했어. 내가 거기에 있었던 동안 그런 욕들은 정말로 다시 나타나지 않았어.

리　사: 놀라워. 그래서 그 교사는 실제로 학생들이 욕설을 그만하게 하는 데 성공했구나. 그녀는 그러한 효과를 위해 학생들 스스로 서로를 압박하게 한 거야. 그와 같은 의식 행위 이후에 그 반의 모든 학생들이 다른 친구들에게 상처를 주는 말을 하던 학생들의 분위기를 가라앉혀준 거야.

　　마치 인사처럼 서로를 경멸하는 욕설로 부르는 인종 집단 또는 민족 집단의 문제가 가장 복잡한 문제이다. 서로 간의 대화가 이루어질 때, 자신이 속한 집단 밖에 있는 누군가와 자신들의 용어를 사용하는 경우는 갈등을 가져올 수도 있다. 비록 교사가 학교 밖에서 학생들이 소통하면서 사용하는 욕설을 통제할 수 없지만, 교사는 그것이 애정이 깃든 말이든 거북한 말이든 관계없이, 모든 학생들로 하여금 그러한 용어는 학교 내부에서는 금지되었다는 것을 알 수 있도록 할 수 있다. 더욱이 교사는 학생들이 사람의 품위를 떨어뜨리는 데 쓰이던 용어를 (재)사용하느라 시간을 소비하는 것이 그들에게 최선이 아님을 알려주어야 한다.

　공평과 정의와 연관된 문제들이 점점 쟁점이 되어가면서 교사들은 분명한 태도를 취해야 할지 혹은 중립적인 태도를 유지해야 할지 고민한다. 예를 들어, 교사가 게이의 권리를 지지하는 것을 알게 된 학생들은 성적 성향에 대한 자신들의 느낌과 질문들을 정직하게 교사와 토론하는 것을 어려워할 것인가? 교사들은 교실에서는 힘을 가진 위치에 있기 때문에 많은 학생들은 실제적으로 교사의 견해에 동의할 수밖에 없을 것이다. 경험상 우리는 양쪽 모두, 즉 학생들로 하여금 여러 문제들에 관한 교사의 입장을 알도록 함과 동시에 학생들을 그들 자신의 입장에 서도록 격려한다. 관점의 차이들을 토론하면서도 인정하는 것은 미국 헌법만큼이나 오래된 것이며, 사람들은 돌봄 교실을 통하여 그런 태도로 참여할 수 있다. Bigelow(2002)는 전 세계에 있는 노동을 착취하는 기업들에 대해 강의할 때 이러한 문제들로 인해서 얼마나 고충을 겪었는지 피력하면서 그 자신이 "중립을 가장할 만한 의욕조차 없었다"고 고백한다. 왜냐하면 그런 태도는 냉담과 무위(無爲)에 해당되는 일이었기 때문이다(p. 132). 그러므로 교사는 학생들로 하여금 교사 자신의 입장을 알도록 하면서 가능한 한 공평하게 문제들의 양쪽 입장을 반영해야 한다. 특정 입장을 취하는 것과 정직한 토론을 격려하는 것 사이의 이러한 긴장은 그 자체로 항상 쉽게 설명할만한 일이 아니다. 그러나 학생들을 하나의 이슈에 대한 단면보다 더 많은 것을 보도록 추진하는 일은 진정한 사고와 정직성을 촉진시키는 것이다.

✚ 아이들이 차별을 예방하거나 도전하는 법을 배우도록 돕기

교사들의 힘만으로는 돌봄 교실을 만들 수 없다. 아이나 청소년을 돌보는 일에 참여하도록 가르치는 것은 그들이 그렇게 살고자 하는 기대를 갖도록 돕는 것을 의미한다. 의사 결정을 한 방향으로 수용하는 것은 교사들을 교실의 '경찰'로 변하게 한다. 이것은 교실에서의 돌봄을 최소한 두 가지 방법에서 악화시킬 수 있다. 의사 결정을 중앙 집권화하는 것은 학생들이 사회적인 생활과 그들 자신의 행동들을 위한 규율의 주도권을 갖도록 하는 데 도움이 되지 않는다. 이 경우에 학생들은 수동적인 역할로 남겨진다. 둘째로 아이들은 때때로 권위에 도전하는 방법으로 교사가 설정한 규칙을 일부러 어긴다. 만약 교사가 교실의 경찰이라면, 학생들은 경찰에 반항하기 위해서 다른 아이들에게 고의로 상처를 주게 된다.

마치 독재자처럼 교실을 운영하는 것의 대안은 교실 안에서 학생들이 학급의 일에 관해서 그들 스스로 결정을 내릴 수 있는 민주적인 의사 결정을 배우도록 돕는 것이다. 학생들과 권위를 공유하는 것은 권위의 포기를 의미하지 않는다. 오히려 민주적인 관습 속에서 의사 결정 과정을 학생들에게 가르치는 것을 뜻한다. 이를 위한 출발은 학생들이 학급의 행동을 위한 규칙과 기대를 생각하고, 토론하며, 투표하도록 하는 것이다. 또한 교사들은 이러한 행동을 할 수 있도록 도울 수 있다. 이러한 방법에 모든 학생을 참여하게 하는 것은 그들에게 배려하는 행동과 주인의식을 발전시키는 데 도움을 준다.

예를 들어, 학생들이 어떤 도둑질도 학급에서 없어야 할 것이라고 결의했다고 하자. 많은 교사들은 학생들이 그러한 기대를 바꾸어 말할 수 있도록 격려한다. 그래서 해서는 안 될 것이라는 표현보다는 학생들이 해야 할 것으로 말하게 한다. 예를 들어 "우리는 다른 사람의 재산을 존중할 것이다"라는 기대에 따름으로써 얻는 결과는 무엇이며, 이것을 따르는 데 실패하게 되면 그 결과는 무엇인가? 학생들이 이러한 종류의 질문을 생각하면서 또래들의 행동뿐만 아니라, 자신들의 행동을 위해 배려하는 행동과 책임을 배울 수 있다.

이런 종류의 활동은 편견과 고정관념을 줄이는 데 도움이 될 수 있다. 인종과 성별, 고정관념에 대해 교과과정을 조정해야 한다는 연구가 있었다. Banks(1995)는 그러한 조정이 아무런 차이도 만들어내지 못한다는 사실을 밝혀냈다. 교과과정 조정은 예를 들어 모든 아시아계 학생들이 수학과 과학 분야에서 뛰어나다는 고정관념을 떨쳐버리기 위해서 아시아계 미국 학생이 수학과 과학에 어려움을 겪고 있다는 이야기를 사용하는 것이었다. 반면에 다른 연구들은 교육과정 조정에 관해 긍정적인 변화를 보고하였다. 그러나 Banks는 교사들이 학생들을 돕기 위해 교과과정을 조정하고 교과 자료들을 사용해야 하지만, 학생들에게 미치는 조정의 영향을 주의 깊게 살펴야 한다고 주장했다. 또한 필요에 따라 교사들이 상황을 조정해갈 수 있다고 결론지었다. 아이들은 교육과정 조정에 특별히 영향을 받는 것처럼 보인다. 특히 초등학교 교사들은 아이들로 하여금 개방적이고 민주적인 태도를 계발할 수 있는 중요한 기회를 가지고 있다고 보고 있다. 8장에서는 민주적인 참여를 위한 교수학습 주제에 대해 다시 다루고자 한다.

학교 단위를 넘어서는 연합 동아리들은 학생들이 공정한 행동을 취할 수 있도록 매우 유용한 공간을 제공할 수 있다. 예를 들어, Gay-Straight Alliances(GSAs)는 1988년부터 존재해오고 있다. 보통 점심시간이나 방과 후에 모임을 갖는 GSAs는 "모든 학생들에게 개방되어 있고, 특히 게이, 레즈비언, 양성애자 그리고 성전환자(LGBT) 학생들, LGBT 부모의 자녀들, 그리고 이성애자로 구성된 학생연맹(Straight student allies)이 중요한 역할을 담당하고 있다."(Macgillivary, 2007, p. 1) Macgillivary는 GSAs가 LGBT 학생들이 종종 경험하는 사회적인 고립뿐만 아니라, 괴롭힘을 줄이는 것에 대해 강조하고 있다.

교육 영역 8 협동학습 활용하기

협동학습은 학생들의 학업성취를 증진시킬 뿐만 아니라 인종, 성별 그리고 능력/장애 한계를 넘어서 학생-학생 관계를 증진시키는 데 지속적으로 기여하고 있다(Brown, 2000; E. Cohen & Lotan, 1997; Gillies & Ashman, 2000; D. W. Johnson, Johnson & Maruyama, 1983; Slavin, Cheung, Groff & Lake, 2008). 협동학습은 통합교육의 더 넓은 철학 속으로 끼워 넣는 유용한 전략이다. Loreman, Mcghie-Richmond, Barber, Lupart(2008)는 "통합교육은 모든 학생들이 공통된 상황에서 함께 교육 받고, 공정하게 대우받는 것이다. 이를 위해 학교와 학급들은 학생들이 직접 성취해가는 방법을 선택해야 한다"고 설명한다. 통합교육은 특별히 학교 운영의 전반적인 분포범위를 뛰어넘어 특히 장애를 가진 학생들도 포괄하는 데 적합하다. 협동학습은 학급에서 다양한 학습의 재능들을 구성적으로 활용하게 하는 면에서 유용하다.

많은 교사들은 협동학습을 흔히 있는 조별 활동과 혼동하여 협동학습에 반대한다. 〈실천 예제 4.11〉은 조별 활동과 관련한 자신의 경험을 생각해보도록 한다. (1) 여러분이 학생이었을 때 사용되었던 조별 활동을 회상하며, 그런 활동의 예에서 (2) 무엇이 여러분에게 유효하게 작용하였는지, 그리고 (3) 무엇이 여러분에게 효과가 없었는지를 기록해보자.

〈실천 예제 4.11〉 조별 활동

1. 여러분은 언제 학교에서 조별 활동에 참여한 기억이 있는가?

2. 무엇이 여러분에게 유용했는가?

3. 무엇이 여러분에게 유용하지 않았는가?

이제, 여러분이 경험했던 조별 활동과 협동학습의 네 가지 특징을 비교해보자. (1) 다양한 집단 형성, (2) 각 학생이 역할을 가지도록 하는 신중한 계획, (3) 집단 구성원들과의 상호 의존성이 필요한 작업, 그리고 (4) 학생들이 협동과 집단을 형성하는 과정의 기술들. 〈실천 예제 4.12〉에서 이 네 가지 특징은 왼쪽 열에 있다. 오른쪽 열은 이러한 네 가지 특징을 가지고 〈실천 예제 4.11〉에서 묘사한 조별 활동의 예들을 비교해야 한다.

여러분이 경험했던 조별 활동은 어떻게 이 네 가지의 특징에 부합하는가? 여러분은 협동학습을 어느 정도 경험하였다고 생각하는가?

〈실천 예제 4.12〉 협동학습의 특성

협동학습의 특성	여러분이 경험한 조별 활동
능력, 인종/민족, 성별, 사회 계층 등에 따른 집단들이 다양하다.	
학습은 신중하게 계획되어 모든 학생이 역할을 갖는다. 역할은 활동이 바뀔 때마다 교체되고 학생들이 학습에 책임을 갖는다.	
학생들은 그 임무를 완성하기 위해 함께 작업해야 한다. 학습은 상호 의존성을 요구한다.	
학생들은 협동, 그룹을 형성하는 과정, 그리고 갈등을 해결하는 기술들을 배운다.	

학업성취를 지지하는 돌봄 교실을 만드는 것과 관련하여 네 가지 특징을 좀 더 자세하게 조사해보자. 학생 집단을 다양하게 나눈다는 것은 성별, 인종별 또는 민족적인 배경별, 주요 언어별, 능력 단계별 등에 따라 융합하는 것을 뜻한다. 이는

학생들 사이에서 일어날 수 있는 차별의 형태를 차단하고 자신과는 다른 또래들을 알아가는 기회를 제공한다. 다양한 집단은 〈실천 예제 4.12〉의 표에서 열거한 네 가지 특징에 따라 형성된다. 이럴 경우 다양성은 해결할 문제가 아니라 도입해야 할 장점이 된다. 이를테면 어떤 사람은 글을 잘 쓰고, 어떤 사람은 그림을 잘 그리며, 또 어떤 사람은 정리를 잘하고, 그리고 또 다른 사람은 컴퓨터를 잘 다룬다면 이 학생들은 어떤 종류의 프로젝트를 수행할 수 있을까? 물론, 여러분은 학생들이 계속 동일한 재능만을 활용하기보다는 그들의 기술과 능력을 확장시키기를 원할 것이다. 하지만 이러한 사고의 다양성은 함께 작업할 수 있는 자산으로 여기는 사고를 갖게 해주는 기회이다.

협동학습을 하기 위해서는 기획을 해야 한다. 그래서 각 학생이 역할들을 가질 수 있도록 해야 한다. 조별 활동을 할 때 가장 큰 불평은 소수의 학생들이 대부분을 하고 나머지 학생들은 힘들이지 않고 따라오기만 한다는 것이다. 즉, 각 학생이 역할을 가지도록 계획하는 것은 집단이 다양한 모습들을 취할 수 있게 한다. 이를테면 집단에 속한 모든 사람들은 조별 활동에 기여할 수 있는 다양한 임무들을 가지고 있는 셈이 된다. 그렇지 않으면 그 집단은 마치 단어들의 철자 쓰기처럼 모든 구성원들이 학습 자료들을 배우는 것에만 책임을 갖는 꼴이 되고, 그 때문에 오로지 한 사람만 집단을 대표하게 될 것이다.

학생들의 역할은 반드시 함께 대화하면서 과제를 수행하는 상호의존성을 포함해야 한다. 만약 학생들이 부품 조립 작업에서 완성할 때까지 또래들과 대화할 필요가 없다면, 그들은 협동학습이 줄 수 있는 혜택을 얻지 못하는 것이다. 협동학습은 학생들이 서로 토론하고, 생각을 교환하며, 서로 도울 수 있어야 한다.

마지막으로 교사는 학생들이 어떻게 협동해야 하는지를 가르칠 필요가 있다. 대부분 학생들은 협동하는 능력을 교실에서 저절로 습득하지 못한다. 돌아가며 순서를 따르는 것, 말할 수 있도록 상대방을 격려하는 것, 이해를 돕도록 확인하는 것 또는 서로를 돕는 것들은 배워야 할 행동들이다. 협동학습을 구성할 수 있는 교사들은 일반적으로 한 번에 한두 가지 협력기법들을 가르치고, 단순한 과제를 가지고 시작한다. 학생들이 협동학습에 잘 참여하게 되면 복잡한 과제도 해결할 수 있다.

셀리아: 난 다른 사람과 함께 일하는 걸 좋아해. 특히, 충분한 계획이 있고 집단이 체계
　　　　적으로 이루어져 있어서 우리가 무엇을 하고 있는지 알고 있다면 말이야. 그런
　　　　게 없다면, 우리는 다만 앉아서 얘기하고 있을 때가 많아.

길버트: 나는 그런 걸 별로 좋아하지 않아. 아니면, 최소한 전에는 그런 걸 좋아하지 않
　　　　았어. 왜냐하면 나 혼자 과제 대부분을 끝까지 해야 했기 때문이지. 그렇지만
　　　　모든 사람이 할당된 임무를 가지고 있거나, 우리 모두가 각각 책임이 주어진 걸
　　　　안다면, 그렇게 나쁘지는 않을 거 같아. 난 여전히 혼자 일하는 것을 좋아하는
　　　　것만큼 집단으로 일하는 것을 좋아하지는 않겠지만, 최소한 고통스런 일은 아
　　　　닐 거 같아.

리　　사: 공부에 관해서 함께 상의하는 것은 좋다고 생각해. 우리가 여기서 하는 것처럼
　　　　말이야. 나는 너희 둘에게서 아주 많은 것을 배우고 있어. 그리고 나는 너희들
　　　　을 신뢰하기 시작했어.

길버트: 맞아, 나도 그래.

협동학습에는 다양한 모형이 존재한다.

그룹 조사 모형(group investigation model)은 학생들이 집단 프로젝트를 창작하거나 집단의 문제를 해결하는 데 있어서 서로 다른 재능, 기술, 흥미 그리고 역할 등으로 기여하는 노력을 필요로 한다. 그 프로젝트는 학생들이 주제에 관해 모은 정보들을 체계화해서 만들어낸 멀티미디어만큼이나 복잡한 것일 수도 있고, 짧은 토론 시간 동안에 만든 아이디어만큼이나 사소한 것일 수도 있다(D. W. Johnson & R. T. Johnson, 1999).

복합 교수 모형(complex instruction model)은 하나의 중심적 개념이나 커다란 아이디

어를 둘러싼 문제 해결의 활동들을 공정하게 개방형으로 조직한다. 이 활동들은 보다 고차원적인 사고를 필요로 할 때 기획된다. 학생들은 과제에 기여하게 될 다양한 역할들, 예를 들어 '추진자'와 '자료 관리자'와 같이 업무에 기여할 수 있는 역할들을 배운다. 교사들은 학생들이 특별히 잘하고 있는 것들을 공적인 면에서 분별하도록 하고, 전체에게 잘한 것들을 알게 해준다. 그럼으로써 각 집단이 자신들이 잘하고 있는 것이 무엇인지를 알게 해줄 뿐 아니라, 모든 사람이 참여하도록 한다(E. Cohen & Lotan, 1997).

직소 모형(jigsaw model)은 두 개의 관련 집단으로 구성하는 것이다. 첫째, 학급을 두 집단으로 나누고 각 집단을 보다 큰 주제에 따라 상이하지만 서로 연관된 소주제들을 연구하는 것이다. 집단 구성원들은 모두 자료들을 확실히 이해하고 그 주제의 '전문가'가 되도록 함께 과제를 수행한다. 그 후에 집단 구성원들은 또다시 작은 집단으로 나뉘는데, 이는 각각의 새로운 집단이 각 소주제에 대하여 한 명이나 두 명의 '전문가'로 내세우도록 하기 위해서이다. 여기에서 한 가지 임무는 그들의 전문성을 채우기에 합당한 학생들을 세우는 것이다. 많은 교사들은 모든 학생들이 참여할 수 있도록 전문가가 되는 이러한 모형을 좋아한다.

팀 게임 모형(team games model)에서는 학생들이 팀으로 함께 작업하면서 학업 기술을 연습한다. 팀들은 토너먼트로 다른 팀과 대결한다. 팀 구성원들은 모든 사람들이 자료를 배운 것을 확실하게 하는 이득을 얻게 된다(Slavin, 1986).

협동학습의 예를 찾는 것은 쉬운 일이다. 교사들과 이야기를 나눈다든지, 인터넷을 통해서 말이다. (그런데 이상하게도 협동학습이 강력한 연구 기록들을 가지고 있음에도 학생들의 학업성취를 촉진하고자 노력하는 많은 학교들은 협동학습을 사용하지 않는다. 이는 협동학습이 꽉 짜인 교과과정 형태가 아니기 때문이다.) 여러분이 접근할 수 있는 어떤 자료를 사용하든지, 〈실천예제 4.13〉을 위한 네 가지 협동학습 모형의 각각의 예를 찾아보자. 이를 간단히 설명하고 각각의 모형들의 장점과 단점을 써보자.

〈실천 예제 4.13〉 협동학습의 예

모형	예시	감상
그룹 조사		
복잡한 지시		
끼워 맞추기		
학생 팀 학습		

〈실천 예제 4.13〉을 완성한 후에 가장 복잡하지 않은 것을 찾아내고, 그것을 가지고 시작해볼 수 있다. 여러분은 다음 장들에서 반성적 활동들을 통해 어떤 교과과정과 지도법들을 계획하게 되는데, 그때마다 이번 〈실천 예제 4.13〉으로 돌아와 협동학습을 재검토하게 될 것이다.

교육현장에 적용하기

✚ Elizabeth Day and Kim Wieczorek(1998)
위스콘신-매디슨 대학교

여러분은 놀런(Nolan)초등학교 스트로먼(Stroman) 선생님이 담당하는 3학년 교실에서 교생실습 중인 예비교사이다. 이 학교는 백인 중간층이 주를 이루고 있는 학교로, 이민자 학생들의 수가 점차로 증가하고 있다. 이민자 학생들은 멕시코, 보스니아와 파키스탄 출신이다. 여러분의 교실에는 두 명의 이민자 학생이 있다. 카를로스는 신입생이며 멕시코 출신 가정이다. 합비바는 파키스탄에서 이민 와 지난해에 입학했다. 현 상황에서 여러분이 말할 수 있는 것은 교실이 비교적 평화로웠다는 것이다. 지난 금요일까지는 말이다.

지난 금요일, 백인 학생들 중의 한 명인 트레이시는 울면서 집에 갔고, 부모에게 말하기를 스트로먼 선생이 자신을 잡아채 몸을 돌리는 과정에서 자기가 다쳤다는 것이었다. 트레이시의 아버지인 빌 슬로안은 그런 일이 일어난 사실을 듣고는 교장에게 전화를 걸었고, 교장은 월요일 아침 회의를 열었다.

회의에서 트레이시는 어머니 코트 뒤에 숨어 있었다. 회의에 모인 교직원들은 그 아이에게 교실에서 무슨 일이 있었느냐고 물었다. 트레이시는 기어들어가는 목소리로 스트로먼 선생이 자기를 붙잡고 아프게 했다고 말했다. 왜냐하면 자기가 다른 학급 친구로부터 어떤 종이를 빼앗았기 때문이라는 것이다. 그런데 아무도 그녀에게 왜 다른 친구의 종이를 빼앗았냐고 묻지 않았다. 스트로먼 선생은 트레이시가 자기 자리 옆에서 조별 활동을 하고 있는 학생들을 방해하고 있는 것을 보았다고 했다. 또한 트레이시가 큰 소리로 떠들고 있었고, 심지어 한 학생이 활동하고 있는 종이를 빼앗았다고 말했다. 스트로먼 선생은 트레이시에게 다가가서 그녀에게 자신의 책상으로 돌아가라고 말한 것을 들었을 것이라고 생각했다. 트레이시가 자신을 무시하는 것 같아서 스트로먼 선생은 물리적으로 트레이시의 손을 끌고 그녀의 자리에 앉혔다. 스트로먼 선생은 분명히 트레이시를 다치게 하려는 의도는 없었다.

교장인 타너 선생은 몸을 낮추어 눈높이를 트레이시와 맞추고, 왜 그때 다른 친구의 종이를 잡아챘는지를 물었다. 트레이시는 울면서 그 종이에는 합비바에 관한 그림과 더러운 말들이 쓰여 있었다고 말했다. 아이들은 합비바를 놀리고 있었고, 트레이시는 어떻게 그 아이들을 멈추게 해야 할지 몰라서 종이를 잡아챈 것이었다. 그때 스트로먼 선생이 그녀의 팔을 잡고 아프게 했다. 트레이시는 무서웠고 어떻게 해야 할지 몰랐다. 왜냐하면 과거에 가끔 트레이시가 이야기들을 꾸며낸 적이 있어서 사람들이 자신을 믿지 않았기 때문이다.

스트로먼 선생은 순간 당황스러워 보였고, 트레이시에게 그 종이를 아직 가지고 있는지 물었다. 트레이시는 아니라고 대답했다. 종이는 그 과정에 찢어졌고, 종잇조각들이 어디로 갔는지 모르겠다고 대답했다. 터너 교장은 트레이시에게 어떻게 아이들이 합비바를 놀리는 걸 알았는지 물었다. 트레이시는 대답했다, "아이들은 운동장에서 항상 그렇게 해요. 그 아이들은 만약 선생님이 듣는다면 문제가 생기니까 선생님이 주변에 없을 때까지 기다려요."

교생실습을 하는 학생으로서 여러분은 무엇을 할 수 있을 것인가? 스트로먼 선생에게 무엇을 제안할 수 있을까? 이러한 위기 상황으로 발생한 문제들에 대하여 진술할 계획을 고안해보라. 그리고 학급에서의 관계들을 향상시키고 구축해나갈 더 장기적인 방법에 관한 계획을 세워보자.

5장

높은 학업성취를 가능하게 하는 학생의 능력 활용하기

우리는 이번 장에서 다음과 같은 질문에 대한 답을 찾는 데 도움을 받을 것이다.

- 학생의 학업성취에 영향을 미치는 요소는 무엇이며, 교사가 조정해야 하는 요소는 무엇인가?
- 교수활동에 도움이 되는 문화 자산은 무엇인가?
- 교사가 가르칠 때 학생의 관심과 배경을 어떻게 활용할 수 있을까?
- 언어는 학습에서 왜 중요한가?
- 학습 스타일은 무엇이며, 교사는 학생의 학습 스타일을 어떻게 발견할 수 있을까?
- 교사가 학부모와 생산적으로 협동하는 방법은 무엇일까?

교사의 가장 중요한 책무는 학생들에게 학교에서의 모든 학습이 잘 이루어지도록 하는 데 있다. 학생들은 학습에 유용한 인지적·신체적·언어적·문화적인 능력을 지니고 학교에 온다. 이러한 학생들의 능력을 발달키는 것이 바로 교사의 역할이자 책임이다. 학생들이 가진 이러한 능력이 발달되었다면, 이는 교사가 학생들을 사랑하고 도와주었다는 명백한 증거이다. 하지민 진문가가 되려는 에비교사들은 이를 실현하는 과정에서 사회적·교육적 도전에 직면할 것이다. 동료나 친구 같은 주변 사람들과 미디어 및 교육 자료에서 나타나는 메시지들은 여러분이 담당하고 있는 몇몇 학생들이 결여되고 제한된 학습능력을 가지고 있다고 주장하며, 여기에서 사회적 도전이 시작된다. 또한 교사들은 학생들이 학교에 가지고 온 자신들의 문화를 간과하지 않고 모든 학생들을 가르치기 위해 사용 가능한 지식과 기회를 활용해야 할 교육적 도전에 직면해 있다.

문화, 학업성취, 교수학습 활동 사이에는 복잡한 상관성이 존재하기 때문에 이 장에서는 이러한 상관성을 교사의 기대와 관련지어 논의할 것이다. 그런 다음, 여러분은 학생들이 지닌 잠재적 능력을 신장시켜 학교교육 발전의 밑바탕으로 삼을 네 가지 교육 영역을 확장시킬 수 있을 것이다.

교육 영역 9: 교수활동에 있어서 학생들의 관심과 배경에 초점 맞추기

교육 영역 10: 교실에서 학습지도를 계획할 때 학생들의 학습 스타일 활용하기

교육 영역 11: 학생들의 언어를 가치 있는 학습 자원으로 활용하기

교육 영역 12: 학부모 및 지역사회와 연결하기

이 장에서 제시될 대부분 실천 예제에서 여러분은 경험에서 얻은 생각과 이전의 장에서 학습한 내용 및 실천 예제에서 관찰한 다른 사람과의 상호작용을 연결할 수 있을 것이다. 또한 여러분은 다음과 같은 내용을 다루게 될 것이다.

• 약 여섯 명의 학생 인터뷰와 관찰(실천 예제 5.2, 실천 예제 5.7, 실천 예제 5.11)

- 교육현장 전문가(실천 예제 5.4)

- 자신과 문화적으로 다른 배경을 가진 지역사회 사람들(실천 예제 5.5, 실천 예제 5.6)

- 학습을 서로 다른 방식으로 접근하는 두 사람(실천 예제 5.10)

- 공공장소에서 대화를 나누는 집단(실천 예제 5.13)

- 알아듣지 못하는 언어로 방영되는 TV쇼 프로그램(실천 예제 5.12)

문화와 문화자본

모든 학생은 자신의 문화와 문화지식을 가지고 학교에 온다. 문화와 문화지식, 문화자본의 역할을 이해하는 것은 가르치는 데 매우 중요하다. 가정환경과 가족 문화에 대한 내용을 다루었던 1장에서 문화 개념에 대해 간단히 살펴보았다. Barrell(1984)에 따르면, 문화는 "모든 인간 사회의 구성원 간에 공유되는 학습된 믿음, 전통, 행동 지침의 총체"이다. E. Hall(1977)은 다음과 같이 말한다.

문화는 인간을 매개한다. 문화에 의해 변화되지 않는, 그리고 문화와 관련되어 있지 않은 인간 삶의 어떠한 부분도 존재하지 않는다. 문화는 사람들이 자신을 표현하는 방법과 행동하는 방법, 사고하는 방식, 문제 해결 방식을 의미한다. 또한 문화는 사람들이 사는 도시가 어떻게 설계되고 건설되었는지, 운송체계가 어떻게 기능하고 조직되었는지, 경제와 정부 시스템이 어떻게 관련되어 있고 기능하는지를 말해주는 독특한 특성을 의미한다.

교사가 문화의 빙산 개념(The Iceberg Concept of Culture)을 고려하여 학생들의 문화와 학습과의 관계를 생각하면 겉으로 드러나는 표층과 더불어 문화의 심층 부분을 관찰할 수 있을 것이다. 학생들이 교실로 가져오는 문화를 접할 때, 교사는 분명하게 드러나는 문화의 측면만을 다뤄 근본적인 부분을 놓치는 경우가 종종 있다. 〈그림 5.1〉에서 보여주는 빙산과 같이 대부분의 문화는 표층 아래에 있다. 음식, 의상, 음악, 예술, 드라마, 공예, 댄스, 문학, 기념일, 게임 등과 같은 문화 형태는 표층에 해당하는 단계에 있다. 예를 들어, 위스콘신 대학의 미식축구 경기에서 학생들과 졸업생들은 '다섯 번째 쿼터(Fifth Quarter)'가 남아 있다는 것을 알고 있다. 그들은 처음 네 쿼터 동안 밴드의 행진을 기다린다. 밴드 멤버들은 모자를 뒤로 쓰고 관중과 함께 춤추고 노래하며 즐긴다.

그러나 문화 형태의 대부분은 표층 아래에 놓여 있으며, 심층 문화의 영역에 자

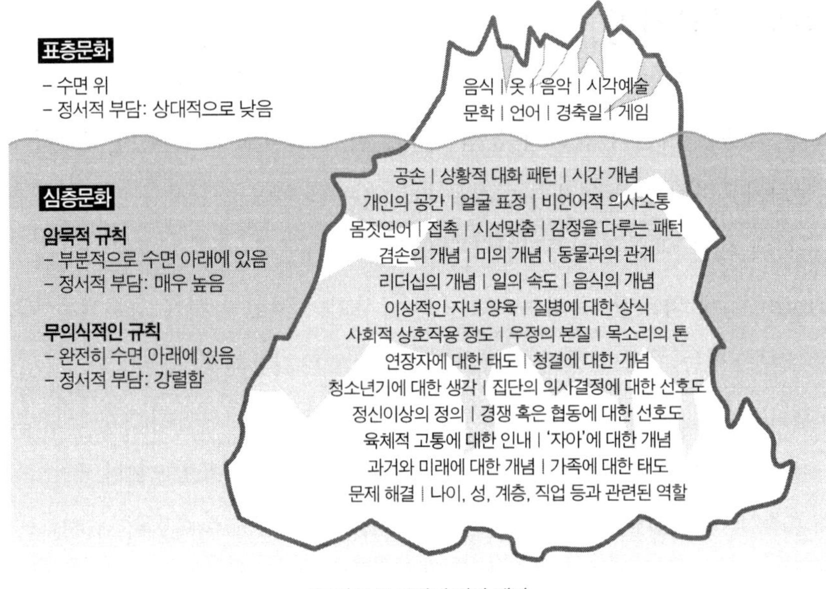

〈그림 5.1〉 문화의 빙산 개념

리하고 있다. 〈실천 예제 5.1〉을 작성할 때 〈그림 5.1〉을 검토하고 가시적인 문화 형태 목록을 작성하라.

〈실천 예제 5.1〉

〈그림 5.1〉에서 문화는 표층 문화와 수면 아래의 심층 문화로 구분된다. 부분적인 수면 아래에 있는 가시적인 심층 문화 형태를 적어라.

부분적으로 수면 아래 단계의 문화 형태	완전한 수면 아래 단계의 문화 형태
①	①
②	②
③	③
④	④
⑤	⑤
⑥	⑥

수면 아래에 있는 문화 형태의 중요성에 대해 신체언어를 예로 들어 탐색할 것이다. 다음과 같은 각각의 상황에서 적합하다고 생각하는 몸짓을 취해보자.

- 사회적 상황에 어울리고 싶음
- 누군가가 당신에게 말하는 것에 대해 관심 있음
- 중요하게 생각되고 싶음
- 좋은 학생처럼 보이는 싶음

위의 각각의 몸짓은 여러분이 다른 사람들과 의사소통할 때 나타난다. 여러분의 의도 표현 방식은 여러분의 신체언어를 이해하는 사람에게 의존한다. 그러나 모든 몸짓은 학습된다. 이 몸짓은 모든 문화적 맥락에서 똑같은 것을 의미하지는 않는다. 예를 들어, 어떤 맥락에서 좋은 학생이란 교실에서 조용히 앉아서 앞을 바라보고 있는 학생이다. 그러나 다른 맥락에서 좋은 학생이란 수업에서 말하고, 움직이고, 질문하고, 다른 사람에게 반응하는 학생이다. 어떤 맥락에서는 다른 사람의 말에 관심을 표현할 때 눈짓을 통해 의사소통하기도 하며, 또 다른 맥락에서는 "으~흠"이라는 감탄사를 사용하여 의사소통한다. 또한 어떠한 맥락에서는 상대방의 팔을 가볍게 만지는 것으로 관심을 표현한다. 신체언어는 사람들이 어떠한 움직임의 의미에 관한 가정을 공유하고 있을 때만 사용할 수 있다. 일련의 가정들이 공유되지 않는다면 의사소통에 참여하는 사람들 간에 오해가 발생한다. 그러나 유감스럽게도 이와 연관되어 있는 사람들은 그들이 상대방을 문화적으로 잘못 해석하고 있다는 사실을 인식하지 못한다. 대신에 그들은 자신의 문화적 렌즈를 통해 다른 사람을 해석한다. 예를 들어, 어떤 문화에서 관심의 표현으로 정의되는 문화적 행위가 상대방을 공격하는 행위로 잘못 해석되기도 하고, 이에 대한 다른 표현은 소극적인 행위로 오해되기도 한다.

위에서 언급한 사례를 통해 '표층 문화 아래'에 있는 문화의 요소에 대해 탐색하였다. 교실을 문화들이 서로 만나는 상호문화의 장으로 파악한다면, 교실이 문화를 이해할 수 있는 복합적인 장소라는 점을 알게 될 것이다. Gordon(1997)에 따르면 문화지식은 사람들이 가지고 있는 집합적 기억을 의미한다. Spindler(1982)는 "문화는 사회 구성원들의 지식으로 구성되어 있으며 (중략) 이러한 지식은 사람들이 참여하는 다양한 사회적 상황에서 어떻게 행동해야 하는지를 안내한다."고 덧붙였다. 분명히 교사는 모든 학생이 참여하고 있는 문화에 대한 지식을 깊이 있게 습득하지 못했을 것이다. 그러나 문화에 대한 이해를 바탕으로 학생들의 행위를 바라보는 시각을 학습한다면 혼자 결론을 내리기 전에 학생들에게 유용한 질문을 할 수 있을 것이다. 이러한 질문을 하는 데 있어 이 장에 수록되어 있는 활동들과 실천 예제들은 여러분에게 방향을 제시해줄 것이다.

　문화를 문화자본과 같은 개념으로 볼 수는 없지만, 분명히 이 두 개념은 관련되어 있다. 자본은 부를 축적하는 데 사용될 수 있는 자원을 일컫는다. 이는 돈을 벌고, 투자하고, 다음 단계로 나아가기 위한 발판으로 사용될 수 있다. 문화자본은 Young(1977)이 "사회적으로 높이 인정받는 지식" 혹은 "사회적으로 높은 위치를 차지하고 있는 집단의 문화지식"으로 묘사한 것에 비유될 수 있다. 모든 학생들이 문화를 가지고 학교에 온다. 그렇지만 그 문화는 백인 중산층에 의해 가치 있게 여겨지고 확립된 문화가 아니며, 학교지식에 의해 평가되는 문화자본이 아니다. Giroux(1981: 77)에 따르면, 문화자본이라는 용어는 "사회적으로 결정되는 취향, 즉 배경지식, 언어 사용 형태, 능력, 불평등하게 분배되어 있는 지식의 형태 등을 말한다." 문화자본과 높은 수준의 지식을 획득하기 위해서는 이를 가능하게 하는 장소에 갈 수 있어야 하고 재정적 뒷받침이 필요하다. 예를 들어, 어떤 학생은 유럽에서 아시아까지 자주 해외여행을 다니면서 얻은 지식을 지니고 있으며, 방학에는 미국 전역에 있는 도시들의 좋은 호텔에 머물며 브로드웨이 연극과 클래식 콘서트를 관람하고 미술 전시회를 보고 신문과 잡지를 읽으며 좋은 레스토랑에서 저녁식사를 한다.

　Lei(1997)는 문화와 문화자본의 관계를 명확하게 정의하였다. 문화자본에 담겨 있는 가치는 사회적으로 정의된 것일 뿐 특정 문화에 내재하고 있는 것이 아니다.

그녀는 경제학적으로 알려진 자본이라는 개념에 사회학적이고 인류학적인 문화자본의 전제 세 가지를 덧붙여 설명한다. 첫째, "문화를 자본으로 보는 관점은 어떠한 자본이든 문화적으로 임의적이라는 가치를 내포한다." 다시 말해, 자본의 가치는 의식적이든 무의식적이든 사회문화적 관습에 의해 결정된다는 것이다. 예를 들이, 많은 사람들은 셰익스피어와 브론테 지매의 문학작품에 관한 지식이 그웬돌린 브룩스나 카운티 컬린의 문학작품보다 학문적인 가치를 지니고 있다고 생가한다. 그러나 문학작품의 학문적 가치는 어떤 지식이 교육의 상위 과정에서 기대되는가에서 달려 있다. 둘째, 예를 들어, 어떤 학생이 증권 중개인 혹은 변호사나 교사가 된다면 이 학생은 모텔의 청소부나 맥도널드 점원, 지역 월마트의 재고정리 직원보다 수입이 높고 중산층에 진입하는 것이 용이할 것이다. 학생들이 증권 중개인이 되기 위해 사용하는 문화지식과 청소부가 되기 위해 사용하는 문화지식은 다르게 평가된다. 왜냐하면 일에 대한 이러한 분류 또한 사회적으로 매우 다르게 평가되기 때문이다. 셋째, 경제적 자본이나 사회적 자본과 유사하게 문화자본은 시간 의존적이다. 시간이 지남에 따라 적응할 수도 있고 문화자본을 상실할 수도 있다. 예를 들어, 도서관 사서가 가지고 있는 기존의 서지학과 관련된 지식은 컴퓨터 테크놀로지의 출현과 함께 시대에 뒤떨어지게 된다.

여기에서 말하고자 하는 요지는 모든 사람들이 상당한 문화지식을 가지고 교실로 오지만, 어떠한 문화지식은 다른 것들에 비해 계층화된 사회에 널리 '통용'될 수 있다는 점이다. 예를 들어, 대수학은 일상생활에서 실용적이라고 여겨지지 않지만, 대수학과 관련된 지식은 대학입학을 위해 필요한 지식이다. Moses와 Cobb(2001)은 모든 사람들이 높은 수준의 지식에 접근할 수 있도록 보장하는 것이 시민의 권리와 관련된 매우 중요한 이슈라고 주장한다.

지배사회의 문화 권력에 대해 배울 기회를 갖지 못한 학생들은 일상생활을 문화 권력 속에서 영위하는 학생들에 비해 자신들을 가르치는 학교 문화에 의존적일 수밖에 없다. 동시에, 높은 수준의 문화는 학생들을 낮은 수준의 배경과 멀어지게 할 것이다. 이 과정에서 교사는 학생들이 가지고 온 문화적 배경을 어떻게 확인해야 할지 창의적으로 생각해야 하며 학생들이 더 나은 기회에 접근하도록 그들과 문화자본을 연결해주기를 요구받는다.

〈실천 예제 5.2〉에서 서로 다른 인종, 민족, 사회 계층적 배경을 가진 세 명의 학생을 인터뷰하면서 그 학생들에게 자신이 학교에 가져온 문화지식과 문화자본의 사례를 질문해보아라. 물론 학생들이 이러한 용어에 친숙하지 않을 수 있기 때문에 이를 설명하는 적절한 예시를 함께 제공해야 한다. 문화지식과 관련된 질문은 다음과 같은 내용을 포함한다.

- 여러분은 많은 시간을 함께 보내는 학생들 사이에서 시험준비에 관해 생각하고 행동하는 방법이 있는가?
- 데이트하는 것, 상대방에게 데이트를 신청하는 것에 대해 여러분은 집에서 어떻게 배웠는가?
- 여러분은 학교 캠퍼스 중 어디에서 주로 머물며, 왜 거기에 주로 머무는가?
- 여러분의 가족과 친구는 주말에 보통 무엇을 하며 지내는가?

문화자본과 관련된 질문은 다음과 같은 내용을 포함한다.

- 셰익스피어의 연극에 대한 지식이 있는가?
- 뉴턴의 법칙과 같은 과학적인 원리를 공부하는 데 얼마나 많은 시간을 보내는가?
- 클래식 오케스트라에서 사용되는 악기의 이름을 얼마나 알고 있는가?
- 프랑스어나 독일어를 구사할 수 있는가?

문화, 문화지식, 문화자본이라는 개념에 대해 어떻게 이해해야 할지 학우들과 함께 논의하는 것은 여러분이 학생들의 과제와 교육과정을 준비하는 데 도움을 줄 것이다.

〈실천 예제 5.2〉

학생 세 명을 선정하여 그 학생들은 어떤 종류의 문화지식과 문화자본을 가지고 있는지 조사하라.

학생	문화지식	문화자본
1		
2		
3		

학생 대화 5.1

셀리아: 난 혼란스러워. 만약 내가 인터뷰한 여학생이 시험을 미리 포기하고, 셰익스피어나 뉴턴 법칙은 들어본 적도 없고, 남학생에게 잘 보이려고 많은 시간을 꾸미는 데 허비한다면 어떻게 할까? 나는 이 여학생이 학교에 맞지 않다는 결론을 쉽게 내리고 그 친구가 학교에 흥미를 느끼게 하는 것을 포기할 거야. 그러나 이것은 이 장에서 추구하는 바와는 다르다고 생각해.

리　사: 나도 같은 질문이 있어. 난 이탈리아어를 어느 정도 구사할 수 있고, 오페라 관람을 한 적이 있는 한 학생을 인터뷰했어. 상상해봤니? 이 남학생과 그의 친구들은 시험이 바보스럽다고 생각했지만 누가 제일 잘하는지 내기했어. 이탈리아어로 과제를 수행하게 하기 위해서는 어떻게 해야 할까? 혼란스러워.

길버트: 리사, 네가 만났던 학생은 자기 나름대로 발전하고 있는 거야. 셀리아가 만났던 아이는 그렇지 않아. 내 생각에 요점은 어떻게 학생들이 흥미를 갖고 학교공부를 시작하게 만들 것인가 하는 거야. 아이는 사회적으로 높이 인정받는 지식 모

두를 학교에 가지고 오지 않기 때문에 교사는 이를 발달시키는 것을 도와줄 필
요가 있어.

리　사: 과학시간에 뉴턴의 법칙을 가르치는 것부터 시작하는 것처럼? 이게 네가 말한
거니?

길버트: 두 학생 중 누가 더 똑똑하니? (침묵) 거봐. 너희들은 여기에 대해 대답하지 못하
잖아. 오페라를 관람한 적이 있는 이탈리아어를 말하는 학생이 더 똑똑하다고
쉽게 말할 수 있을지도 몰라. 하지만 그렇게 말하는 이유는 오페라가 가진 지위
때문이야.

리　사: 맞아, 나도 그렇게 생각해. 우리는 오페라를 보는 것은 학생이 똑똑하다는 것을
의미하며, 화장하는 것은 그렇지 않다는 전제에서 출발했어. 바로 이것이 우리
가 논의할 다음 주제야.

✚ 학생의 학업성취와 교사의 기대

　　교사로서 여러분은 학생의 학업성취를 도울 책임이 있다. 학생들의 학업성취 수
준을 높여야 한다는 압박 때문에 여러분은 반복연습과 문제 풀이식 수업이라는 지
루한 교수방법으로 학생들을 가르칠 수 있다. 그렇다 하더라도 이러한 압박은 학
생들을 위한 최선의 교수방법과 교육방법으로 학생들이 가져온 자산이 무엇인지
탐색하는 데 도움을 줄 것이다. 이는 어떤 배경을 가진 학생들이 다른 학생들보다
학교에서 높은 성취도를 보이는지에 대한 이유들을 제공한다. 우리는 이 이유들을
비판적으로 살펴보게 될 것이다. 왜냐하면 때로 이러한 이유들은 학생들의 학습
능력을 살펴보는 방법을 제공할 수 있기 때문이다.

〈표 5.1〉 인종별로 살펴본 미국 학업성취도평가 읽기 점수

(13세 학생)

	1975년	1980년	1984년	1988년	1990년	1996년	2004년	2008년
백인	262	264	263	262	262	266	265	268
흑인	226	233	236	243	241	234	239	247
라틴계	232	237	240	240	238	238	241	242

미국 학업성취도평가(NAEP)는 표준화된 시험이다. 이 시험은 1970년대 중반부터 실시되어 전국의 9세, 13세, 17세 학생들의 읽기, 수학, 과학에 대한 성취도를 제공해왔다. 이 시험은 학생들의 학업성취에 대한 의문을 제기하게 하고, 학생을 학습 결과에 따라 계열화시키는 유용한 척도로 사용되었다. 〈표 5.1〉은 1975~2008년 사이에 인종별로 살펴본 13세 학생들의 읽기 평균점수를 보여준다(National Assessment of Education Progress, *The Nation's Report Card*). 표를 살펴본 후 〈실천 예제 5.3〉에서 인종에 따른 학업성취도 경향과 유형에 대해 기술하라.

〈실천 예제 5.3〉

1. 인종에 따른 성취도 경향에 대해 서술하라.

2. 국가 학업성취도평가의 읽기 점수에 나타난 경향과 유형에 관해 기술하라.

다음 대화에서는 앞에서 제시된 수치가 의미하는 바에 대해 셀리아, 리사, 길버트가 서로 다른 생각들을 제시하고 있다. 그들이 제시하는 이유에 대해 어떻게 생각하는가?

셀리아: 흑인 학생은 특히 1988년까지 성적이 조금밖에 오르지 않았어. 그 후에는 성적 이 떨어지는 양상을 보였어. 라틴계 학생은 성적이 약간 좋아졌어. 그러나 이들 의 점수는 오르기도 하고 떨어지기도 했어.

리 사: 백인 학생들은 1990년대까지 매번 같은 수준에 있었어. 그 후에 점수가 조금 올라갔지.

셀리아: 나는 왜 라틴계 학생들의 점수가 올랐다 떨어졌다 했는지 설명해보려고 했어. 만약 이 학생들이 미국으로 이주하던 시기에 시험이 치러졌다면, 그 학생들은 이민을 오자마자 이 시험에 응시했던 게 아닐까?

길버트: 그렇게 생각할 수 있겠지. 내 생각에 1970년대와 1980년대에 교사들이 문화에 대해 인식하기 시작했고, 그 학생들의 문화와 관련해서 가르치는 방법을 더욱 고민하게 된 것 같아. 어떤 일이 벌어졌건 간에 인종 사이의 학업성취 격차는 좁혀지고 있었어. 1975년과 1990년 점수를 비교해보면 명확히 알게 될 거야.

리 사: 맞아. 하지만 이들 간의 학업성취 격차는 여전히 차이가 나. 여기에는 가정에서 의 문화가 영향을 끼치지 않았을까? 알다시피 아이들에게 책을 자주 읽어주거 나 학교를 자주 찾아가는 부모가 있잖아. 셀리아, 너는 지난번에 집에서 벌을 받았다고 했잖아. 하지만 특히 이 도심지역에 사는 많은 아이들은 집에서 혼나 지 않아.

〈표 5.2〉 부모의 교육적 수준별로 본 미국 학업성취도평가 수학점수

(13세 학생)

	1978년	1982년	1986년	1992년	1996년	2004년	2008년
고졸 이하	245	251	252	256	254	263	268
고졸	263	263	263	263	267	270	272
대졸	284	282	280	283	283	289	291

〈표 5.2〉를 보면 1978년과 2008년 사이에 13세 학생들이 수행한 수학 성취와 부모의 교육수준과의 관계를 살펴볼 수 있다. 여러분은 어떤 유형을 발견했는가?

리　사: 조금 전에 나는 가정에서 경험한 것이 어떠한 역할을 할 것이라는 입장에서 말했어. 고등학교를 졸업하지 못한 부모들은 교육을 제대로 이해하지 못해서 자녀를 교육시키는 데 소극적이야. 그들은 자녀의 학교 숙제를 도와주거나 자녀가 학교에 가는 것을 도와주지 않아. 그들에게 교육은 우선순위가 아니야.

길버트: 나는 그런 식으로 생각하지 않아. 리사, 너는 마치 학생들의 학업성취 격차가 가정에서 모두 기인한 것이라고 말했어. 이 책이 말하고 있는 것처럼 교사는 이 방정식의 한 부분이야. 내 생각에 교사는 부모나 돌봐주는 사람의 교육 수준만큼 큰 역할을 해. 부모의 졸업 비율이 높아진다면, 그들이 자녀에게 문화자본을 가르칠 것이라는 학교의 기대치뿐만 아니라 교사의 기대치도 높아질 거야. 흑인의 고등학교 졸업률이 높아졌어, 그렇지? 또한 동시에 흑인 학생의 읽기 수준도 높아졌어. 왜 그럴까? 나의 경험상 교육수준이 높은 부모가 자녀를 도와줄 뿐만 아니라 교육수준이 높은 부모의 자녀가 잘 배울 것이라는 교사의 기대치가 높기 때문이지.

리　사: 길버트, 그건 가정환경에 관한 이야기일 뿐 인종과는 관련이 없어. 이 표는 인종과 관련해서 설명하고 있지 않아.

길버트: 나도 그렇게 말한 건 아니야.

리　사: 들어봐. 어렸을 때, 어떤 백인 빈곤가정이 있었어. 그들은 많은 것을 알지 못했어. 그들은 알코올중독인데다 실업자였어. 어떤 가정에서는 정부의 복지지원금으로 아버지가 다른 세 자녀를 키우고 있었어. 이 아이들이 학교에서 어려움을 겪는 것은 이상한 일이 아니야.

셀리아: 빈곤가정의 라틴계 학생들에 대해 너와 같이 생각하는 일부 라틴계 교사들을

알고 있어. 우리 집은 가난하지 않지만, 부모님이 정규교육을 받지 못한 가난한
친구들을 많이 알고 있어. 우리는 우리를 학교로 이끌어줄 교사가 필요해. 나는
이러한 문제를 해결하기 위해 교사가 의지를 가지고 학생들이 다른 삶을 살 수
있는 방법을 고심해야 한다고 생각해.

길버트: 나도 동의해. 1978년과 1992년 수치를 한 번 확인해보자. 고졸 이하의 학력에 해
당하는 부모의 자녀를 제외하고 수학점수가 평균적으로 개선되지 않았어. 따라
서 우리가 보고 있는 자료에서 학업성취 격차가 좁혀지고 있는지 살펴봐야 해.

리 사: 애들아, 이에 관해 좀 더 공부해보자.

　리사와 길버트, 셀리아는 인종, 사회 계층, 부모의 교육수준을 포함하는 복잡한
종속변수들을 이해하기 위해 노력하고 있다. 우리는 어떤 종속변수가 성취의 차이
를 가장 근본적으로 설명하는가 하는 것보다는 교사가 자신의 학생들이 학교에서
학습하도록 지지해줄 수 있다는 사실에 주목한다. 학교에서의 학습을 지지하는 것
은 학생들의 인종, 민족, 사회 계층, 부모의 배경을 무시한다는 의미가 아니라, 교
육 목표를 위해 학생의 배경에 대한 지식을 사용하는 방법과 시기를 결정한다는
것을 의미한다. 이는 사람들이 설명하는 학업성취도에 차이가 생기는 이유를 비판
적으로 받아들여야 한다는 것이다. 이를 잘 드러내는 질문은 다음과 같다. 지금까
지 살펴보았던 학업성취 격차의 원인에서 학생들을 잘 가르치는 방법에 대한 시사
점을 얻을 수 있는가?

　〈실천 예제 5.4〉에서는 학업성취 격차가 존재하는 이유에 대한 사람들의 주장을
살펴볼 것이다. 현재 학교현장에서 아이들을 가르치는 교육 전문가 두세 명을 선
택해 간단하게 인터뷰한 뒤 아래 문제에 대답해보자.

　학생들이 학업을 잘 수행하거나 그렇지 못한 근본적인 이유가 가정과 지역사회
에서 기인한다고 설명한 응답에 밑줄을 그어라. 또한 부모의 교육수준이 근본적인
이유라고 설명한 응답에 네모를 그려라. 그리고 학교와 교사의 문제가 원인이라고
설명한 응답에 동그라미를 그려라. 이러한 응답에서 교사가 관여할 수 없는 학생

〈실천 예제 5.4〉 학업성취 격차에 대한 설명

교육현장에서 아이들을 가르치는 교사 두세 명에게 다음과 같은 질문을 한 뒤 그들의 대답을 기록하라. 어떤 아이들은 학교에서 학업을 잘 수행하는 반면, 어떤 학생들은 그렇지 못하다. 그렇지 못한 근본적인 이유가 무엇이라고 생각하는가?

- 전문가 1의 말:

- 전문가 2의 말:

- 전문가 3의 말:

의 상황(예를 들어, 경제)은 얼마나 중요하게 여겨지는가? 또한 이러한 응답에서 드러난 교사가 할 수 있는 것과 학교가 조정할 수 있는 것은 어느 정도인가?

연구 보고서에 따르면, 학생들의 학업성취 격차가 발생하는 이유는 다양하고 광범위하다. 이러한 이유들은 다음과 같다.

- 주제에 대한 교사의 지식: 여러분은 잘 알지 못하는 것에 대해 잘 가르칠 수 없다. 주제에 대한 교사의 지식과 학생의 성취는 연관된다(Stigler, Gonzales, Kawanaka, Knoll & Serrano, 1999). 그러나 잘 준비된 교사는 낮은 경제적 수준의 학교에서 가르치려 하지 않는다. 그렇기 때문에 학생들이 지식을 갖춘 교사에게 접근하는 것이 불가능하다. 이로 인해 불평등한 결과가 초래된다(Boyd, Hamilton, Loe & Wyckoff, 2004).

- 학교 조직과 학교 환경: 효율적인 학교에 대한 연구를 통해 학업성취에 대해 명확히 정의하고 있고, 응집력이 있으며, 적극적으로 지지하는 학교에서 학생의 학업성취가 향상된다는 것이 밝혀졌다(Bryk, Sebring, Allensworth, Luppescu &

Easton, 2010; Lezotte, 2003).

- 이전 학년에서의 학습: 이전 학년에서 잘 배운 학생들은 그렇지 않은 학생보다 다음 학년 수준의 학업을 잘 성취할 수 있다.

- 학교에 다니는 것을 통해 얻는 이점에 대한 학생들의 인식: 일자리가 없는 빈곤지역에 거주하는 학생들은 학교를 졸업하는 것이 실질적으로 그들에게 도움이 되는지 의문을 갖는다(Young, 2004). 더욱이 자신과 같은 사람들은 반복적으로 차별을 받을 것이라고 생각한다. 또한 학교의 주요 목표가 실제적으로 평등한 기회를 제공하지 않은 채 자신을 압박 속에 놓아두는 것이라고 믿는다. 그래서 학생들은 학교를 거부한다. 이러한 이슈에 관한 주장을 이해하기 위해 이 책에서는 학생과 교사 간의 의사소통 차이를 극복할 수 있는 전략을 제시한다.

- 교사가 교실에서 학생들과 실제로 수행하는 것: 우리가 관찰한 훌륭한 교사는 자신의 학생이 학습할 수 있을 것이라 확신하고 이들에 대한 많은 기대를 하며, 그들이 학교에 가져오는 것은 무엇이든 학습자산으로 만들기 위해 노력한다. 교사들도 인정하듯이, 어떤 학습자산은 학교 정책과 실천에 직접적으로 연관되어 있는 반면, 어떤 것은 노력에도 불구하고 사용하지 못한다(Haberman, 1995).

앞에서 소개한 글의 내용들은 여러 연구들에 의해 점차 지지받게 되었다. 예를 들어 Thomas(2000)는 미국의 민족 집단 내에서 발견되는 수학 학업성취도의 본질적 차이를 설명하기 위한 연구를 하였다. 그는 교육의 질이 학생의 학업성취에 영향을 미치는 주된 요인임을 밝혔다. 학생들이 학업을 스스로 인식하고 있는 것 또한 중요한 요소였다. 즉, 스스로 수학을 학습할 수 있다고 믿는 학생들은 자신의 학습 능력에 자신이 없는 학생들보다 우수한 학업성취도를 보였다. Thomas는 교사가 수업을 어떻게 운영하는지에 따라 학생들이 자신의 학습능력을 인지할 수 있다고 주장하였다.

Bryk 등(2010)은 학생들의 학업성취에 영향을 미치는 이러한 요소들이 학교 개혁의 맥락 속에서 다루어져야 한다고 주장했다. 이 연구는 왜 어떤 학교에서는 학생의 성취도에서 상당한 진전이 있는 반면에, 어떤 학교는 그렇지 않은지를 밝히고자 하였다. 그래서 이 연구는 시카고 지역에 있는 저소득층의 유색인이 다니는 22개 초등학교를 대상으로 6년 동안 진행되었다.

이 연구에서 가장 핵심적인 다섯 가지 요소를 확인할 수 있었다. 학교장의 강력한 리더십, 부모와 지역사회의 학교지원활동, 질서 있는 학생 중심 교육 환경 조성, 학년 수준의 역량을 계발하기 위한 교육과정 조직, 교사의 전문성 계발이 바로 그것이다. 교사들의 상호 문화이해 역량은 매우 중요하다. 이러한 역량에는 학교가 부모나 지역사회와 관계를 맺는 능력, 교실에서 학생들이 가지고 있는 배경지식과 문화에 다가가 그것을 활용하는 능력, 지적으로 도전하게 하는 흥미로운 학생 중심 수업을 설계하고 여기에 학생들을 참여시키는 능력 등이 있다. 이 연구에서는 다음과 같이 말하고 있다.

학생의 관점에서 교육이 흥미로우며 의미를 가질 때 학생들은 교육에 참여할 동기를 갖는다. 학생들은 흥미로운 교육과정이 있는 학교에 참여하기를 원한다. 그들은 학교에서 교육활동을 하는 데 활동적인 역할을 수행할 수 있으며, 학업을 수행하는 동안 선택을 할 뿐만 아니라 처음 접해보는 문제와 아이디어에 반복적으로 접하며 연습할 수 있다(p. 103).

다음은 교사가 조정할 수 있는 요소들이다. 일반적으로 학생들의 학습을 높은 수준으로 이끄는 교사들은 자신들이 조정할 수 없는 요인들과 관련 있는 학습 능력에 대한 책임보다는 학생이 학습하는 것에 대해 상당한 책임을 갖는다. 이러한 교사들은 학생이 가져온 문화지식을 자본화할 수 있다. 게다가 그 교사들은 학생의 학습을 방해하는 환경과 요인들을 알고 있으며, 이러한 환경과 요인을 다루는 방법을 설명할 수 있다. 예를 들어, 교사들은 학생들의 부모나 양육자가 고등학교를 마치지 못해서 학생들이 대학진학을 준비하는 데 도움을 줄 수 있는 문화지식이 부족하다는 것을 알게 될 것이다. 그럼에도 교사는 부모나 양육자가 학생들을 대학에 보내기 위한 돈을 벌기 위해 더 많은 일을 하고 있다는 것도 알게 될 것이다. 그러므로 교사는 학생이 대학교육을 준비하는 데 도움을 줄 기초적인 지식을 제공해야 한다.

교사의 기대는 학생의 학업성취에서 핵심이 되는 요소이다. 교사들이 단순히 학생이 하길 바라는 것이 아니라 해내길 기대할 때 학습이 일어난다는 확신에 책임을 지게 될 것이다. Rosenthal과 Jacobson(1968), Jones(1990)는 교사의 기대가 학생의 성취에 영향을 미친다고 주장한다. 교사는 자신의 행동과 이에 따른 학생의 반응을 통해 자신의 기대와 소통한다. 많은 교사들은 학생들이 수업에 열중하지 않고 잠을 자거나 비행을 일삼는 모습을 보일 때 그러한 학생들은 학습 능력이 없다고 생각한다. 이처럼 학생에 대한 낮은 기대를 갖고 있는 교사들은 학생들을 재미있는 활동에 참여하게 할 수는 있지만, 학업적으로 유의미하게 이끌지는 못한다(Grant & Sleeter, 1996). 훌륭한 교사는 학생에게 많은 기대를 하며, 학생의 학습에 능동적으로 책임을 지고 학생들이 교실에서 성공적으로 학습할 수 있는 전략을 탐색한다.

✚ 차별화 교수(differenced instruction)

차별화 교수는 학생들의 배경지식과 학습 선호, 흥미, 언어 능력, 기술 수준에서의 차이를 인식하고 교육에 적용하는 과정을 일컫는다. 이 개념은 일반 학급에서 장애학생을 수용하는 것을 도와주는 교수방법으로서의 특수교육에서 비롯되었다.

차별화 교수는 중재 반응(Response to Intervention, RTI) 모델[1]이라고 알려진 지도 과

---

1) 미국 「장애인교육법」(IDEA)에서는 학습장애 학생의 입장에서 능력과 성취 간의 불일치를 증명하도록 요구하기보다는 학습장애 학생으로서 적격성을 판단하고자 대상 학생에게 과학적이고 연구에 기반을 둔 교수

정에서 일부분 사용된다. 이 학생들을 어느 정도까지 일반 교실에서 남겨서 조정된 차별화된 교수 방법으로 지도해야 하는지, 혹은 이 아이들을 특수반으로 보내야 하는지를 결정하게 된다.

학생들이 학업성취를 달성하도록 맞춤식으로 지도하는 것의 핵심 아이디어와 차별화 교수의 개념은 연관된다. T. Hall, Strangman과 Meyer(2009)는 차별화 교수를 "한 교실에서 다른 능력을 가진 학생을 위한 교수학습의 과정"으로 정의한다. 차별화 교수는 학생의 능력과 관심, 학습 스타일, 선호, 배경지식을 평가함으로써 시작한다. 이 장에서의 실천 예제를 포함한 비공식적인 평가는 교사가 학생들의 배경과 선호하는 학습 스타일 측정을 도와줄 수 있다. 예를 들어, 읽기를 지도할 때 교사는 학생의 읽기 능력 수준과 흥미를 만족시키는 텍스트를 선택하는 방법을 배우고 나서 소그룹이나 개별로 이러한 텍스트를 활용해서 집중적으로 교육시키게 될 것이다(Walker, Dalhouse, Risko, 2009). 학습에 어려움을 겪는 학생들을 위해 교사가 차별화 교수를 배우는 것은 끊임없는 전문성 개발을 의미한다. 하지만 여러분은 이러한 일련의 교수 능력과 학습에 어려움을 겪는 학생들에게 적용하는 것 사이의 관계를 인지해야 한다.

리   사: 학습 부진 학생들이 학급에서 중재 반응하는 것을 들어보지 않았니? 어때? 친숙하지?

길버트: 나는 특수교육 학생은 일반 학생들과 다를 것이고 교사들은 그들을 가르치기 위해 다른 교수방법이 필요할 것이라고 생각했어. 그러나 실제로 그렇지 않다는 것을 알았어.

셀리아: 맞아. 어떤 학생을 가르치든 간에 기본적인 교수학습 원리가 필요하다는 것을

를 제공한 후, 이에 대한 반응 여부를 중심으로 학습장애를 판별하도록 하는 반응 중심 중재를 사용하도록 하고 있다.

알게 되었어. 다만 어떤 부류의 학생에게 필요한 기능과는 다른 종류의 기능이
필요한 것이지.

리　사: 그래? 차별화 교수에 대해 배워야겠다!

교수활동에서 학생의 관심과 배경에 초점 두기

심리학자 비고츠키는 학교 밖, 즉 자신의 가정과 지역사회에서 학습한 것을 '살
아 있는 지식'이라고 부른다. 모든 학생들은 이러한 살아 있는 지식을 학교에 가지
고 온다. 학생이 교사와 더 많이 다를수록, 또한 학생이 가지고 있는 역량의 영역
이 전통적 학교 지식과 더 많이 다를수록 교사는 이러한 살아 있는 문화지식을 인
식하기 어렵다. 학생들이 이미 알고 있고 매일 학교 밖의 지식 네트워크에 관한 학
생들의 관심과 친숙해진 교사는 가치 있는 교수학습 자원에 다가갈 수 있다. 이러
한 지식은 교사에게 비고츠키가 말한, 학생들이 학교에서 지식을 학습하는 것을
도와주는 근접발달영역(a zone of proximal development)에서 임시적인 비계(scaffolding)를 제
공해준다.

이러한 비계는 아이가 역량을 획득하게 되면서 자전거의 보조 바퀴를 제거하는
것과 같은 역할을 한다. 예를 들어, 아이들에게 책의 서평 쓰는 것을 가르칠 때, 설
정할 수 있는 비계는 토론을 통해 아이들이 이미 알고 있는 것에 대한 평가를 포함
하며, 이와 연관된 책을 제공하고 서평 쓰기를 안내하는 아웃라인을 제공하는 것
이다. 아이들이 서평을 쓸 때 연습을 함에 따라 아웃라인은 없어지고 아이들은 스
스로 복잡한 과제를 완성하게 될 것이다. 최근에 저자 중 하나는 4학년 학급에서
비계 설정의 훌륭한 예를 보았다. 처음 교사는 복잡한 나눗셈 식을 풀기 위한 지식
과 전략을 만든다. 다음으로, 학생들은 교사가 시범을 보인 대로 시도한다. 그들은
교사와 함께 이전의 판서와 토론에서 더 많은 이야기를 이끌어낸다. 그들은 언제,
어디서, 어떻게 복잡한 나눗셈 절차를 수행할 수 있는지 알게 된다. 이 절차를 여

러 번 반복하고 나서 교사가 도움과 지원이 필요할 때와 장소에서 이를 제공하면 대다수의 학생들은 복잡한 나눗셈 문제를 스스로 풀 수 있게 될 것이다.

여기에 우리가 학습을 사회적 행위로 간주한 비고츠키(1978)를 이해해야 하는 이유가 있다. 그는 "지적인 발달은 아이와 어른이 관계된 자연발생적인 상호작용에서 일어난다."고 주장한다. 학생이 독립적으로 할 수 있는 것과 아직 하지 않은 것 사이의 공간인 근접발달영역 내에서 학생은 새로운 것을 학습하고 정서적인 연관성을 만드는 데 도움을 받을 수 있다. 학습활동은 학생을 압도할 만큼 어렵지는 않지만 학생들이 능력을 최대한 발휘할 수 있을 만큼 어렵고 의미 있는 내용일 필요가 있다. 이것이 학생의 관심과 배경에 대한 지식이 중요한 이유이다. 근접발달영역 내에서 교사가 학생을 도와주는 방법은 아마도 시범 보이기와 피드백을 제공하거나, 새로운 생각과 능력을 구성하고 의문을 갖고 가르치는 등이다(Gallimore & Tharp, 1990). 여기에서의 강조점은 도움 그 자체에 있는 것이 아니라, 학생의 적극적인 정서적 참여와 학생이 만들어내는 내용에 있다.

우리는 문화기반 교육학을 통해 학생들에게 근접발달영역을 사용하게 한다. 문화기반 교육학은 학생의 관심과 배경을 이용한다. 또한 이것은 학생들의 교과 학습과 그들의 민족 문화, 가정, 지역사회와 직접적으로 연관된다.

이와 같은 문화기반 교육학에 기반을 둔 교수활동은 콘텐츠를 보다 개인적으로 의미 있고 숙달되기 쉽게 구성한다. 이를 위해 학생의 문화적 프레임을 참조하여 교육과정 콘텐츠와 교수전략을 구성한다. 이는 교수학습에서 이전에 암시된 문화의 역할을 명확하게 만들기 때문에 급진적이다. 그리고 교육기관은 학습결과를 향상시키기 위해 민족 집단의 합법성과 그 민족 집단이 지닌 문화적 생존력을 수용하는 것을 주장한다(Gay, 2010: 26).

학생들이 지닌 문화적 배경을 알고 그다음 단계로 나아가려는 교사는 가정에서의 문화지식과 학교 사이에 연속성을 만들어낼 수 있다. 문화적 불연속성은 학생이 최소한의 도움으로 서로 다른 문화적 맥락에서 교류할 때 비로소 발생한다. 불연속성은 학교 문화를 학습하지 않아도 그 문화 속에서 기능할 것으로 기대되지만, 학교 문화와 가정 문화가 달라서 하루에 두 가지 문화 사이를 경험하는 학생에게 특히 부정적으로 작용한다. 학생들은 학교에서의 지식을 '적절한' 것으로 정의하고 가정에서의 지식을 부적절한 것으로 판단하는 교사에 의해 자신의 가정 문화를 학교 문화로 대체하도록 요구받는다. 여러분은 이러한 학생들이 겪는 혼란과 좌절감을 상상해보라.

학생과 학교 간에 존재하는 문화적 차이가 클수록 학교는 학생들이 경험하는 문화적 불연속성을 최소화시키기 위한 연결고리를 구축해야 할 필요성을 더 크게 느낀다. 예를 들어, Phelan, Davidson, Cao(1991)는 학생과 학교의 세계에 존재하는 네 가지 관계 유형을 구분하고 있다.

1. 가정과 학교, 또래집단 사이에서 자연스럽게 연결되는 동일한 세계
2. 서로 다르지만 상상할 수 있는 교차 범주에 존재하는 구별되는 세계
3. 학생들에게 위험한 연결되지 않은 교차 범주에 존재하는 구별되는 세계
4. 극복할 수 없는 장벽이 존재하는 구별되는 세계

그들은 자신의 교수법을 학생들에게 적절한 방식으로 구사하려고 노력하는 교사들과 학생들이 학업적으로 상당히 우수한 성과를 냈다는 사실을 발견했다. 학생들은 또래집단과 학교 사이에서의 선택이나 가정과 학교 사이에서의 선택을 강요당할 때 많은 경우 학교를 선택하지 않아 결과적으로 학업의 실패를 초래한다.

교실에서 학생들과 그들의 관심과 배경을 공유하기 위해 질문하고 교실 밖에 존재하는 그들의 세계를 탐색한다면 여러분은 학생들의 관심과 배경에 대해 많은 부분을 발견해낼 수 있다. 『Funds of Knowledge』의 서문에서 Gonzalez와 Moll, Amanti(2005)는 교사와 예비교사들이 그들의 학생과 학생들의 지역사회에서 배워야 한다고 서술하고 있다. 더욱이 "학습이란 단순히 '귀 사이에서' 발생하는 것이

아니라, 상당히 사회적인 과정이다. 학생들의 학습은 그들의 삶에 영향을 미치는 넓은 맥락적·역사적·정치적·이데올로기적인 체제에 귀속되어 있다"고 말했다 (p. ix). 그들은 "사람들이 능숙하고, 지식을 갖추고 있으며, 삶에서의 경험을 통해 지식을 습득한다"고 계속해서 주장한다. 그들이 말하는 지식의 축적이란 개인과 가정이 잘 기능하고 살아가는 데 필요한 역사적으로 축적되고 문화적으로 발전되어 온 지식과 기술의 총체이다(p. 72).

다음은 공동체의 지식 축적을 확인하도록 도와줄 실천 예제 활동이다. 만약 당신의 학생들이 일반적으로 위험 지역에서 왔다면 어떤 학습 활동을 수행할지, 혹은 어떻게 수행할지, 어디로 가야 할지를 결정할 때 상식을 활용할 것이다. 예비교사들은 빈곤한 지역사회를 위험 장소로 판단할지라도 때로 이들이 내리는 판단은 고정관념에 기초한 것이다. 다음에 제시되는 실천 예제 활동을 통해 이러한 고정관념을 없앨 수 있다. 반면 위와 같은 판단에 동의하지 않는다면, 여러분은 그러한 공동체를 잘 아는 다른 사람에게 조언을 구해야 한다.

Howard, Rhodes, Fitch, Stimson(1998)은 실천 예제 활동에 도움이 되는 공동체를 다음과 같은 세 가지 유형으로 정의했다.

1. 이웃의 범위: 한 지역(location)에서 함께 살고 있는 사람들
2. 사회적 관계: 대부분 지리학적인 지역에서 발생하는 사회적인 관계들
3. 정체성과 공통의 관심사: 집단처럼 공유된 정체성

세 가지 유형의 공동체를 기반으로 한 조사 활동은 교실에서 학생들의 학습 능력과 경험 및 관심사를 탐색하는 데 도움을 줄 것이다. 그러나 여러분이 공동체로 향하기 전에 〈글상자 5.1〉을 참고하라. 〈글상자 5.1〉은 공동체 현지조사를 위해 필요한 가이드라인과 윤리를 제시하고 있다.

〈실천 예제 5.5〉는 여러분이 공동체와 공동체가 가진 자산에 대해 '내부자'의 관점을 획득하기 위해 공동체나 이웃에 살고 있는 성인들을 인터뷰하는 활동이다.

윤리적으로 행동한다는 것은 존중하는 사람들에게 행동하는 방식으로 행동하는 것이다(Graue, Walsh & Ceglowski, 1998; 56). 윤리적인 행위란 교사들이 지역사회에 갖는 태도와 이에 대해 해석하는 태도에 관한 것이다. 윤리적으로 행동하기 위해서는 다음과 같은 부분을 지켜야 한다.

지역사회 방문 전 준비

1. 여러분이 방문조사에서 얻고자 하는 것이 무엇인지 명확히 하라. 누가 여러분의 관심의 대상인가? 여러분이 대화하고 싶은 필요한 사람은 누구인가?

2. (특별한 지식을 가지고 있는 사람들이나 접촉하기 용이한 사람) 수위와 중요한 응답자를 확인하고 접촉하라. 학교에 그 해당 지역사회의 사람이 있다면 여러분과 첫 방문을 함께해줄 수 있는지 문의해보아라 그 지역사회 사람이 없다면 상위 학년 학생이 좋은 동행자가 될 수 있다.

3. 문화적으로 적절한 방식으로 행동하는 법을 포함하여 사전에 지역사회에 대한 배경 지식을 조사하라.

4. 질문을 준비하고, 관찰 계획을 세우고, 어떻게 기록할 것인지 결정하라.

5. 언제, 어디서, 주요 응답자를 몇 시에 만날 것인지 구체적으로 계획을 세워라.

6. 여러분이 그 지역사회를 방문하고자 하는 이유를 설명하라. 현장학습, 의회, 초청 연설가를 포함하여 1년 동안의 커리큘럼을 간략하게 설명하라. 교사들이 학교 지역사회의 방문을 모르고 있다면 학부모들이 처음에 의심스럽게 생각하겠지만 괜찮다. 그들에게 왜 방문했는지 말하라. 칼은 그의 학생들의 가정을 학기 첫 2주 안에 방문했다. 이 기간 동안 그는 현장학습 등에 관한 허락을 구하는 서명을 받았다. 그가 처음 학교에서 수업을 시작했을 때 그는 그 지역에 대해 알거나 그 지역사회 거주자인 학생을 하나 또는 둘 정도 데리고 갔다.

지역사회로 들어설 때

7. 수위, 주요 응답자, 지역사회 구성원과 라포를 형성하고 예의를 갖추고 대하라. 예의범절은 지역사회마다 다르게 적용된다. 동행자에게 그 지역에서 도움을 요청하자. 예

를 들어 여러분은 "이 지역의 가정이나 지역사회를 방문하는 동안 진정성과 예의를 보여주기 위해 내가 알아야 할 것은 무엇이지?"라고 질문할 수 있다.

8. 모자나 코트 등 여러분의 개인적 물건을 어디에 둘지 의식하라. 만약 불편함을 느낀다면 떠나라. 여러분의 감정을 믿어라.

9. 특히 대학은 있지만 그 대학과 함께 일하지 않는 지역사회가 호혜적으로 관계를 맺어가는 것은 매우 중요하다. 여러분이 지역사회에 어떤 도움을 줄 수 있는지에 대한 도움이나 방문을 제안하라. 방문 후 감사 편지를 써라.

지역사회를 방문하는 동안

10. 여러분이 왜 자료를 모으고 기록하는지 설명하라. 공개적으로 기록하라. 이는 여러분이 작성한 것을 숨기지 말라는 것을 의미한다. 숨기는 대신 공유하고, 여러분이 왜 이것을 썼는지 주민에게 말하라. 칼은 집주인에게 그가 이름을 잘 기억하지 못하고, 첫 방문 가정과 다섯 번째 방문 가정에서 얻은 정보를 헷갈리지 않기 위해 기록해야 한다는 것을 말했다. 집주인은 이해하였고 어떤 집주인은 자신들의 기억에 대한 이야기를 들려주었다. 이렇게 말함으로써 어색함을 줄여갈 수 있다.

11. 비심판적으로 행동하라. 여러분의 관찰은 오직 진행 중인 활동의 한 단면일 뿐이라는 것을 기억하라. 어떤 판단도 심사숙고해서 내려야 한다.

12. 가능하다면 여러분이 보고 들은 것에 대해 물어보고 여러분의 생각을 명확하게 하도록 도움을 요청하라.

13. 인내하라. 한 지역에서 다른 지역으로 쉽게 옮겨 다니지 마라.

지역사회 방문을 마치고

14. 학교에 방문해달라는 초대와 함께 여러분의 방문을 마무리하라. 초대한 손님에게 건물에 들어와서 교무실에 들르는 절차를 설명해주어라. 또한 학기 내내 손님을 기다리고 있다는 사실을 교무실 직원에게 알려줄 것이라고 말해라. 이는 손님이 수업을 참관하고 학교에 들어오기 위해 필요한 절차이지만 공식적인 절차를 간소화시켜줄 것이다.

Batchelor, Beel, Freeman(2006)과 Grant, Sleeter(1996) 참조

(학교의 행정실 직원과 관리인들은 이와 관련한 정보를 제공해줄 수 있는 유용한 자원이다.) 대부분의 지역사회가 이런저런 문제들을 안고 있지만, 중요한 문제는 특히 모든 외부인이 경제적으로 빈곤한 계층이나 유색인종이 많이 거주하는 지역사회에 관해서 간접적으로만 알고 있다는 사실이다. 실제로 그곳에 거주하고 있는 사람들과 이야기를 나눔으로써 그들과 친숙해진다면 그 지역사회가 많은 자산과 장점을 가지고 있다는 것을 알게 된다.

〈실천 예제 5.5〉를 수행한 후 여러분이 발견할 수 있었던 지역사회가 가진 자산을 설명하라. 그리고 이 내용을 학우들과 공유하라. 활동에서의 인터뷰를 통해 지역사회에 대해 갖고 있었던 여러분의 관점이 어떻게 변화하였고 얼마나 넓어졌는가?

〈실천 예제 5.5〉 지역사회의 자산

여러분과 문화적으로 다른 지역사회나 현장 실습을 하는 학교의 지역에 거주하는 성인 다섯 명을 인터뷰 대상자로 선정하고 접촉하라. 그들에게 여러분이 예비교사라고 밝히고 학교가 지역사회에 어떤 기여를 하고 있는지 설명하라. 인터뷰를 허락받고 다음과 같은 내용을 질문하라.

① 당신은 이 지역사회의 가장 중요한 자산이 무엇이라고 생각합니까?

② 이 지역사회 사람들은 특히 어떤 일에 능숙합니까?

③ 10년 전부터 지금까지 당신은 이 지역사회를 어떻게 생각해왔는지 설명해주십시오.

④ 이 지역사회가 이러한 비전을 실현하도록 도움을 주는 자산은 무엇입니까?

⑤ 이 지역사회가 이러한 비전을 실현하는 데 있어 직면할 수 있는 장애는 어떤 것입니까? 이러한 방해요소를 어떻게 해결해왔습니까?

⑥ 학교가 지역사회를 위해 일할 수 있는 가장 효율적인 방법은 무엇입니까?

이어서 〈실천 예제 5.6〉에서 여러분은 가정이 지닌 지식의 축적을 살펴봄으로써 지역사회에 대해 탐구하게 될 것이다. 모든 가정에는 일상생활에서 살아남는 데 필요한 많은 지식들이 들어 있다. 사람들은 지역사회와 가정이 필요로 하는 다양한 직업과 유용한 역할 수행을 통해 전문성을 발달시킨다. 심지어 극심하게 빈곤한 가정에서도 사람들은 전문지식의 영역과 기술을 발달시킨다. 이러한 지식의 축적은 부모와 지역사회 구성원들이 지닌 지식, 즉 아이들이 가정에서 습득한 지식과 학교의 지식을 연결시켜주는 기능을 할 수 있다(Gonzalez et al., 2005).

〈실천 예제 5.6〉 성인의 전문지식 영역

지역사회 내에서 성인들이 종사할 수 있는 직업의 종류에 대해 찾아보고, 이러한 직업에 속해 있는 사람들을 접촉하여 대화를 나눔으로써 그들의 직업과 관련하여 사람들이 가지고 있는 '지식의 목록'을 확장시켜보자. 이 과정에서 다음과 같은 질문을 할 수 있을 것이다. "저는 실제로 이러한 직업에 종사하는 사람들이 무엇을 하는지 알지 못합니다. 저에게 당신이 어떻게 하루를 보내는지 말해주시겠습니까?" 또한 예를 들어, 자동차 정비, 요리, 농작물 재배 등과 같은 전문지식의 비공식적 영역에 대해서도 탐구해보자. "당신의 이웃에 있는 여성 혹은 남성들이 잘하는 일은 어떤 종류입니까?

(주의사항: 불법적인 활동에 대해서는 깊게 파고들지 않아야 한다. 아이들은 때때로 하지 않아야 할 것에 대해서도 자진해서 정보를 제공한다. 청소년과 성인들인 당신이 불법적인 행위들을 조사하는 과정에서 의심받는다면 다소 불편한 감정을 느낄 것이다.)

〈실천 예제 5.6〉에서 학습한 것을 활용하여 여러분이 〈실천 예제 5.5〉에서 시작한 지역사회에 관해 자세히 기술하라. 이제 이 지역사회 출신 학생들을 가르친다고 상상해보자. 여러분이 확인한 지역사회 자산을 통해 학생들이나 그들의 부모가 알고 있는 것과 학생들이 모르는 학업 자료를 연결시킬 수 있는가?

　〈실천 예제 5.7〉은 학생들이 학교 밖에 있을 때 무엇을 하는지 물어봄으로써 그들의 일상생활 경험에 대해 알 수 있는 또 다른 방법을 제공한다.

〈실천 예제 5.7〉 학교 밖 학생들의 생활

학생들이 학교 밖에서 무엇을 하면서 시간을 보내는지 알아보자. 가능하다면 학생들이 학교 밖에서 많은 시간을 보내는 집단과 생활해보자. 나아가 당신이 확인하지 못한 그들의 일상에 대해 대화를 요청하자. 예를 들어, 교회, 가사, 지역사회센터의 활동, 클럽, 직업, 친구들과의 활동들과 같은 영역에 대해 조사하자. 학생들이 살고 있는 지역을 둘러보자. 수업에 사례로 활용할 수 있거나 수업을 개발하기 위한 아이디어로 사용할 수 있는 것들에 대해 보고 듣자.

　당신은 학생들의 세계를 깊이 있게 이해하는 데 도움이 되는 생각들이나 도구를 갖게 되었다. 당신은 이러한 도구를 활용하여 교육과정의 개념과 기능을 학생들이 알고 있는 것, 학생들에 관한 것, 그들의 관심과 연결하는 방법을 궁금해할 것이다. 〈실천 예제 5.8〉에서는 〈실천 예제 5.5〉와 〈실천 예제 5.7〉에서 얻은 자료를 활용하여 위에서 언급한 연결 과정을 연습해볼 수 있을 것이다.

　〈실천 예제 5.8〉을 하기 전에 학교에서 배우는 일반적인 교과 교육적 개념들을 확인하자. 여기서 말하는 개념이란 수업시간에 가르치는 아이디어나 기능들을 말한다. 예를 들어, 두 자릿수를 더하는 방법이나 대륙이 무엇인지 혹은 과두정치가 무엇을 의미하는지 등의 개념이다. 선택하는 데 있어서 당신이 계획한 수업의 연령 수준과 학년 수준에 적합함을 고려해야 한다. 그러고 나서 이러한 개념과 당신이 학습한 지역사회 자산 혹은 학생들의 경험을 연결할 수 있는 가능한 연결점들에 대한 목록을 작성하자.

우리는 먼저 근접발달영역과 문화적으로 관련된 교육의 중요성에 대해 설명하였다. 그리고 문화적 단절과 구분하였다. 다음으로 당신은 직접 지역사회에 가서 지역사회에서 발견한 자산을 포함하는 학생들의 문화적 지식을 배웠다. 간단히 말해서 훌륭한 교사가 되는 방법에 관하여 상호적인 활동을 통해 지식과 전략을 제공하는 모델을 만든 것이다.

학생 대화 5.5

리　사: 나는 지역사회에 가서 실제로 이러한 질문을 한다는 것에 대해 생각하지 못했어. 이러한 실천 예제 활동을 했을 때 사람들은 내가 생각했던 것보다 개방적이었어.

셀리아: 그래, 저소득 지역의 시장과 이야기를 나누기 위해 연락을 시도했던 것은 정말 좋았어.

리　사: 사실 솔직히 말하면 두려웠어. 그 지역 시장에게 이메일을 보내는 아이디어는 길버트가 말해줬어. 시장이 날 사무실로 초대했을 때에는 정말 놀랐어. 긴장되기도 했지만 내가 생각했던 것보다 사람들이 학교와 학교를 둘러싼 좋은 일들에 대해서 이야기를 나누는 데 개방적이었어.

길버트: 학교의 직원들이 지역사회에 대해 많이 알고 있다는 것을 밝힌 것이 가장 중요
했다고 생각해. 왜냐하면 그들은 그 지역사회에 살고 있었거든. 그들에게 지역
사회에서 무슨 일이 벌어지고 있고 누가 무슨 일을 해왔는지 묻는 것을 생각해
볼 수 없었어.

셀리아: 나는 우리 반 학생들의 학부모 중 한 분이 사탕을 만드는 방법을 알고 계신다는
것을 발견했어. 과학 교육과정에서 그분이 알고 있는 지식과 서로 다른 물질들
의 끓는점을 연결한다면 흥미로울 것 같지 않니? 그분이 대학에 다닌 적은 없
지만 사탕을 만드는 것과 같은 지식은 사회적으로 높이 인정받는 학문적 지식
이라고 불리는 것과 직접적인 관련이 있어.

교육 영역 10 수업을 계획할 때 학생들의 학습 스타일 활용하기

학생들의 학습 스타일을 파악하는 것은 당신이 학생들의 행동을 이해하고 학생
들이 학습에 어려움을 겪을 때 이들을 참여하게 하는 전략을 통해 생각하는 데 도
움을 줄 것이다. Gay(2010: 177)에 따르면, "학습 스타일은 개인이 습관적으로 문제
를 해결하는 인식 방법이고, 그들이 알고 있고 할 수 있는 것을 보여주는 과정이
다." 학습 스타일은 사람들이 정보를 어떻게 인지하고 처리하고 저장하고 활용하
는지와 연관된다. 학습 상황에서 학생들은 어떤 단서에 신경을 쓰는가? 학생들은
어떻게 단서들을 연결시키는가? 새로운 정보와 아이디어를 이해하기 위해 학생들
이 활용하는 전략들은 무엇인가?

모든 사람은 자신만의 학습 스타일을 개발한다. 예를 들어, 어떤 학생들은 읽기
를 통해 개념을 더 잘 학습하지만 어떤 학생들은 보는 것을 통해 개념을 더 잘 학
습한다. 또한 다른 학생들은 보기, 듣기, 만지기, 쓰기 등의 감각 기능을 사용하여
효과적으로 학습한다. 어떤 학생들은 시간 계획표, 업무 계획표, 작문 지침사항과
같은 구조적인 부분을 중요시하고, 어떤 학생들은 과제를 수행할 때 창의성을 발

현하는 것을 선호한다.

크리스틴은 특수교육 교사였다. 학습장애 학생들은 읽기를 어려워했다. 그녀는 이러한 학생들이 어떻게 읽기 기능을 유지하는지에 대해서만이 아니라 어떻게 다른 개념들을 학습하는지에 대해서도 고려해야 했다. 그녀는 각각의 학생들이 가장 잘 배울 수 있는 방법을 확인하고 난 후 교수과정을 학생들에게 구성직으로 직용시킬 수 있었다.

여러분은 어떻게 자신의 학습 스타일을 설명할 수 있는가? 〈실천 예제 5.9〉에서 여러분이 새로운 자료나 다루기 어려운 자료를 힘들게 경험한 것에 대해 생각해보고 주어진 과제를 잘 수행하기 위해 사용하거나 선호하는 과정들에 대해 이야기해보자.

〈실천 예제 5.9〉 학습 스타일

아래 공간에 여러분에게 새롭거나 어려운 자료 중 가장 잘할 수 있는 학습 스타일에 대해 기술해보자.

학습 스타일의 어느 정도는 개인들의 독특한 심리적 구성에서 생겨나고, 어느 정도는 그 가정의 자녀 양육 방식에서 기인한다고 볼 수 있다. 예를 들어, 아이들이 일을 함께하고 공유하기를 기대하는 방식으로 자녀를 양육하는 가정에서 자란 아이들은 학습을 사회적이고 협동적인 방식으로 경험한다. 독립성과 개인주의를 장려하는 가정에서는 독립적인 방식으로 학습에 접근하는 경향을 지닌 아이들로 키운다. 자녀 양육은 대개 문화와 관련되어 있기 때문에 학습 스타일은 문화적 배

경과 중복된다. 예를 들어, Jordan(1985)과 동료들은 학교 밖에서 또래집단과 함께 활동하는 데 많은 시간을 보내는 하와이 원주민 아이들에게는 효과적인 학습 스타일이 교실에서는 잘 이루어지지 않는 것을 목격했다. 교실에서 하와이 원주민 아이들이 친구들과 상호작용을 했다는 이유로 벌을 받거나 특히 혼자 있게 하는 처벌을 받게 될 경우, 그들은 또래들과 몰래 접촉하려고 많은 시간을 소비했다. 반면, 또래 간의 상호작용이 완화된 수준으로 허용된 경우 이들은 주어진 과제를 지속하는 경향을 보였다. Wan(2001)은 중국 출신 대학생들이 미국 교실에서 겪는 어려움에 주목하였다. 미국 교실은 매우 비구조적이고 혼란스러우며 충분히 교사 중심적이지 않았기 때문이다. 타이완에 머무는 동안 우리는 초등학교 수업과 중학교 수업에서 중국 대학생들이 미국의 교실이 혼란스럽다고 느끼는 이유에 주목한 Wan의 연구를 설명할 수 있는 매우 구조화된 환경이 유지되고 있는 것을 관찰하였다.

Shade(1989)는 분석적 인지 방법과 협동적 인지 방법을 구분하였다. 분석적인 학습자는 경쟁적이며 독립적이다. 그들은 사적인 감정이 개입되지 않은 업무에 집중을 잘한다. 그들은 문자를 통해 용이하게 학습할 수 있으며, 한 번에 하나의 과제에 집중할 수 있고, 단계적인 순서에 따라 일한다. 반면, 협동적인 학습자는 독립적으로 일하는 것보다 협동적으로 일하는 것을 선호한다. 그들은 학습 과제와 인간관계를 통합시키려는 시도를 한다. 협동적인 학습자들은 여러 가지 활동을 통해 자극을 받으며 한 가지 일에 집중할 때 쉽게 싫증낸다. 그들은 대개 토론뿐만 아니라 몸을 움직이는 것과 신체 접촉을 선호한다. Shade는 분석적인 학습자인 교사가 협동적인 학습자인 학생들의 행동을 잘못 오해하여 협동적 과제 수행을 선호하는 학생들의 스타일을 수다, 과제 미이행, 부정행위로 간주한다고 주장한다. 그러나 협동적인 학습자들은 낮은 성취도나 규율 문제를 경험할 필요가 없다. 다시 말해, 협동적인 교수 방식은 학생들을 더 많이 참여시킨다.

〈실천 예제 5.10〉에서 분석적인 학습자와 협동적인 학습자를 구별하고 관찰해 보자. 이 두 학습자가 새롭고 어려운 학습 자료를 해결하는 데 어떠한 스타일을 선호하는지 찾아보기 위해 관찰하고 인터뷰해보자.

〈실천 예제 5.10〉 분석적인 학습자 vs. 협동적인 학습자

① 부석적이 학습자가 선호하는 것:

② 협동적인 학습자가 선호하는 것:

위에서 작성한 선호는 얼마나 유사 혹은 상이한가? 그들의 학습 스타일에 대해 여러분이 배운 것과 〈실천 예제 5.9〉에서 기술한 자신의 학습 스타일을 비교해보자. 여러분의 학습 스타일을 포함한 세 가지 스타일 간에 현저한 차이점이 있는가? 여러분의 기술에 어떤 것을 포함시킬 것인가?

학생 대화 5.6

길버트: 이 활동을 통해 왜 나에게 학교가 수월했는지에 대한 시각을 얻게 되었어. 나는 분석적인 학습자였던 것 같아. 왜냐하면 내가 선호하는 학습 스타일은 여기 설명되어 있는 것과 유사해. 그리고 선생님들이 기대하는 학생의 학습 스타일과 일치했어.

셀리아: 나의 스타일은 중간이었지만 이웃에 사는 많은 아이들은 협동적 학습자였어. 그들은 숙제를 하는 동안에도 항상 음악을 들었고, 공부를 하는 중에도 대화를 나누었으며, 그룹을 지어서 공부하는 것을 선호했어. 나도 그룹에 속해서 공부하는 것을 좋아했지만, 충분한 자극이 없는 경우 쉽게 지루함을 느꼈어. 하지만 수업시간에 끊임없이 말하는 학생은 아니었어.

리　사: 나는 숙제를 할 때 앞부분부터 차근차근 시작하지 않아. 나는 숙제의 범위 내에
　　　　서 앞뒤를 넘나들며 해. 나는 이렇게 숙제하는 방식이 잘못되었다고 생각했어.
　　　　하지만 이건 단지 나의 학습 스타일이었던 거야.
셀리아: 내가 조금 두려워하는 것은 우리와 다른 방식으로 학습에 접근하는 학생들에 대
　　　　해서 고려할 필요가 있다는 사실이야. 길버트, 너는 리사의 이야기를 수용할 필
　　　　요가 있고, 리사 너는 네 학급에 길버트 같은 학생들이 있다는 것을 알아야 해.

대부분의 학생들은 과제에 접근하는 한 가지 이상의 방식을 배울 수 있다. 동시에 모든 학생들은 학업을 가장 잘 수행하기 위해 문제에 접근하는 방법을 알고 있다. 학습 스타일의 선호나 강화는 아마도 자료가 처음 접하는 것이거나 어려울 경우 문제가 될 것이다. 학생들을 참여시키기 위해 가르치는 방법을 알아내려는 시도를 할 때, 교사의 학습 스타일과 다를지라도 다수 학생이 잘 배울 수 있는 방법을 유도하는 것은 도움이 될 것이다. 그런 뒤에 다른 접근방식을 필요로 하거나 학습 능력이 부족하고 아이디어가 없는 학생들을 위해 지도 방법을 개별화하여 생각해보자. 동시에 학생들의 학습 스타일에 대해 여러분이 생각하고 있는 것에 근거하여 이 아이들을 정형화하지 않는 것은 매우 중요하다. 학생들에 대해 알아내고 거기에서 시작하라.

〈실천 예제 5.11〉은 학생들의 학습 스타일을 파악하기 위한 도구로 사용될 수 있다. 6~8명의 학생들을 인터뷰하고 관찰함으로써 여러 가지 정보를 수집할 수 있다. (한 학급 전체를 인터뷰하는 것은 시간이 너무 많이 걸리기 때문에 권장하지 않는다. 하지만 인터뷰를 통해 여러분이 배우게 되는 것은 시간을 가치 있게 만들 것이다.)

각각의 질문에서 얻은 답변들을 검토하여 자료를 분석하라. 여러분은 학생들의 학습 방식에 대해 어떻게 설명하였는가? 학생들은 교과목마다 다른 선호도를 지니고 있는가? 새롭게 밝혀진 사실로 인해 놀랐는가? 학생들을 가르칠 때 저자는 매년 내가 발견한 사실에 의해 항상 놀라움을 금치 못했다. 세부적인 것을 선호하거나, 반대로 전체적인 그림을 선호하는 학생들 혹은 구조적인 것을 선호하거나

〈실천 예제 5.11〉학습 스타일

1. 혼자 하는 학습과 함께하는 학습: 많은 학생들은 친구와 함께 혹은 소그룹에서 협동하면서 학습할 때 더 잘 배운다. 반면에 어떤 학생들은 개인별 학습에서 더 잘 배운다.

   관련 질문: 개인별 학습과 협동학습 중 어느 것을 선호하는지 이야기해보자. 또한 여러분이 다른 방식들보다 특정한 방식을 더 선호한 적이 있다면 말해보자.

2. 선호되는 학습 방식: 이 용어는 학생들이 새로운 정보나 아이디어를 획득하는 데 사용하는 감각적 통로를 의미한다.

   - 읽기
   - 듣기
   - 토론하기
   - 만지기
   - 움직이기
   - 쓰기

   관련 질문: 새롭거나 어려운 내용을 배울 때 여러분이 선호하는 방법은 무엇인가?

3. 사람 혹은 사물에 관련된 내용: 어떤 학생들은 인간과 사회적 이슈와 관련된 내용에 흥미를 느낀다. 반면 어떤 학생들은 인간과 관련되지 않은 관념이나 기계에 관련된 내용에서 흥미를 느낀다.

   관련 질문: 예를 들어, 빈곤이나 에이즈 같은 사회적 이슈에 대해 학습하면서 여러분이 관심을 가졌던 주제는 무엇인가? 또한 우주비행과 같이 기술적이거나 사람과 관계 없는 이슈를 학습하면서 관심을 가졌던 주제는 무엇인가?

4. 구조화된 과제와 비구조화된 과제: 어떤 학생들은 구조화된 과제를 선호하며 어떤 학생들은 스스로 구조 만들기를 선호한다. 정답이 없는 과제에 서툰 학생들은 아마도 구조를 원할 것이고, 구조화된 과제를 지루하게 생각하는 학생들은 정답이 없는 과제를 수행하기 바란다.

관련 질문: 여러분에게 과제가 주어진다면 해결방안이 단계별로 설정되어 있는 과제를 원하는가, 아니면 자기만의 방식을 만들어가기 원하는가?

5. 세부적인 것과 전체 그림을 보는 것: 세부적인 것을 잘 수행하는 학생들은 세부사항들에 집중하고 확장된 아이디어에 접근하기 위해 세부 단계를 통해 학업을 수행할 수 있다. 어떤 학생들은 전체 그림을 먼저 보기를 원하고 세부적인 것이나 세부 단계에 흥미를 갖지 않고 놓친다. 결과적으로 모든 학생들이 나무와 숲 모두를 봐야 함에도 교사가 둘 중 하나에 집중하여 가르친다면 어떤 학생들은 어려움을 겪을 것이다.

관련 질문: 새로운 프로젝트를 시작할 때 교사가 각각의 단계를 설명하는 방식을 선호하는가, 아니면 완성된 결과물에 대한 전체적인 설명으로 시작하여 필요한 경우에만 단계를 설명하는 것을 확인하는 것을 선호하는가? 프로젝트에 관해 여러분이 가지고 있는 관점은 어떤가?

반대로 비구조적인 것을 선호하는 학생들의 수는 매년 변화하였다는 사실로 인해 그는 매년 모든 학급에서 학생들의 학습 방식을 확인하는 것이 매우 중요하다는 것을 깨달았다.

여러분이 다른 학생들에 비해 특정 학생들에게 호감을 갖는 것이 우연인지 아닌지 알기 위해 자신의 학습방식을 확인하는 것은 가치가 있다. 아래 연구에서 함의하고 있는 바를 생각해보자. Bahar(2009)는 80명의 7학년 학생들이 독립적 수행이 요구되는 과학시간의 프로젝트를 얼마나 제대로 수행했는지 조사하였다. 45분 동안 학생들은 문제와 지시사항을 읽었고 계획을 세웠으며, 계획대로 수행하고 자신이 사용한 방법과 결과를 기록했다. 다음과 같은 두 가지 연구가 진행되었다. 하나는 학생들이 선호하는 학습 스타일에 대한 정보를 수집하는 것이고, 다른 하나는 학생들이 프로젝트를 이렇게 인지하고 있는지에 대한 정보를 수집하는 것이었다. Bahar는 개별적이고 경쟁적인 것을 선호하는 학생들이 협동적이거나 구조적으로 짜인 틀 안에서 학업을 수행을 선호하는 학생들보다 높은 점수를 받았다는 것을 발견했다. 이와 유사하게 개별적이고 경쟁적인 것을 선호하는 학습 방식을 가진 학생들은 그렇지 않은 학생들보다 이러한 프로젝트를 선호하였다. 많은 학생들이 과제에 접근하는 방식에 대해 상당히 유연한 입장을 가지고 있지만, 늘 한 가지 교수 방식을 고수한다면 학급에서 잘 학습하는 학생들은 똑똑해 보이고 그렇지 못한 학생들은 똑똑하지 않게 보일 것이다.

자신의 학습 스타일을 존중받지 못하는 학생들은 보통 학교에서 흥미를 잃는다. 차별화 교수는 학습에 어려움을 겪는 학생들이 가장 잘 배우는 방식에 주의를 기울여 그에 적합한 교육을 강조한다.

Gardner(2000)의 다중지능은 학습 스타일과 동일한 개념은 아니지만 서로 관련이 있다. Gardner는 여덟 가지 서로 다른 지능이 존재한다고 주장한다. 즉, 학교에서 중요하게 여기는 언어적 지능, 논리적-수학적 지능과 음악적 지능, 인간 친화 지능, 자기성찰 지능, 공간친화 지능, 신체운동 지능, 자연친화 지능을 뜻한다. 모든 사람들은 강점과 약점이 있다. 언어 능력이 부족한 학생은 강점을 가진 지능 영역에서조차 두각을 보이지 못한다. Gardner의 다중지능 연구를 통해 지능을 하나의 차원으로 인식하던 것을 넘어서게 되었다. 또한 모든 학생들이 능력을 발휘하는 지능의 영역을 찾게 되었다. Gardner(1995)는 교사들에게 많은 주제를 피상적으로 탐색하기보다는 적은 주제를 깊이 있게 탐구하기를 권유한다. 또한 여러분이 가르치는 다양한 학생들을 참여하게 하는 여러 가지 학습 방법을 통해 주제에 접근하라고 주장한다.

표현적인 방식과 의사소통 방식은 학습 스타일과 관련 있다. 표현적인 방식은 언어와 대화, 몸과 제스처 사용, 옷 입는 방식 등을 포함한다. 거의 모든 학교에서 여러분은 유독 표현적인 방식을 지닌 학생들을 볼 수 있을 것이다. 예를 들어, 어떤 학생들은 자신의 존재를 극적으로 알리는 데 반해 어떤 학생들은 덜 두드러져 보일 것이다. 또한 어떤 학생들은 자신의 섹슈얼리티를 개방적으로 표현하는 데 반해 섹슈얼리티를 감추는 경향의 학생들도 있다. 교사들은 학생들의 학습을 고양시키기 위해 그들의 표현 방식을 어떻게 사용할 수 있을지 고민해야 한다.

의사소통 방식은 대인 간에 상호작용하는 데 사용되는 다양한 행동과 전략을 말한다. 예를 들어, 어떤 학생들은 다른 사람이 말할 때 거의 끼어들지 않지만, 어떤 학생들은 쉽게 끼어들 뿐만 아니라 동시에 여러 대화에 참여한다. 어떤 학생들은 끊임없이 이야기하지만, 어떤 학생들은 이야기하는 데 주저한다. 어떤 학생들은 호탕하게 인사를 건네면서 하이파이브를 하겠지만, 어떤 학생들은 전통적으로 자주 사용되는 "어떻게 지내?" 또는 "잘 지냈어?" 등의 인사를 건넬 것이다. 모든 사람들은 자기만의 표현 방식과 의사소통 방식을 가지고 있다. 그리고 그들의 행위에 대한 이유를 물어본다면 많은 학생들은 단지 자신이 편하게 느끼기 때문이라고 대답할 것이다. 그들은 자신을 표현하는 방식이 학교에서 유용하다고 주장할 것이다. 이것은 단지 "나는 누구인가?"에 관한 문제이다. 그들은 토론에서 자신의 말만 하거나 자신을 과시하지 않을 것이다. 학생들은 때로 자신의 의사소통 방식이 학습에 영향을 준다고 생각하지 못할 것이다. 문화적으로 민감하게 반응하는 교사는 자신이 담당하는 학생들의 표현 방식과 의사소통 방식에 대해 인식하고 확신한다. 동시에 학생들이 현재와 미래에 스스로를 가장 잘 표현할 수 있는 의사소통 방식을 발전시키도록 도와준다.

학생들이 학교에 있지 않을 때 사용하는 의사소통 방식과 표현적인 방식에 대해 알아보기 위하여 〈실천 예제 5.12〉를 풀어보자. 실천 예제를 해결하기 위해 여러분 같은 문화적 배경을 가진 청소년들이 상호작용하는 것을 드러나지 않게 관찰할 수 있는 패스트푸드점, 운동장, 레크리에이션을 하는 곳 등 공공장소에 가보자.

동일한 문화집단의 구성원들이 자연스럽게 나누는 대화를 관찰하라. 그들이 이야기를 나누면서 하는 행동을 묘사해보자. 그런 다음 다음과 같은 사항을 확인하자.

① 그들이 서로 간에 유지하는 거리는 어떠한가?

② 그들은 어떤 제스처를 사용하는가?

③ 그들은 어떤 맥락에서 서로에게 신체적 접촉을 하는가? 그들은 어떤 방식으로 신체적 접촉을 하며 어디를 접촉하는가?(어떤 문화집단에서는 신체적 접촉이 활발히 일어나며 어떤 집단은 그렇지 않다)

④ 그들은 상대의 말을 듣고 있다는 것을 나타내기 위해 무엇을 하는가?

⑤ 사람들은 말하고 싶을 때 '발언권을 얻기' 위해서 어떻게 하는가?(예를 들어, 어떤 사람은 바로 말하기를 시작할 것이고, 손짓을 사용하거나 시작을 기다릴 수 있다.)

⑥ 사람들을 집중시키는 말하기의 강약은 어느 정도인가?

⑦ 만약 어떤 성인이 자신과 같은 사회문화적 그룹에 속한 아이를 질책하거나 주의를 주는 것을 본다면, 그는 뭐라고 말하는가? 그 성인이 사용하는 비언어적 행동은 무엇인가? 또한 아동은 어떻게 반응하는가?

⑧ 다른 상황과 마주했을 때, 상호작용 패턴을 바꾸는 '코드 바꾸기'는 어느 정도 일어나는가?

여러분이 관찰한 결과와 동료들의 결과를 비교해서 공통점과 차이점을 찾아보자. 어떤 유형을 확인할 수 있는가? 어떠한 표현 방식과 의사소통 방식은 교실에서 기대되는 행동과 충돌을 겪을 수 있다는 것을 알고 있는가? 그렇다면 여러분은 다양한 방식들을 교실에 기대되는 행동과 어떻게 합리적으로 일치시킬 것인가? 여러분은 학생들이 맥락에 맞는 방식을 배울 수 있도록 하기 위해 어떻게 교실의 기대를 가르치며 의사소통할 것인가?

만일 청소년들이 그렇게 행동해야 하는 이유를 깨닫고, 그러한 행동이 지역사회의 문화적 방식을 포기하는 것이라고 느끼지 않을 때, 그들은 서로 다른 문화적 방식을 수용할 수 있다는 것을 깨닫게 된다. 예를 들어, 여러분은 교실에서의 청소년들의 행동을 여러분의 방식으로 가르칠 수도 있다. 하지만 학생들이 교실에서 다른 방식을 가지고 행동한다면 여러분은 학생들에게 자신의 방식을 옳다고 강요하지 말아야 한다. 하지만 여러분은 학생들의 의사소통 방식과 상호작용 방식에 추가하여 기대를 가르치고 있다.

리 사: 나는 이번 학기 교실에서 자기 자신이 우주의 중심인 것처럼 행동하고 잘난 척하는 아이들을 만났어. 나는 그런 행동들에 화가 났어. 나는 왜 이 아이들이 제대로 걸어가서 앉는 것조차 하지 못하는지 이해할 수 없어.

길버트: 만약 이 아이들이 너처럼 교실로 걸어들어 간다면 친구들한테 놀림거리가 될 거야. 네가 이 아이들처럼 걸을 때 네 친구들이 비웃을 것처럼 말이지.

셀리아: 내 친구들은 하이힐을 신고 진한 화장을 하고 학교에 갔어. 드라마 주인공처럼 말이야. 아이들의 행동이 바로 그거야.

리 사: 그럼 아이들이 원하면 어떤 행동이든지 내버려둬야 한다는 거니?

길버트: 그런 말은 아니야. 하지만 우리는 그들이 진짜로 중요하게 생각하는 규칙이 무엇이고 그렇지 않은 것이 무엇인지 배워야 해. 만약 아이들이 수업시간에 잘난 체하면서 친구들과 하이파이브를 하고 나서 자리에 앉아 학업을 한다면 무엇이 문제일까? 하지만 그가 자리에 앉고 나서도 수업에 집중하지 않으면 문제가 있다고 할 수 있지.

셀리아: 〈실천 예제 5.12〉를 하면서 나는 아이와 어른의 그런 행동을 유도하는 지역사회를 벗어나는 것이 얼마나 도움이 되는지 알 수 있었어. 이러한 계기를 통해

학생들의 행동을 바라보는 관점을 갖게 되었지.

학생들의 언어를 가치 있는 학습자원으로 만들기

Garcia(1999: 187)는 교사들에게 "언어는 아이들이 사회적 상호작용의 세계에서 기능할 수 있게 하는 일련의 능력들이며, 중요한 사회적 레퍼토리이다"라고 말한다. 어떤 사회적 상호작용의 담화 요소도 상호작용의 일반적인 질을 결정할 수 없다. 언어는 문화적·언어적으로 다양한 학생들에게 특별히 중요하다. 교사들은 자신의 언어를 잘 구사하는 학생들이 학교에서도 성공적이라고 주장한다.

이러한 주장은 언어 습득이 내적 정신과 외적 실재가 만나는 중요한 사건이라는 것을 관찰한 Vygotsky(1978)의 연구와 관련이 있다. Vygotsky는 "교사의 지식, 학생에 대한 이해와 관련하여 외적 실재는 문화적이다. 즉 대인관계 경험을 통한 언어 발달에서 아이들은 의미를 구성하기 시작한다"는 것이다. 이러한 관점에서 언어는 사고의 수단이 되며, 그 결과 이는 매우 중요한 학습 도구가 된다. Harmer와 Blanc(1989)는 언어 유창도의 기초가 되는 공유된 표현과 대본이 아이들과 그들의 삶의 공간에 있는 사람들 사이의 의사소통에서 발생한다고 말한다. 아이들이 물체, 사람, 생각들로 구성할 표현은 그들의 환경에서 공유된 사회적 표현에 상당히 의존적이다. 아이들은 이러한 언어적 기능을 내면화한다. 즉, 사회화 과정을 통해 그들은 기능과 표현을 알게 된다. 교사들은 학생의 언어가 그 학생에게 어떻게 작용할 것인지를 구성하는 중요한 역할을 담당한다. 다문화교육과 다중언어주의를 주창하는 많은 교사들은 학생들의 모국어를 존중하는 것이 중요하다고 주장한다. 그 이유는 학생들이 모국어를 어떻게 받아들이고 얼마나 자존감을 갖고 모국어를 사용하며, 보다 근본적으로는 학생들이 얼마나 자신을 받아들일지에 영향을 미치기 때문이다.

학생들은 사회 정의의 중요한 행위로서 자신의 모국어 수용을 이해할 것이다.

만약 여러분이 미국 밖을 여행하고 있다면 아마도 사람들이 쉽게 2개 국어 혹은 그 이상에 유창하다는 것을 알게 될 것이다. 최근의 연구는 이중언어를 사용하는 사람들이 얻는 인지적 장점을 보여주고 있다. 이 연구를 요약해보면, Baker(2001)는 이중언어를 사용하는 사람들은 보다 인지적으로 유연하였으며, 분석적 사고 능력이 뛰어나고, 언어와 메타언어적 인식이 우수했다. 또한 그들은 한 가지 언어만 사용하는 사람들보다 창의적인 사고를 가졌다. 인지적 장점은 두 번째 언어가 유창해야만 나타나는 것은 아니다. 이는 두 가지 언어 체계를 배우고 이 언어들이 사용되는 맥락을 파악한 결과이다.

대부분은 그렇지 않겠지만, 여러분 중에는 이중언어 교사가 되려는 사람이 있을 수도 있다. 하지만 여러분은 거의 대부분 모국어가 영어가 아닌 학생을 만날 것이고 그들 대부분이 영어 구사에 어려움을 겪는다. 교사가 가장 먼저 이해해야 할 사항은 표준영어 구사 능력이 부족할지라도 이러한 학생들 모두가 언어적 능력과 지식을 가지고 교실에 온다는 것이다. 영어가 아닌 다른 언어에서 이 학생들이 알고 있는 것이 있다면, 교사의 임무는 이 학생들이 새로운 언어 능력과 지식을 그들이 이전에 알고 있었던 것과 연결시킬 수 있는 환경을 제공하는 것이다.

영어를 잘 이해하지 못하는 학생들은 영어로 배우는 새로운 교과 내용을 학습하지 못하며 영어로 된 시험에서 역량을 발휘할 수 없다. 영어 학습자가 학교 공부를 한다면 교사는 반드시 학생들이 이해할 수 있는 방식으로 가르쳐야 한다. 학생들의 모국어는 일반적으로 가장 강력한 토대를 구성하고 있다. 모국어 능력을 잘 발달시킨 학생들은 그렇지 못한 학생들보다 손쉽게 제2언어를 학습할 수 있다. Cummins(2000)는 '기저공통능력'이라는 언어 습득 모델로 이러한 현상을 설명한다. 이는 한 언어가 잘 구축되어 있다면 많은 언어 능력과 태도가 어떤 언어로든 전환될 수 있다는 것을 말한다. 예를 들어, 크리스틴은 마우리족 언어로 읽기를 학습한 뉴질랜드의 마우리족 청소년과 대화를 나누었다. 이 학생의 엄마는 그녀가 즐겨 읽는 십대 잡지를 학생 스스로 탐독하면서 영어 읽기를 배웠다고 말했다.

이 연구는 학교교육을 도와주는 제2언어를 유창하게 하기 위해서 5~7세 사이의 유아가 적합하다고 제안한다(Baker, 2001; Cummins, 2000). 학교에서 사용하는 언어는 사회적 언어보다 훨씬 복잡하다. 아이들은 놀이터에서 상당히 빠르게 영어를 배울 것이고, 종종 교사들은 너무 빠르게 아이들의 영어 실력이 유창해졌다고 믿는다. 하지만 사회적 언어를 사용하는 것은 추상적인 개념을 이해하고, 그래프를 그리며, 사건을 분석하기 위한 학문적 언어를 사용하는 것과는 구분된다. 일상의 사회적 상황에서는 이해를 돕는 얼굴 표정이나 대상 같은 맥락적 단서가 존재하며 사용하는 언어 자체도 상당히 단순하다. 하지만 교과 학습을 할 때에는 학년이 올라갈수록 맥락적 단서가 감소하고 단어나 문장 구조는 더욱 복잡해진다. 언어는 새로운 개념을 배우기 위한 기초적인 수단이 된다(Cummins, 1996).

〈실천 예제 5.13〉에서는 30분 동안 여러분이 이해할 수 없는 언어로 방영되는 쇼 프로그램이나 영화를 보면서 언어를 보충하는 맥락적 단서에 대한 인식을 질문하고 있다. 교사로서 여러분은 영어 학습자의 모국어를 말할 수는 없을지 모르지만, 그들이 이해할 수 있는 맥락적 단서를 제공할 수는 있다.

우리는 위의 활동이 무엇을 의미하는지 반성해야 한다. 첫째, 여러분은 TV쇼 프로그램을 해석하는 데 도움이 되는 많은 지식을 보았다. 예를 들어, 여러분은 드라

〈실천 예제 5.13〉 언어와 학습

1. TV쇼 프로그램이나 영화를 보면서 이해하는 데 도움이 되는 단서에 대한 목록을 작성하라.

2. 다 보고 난 후, 그 내용이 무엇이었는지 가능한 한 많이 작성하라.

3. TV쇼 프로그램이나 영화를 이해하도록 도움을 주지 못한 추가적인 단서에 대한 목록을 작성하라.

마나 코미디, 토크쇼 같은 텔레비전 장르에 이미 친숙한 상태이며 장르적 배경이
내용을 파악하는 데 도움을 준다는 것을 알고 있다. 만약 스토리가 친숙하게 전개
되어 방영된다면 여러분은 언어에 대한 이해 없이도 어느 정도 위의 빈칸을 채울
수 있을 것이다. 둘째, 여러분은 신체언어나 얼굴 표정, 목소리 톤, 배경, 소품 같
은 단서를 많이 사용하였다. 여러분은 아마도 내용을 올바르게 해석했을 것이다.
그러나 쇼 프로그램의 문화적 맥락이 친숙하지 않았다면 단서를 확인하고 사용하
는 데 많은 노력을 했을 것이다. 셋째, 여러분이 모르는 언어의 의미를 이해하려
할 때 집중력은 약해질 것이다. 여러분은 어느 정도까지 이 활동을 계속할 수 있겠
는가? 그 프로그램에 나온 언어를 이해하는 다른 사람과 함께 이것을 보고 난 뒤
여러분의 언어로 프로그램에 대해 토의할 수 있다면 이전과 비교했을 때 어느 정
도 이해할 수 있을까?

〈실천 예제 5.13〉은 교사가 제2언어 학습자에게 교육과정을 좀 더 많이 이해시
키기 위해 사용할 수 있는 여러 가지 전략을 제안한다. 추가적인 전략에 대해서는
아래를 참조하자.

1. 학생들이 수업을 이해하는 데 필요한 주요 배경 정보를 제공하라. 또한 이러
   한 배경과 자신이 원래 알고 있던 것을 연결시킬 수 있는 기회를 제공하라.
   가능하다면 학생들이 배우게 될 것과 연관하여 기존 지식에 대해 이야기를
   나누고, 그림을 그리고, 드라마화하는 것을 장려하라. 수업에서 가장 핵심적
   인 생각과 학생들이 기존 지식을 연결시키는 것을 도와라. 학생들이 이야기
   하고 그림을 그린 것을 통해 당신은 그들의 지식에 대해 짧은 경험을 할 것
   이고, 이는 학생들이 연결고리를 만드는 데 도움을 줄 것이다.

2. 학생들이 필요로 하는 주요 어휘들을 가르쳐라. 가능하다면 어휘를 맥락에서
   독립시켜 단순하게 보여주는 것에 그치지 말고 이 어휘들을 의미 있는 토론
   과 연결시켜라. 어휘의 양은 학생들이 처리할 수 있을 정도로 유지하고 학생
   들이 이 단어들을 듣고 보는지 지속적으로 확인하라.

3. 여러분이 이야기하는 동안 사진 혹은 그림, 설명, 각색, 조작, 인공물 등을 사용하라. 학생들에게 당신이 가르치고 있는 아이디어를 받아들이는 데 도움을 줄 수 있는 비언어적 단서들을 제공하라. 직접 해보는 활동들이 매우 유용할 것이다. 다른 언어로 만들어진 텔레비전 쇼 프로그램이나 드라마를 볼 때 여러분이 이러한 단서들에 얼마나 강하게 의존하였는지 상기해보라. 또한 이리한 단서 없이 새로운 언이로 이야기하는 대화를 들을 때 여리분이 느낀 지루함과 피곤함을 생각해보자. 모든 학급 토론들은 교사의 강의 같이 한 사람의 이야기를 듣는 것보다 영어 학습자가 따라가기에 매우 어려울 수 있다. 가능한 만큼 이러한 단서들로 구두 언어를 보충하는 것은 제2언어 학습자들이 수업의 주요 아이디어를 학습하는 데 도움을 줄 것이다.

4. 개념을 다이어그램으로 표현하라. 왜냐하면 다이어그램은 개념을 설명하고 시각적으로 개념들의 상관성을 이해하기 쉽게 보여주기 때문이다. 예를 들어, 〈그림 5.2〉에 나타난 밴다이어그램은 식물과 동물의 공통점과 차이점을 보여준다.

5. 협력 집단을 활용하자. 모든 학생들이 협동 학습을 선호하는 것은 아니지만 협동 학습은 제2언어 학습자가 아이디어를 가지고 동료들이 이야기하는 것을 듣거나 스스로 이야기하는 데 도움을 준다. 같은 언어를 사용하는 학생들로 그룹을 만드는 것도 좋다. 왜냐하면 수업이 진행되는 과정을 이해하는 것에 대해 서로 도움을 주기 때문이다. 그래도 많은 경우 학생들은 영어를 들어야 한다. 이들이 이야기하는 대상과 교과 개념들을 학습하는 것은 영어 습

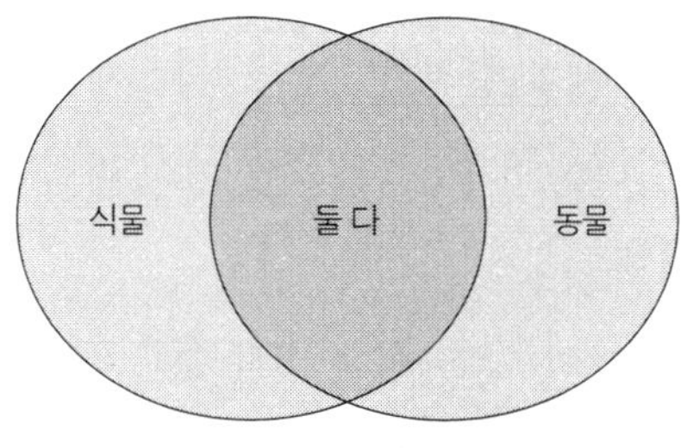

〈그림 5.2〉 식물과 동물의 특성

득에 대한 두려움 없이 개념을 이해하도록 도와준다.

6. 수업에서 다룬 주요 아이디어들을 수업의 마지막에서 정리하자. 훌륭한 교사들은 이러한 방법을 사용한다. 주요 아이디어를 반복해서 강조하는 것은 제2언어 학습자에게 훨씬 더 유용하다. 학생들에게 읽기 능력이 있다면 토론을 마무리 짓는 정리 단계에서 칠판에 주요 아이디어를 적어라. 여기에서도 시각적인 자료가 이해를 강화시킬 것이다.

영어를 배우고 있는 학생들도 영어교육이 필요하다. 이 학생들에게 영어를 제대로 가르쳐주지 않은 채 단순히 영어를 사용하는 환경에 놓이게 한다면 대부분은 어려워할 것이다. 이러한 관점을 넘어서 이 책에서는 영어구사능력 발달 전략을 제시하고 있다. 하지만 여러분의 학급에 영어 학습자가 있다면 여러분은 그들이 영어교육을 제공받을 수 있도록 장려해야 한다(Carrasquillo & Rodriguez, 2002).

방언은 의사소통의 중요한 측면이다. 표준영어와 함께 애팔래치아어, 하와이 크레올어, 스페인식 영어, 중국어와 영어가 섞인 칭글리시, 흑인 영어를 포함한 서로 다른 방언들이 미국에서 사용된다. 방언은 언어적으로 자신만의 음소론, 통사론, 형태론, 의미론의 규칙에 따라 정해진 소리이다(Labov, 1969).

〈실천 예제 5.14〉는 사람들이 사용하는 방언의 언어적 패턴을 인지하는 데 도움을 준다. 실천 예제를 해결하기 위해 여러분은 자신과 다른 방언을 가지고 사람들이 상호작용하는 것을 체험할 수 있는 학생 휴게실에 가라. 주의 깊게 듣기 위해서 아래에 제시된 가이드를 사용하라.

여러분은 어떤 유형을 발견하였는가? 여러분이 오류라고 생각해온 공동체 구성원들과 공유하는 언어적 유형을 발견하였는가? 공동체의 구성원들이 담화의 유형을 더 넓게 공유할수록 이러한 유형은 발화자들이 올바르게 사용하는 방언을 더욱더 반영할 것이다.

Smitherman(1981)은 흑인의 '검은색'에 대한 교육자의 태도는 의사소통의 부조화 그 자체보다 더 큰 문제라고 주장한다. 흑인 영어를 사용하는 학생은 숙달된 방

〈실천 예제 5.14〉 방언 차이

사람들이 어떻게 대화하는지 가까이에서 들어보자. 여러분은 얼마나 많은 유형을 관찰할 수 있었는가?

- 음소(소리)
  - 어떤 자음이 여러분이 사용하는 방식과 다르게 발음되는가? 소리가 단어의 처음, 중간, 아니면 끝에 있다면 무슨 문제가 있는가?
  - 어떤 모음이 여러분이 사용하는 방식과 다르게 발음되는가?
  - 어떤 자음이 어떤 단어의 특정 위치에서 탈락되어 발음되는가?

- 문법
  - 여러분이 말하는 방식과 비교하라. 과거시제의 방식에서 차이가 있는가?
  - 소유격에서 차이가 있는가?
  - '하다'와 '이다' 사용 방식에 주의하라. 여러분이 사용하는 것과 다르게 사용되는 유형을 찾아보라.
  - 단어 순서에 차이가 있는가?
  - 부정을 사용하는 유형에 주의하라.
  - 대명사에 차이가 있는가?
  - 부사와 형용사에 차이가 있는가?

- 어휘
  - 여러분에게 친숙하지 않은 단어를 듣고 무슨 의미인지 찾아보자.
  - 여러분에게는 친숙한 단어이지만, 여러분이 사용하는 것과는 전혀 다른 의미로 사용되는 단어를 주의해서 들어보자.
  - 여러분에게 친숙하지 않거나 여러분이 사용하지 않는 구절을 주의해서 들어보자.
  - 여러분은 자주 사용하지만, 학생들이 자주 사용하지 않는 단어나 구에 주의하라.
  - 비유적이거나 창의적인 언어를 주의하라.

- 비언어적 요소
  - 여러분이 사용하는 것과 다르게 사용되는 얼굴 표정이 있는가?
  - 여러분이 사용하는 것과 다르게 사용되는 몸짓이 있는가?
  - 여러분이 사용하는 것과 다르게 사용되는 음조의 변화가 있는가?
  - 여러분이 사용하는 것과 다른 말하기 리듬과 속도가 있는가?
  - 사람들이 앉거나 서 있을 때의 거리는 여러분이 유지하는 거리와 같은가?
  - 사람들은 여러분이 사용하는 것과 같은 강약을 가지고 대화하는가?

• 사회적 맥락
  – 사람들은 다른 환경에 처하거나 다른 사람들과 이야기할 때 방언을 사용하는가?

언 구사 능력을 가지고 학교에 온다. 그리고 이들은 표준영어를 배워야 한다는 것은 알고 있다. 예를 들어, 'sounding'과 같은 구슬게임을 잘하는 아프리카계 미국인 학생은 언어 과목 수업에서 이용할 수 있는 비유적이고 창의적인 언어 능력을 가지고 온다. 불행히도 이들은 표준영어를 배우기 전에 표준영어 사용 능력을 평가하는 시험을 보도록 요구받고, 그 결과 벌칙을 받는다. 시험성적이 좋지 못할 경우 교사들은 흑인 영어가 제대로 학습된 영어가 아니고 이것을 사용하는 아이들이 더 나은 학습을 할 능력이 없다고 생각한다. 〈실천 예제 5.15〉는 지역사회의 학생들이 사용하는 창의적이고 묘사적인 언어를 어떻게 들을 것인지에 대해 제안한다.

미국 학교의 모든 학생들은 표준영어로 말하는 방법을 학습할 필요가 있다. 일부 아프리카계 미국인 학생들은 표준영어가 시장에서의 공식 언어임을 알기 때문에 교실에서 오직 표준영어만 사용하려는 단호한 태도를 취할 것이다. 반면, 일부 학생들은 흑인 영어가 정통 언어이기 때문에 교사들은 두 방언 모두를 받아들여야 한다고 주장할 것이다. 아프리카계 미국인들은 표준영어의 상업적 가치를 이해하고 있으며, 단지 시장의 목표를 위해서라면 그들의 자녀가 표준영어를 학습하는 것이 중요하다고 생각한다. 하지만 그들은 학생들이 모국어를 버리길 원하지 않는다. 게다가 흑인 영어를 사용하는 대부분의 사람들은 표준영어를 잘 이해하고 있으며, 이중문화와 두 방언을 사용하는 능력을 갖추고 있다. 이러한 능력을 통해 모국 문화와 언어적 양상을 유지하고, 언제 이것들이 적절하게 사용될지 알게 된다. 동시에 대중매체나 대중시장 등과 같은 주류 기관에 의해 나타나는 주류 문화의 양상에 대해 철저하게 알게 된다(Tobin, 2000; C. A. Valentine, 1971). 우리는 교사들이 흑인 영어를 지지하는 아프리카계 미국인들의 관점과 시장의 현실과 어려움에 대해 민감해야 한다고 생각한다.

학교에서 여학생들이 줄넘기를 하고 있는지 확인해보자. 하고 있다면 이 학생들이 줄넘기 횟수를 셀 때 사용하는 비유적 언어를 관찰하자. 가능하다면 함께 줄넘기를 하고, 그들이 세는 방식으로 함께 해보자. 필요할 경우, 그들이 말한 것을 써달라고 요청해보자. 이 여학생들이 여러분 학급의 학생들이라면 그들의 말이 창의적인 에세이에 어떻게 포함될 수 있는지 토론해보자.

새로운 방언을 가르치는 것은 제2언어를 가르치는 것과 유사하다. 두 언어 사이의 차이점은 분명해야 하며, 지속적인 연습은 필수적이다. Delpit(1995)는 아타바스카 인디언의 말을 계승 영어로 언급한 한 교사에 대해 설명하였다. 이 교사는 학생들이 단어를 음미하고 뉘앙스를 토론해봄으로써 자신의 언어를 이해할 수 있도록 도와주었다. 하지만 일상의 말은 친구들 사이 혹은 학교 밖에서 주로 사용되며, 학교의 말은 학교 안에서 사용되어야 한다. 대부분 학생들은 두 언어 중 한 언어를 모든 상황에서 사용해야 한다고 요구받지 않는다면 이 구분을 수용한다.

Delpit(1997)는 교사가 학생들에게 표준영어를 사용하도록 가르칠 수 있는 몇 가지 방안을 제안한다. 계속해서 학생들의 방언을 표준영어로 고치는 것은 추천할만한 방법이 아니다. 이것은 학생들을 좌절시키고 생각보다 말하기 규칙에 주의를 집중시킨다. 지속적으로 수정할 것을 요구받는 학생들은 모든 발언을 감시받는다는 스트레스로 인해 좋아지기보다 나빠지는 경우가 많다. 어떤 학생은 완전히 거부하게 된다. 어린 학생은 TV나 그들의 주변에서 듣는 말하기 타입의 다른 점을 찾으려는 '언어 탐정'이 될 수 있다.

아이들은 모방을 잘하며, 사람들이 어떻게 다르게 이야기하는지 흉내를 잘 낸다. 역할놀이를 통해 아이들은 가능한 한 정확하게 다르게 말하는 지역사회 구성원의 말하기 특징을 사용함으로써 그 구성원들처럼 연기할 수 있다.

학생 대화 5.8

셀리아: 학생의 성취를 고양시키는 것에 대해 고심할 때 이중언어 프로그램은 성취가 강화되기는커녕 축소되고 없어지는 것은 왜일까? 우리가 모든 학생들이 높은 수준의 학습에 도달하고 높은 수준의 인지적 능력을 갖추길 원한다면 미국의 학교들은 모든 학생들이 두 언어를 능숙하게 구사하도록 도와야 해.

길버트: 나도 네 의견에 동의해. 왜냐하면 내가 한국을 방문했을 때, 나는 그 나라의 언어로 말할 수 없었기 때문에 충분히 즐겁게 지내지 못했어.

리　사: 맞아, 나도 너희 둘 의견에 동의해. 나는 프랑스어와 독일어를 할 줄 알아. 매년 나는 나의 언어들을 연습할 수 있는 곳에서 방학을 보내기 위해 노력해. 학생들이 학교에서 오직 영어만 사용해야 한다는 주장은 내 생각에 매우 타당하지 않아. 독일에서 내가 만난 많은 학생들은 몇 가지 언어로 말할 수 있었어.

셀리아: 게다가 리사, 잊지 마. 네가 받은 학교교육은 모두 네 모국어로 이루어졌어. 이는 너의 교사들이 말하는 것과 교육과정이 반영하고 있는 것, 평가가 이루어지는 것이야. 만약 영어가 모국어인 네가 이러한 일을 독일에서 경험한다고 한번 상상해봐.

리　사: 이런, 아마 난 너무 힘들었겠지. 만약 나의 모든 학교 경험이 내가 가정에서 배우지 않은 언어로 진행되었다면 대학에 진학하지 못했을 것이라고 생각하지는 않아. 하지만 최소한 이러한 관점은 생각해볼만한 어떤 통찰력을 제공해. 이는 평등이라는 아이디어와 연관되어 있어.

언어는 학생들의 학습과 그들이 사회라는 세상에서 성공할 수 있도록 하는 데 중요한 역할을 한다. 학생들의 언어를 이용하는 것은 그들이 학습하는 데 많은 장점이 있다. 언어를 연구하는 대부분의 학자들과 모국어가 영어가 아닌 학생들을 담당하는 교사들은 학생들의 모국어가 3R(reading, writing, arithmetic)을 가르칠 때 가치 있는 학습 도구이며, 학생들의 학업성취를 돕기 위해 교사들이 사용해야 하는 도구라고 주장한다.

교육 영역 12 부모 및 지역사회 연결하기

다문화교육 옹호론자들은 존중받는 가정-지역사회 학교 관계를 장려한다. 이들은 자녀 교육에 있어 부모와 지역사회 구성원은 단순히 졸업식이나 참관 수업, 운동회에 참여하는 관찰자 이상의 역할을 해야 한다고 주장한다. 미국에서 시민의 참여가 민주주의의 근간을 이루는 것처럼 학교에서는 학부모와 지역사회의 참여가 학생의 학업성취에 근간을 이룬다. Gough(1991: 339)는 다음과 같이 주장한다.

효과적인 부모 참여 프로그램은 부모가 자녀들과 함께 책을 읽는 것을 권장하는 것 이상의 의미를 포함하고 있다. 이러한 프로그램들은 효과적인 자녀 양육에 관해 부모가 원하는 정보를 제공하고, 사회복지제도, 학교의 절차와 교육과정 그리고 자녀에게 도움이 될 수 있는 여러 가지 방안들을 다룬다. 그리고 효과적인 부모 참여 프로그램에서는 부모가 아이들의 최초의 가장 영향력 있는 교사임을 인정한다. 가정으로부터의 지지와 도움 없이 아이들을 교육하려는 것은 바람이 강하게 불 때 낙엽을 긁어모으는 것과 같다.

대부분의 교사는 부모를 중요한 파트너로 생각한다. 그러나 다양한 배경을 가진 학부모나 다른 지역사회 구성원들과 함께 일할 때 필요한 기술과 민감성을 발달시키는 것은 중요한 일이다.

〈실천 예제 5.16〉 학부모와 교사를 연결하는 방법

학부모와 교사를 연결하려고 시도한 여러분의 경험과 보았던 경험을 통해 발견할 수 있는 방법과 수단에 대해 서술하라.

여러분의 목록에 어떤 종류의 일들을 적었는가? 학부모가 학교에 와야 할 일은 몇 개의 목록이 해당하는가? 교사가 학부모의 '가정이나 직장'에 방문해야 할 일은 몇 개의 목록이 해당하는가? 교사들이 학부모 문제에 대해 이야기하기 전에 학부모와 교사 간에 의사소통하고 협동하는 관계 구축이 필요한 목록은 어떤 것인가? 이제 다음과 같은 부모를 고려해보자.

- 어린 자녀를 키우는 편부모
- 학교 중퇴자, 학교 교직원에게 자신감이 없는 학부모, 읽기 능력이 부족한 학부모
- 영어가 아닌 다른 언어를 사용하는 학부모
- 생계유지를 위해 2교대 근무를 해야 하는 학부모
- 이전에 부모 참여 교육 프로그램을 받지 못했거나 교육을 받았지만 비협조적이라는 고정관념을 가지고 있는 유색인 학부모

이러한 학부모들과 함께 일할 때 필요한 전략에 동그라미를 해보자. 만약 학부모

들이 교육자들이 예상한 대로 반응하지 않을 때 학교는 이들을 어떻게 생각할까?

Fuller와 Olsen(1998: xi) 같은 교사들은 "학부모가 자녀의 가장 중요한 최초의 교사라는 것을 받아들여야 한다. 그리고 나아가 아동과 청소년을 도와주는 태도, 언어, 가치, 문화적 이해는 가족 안에서 완전하게 학습되어야 한다."고 주장한다. 궁극적으로 우리는 학교와 학부모의 관계가 학부모, 지역사회 구성원, 학교 사이의 직접적인 의사소통을 통해 이루어져야 한다고 믿는다. 전문적인 교사들은 자신들이 생각하는 방식으로 대한 가정과의 경험과 편견을 일하는 데 반영한다. 그리고 이것은 때때로 학부모의 경험과는 맞지 않을 수 있다. 예를 들어, 많은 교사들이 학부모가 숙제를 도와줄 것이라 기대하지만, 어떤 이민자 부모들은 부모의 역할이 자녀를 학교에 건강하고 깨끗하게 등교시키는 것일 뿐 가르치는 것은 교사의 역할이라고 여긴다.

그러나 교사들은 때때로 학부모에 대해 그릇된 가정을 한다. 우리는 억양이나 본국에 비해 높은 교육을 요구하지 않는 직업을 가졌기 때문에 교육받지 못했을 것이라고 정형화되는 일부 이민자 학부모를 알고 있다. 예를 들어, 다른 국가에서 교사였던 사람들은 대부분 미국에서 가르치는 직업을 얻지 못한다. 칼의 수업에 러시아에서 온 학생이 한 명 있었는데, 그 학생은 자신의 나라에서 교육학 학사 학위와 석사 학위 모두 수여받았고, 미국 시민권을 가지고 있다. 하지만 미국에서 가르치기 전에 교사 준비 프로그램을 이수해야 했다.

학부모들은 그들과 연관된 교사와 언제나 편하게 대화할 수 없기 때문에 지역사회 지도자들과 사회복지사들이 도울 수 있다. 예를 들어, 우리는 지역사회 구성원들을 대표해서 교사나 교장들과 협력적으로 의사소통했던 지역 주민센터 장들과 종교 지도자와 함께 일을 해왔다. 그들은 다음과 같은 전략을 제안했다.

학년이 시작될 때 조직적으로 여러분이 담당하는 학생들의 모든 학부모와 후견인들과 전화 또는 메일로 개별 연락을 취한다. 이때 자신을 소개하고 1년 동안 진행될 교육 프로그램 계획에 대해 긍정적으로 이야기를 나누고, 교육의 성취에 그들의 참여가 필요하다는 것을 이야기하라. 앞으로 진행될 일에 대해서 단순히 알려주는 것에 그치는 것이 아니라 그들의 의견을 묻고 그들의 요구사항을 파악하라. 학교가 시작하기 전에 학생에게 자신을 소개하고, 여러분의 수업에서 경험하게 될 흥미로운 일에 대해 이야기해주는 엽서를 바로 보내라.

아동들의 성취 내용을 학부모에게 적극적으로 알리고, 학부모에게 여러분이 훌륭한 교사라는 것을 알려라. 여러분은 여러 가지 방법으로 다음과 같은 일을 할 수 있다.

- 학생들의 가정에 그들의 우수 작품 사례를 긍정적인 코멘트와 함께 보내라.
- 학기 초에 여러분이 얼마나 아이들과 함께 공부하길 기대하고 있는지 말하고, 학생이 가진 장점을 최소한 한 가지 이상 전달하기 위해 학부모와 통화하라.
- 학생들이 잘한 일이 있을 때 이를 알려주는 안내문을 정기적으로 가정으로 보내거나 학부모에게 전화하라.
- 학부모와의 의사소통은 학부모가 이해할 수 있는 언어로 진행해야 한다.

학부모회의, 후견인회의를 열거나 학기가 시작된 첫 달의 가장 편한 시간을 정해 공개수업을 진행하라. 이것을 통해 교육과정 계획과 관리 절차에 대해 토론하고, 학부모와 후견인이 즉각적으로 참여할 수 있는 기회를 제공하는 구체적인 방법들도 도움을 요청하자. 동시에 학부모회의와 공개수업이 교사뿐만 아니라, 학부모에게도 부담이 될 수 있다는 것을 알아야 한다. 대부분의 학부모는 회의가 유용하다고 느껴지거나 자신이 이해할 수 있는 언어로 진행될 때, 참석할 수 있는 시간과 장소가 제공되었을 때, 그리고 그들이 회의에 갈 수 있도록 아이들이 도와줄 때 참석할 것이다. (만약 여러분이나 학부모가 공통의 언어를 구사하지 못하거나, 일부 부모들이 여러분이 사용하는 언어에 능숙하지 않아 '위축될' 때 필요하다면 신뢰할만한 사람을 통역가로 섭외하자.)

학생들은 부모가 회의에서 자신에 대해 좋은 이야기를 들을 것이라고 생각할 때 학부모가 회의에 참석하도록 설득한다. 교사는 학생들에게 부모가 자신에 대해 좋은 이야기를 들을 것이라는 확신을 주고, 가능한 한 학부모들이 원하는 경험을 만

들려고 노력함으로써 회의에 90% 이상의 참석률을 이끌어낸 빈곤지역 학교의 교
사들을 간접적으로 알고 있다. 교사가 학부모에게 그들의 자녀가 학교에서 무엇을
하며, 학습자로서 얼마나 성장이 이루어지며, 노력하는 아이들을 지원하기 위해
어떤 특별한 노력을 할 것인지, 부모로서 그들이 학교 밖에서 자녀들의 학습에 얼
마나 도움이 되는지 설명히는 것은 매우 도움이 된다(Fuller & Olsen, 1998). 회의는 교
사가 말하고 학부모는 듣기만 하는 일방적인 대회보디는 쌍방의 대화로 구성되이
야 한다.

학부모들은 공개수업 때 환영받아야 한다고 생각하지 않는다. 대부분의 학부모
는 단지 교사와 만나기를 원하며, 교사가 자녀에게 어떤 기대를 걸며, 무엇을 가르
치는지 보기를 원한다. 예를 들어, 교사가 과제에 대한 원칙을 정한다면, 회의는
학부모가 이 원칙에 대해 정확하게 설명을 들을 수 있는 유일한 기회일 것이다.

학기 중에 미리 약속을 정하라. 방문은 짧게 20분에서 30분 사이로 하라. 사생
활을 캐묻는 질문과 긴 설명은 피하라. 학부모의 관점에서 허용할 수 있고, 여러분
이 자녀들에 대해 잘 숙지하고 있는 내용을 질문하자. 그리고 아이들에 대해 긍정
적인 이야기를 하자. 학생이나 교사들의 비밀에 관한 정보나 문제에 대해서는 비
밀을 지켜라. 여러분과 공유한 모든 정보에 대해 비밀이 보장된다면 학부모와 지
역사회 구성원은 여러분을 전문가로 존중할 것이다. 훌륭한 교실 운영을 보여주는
교실 환경을 유지하라. 교실 환경은 학부모와 지역사회 구성원이 교실에 지원해주
는 것에 직접적으로 영향을 받는다(Grant, 1979; 178-179).

또한 학교는 창조적인 방법으로 학부모와 교사가 함께 참여하는 계획을 세울 수
있다. 학부모들은 자녀가 역할을 맡은 공연을 보러 올 것이다. 콘서트나 연극은 교
사와 학부모 간의 짧은 비공식적 대화를 할 수 있는 기회를 제공한다. 어떤 학교
는 지역 교회와 각자 음식을 한 가지씩 가져오는 파티를 연다. 어떤 학교는 '세탁
의 밤'을 열었는데, 교사와 학부모는 지역의 자동세탁기에 세탁물을 가져왔고, 학
교는 25센트짜리 동전을 제공해주었다. 어떤 학교는 '체육관 개방의 밤'을 열어서
학생들이 티켓을 가지고 부모님이나 지인들을 데려오도록 하였다.

또한 교사들이 학부모나 다른 지역사회 구성원을 만나기 위해 지역사회 기관을 방문하는 것도 추천한다. 예를 들어, 여러분이 학생들의 가족이 다니는 교회나 회교사원, 유대교회에 참석하거나 지역사회 이벤트에 참여한다면 학교에서만 만나는 것보다 그들에 대해 다른 면을 볼 수 있게 될 것이다. 아마도 우리가 교사들이 가정과 학교의 관계를 구성하기 위한 첫걸음을 내디뎌야 한다고 주장하는 것처럼 보일 것이다. 여러분의 생각이 옳다. 많은 가난한 학부모와 유색인 학부모들은 학교 교직원과 교사들 때문에 관심을 잃어왔다. 이것은 그들이 자녀가 학교에 가기를 원하지 않는다거나 좋은 교육을 받기를 원하지 않는다는 것을 의미하지는 않는다. 그들은 자녀가 학교에서 좋은 교육을 받길 원한다. 그럼에도 믿음의 수준이 도달하지 못할 것이다. 그리고 여러분은 학부모에게 이러한 믿음을 심어주어야 한다. 신뢰는 지역사회에 대한 지식을 알아가는 것에서 시작될 수 있다. 〈실천 예제 5.5〉를 다시 살펴보고 학생들에 관한 여러분의 지식과 함께 여러분이 획득한 정보를 학부모와의 동맹관계를 구축하는 데 사용하자.

이 장에서 우리는 문화와 문화지식 및 문화자본의 역할에 대해 토론하였다. 우리는 흑인, 라틴계, 미국 원주민 학생들, 빈곤가정 학생들, 장애를 가진 학생들이 더 높은 학업성취를 이룰 수도 있다는 것을 증명하였다. 하지만 이들이 이제껏 평균적으로 백인 학생들과 동등하게 성취하지 않았다는 점을 지적했다. 우리는 높은 기대를 가지고 학생들의 관심과 배경을 교수 방법의 중심에 두며, 학생들의 학습 스타일의 장점을 반영하는 수업을 제공하고, 학생들의 모국어를 이용해 교육을 하는 교사가 모든 학생들의 학업성취를 돕는 교사이다. 지금까지 배운 내용을 여러분이 적용할 차례이다.

교육현장에 적용하기

교육실습 기간 동안 셀리아는 학생들의 3분의 1 이상이 백인 중산층이고, 3분의 1이 빈곤층 아프리카계 미국인이며, 나머지가 흐멍족 빈곤층인 1학년 학급에 배치되었다. 대부분의 흐멍인 학생들은 자신들의 또래와 운동장에서 대화하면서 영어와 흐멍어 모두를 사용한다. 그럼에도 이들은 교실 언어를 배워나가는 중에 있으며, 영어 단어를 사용하고 있다. 흐멍인 학생들은 종종 교실에서 개념과 지시사항을 이해하기 위해 흐멍어를 사용한다. 그럼으로써 교실에서 서로의 학습을 지원한다. 셀리아는 많은 아프리카계 미국인 학생들도 함께 공부하고 자신의 책상보다 다른 장소에 있는 것을 발견하였다. 또한 많은 아프리카계 미국인 학생들이 과제가 시작되기 전에 활동을 통해 이야기를 나누는 모습을 보았으며, 과제를 하는 내내 서로 주기적으로 확인하는 것을 알게 되었다. 대다수의 백인 중산층 학생들은 독립적으로 계획된 영역에서 수행하기를 좋아했다. 셀리아는 중산층 백인 학생들이 다른 학생들보다 교과서에서 나온 문제를 해결하는 활동으로 구성된 수업에 더 집중한다는 것을 느꼈다.

셀리아는 식물의 생활주기에 관한 통합 단원을 계획하였다. 1차시 수업이 진행되는 동안 학생들은 제시된 단어를 학습하고 이 단어들이 식물의 성장 방식(발아, 새순, 뿌리, 줄기, 잎, 물, 토양, 햇빛 등)과 어떻게 연결되어 있는지 배울 것이다. 또한 학생들은 단원이 진행되는 동안 콩의 씨앗을 심는 심화된 조사를 하게 될 것이다.

여러분이 셀리아라고 상상해보고, 다음 순서에 따라 작성해보자.

1. 여러분은 이 단원을 구성하는 데 있어 학생들이 가져온 자산을 어떻게 발견할 수 있었는가? 다시 말해, 여러분이 학생들의 배경과 지역사회 혹은 언어에 대해 이해한 것들이 수업을 계획하거나 학생들의 학습에 도움을 줄 것인가?

2. 학급동료들과의 토론에서 셀리아가 계획한 수업에서의 개념을 가르치는 데
   도움을 주는 참신한 아이디어가 떠올랐는가?

(실천 예제 5.8을 다시 살펴보라)

여기 셀리아가 제시한 자료가 하나 있다. 단원의 한 부분에서 학생들은 식물에
관해 수집한 모든 정보를 담은 관찰일지를 만들었다. 셀리아는 학생들이 수업을
통해 배워야 할 단어를 보여주는 데 필요한 다이어그램 시리즈를 활용하기를 원했
다. 셀리아는 대부분의 학생들이 배워야 할 단어의 일부분을 포함하여 식물에 관
한 지식과 경험을 발전시켰다는 것을 알았다. 그러나 그녀는 또한 대부분의 흐몽
인 학생들이 흐몽어로 이미 알고 있는 개념과 단어를 영어로 연결하기 위해 언어
적 지원이 필요할 것이라는 것도 예상하고 있었다. 셀리아는 시각적 표현으로 다
시 언급함으로써 학생들이 단원에서 알아야 할 정보를 재검토할 수 있을 것이라
생각했다.

셀리아는 학생들에게 그들의 집과 이웃에 있는 식물들을 둘러보고 일부를 학교
로 가져오라고 말했다. 학생들은 책상에 자신이 가져온 식물을 두었다. 그리고 학
급의 다른 아이들이 가져온 식물이 어떤 종류인지 관찰하였고, 어디에서 자신의
식물을 발견할 수 있는지 토론하였다. 다음으로 셀리아는 학생들이 학급 수준의
다이어그램에 이름을 붙이는 데 자신의 식물을 이용하도록 하였다. 학생들은 식물
의 각 부분에 대해 이야기함으로써 자신의 식물과 친구의 식물이 다이어그램에서

어느 위치에 들어가는지 알게 되었다. 잎과 줄기, 뿌리에 대해 이야기하면서 학생들은 식물이 생장하기 위해 필요한 것이 어떻게 연결되는지 알게 되었고, 다이어그램에 올바른 이름을 붙이게 되었다.

셀리아는 대부분의 학생들이 발아 단계의 식물이나 새순 상태의 식물을 가져오지 않을 것이리는 것을 알고 있었디. 이 개념을 설명하기 위해 그녀는 한 힉생의 씨앗을 사용하였다. 그 학생은 바닥에 몸을 웅크렸고, '발이'리고 불리는 뿌리가 처음으로 자라기 시작했다. 그러고 나서 그녀는 발아가 무엇인지 설명하였고, 발아를 학급 다이어그램에 붙였다. 그녀는 계속해서 비슷한 방식으로 학생들이 씨앗에서 시작하여 뿌리, 줄기, 잎을 가진 식물을 '자라다'에 놓을 때까지 단어를 옮겼다. 수업의 마지막에 학생들은 자신의 책상으로 돌아가 이름 붙인 다이어그램을 관찰일지에 추가하였다.

또한 셀리아의 보조교사는 그녀와 흐멍인 학생의 가족이 지역 농산시장에서 채소를 판매한다는 것을 공유했다. 학교의 이중언어 전문가의 도움으로 그 학생의 어머니와 두 자녀가 수업에서 콩의 씨앗을 어떻게 심는지 가르쳐줄 때 그녀는 자료를 발견하였다. 이 시간을 통해 어머니는 몇몇 흐멍인의 단어로 수업을 가르쳤을 뿐만 아니라, 콩을 심는 과정의 모형을 제시하였다.

6장

다문화 교육과정 설계하기

우리는 이번 장에서 다음과 같은 질문에 대한 답을 찾는 데 도움을 받을 것이다.

• 교육과정이란 무엇인가?

• 비의도적 교육과정을 구성하고 유지하는 데 교사의 역할은 무엇인가?

• 좋은 다문화교육 자료를 어디에서 구할 수 있을까? 효과적인 다문화교육 자료를 어떻
  게 찾을 수 있을까?

• 훌륭한 교사는 교육과정의 성취기준을 어떻게 활용하는가?

학교에서 무엇을 가르쳐야 하는가에 대한 논쟁은 전혀 새로운 일이 아니다. Kliebard(1982)는 20세기까지 미국에 있었던 교육 내용에 대한 논쟁이 네 가지 흐름으로 발전되어왔다고 주장했다.

1. **인간주의자**들은 교육과정의 주요 목적이 학생들의 사고 능력을 기르는 데 있다고 믿는다. 그들은 모든 사람이 사고 능력을 기를 수 있다고 주장한다. 학생들을 능력에 따라 분류하여 하위그룹 학생들은 주로 정보를 암기하도록 하고, 상위그룹 학생은 비판적 사고를 하도록 하는 관행에 대하여 반대한다. 인간주의자들은 젊은이들에게 사고 능력을 가르치는 방법이 사고하는 연습을 통해서, 그리고 논리적 사고를 키움으로써 가능하다고 믿는다. 따라서 인간주의자들은 서양 고전에 그러한 사고 능력이 가장 잘 반영되어 있다고 믿고, 서양 고전이 교육과정의 핵심이 되어야 한다고 주장한다.

2. **발달주의자**들은 교육과정의 주요 목적이 아동과 청소년 발달을 지원하는 것이라고 믿는다. 그들은 아이들이 흥미, 능력, 발달 정도가 다르다고 주장한다. 아동과 청소년 발달 정도 차이를 수용하고, 성장과 학습의 자연스러운 과정을 촉진하기 위해 교육과정이 아동과 청소년 개인의 발달 단계와 흥미 수준에 부합하도록 구성되어야 한다. 발달주의자들은 좋은 교사는 좋은 심리학자라고 믿고 있다. 즉, 훌륭한 교사는 자신이 가르치는 학생의 발달 단계상의 요구를 분석할 수 있고, 그들에게 맞게 교육과정과 교수 방법을 조정할 수 있다.

3. **사회적 효율성**을 주장하는 자들은 교육과정의 주요 목적을 기업 경영자와 고용주들이 규정한 산업 혹은 후기 산업사회의 요구에 부응하여 학생들을 준비시키는 데 있다고 본다. 교육과정은 그런 요구에 걸맞게 설정된 측정 가능한 학습 성과에 따라 설계되어야 한다. 즉, 학생들은 그러한 학습 성과에 따라 가르치고, 그 결과를 얼마나 습득했는지를 확인해야 한다. 또한 학생들은 자신의 능력에 따라 구별된다. 더욱 능력 있는 학생은 사회를 이끌 준비를

하게 되고, 뛰어나지 않은 학생은 지적인 능력을 덜 요구하는 일을 하게 될
것이다.

4. **사회적 진보주의자**들은 시민이 정의, 빈곤, 환경보호 같은 사회적이고, 지역
   적이며, 국제적 사안에 대한 대처 능력을 갖추도록 하는 데 교육과정의 주
   안점을 두어야 한다고 본다. 사회적 진보주의자들은 현재의 아이들을 미래
   의 시민으로 바라보기 때문에 교육과정은 아이들이 적극적으로 민주주의 제
   도에 참여할 수 있도록 준비시켜야 한다. 따라서 의사소통과 상호 협력 같은
   능력이 매우 중시된다. 이러한 사회생활에 필요한 기초적 개념과 능력들이
   사회적 기반의 프로젝트 내에서 길러질 수 있다.

시대마다 중요하다고 생각하는 판단의 기준은 각기 다르다. 1장에서 살펴보았
듯이, 다문화교육은 사회적 진보주의를 반영한다. 반면에 4장과 5장에서 설명했
듯이, 다문화교육은 발달주의로부터 몇 가지 교수학습 차원의 시사점을 얻을 수
있었고, 인간주의는 사고 능력이 중요하다는 점을 고려할 수 있게 되었다. 그러나
현재는 사회적 효율성이 대부분의 학교 교육과정을 주도한다. 이 책을 읽는 유능
한 예비교사인 여러분에게 던지는 핵심 질문은 다음과 같다. 즉, 학생들에게 무엇
을 가르칠지 결정할 때 서로 충돌하는 이러한 흐름들을 어떻게 다룰 것인가? 즉,
학생들에게 어떤 것을 가르치고자 할 때, 서로 모순될 수도 있는 네 가지 흐름을
어떻게 다루어야 할까? 이 장에서는 과연 교육과정이란 무엇이고, 어떤 사람의 지
식이 교과서에 포함되어야 할지를 다룰 것이다. 그리고 우리는 기준운동(standards
movement)[1]과 교육과정의 관계를 살펴볼 것이다. 이를 통해 교실 상황에서 다문화
교육과정을 설계하기 위한 맥락을 설정할 수 있을 것이다. 또한 이 장에서는 두 가
지 교육 영역의 문제를 살펴볼 것이다.

교육 영역 13: 다문화적 관점으로부터 개념 발전시키기

---

1)   역자 주: 교육과정의 성취기준과 교육성과의 평가기준을 설정하여 교육의 표준화를 이루고자 하는 운동이다.

교육 영역 14: 다문화적 교육 자원 탐색하기

이 장에서의 실천 예제를 해결하기 위해 여러분은 다음 사항을 살펴볼 필요가
있다.

- 유치원부터 12학년까지의 교과서(실천 예제 6.3, 6.4, 6.9, 6.11)
- 인터넷(실천 예제 6.5, 6.7, 6.12, 6.13)
- 최소 두 명 이상 인터뷰할 교사(실천 예제 6.8)

교육과정, 교과서 및 성취기준

구체적으로 교육과정을 설계하기 전에 유용한 개념들을 검토해보자. 학생들은 교사가 계획한 것뿐만 아니라 계획하지 않거나 의도하지 않은 것들도 학습하기 때문에 그런 잠재적 교육과정을 포함하여 교육과정에 좀 더 폭넓은 관점으로 접근하고자 한다. 그런 다음 누구의 지식이 교과서와 성취기준을 비롯한 다른 교육과정 관련 문서에 제시되어 있는지 볼 것이다. 이와 더불어 기준운동과 그것이 다문화 교육과정 설계에 가지는 함의를 살펴보고자 한다.

✚ 의도하거나 의도하지 않은 교육과정

먼저 교육과정이 무엇인지를 생각해보자. 〈실천 예제 6.1〉은 스스로 교육과정에 대해 정의해보고, 자신의 정의와 두 명의 교육과정 이론가가 제시한 내용을 비교한 것이다.

〈실천 예제 6.1〉 교육과정의 정의

교육과정의 정의를 쓰시오.

교사는 자신이 쓴 정의를 Beyer와 Liston(1996: xv)이 제시한 다음 정의와 비교해보자. 이들은 교육과정을 다음과 같이 설명한다.

(교육과정은) 교수활동에 있어서 핵심이 되는 형식적이고 명시적인 지식이다. 또한 좀 더 암묵적이고 잠재적으로 영향을 미치는 메시지이기도 하다. 이 메시지는 특정 가치, 태도, 성향을 주입시키며 특정한 종류의 제도 내에서 행동하고 상호작용하는 과정을 통해 전달된다.

그들이 내린 위의 정의에는 다음과 같은 특징이 있다.

- 교수활동과 학습 활동에서의 '무엇': 교사가 가르치는 것과 학생들이 배우는 것이 제시되어 있다.
- 교실에서 사용되는 교과서와 다른 교육 자료의 내용: 교실에서 사용되는 교과서와 자료
- '실제 사용 중인 교육과정': 교과서에 수록되어 있든 그렇지 않든 간에 교사와 학생 그리고 학생들 간에 실제로 일어나고 있는 것이 제시되어 있다. 교과서의 내용뿐만 아니라 가장 중요한 것은 교과서에 무슨 내용이 수록되어 있든지 간에 교사와 학생, 학급 내 학생들 사이에서 실제로 무엇이 발생하는지와 같이 '실제 지도하는 교육과정'이다.
- 계획되거나 계획되지 않은 학습: 이것은 교사가 무엇을 가르치려고 하는지뿐만 아니라 의도했든 그렇지 않든 학생들이 교실과 학교에 있음으로써 배우게 되는 것들을 의미한다. 예를 들어, 특정 수업의 운영방식에 따라 학생들은 지식이란 '정답'으로만 성립된다거나 오직 특정 일부 학생들만이 똑똑하고 나머지는 모두 부진아라고 간주될 수도 있다.

이상으로 설명한 정의와 〈실천 예제 6.1〉에서 여러분이 내린 정의 간에 공통적인 단어나 구절에 동그라미를 쳐보자. 또한 둘 중 하나에서만 나타난 단어나 구절에 밑줄을 쳐보자. Beyer와 Liston은 여러분이 지금껏 생각지 못했던 교육과정의 어떤 영역들을 제안했다고 보는가?

때로는 잠재적 교육과정은 의도적 교육과정보다 교수활동을 잘 진행한다. Kumashiro(2004)는 이러한 주장을 자신이 예비교사와 함께했던 활동을 통해 설명한다. 그는 칠판에 두 개의 행을 긋고 그 위에 '의도적 교육과정'과 '잠재적 교육과정'을 썼다. 그런 다음 예비교사들에게 학교에서 성별에 대해 배우는 사례를 제시하라고 말하였다. 그는 여러 대답들을 두 행 중 한 칸에 기록하였다. 의도적 교육과정의 사례로는 여성 역사의 달, 여성 작가에 대한 수업, 성차별에 대한 수업이 있었다. 훨씬 더 긴 목록이 적힌 잠재적 교육과정의 예로는 남녀가 각각의 화장실 앞에서 줄 서는 것, 다른 게임을 하기 위하여 다른 장소로 이동하는 여학생과 남학생, 의도적 교육과정에 여성 작가보다 남성 작가의 문학작품이 더 많이 포함된 사실, 파티에서 남학생과 여학생이 커플을 맺는 것이 포함되었다. 학생들은 수업지도안에 포함되지 않은 과정을 통하여 성별에 대해 더 많이 배웠다. 또한 잠재적 교육과정의 많은 부분은 의도적 교육과정을 약화시켰으며, 그 활동에 참여했던 예비교사들은 의도적 교육과정을 비판적으로 바라보게 되었다.

여러분은 의도적 교육과정에 집중하고 있을 것이다. 왜냐하면 사람들이 교사는 그렇게 해야 한다고 생각하기 때문이다. 그러나 전체적인 수업을 통해 학생들이 실제로 무엇을 배우고 있는지에 대해 폭넓은 시각으로 생각하는 것은 중요하다. 특히 여러분이 가르치고자 하는 것이 모순되거나 그것을 약화시킬 때 잠재적 수업을 넓은 시각으로 생각하는 것은 중요하다. Kumashiro는 학생들이 실제로 무엇을 배울 것인지를 예측하거나 전체적으로 생각하는 것을 배우게 하는 공식은 없다고 지적한다. 그러면서 교사들에게 교수활동에서 불확실성을 받아들이고, 이 불확실성을 자신의 교육과정을 심사숙고하는 도구로 사용하라고 조언한다.

이러한 주장들을 여러분의 실제 경험과 연결 짓기 위해 〈실천 예제 6.2〉에서는 학생시절에 배웠던 수업을 떠올려보는 활동을 제안하였다. 그 수업에서 교사가 설정한 수업 목표를 적은 후에 잠재적 교육과정 혹은 그 수업을 통해 여러분이 배운 것을 생각해보자.

〈실천 예제 6.2〉 잠재적 교육과정

1. 담당교사가 설정한 수업 목표를 쓰시오.

2. 수업을 통해 경험한 것을 쓰시오.

위의 실천 예제에서 여러분이 작성한 것을 보고 자신을 가르친 교사가 여러분이 배운 것을 얼마나 인식했다고 생각하는가? 만약 교사가 그것을 더 많이 인식했다면 어떤 차이를 가져왔을지 스스로 질문해보자. 여러분이 쓴 것과 다른 사람이 쓴 것을 비교해보고, 만약 교사가 학생들이 배우는 잠재적인 것에 대해 미리 알았더라면 수업 설계가 달라졌을 것이라고 생각하는지 다른 사람에게 질문하라. 이러한 비교를 통해서 교사들이 교육과정을 설계하고 가르칠 때 반드시 고려해야 할 중요한 사안들을 알 수 있겠는가?

학생 대화 6.1

셀리아: 나는 잠재적 교육과정의 예를 하나 알고 있어. 너희들도 알다시피 난 스페인어를 말하며 컸고, 우리 부모님은 내가 영어와 스페인어를 모두 유창하게 말하기를 원했어. 글쎄, 초등학교 시절 내내 하루 일과 시간 일부를 영어를 봐주는 ESL 프로그램에서 보냈어. 초등학교가 끝날 무렵에는 드디어 영어를 '잘할 수 있게 되었고', 더 이상 ESL 프로그램은 필요하지 않게 되었지.

리　사: 잘됐다! 두 언어에 능통하게 되는 건 굉장한 일이잖아!

셀리아: 그래, 하지만 잠재적 교육과정이 영어는 중요하고 스페인어는 중요하지 않다는 생각을 갖게 했어. 내가 다녔던 중학교와 고등학교에는 ESL 프로그램이 있었는데, 그 반의 대부분은 멕시코 학생이었어. ESL 학생들이 좀 더 쉬운 수업에 배정된 것처럼 보였기 때문에 스페인어를 쓰는 학생은 좀 더 낮은 수준의 반에 있는 것처럼 느껴졌어. 이런 상황은 마치 한 학교를 두 개의 학교처럼 보이게 했지. 즉, 영어를 쓰는 학생들은 좀 더 어려운 공부를 하는 학교이고, 스페인어를 주로 쓰는 학생들은 좀 더 쉬운 공부를 하는 학교로 말이야. 이런 것들 말고도 나는 스페인어를 말하는 것이 나쁘다는 것을 배워서 그걸 말할 수 있다는 사실을 다른 사람에게 알리려고 하지 않게 되었어. 스페인어를 말하는 것이 외국인이나 바보가 되는 것과 같다고 생각하게 되었지.

길버트: 그러한 메시지는 네 부모님을 존경하는 마음에 도움이 되지 않았을 거라고 확신하는데.

셀리아: 맞아. 우리 부모님은 자신들이 알고 있는 많은 것들을 스페인어로 말할 때 제일 잘 설명하셨기 때문에 나는 우리 부모님이 잘 모르고 있다는 생각을 오랫동안 해왔어. 잠재적 교육과정! 이제 어떻게 내가 스페인어를 싫어하고 우리 가족을 멸시하도록 교육을 받았는지 말할 수 있겠어. 모순이지만, 물론 그런 것들이 모두 좋은 의도 하에 실행되었다는 것도 깨달았어.

　　잠재적 교육과정이 "영어는 중요하고 스페인어는 중요하지 않다"고 생각하게 했다는 셀리아의 지적은 정확하다. 셀리아의 예는 2장의 권력에 대한 논의로 돌아가게 한다. 그녀의 예는 권력이 어떻게 가시적이면서도 비가시적으로 작용하는지를 보여준다. 공개적으로 다른 언어를 제외하고 ESL 수업만 제공하였다는 점에서 가시적인 측면을 알 수 있다. 그럼으로써 학생들이 영어를 배워야 하고, 오직 영어로만 교과(예를 들어, 수학)를 가르치는 수업을 들을 수 있을 정도로 유창한 영어를 사용하게 될 것이라는 기대가 있었다. 한편, 셀리아를 지도한 교사들의 그러한 행위

(요구와 기대)와 학교의 정책은 셀리아에게 학생들은 영어로 말할 수 있어야 하고 그렇지 않으면 '하위반'으로 밀려날 수 있다는 것을 암시했다. 이러한 점에서 비가시적으로 권력이 작용했다고 할 수 있다. 이 장의 나머지 부분에서는 의도적 교육과정에 대해 다루겠지만, 학생들이 배우게 될 잠재적 교육과정에 대한 여러분의 관심을 이끌어낼 것이다.

✚ 오늘날 교육과정에는 누구의 지식이 담겨 있는가?

오랫동안 교과서는 학교에서 무엇을 가르칠지를 표준화해왔다(Wang, 2002; Zimmernam, 2002). 요즘 학교에 가면 여러분이 어렸을 때 사용한 교과서와 비슷한 교과서를 찾을 수 있을까? 여러분은 신임교사로서 담당 학급에 대한 지도 자료 혹은 안내서를 의미하는 교육과정 안내서, 성취기준 문서, 교과서를 전달받게 될 것이다. 이런 자료들을 받음으로써 다른 누군가의 교육과정(예를 들어, 교과서 출판사, 교육위원회, 교과서 선정위원회)과 그들로부터의 일종의 초대장을 받게 된 것임을 명심하라. 이 초대장은 단지 그들의 자료와 교육을 수락했다는 의미뿐만 아니라, 학생의 요구와 흥미와 관련하여 교육과정의 타당성을 검토하고 평가하는 활동으로 초대되었다는 의미를 지닌다. 여러분에게 그 자료들을 사용할 것인지 말 것인지 선택 권한은 없지만, 그 교육과정을 사용하여 어떻게 가르칠지에 대해서는 선택할 수 있다.

3장에서 우리가 몇 년 전에 수행한 교과서 분석 결과에 대해서 소개한 바 있다. 이제 여러분 자신만의 분석을 시작하라고 권하고 싶다. 우리의 연구 이후로 교과서가 보다 더 포괄적이 되었는지 자문하는 데서 출발할 수 있다. 현재 학교에서 사용되는 교과서, 교육과정 지침서, 성취기준 문서를 선정하라. 교육과정에 누구의 지식이 포함되었는지를 평가하는 가장 쉬운 방법은 텍스트에 드러난 사람들을 인종 및 민족과 성별을 기준으로 등장 횟수를 세는 것이다(만약 여러분이 구분할 수 있다면 장애, 사회 계층, 종교 같은 검색어를 추가로 사용할 수 있다.)

〈실천 예제 6.3〉은 교육과정에서 누가 가장 많이, 혹은 가장 적게 나타나는지에 대한 목록을 작성하는 것이다. 인물이 등장하는 그림의 개수를 세고, 가능하다면 그림에 등장한 인물들의 이름도 확인하라. 여러분이 찾은 것이 아래의 범주에 정확하게 맞지 않을 수도 있지만(예를 들어, 길버트라는 사람이 아시아계 아프리카인이자 아프리카계 미국인이라면, '혼혈'이라는 범주를 추가할 수 있다), 이러한 목록을 작성하는 것은 어떤 집단이 교과서에 잘 드러나고 있는지, 또는 그렇지 않은지에 대하여 대략적으로 이해하는 데 도움이 된다.

〈실천 예제 6.3〉 교과서 혹은 교육과정 목록

	남성	여성	남성과 여성이 함께 등장
아랍계 미국인			
아시아계 미국인			
아프리카계 미국인			
라틴계 미국인			
미국 토착민			
백인 미국인			
인종/민족이 불명확함			
혼종 집단			
장애가 있는 미국인			

여러분이 찾은 것을 같은 반 사람들과 공유하라. 5가지 혹은 10가지 교과서들을 분석한 결과를 종합해보았을 때, 어떤 유형이 특징적으로 드러나는가? 어떤 유형의 사람들이 두드러지게 나타나는가? 어떤 유형 사람들의 빈도가 낮게 나타나는가? 아니면 어떤 유형의 사람들이 전혀 나타나지 않는가? 반복적으로 나타나는

전형적 역할들을 발견할 수 있었는가?

앞서 언급했듯이 1970년대에는 대부분의 교과서와 다른 형태의 교육과정에서 유색인종, 여성, 장애인 등이 등장하지 않았다. 오늘날 출판사는 다른 집단에 대한 사진과 참고문헌의 수를 세는 것에 세심하게 주의를 기울인다. 전체 인구 대비 그들의 인구 비율과 비슷하게 등장시키기 위해서이다. 이것은 백인이 지속적으로 관심을 받고, 가장 다양한 역할을 하고 있다는 측면에서 우세하다는 것을 의미한다. 숫자상으로 아프리카계 미국인은 그다음으로 가장 많이 등장하는 집단이다. 아시아계 미국인, 라틴계, 토착 미국인은 포함되어 있지만, 대부분 매우 개략적인 형태로 제시되어 있고, 아랍계 미국인은 등장하지도 않는다. 장애인들은 가끔씩 등장한다. 따라서 여러분이 기록한 결과는 교과서 출판사에서 기획한 내용과 매우 비슷할 것이다.

그러나 여기에 더욱 심각한 문제가 있다. 누구의 관점이 교육과정의 지식을 구성하는가? 1960년대 후반과 1970년대 초반 이래로 민족학, 여성학, 장애인 혹은 동성연애자 연구, 문화 연구 등 수많은 연구에서 학자들은 대안적인 관점을 제시하였다.

예를 들어, 『Occupied America: The Chicano's struggle toward Liberation』은 1972년에 Rodolfo Acuña가 지은 책으로, 현재는 일곱 번째 개정판이 나왔다 (Acuña, 2010). 이 책이 출간되기 전에 멕시코계 미국인은 가난에서 벗어나기 위하여 미국에 온 이주민으로 형편없는 교육과 유창하지 않은 영어로 인해 어려움을 겪고 있다고 기술되었다. 지금도 유치원부터 12학년까지의 교과서는 보통 그러한 관점을 가지고 있다. 그러나 Acuña와 다른 멕시코계 미국인 학자들은 미국이 어떻게 멕시코 북부를 식민지화하였는지에 초점을 맞춤으로써 지금까지의 멕시코계 미국인에 대한 해석을 완전하게 바꾸었다. 또한 그 후에는 미국이 백인의 이익을 위해 멕시코 사람들을 저임금을 받는 노동에 종속시키는 정치적이고 경제적인 구조를 실행한 것에 초점을 두었다. 그리고 멕시코계 미국인을 계속 종속적인 상태로 유지하기 위하여 억압적인 정치를 제도화한 것에 집중하였다. Acuña와 다른 멕시코계 미국인 학자들의 저술은 대부분의 교과서에서 제시한 관점에 도전하였다. 만약 역사나 사회 과목을 가르친다면, 통합 교육과정은 일부 멕시코계 미국인뿐만 아니라 그들의 관점까지도 포함하여야 한다.

또 다른 예로서 Linton(1998)과 같은 장애인 관련 연구 학자는 장애를 가진 사람들이 결함을 가진다는 관점에 도전하였다. 그는 자신의 책 『Claiming Disability』에서 장애인이 "때때로 견디기 고통스럽고, 무서우며, 불쾌하거나 어려운" 증상을 가졌다고 할지라도 그 증상 자체가 장애의 핵심은 아니라고 지적하였다. 그보다는 장애를 가진 사람들의 관점에서는 "그들이 권리, 기회, 기쁨을 추구하는 것을 박탈하기 위해 사용되는 전략에 격분한다."(p. 4) 유치원부터 12학년 교육과정에서는 장애를 가진 사람들이 포함될 때(보통은 포함되지 않지만), 교육내용 주제는 대체로 장애에도 불구하고 더욱 혹은 덜 일상적인 삶을 어떻게 살아가는 데 초점을 둔다. 비록 이것은 건설적인 주제이지만 약점이 있는 접근 방식이다. 장애 연구는 사회를 장애에 유리한 측면에서 바라본다. 즉, 현재의 상황보다 더 넓은 범위의 인간적 요구를 수용하기 위해 바뀔 필요가 있는 제도적 구조의 범위를 탐색한다. 학교에서는 특수교육이 강력한 위상을 차지하고 있지만, Linton이 지적하였듯이 특수교육의 많은 부분은 사실상 장애인들이 설계한 것이 아니다. 그 결과 장애인의 발전을 저해하는 제도를 변화시키려 하기보다는 대체로 장애인들을 대하는 학생들의 태도를 변화시키려고 노력한다.

그러나 장애인의 권리 혹은 임금 구조에 대한 논의는 교과서 내의 주제들과 적합하지 않을 수도 있다. 우리는 교사들이 다문화 교육과정을 설계하는 것이 교과서의 주제와 맞지 않는 정보를 추출해야 하는 것인지 궁금하다고 말하는 것을 종종 경험한다.

학생 대화 6.2

길버트: 고등학교 4학년 때 컴퓨터 수업을 들었어. 그런데 그 수업을 담당한 여자 선생

님이 컴퓨터 분야에서 일하는 여성들에 대해서 언급하지 않았더라면 더 좋았겠다는 생각을 한 적이 있어. 그런 얘기에 누가 관심을 갖는다고 말이지. 그게 컴퓨터 프로그램을 배우는 데 무슨 도움이 될까?

리사와 셀리아: 우리는 상관있어.

리　사: 여자들은 컴퓨터공학에서 전혀 주목받지 못하고 있어! 너는 대부분의 여자아이들이 여자들도 컴퓨터 프로그래밍을 배울 수 있다고 생각하지 않는다는 것을 알고 있니? 우리 고등학교에서는 상급 컴퓨터공학 교실에 다니는 여자애들이 두 명 있었어. 그리고 남자애들은 그 여자애들을 놀리려고 했지.

셀리아: 대학에서 컴퓨터공학을 전공하는 여자의 비율이 실제로 1980년대 중반에 40%에서 2005년에는 22%로 떨어졌어. 내가 읽은 글에서 나왔던 거야(Stross, 2008). 시중에서 팔고 있는 컴퓨터게임과 비디오를 봐. 대부분은 폭력적이야. 나는 그런 것들에 끌리지 않아. 그리고 만약 그런 것들이 컴퓨터에 관한 모든 것이라면, 관심을 갖지도 않을 거야.

리　사: 나는 컴퓨터를 정말 잘 못하지만, 컴퓨터 영역에서 활동하는 여자들과 소수인종들에 대해 말해주곤 했던 선생님이 한 분 있었어. 그리고 여자들이 그 영역에 있었다면, 그것이 얼마나 달라졌을지도 얘기해주셨지. 맞아, 그 이야기들은 컴퓨터 영역도 내가 할 수 있는 무언가라는 것을 알게 해주었고, 남자들이 만든 프로그램과 같은 유의 프로그램을 제작해야 하는 것은 아니라는 사실을 깨닫게 해주었어.

길버트: 너희들은 너희의 관점에서 무엇이 적절한지 얘기하는 거구나.

셀리아: 맞아.

　　포함, 배제 혹은 '타자화'는 예비교사들이 훌륭한 교사가 되어가는 과정에서 반드시 넘어서야 할 중요한 도전이다. 배제되어왔던 이들을 어떻게, 그리고 어디에 포함시킬 것인가? 교육과정도 매우 중요하지만, 이외에도 교실에서 특정 집단이 주목받지 못하고 배제되는 영역이 많다. 교실 안에는 배제가 존재하고, 그것에 관심을 필요로 하는 다른 많은 영역들이 있다. 예를 들어, 학생들이 프로젝트를 수행 중이라고 할 때, 누가 의사 결정에 참여하고 누가 의사 결정에 참여하지 못할 것인가? 모둠 내의 의사결정과정에서 대화의 특성이 간주되기 때문에 편견과 고정관념 없이 이루어진다고 할 수 있는가? '타자화'는 잠재적 교육과정의 역할을 하는가? 또한 특정 복장을 하고 특성을 지닌 이들은 포함되지만, 그렇지 않은 학생들은 제외된다는 점에 보이지 않게 권력으로 작용하고 있는가?

만약 여러분이 다음 상황에 처한 교사라면 어떻게 하겠는가? 생일잔치를 준비하고 있는 조이(Joy)라는 소녀의 엄마가 여러분에게 이렇게 말한다.

조이가 생일파티에 초대할 학생들의 이름을 적은 초대장을 보냅니다. 만약 초대받은 아이들의 부모님이 아이들을 데리러 학교에 온다면, 반갑게 맞이해주실 수 있나요? 감사합니다.

여러분의 반에서 메리(Mary) 한 명만 초대받지 못했다. 만약 여러분이 초대장을 나눠주고, 메리는 그것을 받지 못한다면, 여러분은 부분적으로 '타자화'가 된 것인가? 어떻게 할 것인가? 우리는 여러분이 건설적이고 대안적인 행동을 취하기 바란다. 조이의 엄마에게 초대장을 배부할 시간이 없을 것 같다고 말하는 것도 가능하겠지만, 그것은 책임 회피가 아닌가? '타자화 혹은 배제'를 거부하는 행위는 훌륭한 교사가 되는 데 매우 중요하다.

이제는 교과서 혹은 여러분이 읽었던 문서에서 주목받지 못하고 있는 사회문화 집단이 생산하는 지식을 좀 더 면밀히 살펴보겠다. 이것을 할 수 있는 방법에는 여러 가지가 있다. 윤리 강좌, 장애학 강좌, 여성학 강좌, 게이와 레즈비언 강좌를 들은 적이 있다면, 그 강좌의 내용을 동일한 분야의 특정한 학교 교과서 내용과 비교해볼 수 있다. 도서관에서나 인터넷상에서도 같은 조사를 할 수 있을 것이다.

〈실천 예제 6.4〉에서 여러분이 선택한 한 가지 주제가 교과서, 교육과정 안내서, 성취기준 문서에서 어떻게 다루어지는지와 좀 더 넓은 범주의 문서에서 어떻게 다루어지는지를 비교하자. 먼저, 교과서 혹은 다른 교육과정에 나타나는 주제 하나를 선정한다(예를 들어, '가족', '전기', '공급과 수요'). 그리고 그 주제가 어떻게 다루어지고, 그것과 관련하여 어떤 종류의 정보가 나타나는지를 기술해보라.

〈실천 예제 6.4〉

하나의 주제를 선택하고, 그 주제가 어떻게 다루어지는지 혹은 어떤 정보가 나타나는지를 요약하라.

이제 인터넷 검색도구를 사용하여 그 주제와 함께 하위 사회문화집단의 이름을 검색창에 입력하라. 하위 사회문화집단의 예로는 토착민, 아프리카계 미국인, 아랍계 미국인, 아시아계 미국인, 하와이계 미국인, 필리핀계 미국인, 라틴계 미국인, 멕시코계 미국인, 푸에르토리코계 미국인이 있다. 그리고 기타 검색어로는 여성학 연구, 장애 연구, 청각장애인 연구와 그 집단, 동성애자, 노동자 계층이 있다. 이러한 예들을 조합하면 사용 가능한 엄청난 양의 작업들을 나타내는 웹 사이트를 많이 찾을 수 있을 것이다. 그러나 모든 검색어 조합이 도움이 되는 웹 사이트를 보여주지는 않을 것이다. 따라서 검색 용어에 맞출 필요가 있다. 예를 들어, '청각장애인 대수학' 같은 것은 찾지 못할 것이다. 하지만 청각장애인 학생들에게 대수학을 가르치기 위한 전략과 관련된 웹 사이트를 찾을 수도 있고, 청각장애인 역사 혹은 영화에 관한 웹 사이트는 반드시 찾을 것이다.

어떤 조합은 기대하지 않은 정보를 알려주기도 할 것이다. 예를 들어, 토착 원주민의 과학에 관한 여러 웹 사이트들이 있다. Worldwide Indigenous Science

Network(www.wisn.org)나 북미의 토착 원주민들이 토착민 집단의 과학에 대해 생생하게 토론하는 게시판이나 아프리카계 미국인, 태평양의 섬 출신 미국인, 혹은 호주계 토착 과학자들이 만든 웹 사이트를 발견할 수도 있다. 또한 그러한 웹 사이트에는 교과서에서는 전혀 발견하지 못한 주제들을 발견할 수도 있다. 예를 들어, 여성학 연구에서 다루는 문제는 여성에 대한 폭력이지만, 이러한 주제는 정규 교육과정의 어디에서도 나타나지 않는다.

학생 대화 6.3

길버트: 나한테는 이런 집단 문제랑 관련된 개인적인 문제가 있어. 나는 그냥 맞지 않아. 너희들도 알다시피 나는 한국인과 아프리카계 미국인의 혼혈이야. 이건 어려운 일이지. 왜냐하면 나는 절대로, 절대 이런 것을 말하지 않으니까. 그리고 나는 게이야. 그렇지만 명확하게 밝히지는 않았어. 내 말은, 내가 지금 당장 어떤 사람과 사귀는 것은 아니지만, 그렇다는 거야. 너희들은 이런 것들을 이해할 수 있겠어?

리 사: 오, 그럼. 계속 말해봐. 네가 원한다면 우리는 아무에게도 말하지 않을 거야.

길버트: 좋아. 우리는 여기 교육 프로그램에 참여 중이야. 그들은 너희들에게 말하지. "멋진 교사가 되기 위해서 너는 반드시 먼저 너 자신을 알아야 한다."고 말이야. 글쎄, 나는 그렇게 하고 있어. 이제 나는 아시아인이 아니고, 아프리카계 미국인도 아니야. 난 이 둘 다야. 그래서 한 칸에 체크할 수 없어. 그렇지만 나는 사람들에게 나의 개인적인 문제들을 말하지 않을 거야.

리 사: 그래서 넌 어떻게 할 건데?

길버트: 내가 그날 어떻게 느끼느냐에 달렸어. 지난 2년 동안 나는 엄마와 가끔 통화는 했어도 만나진 못했어. 우리 엄마는 한국에 있어. 그런데 우리 엄마의 형제인 한국인 삼촌이 가족들 저녁식사 때 나를 놀린 이후로 집에 가지 않아. 그건 힘든 일이야. 이렇게 된 건 근규 삼촌이 "우린 언제쯤 네 여자 친구를 만나게 될

까?"라고 하면서 "너 여자 친구 있는 거지, 그렇지?" 하고 물은 순간부터 시작된 거야. 그런 질문이 저녁식사 내내 계속되었어. 나는 너무 당황했고, 나를 돕지 않는 엄마에게 화가 났어. 그들은 나의 아주 개인적인 특성을 존중하지 않았어. 우리 가족들은 여태껏 성정체성에 대해서 얘기를 나눈 적이 없었어. 나는 혼란스러웠고 무슨 말을 해야 할지 몰랐어. 나는 가족들과 열세 살 때 헤어져 지냈고, 우리 엄마는 나의 성정체성에 대해 나와 솔직하게 대화하기를 절대 원하지 않으셨지. 내 생각에 우리 엄마는 내가 나 자신에 대해 말하고 싶어 하지 않는다고 생각하신 거 같아. 왜냐하면 우리 엄마는 내가 그때 흑인이자 한국인으로서 살아가고자 노력하는 것으로 여겼기 때문인 것 같아. 그렇지만 엄마랑 아빠가 함께 있을 때는 두 분 다 내가 혼혈인 것을 긍정적인 것으로 만들려고 부단히 노력하셨지. 그 부분에서는 그분들이 훌륭하다는 것을 인정해. 어쨌든, 지금으로선 우리는 자신을 명확하게 하고 사람들이 이렇다 혹은 저렇다, 흑인인지 아시아인인지, 이성애자인지 동성애자인지를 확인하고 있어. 나는 그런 범주에 들어맞지 않아. 그리고 나는 내 문제들을 세상에 알리고 싶지 않단 말이지.

리　사: 그런 이야기를 우리와 나눌 정도로 믿어줘서 고맙다. 나는 방금 자기계시를 얻었어! 어쩌면 우리 모두 어떤 범주에 정확하게 맞지 않을지도 모른다는 거야. 좋아, 너는 나를 백인 나부랭이로 보겠지, 맞지? 글쎄, 우리 아빠 쪽은 거의 영국계이고, 우리 엄마 쪽은 거의 아이리시 쪽이야. 이제 그것이 나의 일상생활에 문제가 될지 아닐지는 모르겠지만, 어떤 측면에서는 그럴 수도 있을 것 같아.

셀리아: 집단 범주는 우리가 누구의 생각이 중요하고 누구의 생각이 중요하지 않은지를 알 수 있게 해주는 도구라는 것을 알게 된 거 같아. 그런 범주는 인위적으로 만들어진 것일 뿐 생물학적으로 결정된 것은 아니란 말이지. 누구도 하나의 'T'에 들어맞지 않아. 우리는 그러한 범주들의 한계를 인지하면서 누가 교육과정에서 배제되고 누구의 목소리가 우세할지를 묻기 위한 도구로 사용할 수 있어.

리　사: 그래, 길버트. 네 얘기를 듣고 보니 학생들이 자신의 사적인 문제를 침해받지 않을 권리가 있다는 것을 이해할 수 있게 된 것 같아.

위 학생들의 대화는 사회적 이슈들이 얼마나 쉽게 불편한 개인적 논의를 야기할 수 있는지를 보여준다. 이 장의 후반부에서 우리는 다시 교육과정의 한 부분으로서 학생들의 생활을 고려해보도록 하겠다.

이제 자료 수집 단계로 돌아가자. 가능한 한 집단뿐만 아니라 그러한 집단의 구성원에 관련된 웹 사이트를 찾아보도록 하자. 지식의 어떤 부분에 제시된 관점은 부분적으로는 누가 그 지식을 만들어내고 사용하느냐에 달려 있다. 교육과정에서 배제된 지식들은 종종 포함된 지식들과 다른 관점을 취한다. 여러분은 누가 그 웹 사이트를 만들었는지를 항상 판단할 수는 없지만, 적어도 그렇게 하려고 노력은 해야 한다. 앞에서 우리는 학생들에게 문화적으로 연관이 있는 방식으로 지도하는 법을 배우는 것이 중요하다고 논의했다. 그와 동등하게 중요한 것은 정치적으로 연관 있는 지식을 지도하는 법을 배우는 일이다. Beauboeuf-LaFontant(1999)는 아프리카계 미국인 학생들을 잘 가르친 교사들에 대한 연구에서 "그들의 행동은 유색인종 학생들이 반인종주의와 억압에 대해 투쟁하는 것을 지지하고 그것들에 민감하였다."고 주장한 바 있다. 교육과정에서 정치적으로 연관된 지식을 배우는 것은 단순히 의사표현을 더 하는 문제가 아니라, 학생들이 자신들의 삶의 현실에 대처하는 데 사용할 수 있는 지적인 도구를 심화시키는 문제로 보아야 한다.

〈실천 예제 6.5〉 관점 비교하기

교육과정에서 다루는 방식	웹 사이트에서 다루는 방식

<실천 예제 6.5>에서는 일반적인 주제에 있어 교과서에서 다루는 방식과 여러분이 발견한 웹 사이트에서 다루는 방식을 비교하게 될 것이다.

이제 어떤 정보들은 여러분이 분석한 교과서 내용이나 교육과정 자료에 무리 없이 첨가될 수 있지만, 반면에 다른 많은 정보들은 잘 맞지 않다는 점을 발견했을 것이다. 크리스틴 슬리터의 강의를 들은 어떤 교사는 13개 식민지에 대한 미국계 인디언의 관점을 알게 되면서 어려움을 겪었다. 그녀는 13개 식민지에 대한 단원에 첨가할 수 있는 정보를 찾을 수 있을 거라는 가정을 하면서 자료 조사를 시작하였지만 미국계 인디언들이 식민지화 경험 전체를 하나의 정복과 종족 학살로 생각한다는 것을 깨달았다. 교과서와 토착인의 글들이 서로 충돌하는 관점으로 쓰였다는 것을 깨닫기 시작하면서 그녀는 자신이 지도하는 5학년 학생들에게 무엇을 가르칠지 심각하게 고민하였다. 그녀는 매사추세츠의 Haudenosaunee(공동주택을 짓는 사람들)[2] 사람들이 식민지 주민을 상대로 그 지역의 천연자원을 남용했다고 고발한 사례를 통해 짧은 단원을 구성하기로 결정했다. 학생들은 그 재판에 대한 역할놀이를 하였고, 그 과정에서 상반되는 관점에 대해 토론하였다(Sleeter, 2005).

많은 집단들이 존재하는 현실에서 개별 교사는 교육과정 안에 누구의 관점을 포함할지 어떻게 선택해야 하는가? Style(1996)이 "교육과정은 학생들에게 창문과 거울을 모두 제공하는 것"이라고 개념화한 바 있는데, 이는 그 질문에 답을 찾는 데 도움이 된다. 그녀는 다음과 같이 기술하였다.

학생을 자기 고유의 자아를 지닌 존재로 이해한다면, 교육이란 모름지기 학생들이 타자의 실재를 직시할 수 있는 창문의 틀을 제공해주어야 하고, 자신의 실재를 성찰할 수 있는 거울도 제공할 수 있어야 한다.

예를 들어, 내가 가르치는 학생들이 대부분 필리핀계 미국인이라고 가정해보자.

---

2) 역자 주: 이쿼로이 연맹의 부족들이 스스로를 부르는 명칭으로, 미국 원주민인 인디언 부족의 이름 중 하나이다. 뜻은 'people of the longhouse', 즉 공동주택을 짓는 사람들이다.

이 상황에서 필리핀인이 거의 등장하지 않는 일반적 교육과정으로는 필리핀인들이 중요하지 않고, 그들에게는 의미 있는 역사나 문화가 없다는 식의 잠재적 교육과정을 제공하게 될 뿐이다. 왜 필리핀계 미국인 학생들은 자신들이 절대 반영되지 않는 교육을 소중하게 여겨야 하는가? 그러나 학생들은 교육과정에 반영된 그들 자신과 자신의 지역사회를 이해할 수 있을 때 좀 더 잘 배운다는 증거들이 있다(Gay, 2010). 동시에, 모든 학생들은 타인의 경험과 관점을 존중하고 그것에 공감하는 법을 배울 필요가 있다. Banks(1995)는 자신과 다른 사람들을 향한 학생들의 태도를 발달시키는 데 교육과정이 끼치는 영향에 관한 연구를 분석한 바 있다. 이 분석에서 제대로 설계된 교육과정은 차이를 가져올 수 있다고 주장하였다. 그렇기 때문에 교사들은 교육과정을 위한 읽기 자료를 선택할 때, 모든 학생들이 계속적으로 거울과 창문을 모두 찾을 수 있도록 유념해야 한다.

물론, 한 가지가 더 있다. 길버트의 딜레마에 대해 기억하고 있는가? 좋다. 우리 생각은 다음과 같다. 우리는 길버트가 자신의 문제에 매우 잘 대처하고 있다고 생각한다. 그에게는 여전히 자신의 어머니와 삼촌들이 어떻게 생각할지에 대한 고민을 포함하여 극복해야 할 일들이 있지만, 그 과정에서 우정이 깊고 서로를 배려하는 두 명의 친구가 있다. 자신의 정체성에 대하여 스스로, 그리고 타인에게서 연유된 도전들에 모든 학생들이 길버트처럼 대처하는 것은 아니다. 길버트는 스스로를 '타자화'하는 모습을 여러 가지 방식으로 표출하고 있다. 학생뿐만 아니라 일반인들도 자신들이 불편함을 느끼거나 소속감을 갖지 못할 때 그렇게 대응한다. 결국 교사들은 개인적으로 대처할 수 없는 도전을 받고 있는 학생들에게 지속적으로 주의와 관심을 기울여야 한다.

✚ 교육과정과 성취기준

철학자 Herbert Spencer(Turner, 1996)는 오랫동안 반복적으로 제기되어온 다음과 같은 질문을 하였다. "어떤 지식이 가장 가치가 있는가?" 이러한 스펜서의 질문을 다음과 같이 바꾸어보자. "누구의 지식이 가장 가치가 있는가?" 여러분은 누가 이러한 질문에 답해야 한다고 생각하는가? 〈실천 예제 6.6〉은 사회의 다양한 사람들 중 누가 얼마만큼 청소년들이 반드시 배워야 할 내용을 결정할 수 있는지를 질문하고 있다.

〈실천 예제 6.6〉 누가 결정해야 하는가?

1. 어떤 그리고 누구의 지식을 청소년들이 반드시 배워야 한다고 누가 결정할 수 있는가? 아래 밑줄에 몇 퍼센트를 차지하고 있는지 그 비율을 써라.

- 교사 ___________   • 지역사회 ___________   • 학교운영위원회 ___________
- 연방정부 ___________   • 주정부 ___________   • 교장 ___________
- 학생 ___________   • 학부모 ___________   • 종교단체 ___________
- 기타 ___________

2. 위의 집단들이 동등하게 결정권을 지녀야 한다. 예 _________   아니오 _________

현재의 상황과 여러분의 대답을 비교해보았는가? 지난 수년 동안 교사가 무엇을 가르칠지에 대한 선택의 자유는 제한되어왔다. 1990년대 중반 이후 미국의 모든 주에서는 교육과정 성취기준을 인가하는 법을 통과시켰다. 어떤 주에서는 교육과정 성취기준이 매우 일반적으로 서술되어 있지만, 어떤 다른 주에서는 상당히

구체적으로 서술되어 있다. 여러분의 주에서 사용하는 교육과정 기준은 여러분이 교과서나 교육과정 지침서에 제시된 것 이외에 자율적으로 교육과정을 구성하도록 어느 정도 허용해준다고 생각하는가?

리　사: 나는 우리가 언제쯤 이것을 이해할 수 있을지 궁금했어. 학업성취도가 낮은 학교에서 지금 교육실습을 하고 있는 중인데, 교육과정은 이미 정해져 있거든. 심지어 일부 수업에는 교사들이 따라야 하는 대본까지 있을 정도야. 이 학교 교사들은 그냥 원하는 대로 수업을 진행할 수 없고 주어진 교육과정을 반복할 뿐인데, 말하자면 교육과정 기준과 교과서에 제시된 것만 따라야 해.

셀리아: 내가 있는 학교에서는 안 그래. 선생님들은 성취기준을 따라야 하긴 하지만, 성취기준을 어떻게 지도하는지를 보여줄 수만 있다면 지도할 단원을 보강할 수 있어.

리　사: 정말? 나는 이 챕터가 교사들이 절대 아무것도 할 수 없는 것들에 관한 '좋은 생각'에 그치는 이론에 불과한 것이라고 생각했어.

셀리아: 아마도 그건 네가 어디에 있느냐와 네가 얼마나 그렇게 할 수 있도록 지지를 받느냐에 달렸겠지.

길버트: 기준이란 교육의 질을 높이는 데 도움이 되는 것으로 알고 있었어. 그런데 사람마다 '교육과정 기준'이 의미하는 바가 서로 다른 듯해. 리사, 네가 말하는 것처럼 정녕 우리는 표준화하지 않으면서도 과연 높은 기준을 가질 수 없는 걸까?

　　성취기준과 같은 교육 개혁은 학교마다 각기 다른 방식으로 이루어진다. 그러나 학생들의 학업성취 수준, 사회경제적 위치, 민족성, 영어 유창성 정도에 대한 학교장의 생각은 종종 교사에게 주어진 융통성의 정도를 결정하는 데 영향을 미친다. 학업성취 수준과 영어 유창도가 평균 이하이고, 학생들은 최저생계수준 혹은 그 이하에 속하며, 학생 인구 대부분이 소수 집단 출신인 학교에 근무하는 교사들은 성취기준을 엄격하게 따르라는 지시를 받는다. 학교 관리자는 구조화된 기본 교육과정을 고수함으로써 학생들이 잘하는지 감독한다. 하지만 구조화된 교육과정은 학교에 재학 중인 학생들을 고려하여 개발되지 않았기 때문에 그 교육과정은 적절하지 못하다. 즉, 교육과정이 학생들의 배경과 연계되지 않는다면 학생들이 그것을 배우는 데 어려움을 겪을 수 있다. 더욱이 교사들에게 교육과정 기준을 따르라고 지시하는 현상은 교사들 스스로 교육과정을 설계할 전문적 능력과 기술을 보유하지 못하고 있다는 것을 시사한다.

교육과정 성취기준은 양면의 칼에 비유된다. 한 측면에서는 유용한 안내를 제공할 수 있고, 다른 면에서는 구속으로 작용하기도 한다. **기준**이라는 용어는 질적인 수준 혹은 수월성의 정도를 가리킨다. 오랫동안 사람들은 서비스 혹은 결과를 향상시키기 위한 도구로서의 기준을 발전시켜왔다. 즉, 공기의 질, 인쇄매체에서의 공정성, 학교와 다른 공공서비스에 대한 기초적인 예산지원을 위한 기준들이 있었다. 기준을 설정하는 것은 전혀 새로운 개념이 아니다. 많은 사람들은 그것을 다양한 형태로 사용하였다(Sherman & Theobald, 2001). **수행 기준**은 학생들이 배우는 지식 혹은 기능을 얼마나 잘 숙달했는지를 구체화한다. 다시 말해, 수행에 대해 불충분함, 잘함, 아주 잘함을 구분하는 것은 학생들이 얼마나 잘 배웠는지에 대한 척도를 제공한다.

내용 기준은 학생들이 반드시 배워야 할 것을 구체화하고(Lewis, 2000), 어떤 내용을 시험으로 출제해야 하는지와 수행을 어떻게 측정해야 하는지를 결정하는 단서를 제공해왔다. 오늘날의 내용 기준은 그것을 처음 주장한 대통령인 부시와 주지사들이 1989년 정상회담에서 학교를 향상시키자는 목표를 설정하면서 개발되었다. 그 결과 만들어진 미국 교육 목표 패널(National Education Goals Panel)은 국가의 학업성취 목표를 설정하려는 시도를 하였다. 1994년에 통과된 미국 학교교육 개선 법안(The Improve America's School Act)과 '교육목표 2000: 미국교육개혁법(The Goal 2000: Educate America Act)'은 수학, 과학, 역사, 국어, 기타 과목의 국가 수준 교과 교육과정

성취기준을 설정하였다. 예를 들어, 전미수학교사회(NCRM, National Council of Teachers of Mathematics)에서는 일련의 수학 성취기준을 만들었고, 이는 대부분의 주에서 사용되었다. 다른 교과에서도 국가 성취기준 문서 초안이 제작되었지만, 모든 학생들이 반드시 알아야 할 것에 대한 생각의 충돌로 인해 초안을 완성하여 적용하려는 시도들이 줄어 결국 각 주별로 내용 기준을 설정하였다. 오바마 행정부는 수학과 영어에 관한 국가 수준 성취기준을 설정하려고 다시 시도하고 있다.

비록 모든 주가 내용 기준을 개발하여 보유하고 있지만, 각 주별로 개발된 내용 기준의 상세화 정도는 다르다. 일부 주에서는 일반적으로 광범위한 성취기준을 설정한 반면, 어떤 주에서는 각 학년 수준에서 학습할 내용 기준에 대해 수백 가지의 성취기준을 나열한다. 내용 기준은 교사들에게 각 학년 수준에서 무엇을 가르칠지에 대해 안내하고, 불필요한 중복을 축소하며, 유의미한 학습 순서가 있다는 것을 확실히 함으로써 일관되게 교육할 수 있다. 또한 성취기준은 모든 학생들이 해당 학년 수준의 교육과정에 접근하게 할 수 있다. 예를 들어, 많은 학생들, 특히 저소득층 학교에 재학 중인 학생들은 고등학생 때까지 대수학 개념을 이해하지 못한다. 그러나 대학을 준비하는 학생들이라면 대수학을 훨씬 일찍 배워야 하기 때문에 캘리포니아 같은 주에서는 유치원에서 기초적인 대수학 개념을 가르치는 내용 기준을 제시하였다. 이는 학년별 능력과 내용을 고려하면서 교사들이 자신의 기대 수준을 결정하도록 해주는 것인데, 특히 충실한 교육을 받지 못하는 빈곤 지역 학생들에게는 매우 중요할 것이다.

그와 동시에, 미리 제시된 내용 기준은 역사적으로 배제된 관점들을 포괄하는 교육과정을 구성하는 노력을 침해하면서 알아야 할 것과 교사가 가르쳐야 할 것에 대한 합의를 강요한다. 결국 이런 식으로 내용 기준을 사용하게 되면 전문적인 교육적 결정을 내리려는 교사들의 권한을 축소시키고 하향식 의사 결정을 견고하게 할 수 있다. 학습을 향상시키려는 노력들이 관료화되고, 교육과정이 구체적으로 정의되며, 모든 교사들이 자신이 가르치는 학생들의 흥미, 배경과 무관하게 모두 같은 것을 가르쳐야 할 때, 성취기준 설정에 대한 결과로서 **표준화**가 일어난다.

내용 기준은 중립적이지 않다. 즉, 내용 기준은 교육과정을 특정한 철학적 흐름에 따르게 하고 다른 흐름들은 수용하지 않게 한다. 이 문제를 좀 더 탐색하기 위해서 성취기준 운동을 주도해온 한 집단이 교육과정의 목적을 어떻게 바라보는지 살펴보겠다. 비즈니스 라운드테이블(Business Roundtable)[3]은 성취기준 기반 교육 개혁에서의 숨은 공신이다. 이 단체는 다음과 같이 주장한 바 있다.

미국의 교육 문제를 해결하기 위한 첫 번째 단계는 지속적으로 학업성취기준을 올리고, 시험을 통해서 성취 정도를 철저하게 검증하는 것이다. (중략)

이 단체에 속한 우리는 오늘날 우리 교육 체계의 중요한 부분이 무너지고 있다고 확신한다. 우리도 결국은 미국 교육의 '송유관(pipeline)'에서 갓 나온 젊은이들이 처음 현실 세계에 대한 모델로 삼는 사람들 중 하나이다. 불행하게도, 우리의 문에 도달한 많은 이들이 하나의 문장도 쓸 줄 모르고, 간단한 서류 양식도 작성할 줄 모르며, 실행 매뉴얼도 읽지 못하고, 필수적인 계산도 할 수 없고, 기본적인 과학 개념도 이해하지 못하며, 팀으로 협력해서 일하지 못하고 있다.

비즈니스 라운드테이블 단체는 교육 성취기준과 책무성 시험을 '오늘날의 글로

<실천 예제 6.7> 비즈니스 라운드테이블과 교육과정의 목적

여러분이 선택한 것에 동그라미를 치고 그 이유를 서술하라.

인간주의 / 발달주의 / 사회적 효율 / 사회적 진보

• 이유:

---

3) 역자 주: 미국 200대 대기업 최고경영자로 구성된 협의체이자 이익단체

벌 정보 기반의 경제'(Business Roundtable, 1997)에서 국가적 위치를 유지하기 위한 미국의 능력을 매우 분명하게 연결한다.

〈실천 예제 6.7〉은 앞에서 논의한 네 가지 교육적 흐름(인간주의, 발달주의, 사회적 효율, 사회적 진보)을 규명하도록 하고, 어느 것이 비즈니스 라운드테이블의 입장에 가장 잘 부합하는지와 그렇게 생각한 이유를 작성해보는 활동이다. 좀 더 많은 정보를 얻기 위해 그 단체의 웹 사이트를 방문할 수 있다(http://www.businessroundtable.org/).

어떤 목적을 선택했는가? 이 목적은 여러분이 지도하게 될 교육과정과 어떤 관련이 있다고 생각하는가?

내용 기준이 교사의 활동에 어떤 영향을 주는지 알아보기 위한 가장 좋은 방법은 교사들과 대화를 나누는 것이다. 〈실천 예제 6.8〉은 내용 기준과 관련한 교사들의 경험을 탐구하기 위하여 두 명 혹은 세 명의 교사와 인터뷰하는 것을 담고 있다. 신임교사와 경력교사의 관점이 매우 다를 것이기 때문에 둘 모두를 인터뷰하라. 또한 가능하다면 부유한 지역에 위치한 학교에서 근무하는 교사와 가난한 학생이나 유색인종 학생들이 주로 다니는 학교에서 근무하는 교사를 인터뷰하라.

〈실천 예제 6.8〉 성취기준에 관한 교사의 경험

1. 당신이 이용할 교육과정 기준에 대한 의견을 말해주세요. 또 교육과정 성취기준에 대해 어떤 기대를 하는지도 말해주세요.

2. 성취기준을 더욱 잘 가르치는 데 도움이 되는 측면은 무엇입니까?

3. 성취기준을 가르치는 데 방해가 되는 측면은 무엇입니까?

4. 학생들이 잘 배울 것이라는 기대감을 높이는 데 성취기준이 얼마나 도움이 됩니까?

5. 따라야 할 성취기준이 주어진 상황에서 교육과정을 설계할 수 있는 자유가 얼마나 주어집니까?

여러분의 인터뷰 결과를 동료들과 다음과 같은 차원에서 공유해보라. 교사의 반응은 얼마나 다양했는가? 신임교사와 경력교사의 관점 간에 차이가 있었는가? 차이가 있다면, 그 이유는 무엇인가? 다른 학교에서 가르치는 교사들 간에 차이를 발견했는가? 만약 그렇다면, 그 차이점은 그들이 가르치는 학생들의 인종이나 사회직 계층과 관련이 있는가?

교사들은 교육과정 기준을 무시하고 교육을 할 수 없다. 그러니 대부분 교시들은 그 기준을 교육에 전략적으로 활용할 수 있다. 성취기준을 따르는(standards-driven) 교육과정 설계와 성취기준을 고려하는(standards-conscious) 교육과정 설계를 구분해야 한다. 성취기준을 따르는 교육과정 설계는 성취기준이 교육과정 설계의 출발점이 되며, 성취기준을 따라 교육과정을 직접적으로 설계하는 것을 의미한다. 이때 성취기준은 교육과정의 중추적인 역할을 하게 된다. 민족 연구, 교사 혹은 학생들의 흥미에서 얻은 지식을 추가할 수 있지만, 교육과정은 성취기준에서 비롯된다.

성취기준을 고려하는 교육과정 설계에서 성취기준은 반드시 출발점이 되지는 않으며, 교육과정을 구성하는 핵심 개념들을 규정하지도 않는다. 교사는 이 책에서 검토된 것들을 포함한 다른 주요 내용과 자료를 투입하여 교육과정을 설계할 수 있다. 교육과정 초안을 완성한 후에 교사는 그 교육과정 초안에서 강조하는 것과 성취기준을 준수하기 위하여 보완할 것을 정리하기 위해 성취기준에 대한 지도를 그린다. 우리는 교사들이 그 두 가지를 모두 하는 것을 보았다. 성취기준을 고려하는 설계의 좋은 사례를 몬터레이 카운티의 농업에 대해 1학년 교사가 개발한 학제 간 수업 설계에서 찾아볼 수 있다(Sleeter, 2005 참조). 그 단원에서는 캘리포니아에서 일하는 멕시칸 농장 인부들의 경험, 멕시코의 농업, 미국에서 자라는 작물, 농업노동자연합노조의 발전에 초점을 두었다. 그리고 주에서 제시한 국어, 사회, 수학, 과학 교과의 내용 기준과 그 단원을 연결하였다. 그녀는 초청한 학부모의 이야기(사회과)와 지역 농산물과 학생들의 학부모의 직업을 설명하기 위해 제작한 그래프(수학과) 같은 다른 많은 학습 자료들과 더불어 교과서를 활용하였다.

신임교사로서 교육과정이 주정부에 의해서 결정되어야 하는 정도와 주정부 시행 학업성취도 시험으로 지원되어야 하는 정도에 대해서 의문을 제기하는 것이 아직은 쉬운 일이 아니다. 비록 대부분 초기에 할 수 있는 일이 자기가 가르치는 학생들과 주어진 교육과정을 연결시키는 것이라고 하더라도 우리는 여러분이 교육과정을 꼼꼼하게 확인하고 성취기준을 고려하는 설계 방식을 배우기 바란다. 궁극적으로 담당 교실에서 교육과정을 다루는 방식은 학교교육의 목적에 대해 여러분이 가진 신념과 지식에 달려 있다. 프레이리(Freire, 1998: 79)는 교사들을 향해 "우리의 문화적 맥락에 따른 순응, 행동 방식, 가치에 대한 비판적인 성찰은 필수적이다."라고 피력한 바 있다. 학교의 존재 목적과 가장 가르칠만한 가치가 있는 것에 대한 여러분의 믿음에 밑바탕이 되는 가정들을 명확하게 이해할수록 여러분은 더욱 정직하게 가르칠 수 있을 것이다. 비록 교과서, 교육과정 지침서, 성취기준, 여러분이 속한 학교의 지침은 여러분을 특정한 방향으로 강요하겠지만, 어쩌면 여러분이야말로 자신이 맡은 교실에서 '실제 사용되는 교육과정'을 만들 수 있는 유일한 사람이 될 수 있을 것이다.

교육 영역 13 다문화적 관점에서 개념 발전시키기

　다문화적인 수업 혹은 단원을 처음으로 설계하는 교사들은 종종 그러한 교육과정에서 문화집단에 관해 지도해야 한다고 생각한다. 그러나 시험으로 측정하는 학업성취 향상에 대한 압박과 더불어, 오늘날 많은 교사들은 이것을 할 시간적인 여유가 없다고 단정 짓는다. 그렇지만 이러한 생각은 다문화적 관점에서 교육과정의 개념을 발전시키는 의미를 잘못 이해한 것이다.

　다양한 문화집단을 지도하는 내용에 시간을 소비하기보다는 이미 교육과정에 포함된 것들을 다문화적 관점에서 가르치는 방식을 권장한다. 앞선 교과서 분석에서 확인한 것처럼 대부분의 교육과정은 어느 다른 집단보다도 백인(특히 중산계층 혹은 부유한 백인 남성)의 관점과 경험을 연관하여 개념을 발전시킨다. 교사는 이러한 유형을 어떻게 변화시킬 수 있는가?

✚ 교육과정에서 주요 개념 혹은 기능 찾아보기

하나의 '개념'을 발전시킨다는 의미가 무엇인지에서 시작해보자. 교육과정 설계에서 하나의 개념은 학생들이 반드시 이해해야 할 핵심적인 아이디어이거나 그 단원 혹은 차시가 끝날 무렵에 학생들이 반드시 사용할 수 있어야 하는 중요한 기능을 뜻한다. 예를 들어, 1학년 학생들은 '이상, 이하' 같은 수학적 개념을 배울 필요가 있다. 그리고 중학교 학생들은 청중에게 자신의 생각을 전달할 수 있도록 주제가 명확하면서도 논리적인 글을 쓸 수 있어야 한다.

교육과정은 알아야 할 것, 주제 영역, 해야 할 활동, 책 제목, 책의 단원을 나열하는 것이 아니라, 중요한 개념들을 통해 구성해야 한다. 여러분이 만났던 교육 경험이 많고 훌륭한 교사들은 아마도 여러분이 배우고자 하는 핵심 개념에 대해 명확하게 생각하고 있었을 것이다. 결과적으로 여러분에게 그러한 개념들을 가르치는 데 집중할 수 있었을 것이다. 반면에, 여러분을 잘 가르치지 못한 교사들은 많은 학습 소재들을 이해하고 있었을지는 모르나, 핵심 개념이 무엇인지 명확하게 알지 못했기 때문에 새로운 학습 소재 혹은 기능을 핵심 개념에 연결하지 못했을 것이다. 그리고 결과적으로 여러분은 그들이 가르치려고 노력했던 많은 내용을 잊어버렸을 것이다(Brophy & VanSledright, 1997; Wharton-McDonald, Pressley & Hampston, 1998).

Wiske(1998)는 『Teaching for Understanding』에서 주요 개념을 가리키는 말로 생성적 주제라는 용어를 사용한다. '생성적(generative)'이라는 단어를 통하여 그녀는 다음과 같이 개념을 정의한다(1998: 64-65).

• 개념은 한 영역 혹은 그 분야에서 가장 중요한 것이다. 생성적 주제에 따라 만

들어진 교육과정은 그 영역 혹은 분야에서 보다 정교한 일을 하기 위한 기초를 제공하여 이해도를 향상시켜준다.

• 개념은 학생들이 접할 수 있고 흥미 있어 하는 것이다. 생성적 주제는 학생의 경험과 관심사와 연관 있다.

• 개념은 교사에게 흥미로운 것이다. (중략) 개방형 질문에 동반되는 낯설고 복잡한 영역을 탐색하는 방법을 학습하는 학생들에게 교사의 열정, 호기심, 의문은 지적 몰입을 위한 모델이 된다.

• 개념은 연결 가능한 것이다. 생성적 주제는 학생들의 이전 경험(학교 안과 밖), 그리고 학제 내와 학제 간의 주요 내용들과 곧바로 연결된다. 생성적 주제에 대한 탐구는 더 심화된 질문을 이끌어낸다는 점에서 일반적으로 매우 양질이라고 할 수 있다.

교육과정 지침서와 각 주정부의 내용 성취기준은 차시 혹은 단원을 계획하는 데 필요한 개념의 자료가 되므로 유용하다. 사실, 현재 가르치고 있는 지역의 내용 성취기준에 따라 여러분은 교육과정을 구성하도록 요구받게 될 것이다.

리　사: 이걸 이해하려고 노력하고 있는데 말이야. 과학이란 개념을 말하는 거니?

길버트: 아니, 과학은 하나의 과목이야. '중력' 같은 게 하나의 개념이야.

셀리아: 중력이라…… 음, '생성적 주제'의 특성 리스트를 보고 있는데, 중력이 이 리스트에 들어맞는지 모르겠어. 그건 물리를 이해하는 데 핵심적일 수는 있겠지만, 학생들이 중력에 어떻게 흥미를 느끼지?

길버트: 좋아, 중력이라는 단어 자체는 어쩌면 흥미롭지 않을 수 있어. "왜 물체는 표면을 향해 떨어지는가?"라는 질문은 어떨까?

셀리아: 그렇지만 물체가 항상 떨어지는 것은 아니야. 예를 들어, 새는 날잖아. 이것은

어떻게 연결시키지?

길버트: 새와 비행기 그리고 날아다니는 모든 것들은 여전히 중력과 함께 생각해야 해.

리 사: 내가 이해한 것은 중력과 같은 개념을 학생들 앞에 그냥 툭 던져놓을 수 없다는 거야. 왜냐하면 보통은 누가 신경 쓰겠냐는 말이지. 하지만 비행기를 언급하면 신경을 많이 쓰게 되지. 그래서 교사는 한 교과 내의 개념을 학생들이 가진 실제적인 질문과 어떻게 연결시킬지를 찾아내기 위해 고민해야 해.

〈글상자 6.1〉 가장 중요한 개념

여러분이 검토한 교과서 혹은 교육과정 지침서 내의 아이디어들과 기능들의 상대적 중요성을 구분하는 데 어려움을 겪고 있다면, 학습 소재들을 위긴스와 맥타이(Wiggins & McTighe, 2005)가 제안한 세 가지 범주로 분류해보라.

- 친숙해질 만한가? 이것은 학생들이 반드시 배워야 한다고 생각하는 아이디어들과 기능들로 이루어진다. 시간이 있다 해도 필요에 따라 생략할 수 있다.

- 알고 실행해야 할 정도로 중요한가? 이러한 아이디어들과 기능들은 생략되어서는 안 된다. 즉, 위의 것들보다 더 중요하다.

- 지속적으로 이해가 가능한가? 이것은 학생들이 교실을 떠난 후에도 오래도록 기억하고 활용할 수 있는가에 대한 것이다. 알고 실행해야 할 정도로 중요한 개념은 계속해서 다른 개념에 적용할 수 있을 정도로 이해가 가능하다. 계속해서 이해가 가능한 개념은 중요하다.

하나의 개념을 찾아내기 위해 교과서 혹은 교육과정 지침서를 펼쳐보자. 그 안에서 Wiske가 설명한 네 가지 특징을 모두 가진 핵심 아이디어 혹은 기능을 찾아보라. 〈실천 예제 6.9〉는 이 개념이 그녀가 제시한 네 가지 특징에 어떻게 해당되는지를 써보는 활동이다. 그것이 어떤지 알아내는 것이 어렵다면, 너무 방대하고 모호하거나(예를 들어, '생명 과학') 혹은 너무 쉬워서(예를 들어, '쉼표의 정확한 사용') 교육과정

설계에서 핵심적인 개념이라고 하기 어려운 것에서 시작했기 때문이다. 그럴 경우에는 네 가지 특성에 모두 적합한 개념을 찾을 때까지 교과서 혹은 교육과정 지침서를 살펴보아라.

〈실천 예제 6.9〉 '생성적 주제' 혹은 개념 찾기

개념은 ____ 이다.

- 한 영역 혹은 분야에서 그것이 얼마나 중요한가?

- 어떤 주제, 기능, 경험이 그 개념과 연계될 수 있는가?

- 어떻게 학생들과 관련 있으면서 그들이 흥미를 느끼게 만들 수 있을 것인가?

- 어떤 측면에서 그것이 흥미롭거나 여러분의 경험과 관련이 있는가?

일반적으로, 초보 교사는 주요 개념을 찾는 데 어려움을 겪는다. 왜냐하면 모든 개념이 똑같이 중요해 보이기 때문이다. 예비교사는 자신의 지도교사 혹은 대학의 지도교수와 특정 학년 수준에서 어떤 주요 개념이 교육과정에 포함되어 있는지 논의하고 싶어 할지도 모른다. 우리는 핵심 개념(이해를 지속하게 하는 것 혹은 생성적인 주제)을 바탕으로 교육과정을 설계하는 것이 중요하다는 것을 강조했다. 왜냐하면 개념은 매우 다른 방식으로 발전할 수 있기 때문이다. 그것들을 다문화적인 관점에서 발전시킬 수 있는 방법으로 설계하는 것은 사실들을 다루고 그러한 사실들에 다문화적인 정보를 약간 첨부하는 것 이상이다. 또한 그것은 다문화 교육과정을 시간이 남으면 하는 '타자'에 관한 수업으로 생각하지 않게 한다.

✚ 다양한 관점으로 개념을 정교하게 발전시키기

이제부터는 다양하고 다문화적인 관점에서 개념을 정교화시켜보자. 다문화 이론가들은 각기 다른 다문화 교육과정 설계 모델들을 검토하고 평가하기 위해 유형분류체계를 발전시켰다(Banks, 1989; Sleeter & Grant, 2007; Tetreault, 1989). 다음 내용은 그것들을 종합한 것이다. 보건 교육과정에 나오는 '건강'의 개념을 예로 들어 설명하였다.

1. **기여, 첨가 혹은 인간관계**: 이것은 '영웅과 휴일' 접근법이다. 즉, 교사는 유명한 사람들(영웅), 휴일과 경축일 그리고 차이와 유사성에 대한 수업을 첨가한다. 그러나 전체적인 교육과정은 변화하지 않는다. 즉, 소외된 집단은 여전히 '맛보기'식으로 나타난다. 예를 들어, '건강'에 관한 단원에서 교과서에서 건강한 식단의 예로 비(非)앵글로 문화집단의 건강 음식을 첨가할 수 있다. 이것만으로는 우리가 추천하는 접근법이 아니지만, 이러한 방법은 흔히 사용된다. 왜냐하면 이러한 교육과정의 재고는 많은 노력이 필요하지 않기 때문이다.

2. **단일 집단 연구, 민족 연구, 여성 연구**: 이 접근법에서는 한 소외된 집단의 관점에서 하나의 민족 혹은 인종집단, 여성, 장애인, 게이 등의 개념들을 심도 있게 지도할 수 있다. 이전에 우리는 멕시코계 미국인 연구와 장애인 연구 학자들이 어떻게 주요 개념들을 재작업했는지에 대한 예시를 제시했다. 민족 연구 교육과정은 유색인 학생들에게 미국 사회에서 그들 자신의 역사와 정체성에 대한 감각을 키워주고, 자기인식과 자신감을 향상시킨다. 또한 이 과정에서는 왜 이들 집단에게는 자원이 불균형하게 배분되었는지 조사하고, 불평등에 맞서기 위해 이 집단에서 어떤 전략을 사용했는지에 대해 토의한다(Suzuki, 1980). 여성 연구에서는 "개개인이 잠재력을 모두 발현하고 타인의 이익을 위해서 일부를 의식적으로 그리고 무의식적으로 억압하고 착취하

는 모든 구조와 이데올로기로부터 자유로운 세계"를 표방한다(National Women's Studies Association, 2005). 〈실천 예제 6.5〉에서는 교과서의 주제를 소외된 집단의 지식과 경험과 관련시켜 검토해보는 활동을 제시한다. 교육과정에 대한 이러한 접근법은 비주류 집단의 지식과 관점을 강조한다.

'건강'에 대한 단원에서는 여성 연구의 관점에서 날씬함을 강조하는 미에 대한 이미지들을 비판하고, 거식증 같은 식습관 불균형을 조사하며, 균형 잡힌 영양과 운동, 자연스러운 아름다움에 대한 감사함을 포용하는 긍정적인 자기 이미지를 형성하도록 제시될 수 있다. 혹은 미국 원주민 연구의 관점에서는 현재 미국 원주민들이 직면한 건강 관련 주요 문제들(예를 들어, 비만)을 조사하도록 한다. 그리고 많은 원주민 사회에서 건강관리에 대한 접근이 어려운 이유와 부족의 전통적인 건강관리가 현대의 건강관리 체계와 연결될 수 있는 방법을 모색할 수 있다.

3. **변혁적 다문화적 접근**: Banks(1993: 9)는 변혁적 학문 지식은 "주류 학문 지식에 대항하며, 역사적이고 문학적인 규범을 확장하는 개념, 패러다임, 주제, 설명이다. 변혁적 학문 지식은 주류 학자들이 규정하는 지식의 특성에 관한 주요 가정들에 도전한다."고 주장하였다. 여러분은 한 개념에 대한 종속적인 지역사회 지식을 연구하는 데 있어서 아마도 변혁적 학문 지식을 활용할 수 있을 것이다. 변혁적 다문화 교육과정은 일반적으로 둘 혹은 그 이상의 집단의 관점과 경험을 통해 개념들을 다룬다. 전통적인 관점을 첨가하기보다는 한 집단의 구성원들이 어떤 사건이나 문제에 대하여 공유하고자 하는 관점들을 파악하고자 한다. 또한 그 개념을 고려하는 데 있어서 다양한 관점을 제공하는 다양한 집단들을 가능한 한 많이 만나본다. '건강'에 대한 단원에서는 치페와(chippewa) 인디언, 서양의학, 중국의 침술 같은 세 가지 다른 문화적 관점에서 잘 지낸다는 것 혹은 건강하다는 의미를 비교하고 대조할 수 있을 것이다.

〈그림 6.1〉은 두 문학 단원과 관련하여 좀 더 발전된 변혁적 다문화 접근법을 보여주고 있다. 첫 번째 단원에서는 아프리카계 미국인 작가, 유럽계 미

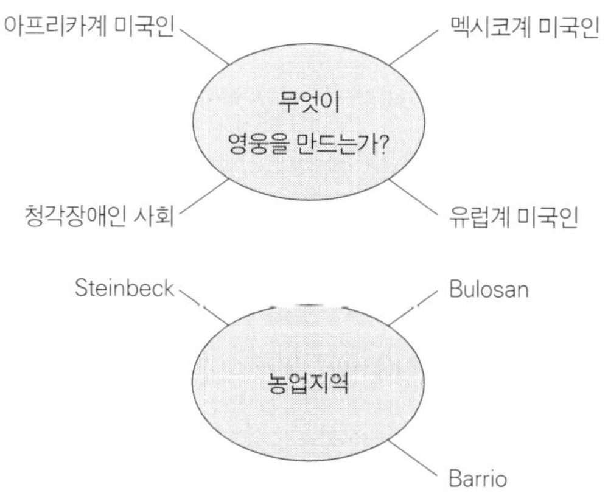

<그림 6.1> 문학 단원을 위한 설계

Grant와 Sleet(2007)에서 Anne Fairbrother가 쓴 「이민 노동자와 착취에 관한 문학작품」 참조.

국인 작가, 청각장애인 작가, 멕시코계 미국인 작가가 쓴 작품을 통해 '영웅'에 대한 개념을 발전시킨다. 두 번째 단원에서는 캘리포니아의 농업에 대해 쓴 작가 세 명, 즉 John Steinbeck, Raymond Barrio, Carlos Bulosan의 작품을 통해 '농업지역'의 개념을 발전시킨다(그랜트와 슬리터의 Fairbrother, 2007: 238-242 참조).

또 다른 예로 언어 교사의 경우, '정체성' 혹은 '가족' 같은 주제와 관련하여 다양한 집단의 구성원이 쓴 시를 선택함으로써 시 단원을 구성할 수 있을 것이다. 위 두 주제의 핵심적 개념은 복잡한 사회문화적 집단의 지식을 통해 발전해왔다는 것을 알 수 있다. 특정 사회문화적 집단에 속하는 많은 사람들의 다양한 경험들을 지도하는 것은 불가능하기 때문에 학생들과 관련 있고, 그 단원의 핵심 개념과 연관되며, 여러 해 동안 다른 집단의 지식을 확인하기 위해 창문과 거울 역할을 하는 작품을 선택하려고 노력할 수 있다.

4. **사회적 행동, 사회적 재구성주의자, 인종차별 반대주의자**: 이 교육과정 또한 다양한 관점과 경험을 바탕으로 구성되지만, 사회 정의와 사회적 행동이라는 렌즈를 통해 이루어진다. 이러한 교육과정은 학생들에게 평등성과 공평성이라는 이상을 위해 자신이 처한 삶의 환경들을 개선시키려고 노력하게

만들 수 있는 활동과 경험을 제공한다. 예를 들어, 인종차별반대주의자 교육은 "사회적 억압의 복합적 체계와 인종차별주의에 대한 제도적·구조적 변화를 위한 실천 지향적인 전략"이다(Dei, 1996: 25). 사회적 행동 교육과정은 불공평과 억압에 대해 이야기하는 것뿐만 아니라, 그것에 관해 무엇인가를 할 수 있는 도구를 제공한다(Lee, Menkart & Okazawa-Rey, 1998). 비록 많은 사람들이 이 교육과정을 '너무나 논란이 많은' 것으로 간주하더라도 잘 설계된 사회적 행동 교육과정은 학생들이 실제적인 문제를 이해할 수 있게 한다. Hughes와 Bigler(2007)는 인종차별주의에 대항하는 성공적 도전들에 관한 정보를 제공하는 교육과정이 유색인 아동과 백인 아동 모두의 인종차별적 태도를 개선시켰다는 것을 밝혔다. 또한 인종차별주의가 모두에게 어떤 영향을 미치는지 가르치고, 그러한 상황을 변화시킬 수 있는 힘을 학생에게 부여함으로써 효과를 거둘 수 있다고 주장하였다.

'건강' 단원에서는 건강관리 서비스를 조사하게 할 수 있다. 학생들은 다른 집단들의 건강관리 수요와 그들이 실제로 받는 서비스에 관한 통계를 비교할 수 있다.

〈실천 예제 6.10〉

1. 각 모델이 여러분에게 얼마나 유용한가?

- 기여: _____전혀 아님 _____어느 정도 _____보통 _____아주 많이

- 단일 집단 연구: _____전혀 아님 _____어느 정도 _____보통 _____아주 많이

- 변혁적: _____전혀 아님 _____어느 정도 _____보통 _____아주 많이

- 사회 행동: _____전혀 아님 _____어느 정도 _____보통 _____아주 많이

2. 왜 그렇게 생각하는가?

또한 소외된 집단, 보험회사, 정부라는 다양한 관점에서 건강관리를 살펴보고, 건강관리 서비스를 공정하게 제공하는 계획을 제안할 수 있다.

위의 네 가지 모델 중 어떤 것이 여러분에게 가장 공감되는가? 〈실천 예제 6.10〉에서는 각 모델 중 가장 유용하다고 생각하는 것과 그 이유에 대해서 정리해 보자.

여러분의 생각을 동료들과 공유해보라. 우리는 다른 관점을 가진 학생들이 서로 자신의 논리를 공유하고 토론할 때 특히 도움이 된다는 것을 발견하였다. 왜냐하면 이러한 과정은 일반적으로 사고를 심화시키기 때문이다.

학생 대화 6.6

셀리아: 잠깐만, 이건 애매한 질문 같아. 이 장에서는 기여적 접근이 너무 피상적이라고 비난해왔어. 그런데 왜 나는 그 접근이 유용하다고 생각되는 거지?

리 사: 나도 기여적 접근을 가장 편하게 생각하고 있어. 그리고 내가 만약 어린 학생들을 가르친다면 그것을 어떻게 사용할지 알 수 있겠어.

길버트: 어쩌면 기여적 접근이 실행하기에 가장 쉬울지도 모르는데, 실제로는 가장 효과적이지 못하다는 연구 결과는 충격적이야. 인종차별주의에 대해서 학습하고 방지하는 적극적인 접근법이 사실상 학생들 서로 간에 대한 태도를 개선시킬 수 있었다는 점이 인상적이었어. 그 접근법은 강력하고, 무엇보다 내게 와 닿았던 것 같아. 아이들이 현실적인 문제들과 실제적인 차이점들을 알게 되는데, 아이들에게 적용해보는 것도 괜찮을 것 같아.

리 사: 나는 기여적 접근법보다 좋은 다문화 교육과정이 있다는 점을 알지 못했던 것 같아. 그래서 나는 그것을 머릿속에 그리는 데 어려워했던 거 같아. 하지만 그것을 실천하는 것을 배울 수 있을 것 같아.

이 책을 읽는 많은 이들은 리사의 생각에 공감할 수 있을 것이다. 우리도 그녀처럼 불편함을 느끼고 있다. 이제 리사는 중요한 자기 자신의 내면과의 투쟁의 마지막 단계에 도달해 있다. 그리고 좋은 교사가 되기 위한 도전들 대부분이 그런 자기 자신의 내면과의 투쟁과 관련이 있다. 여러 가지 이유들로 인해서 현상을 유지하고 있지만, 또 다른 이유들 때문에 현상에서 벗어나려고 하기도 한다. 창의적인 교

〈실천 예제 6.11〉 다문화적 내용으로 수업 계획하기

1. 주요 개념 혹은 생성적 주제

　과목:

　학년:

2. 수업 목표(차시 혹은 단원이 끝날 때 학생들이 주요 개념을 통해 할 수 있어야 하는 것은 무엇인가?)

　①
　②
　③

3. (5장에서) 학생들이 이미 알고 있는 것은 무엇인가? 이 개념과 관련하여 학생들은 어떤 경험을 하였는가?

4. 이 장의 앞부분에서 논의했던 연구 절차를 활용하여 적어도 역사적으로 소외된 집단 하나 이상의 관점에 의거하여 선택한 개념에 관한 정보들을 찾아보자. 그런 다음 단일 집단 연구, 다문화적 혹은 사회 행동 모델을 활용하여 그 개념을 발전시키고 수정하는 방법을 제안하도록 하라.

사는 주정부의 교육과정 기준이나 교과서를 바로 수용하지 않는 변혁적 다문화 교육과정과 사회적 행동 교육과정으로도 교육과정 기준에 따라 가르칠 수 있다고 인식한다. 이러한 사례는 이전에 언급했던 몬터레이 카운티 농업에 관한 단원을 가르친 1학년 교사에서 찾아볼 수 있다.

이제는 여러분이 하나의 개념을 가지고 수업을 계획할 차례이다. 여러분이 분석한 교과서나 사용하고 있는 교육과정 지침서를 확인해보라. 한 가지 개념과 다음 모델들 중 한 가지 모델을 선택하라. 즉, 기여, 단일 집단 연구, 변혁적 다문화, 사회 행동 모델 등이 있다. 그리고 아래 〈실천 예제 6.11〉을 통하여 선택한 개념이 어떻게 발전되는지를 확인해보라.

한 차시 혹은 한 단원에 대한 수업을 계획해보자. 고려할 사항들은 다음과 같다. (1) 해당 수업에서 다루고자 하는 내용 기술, (2) 교수활동 절차, (3) 학생들의 학습 정도를 평가하기 위한 계획, (4) 필요한 교수학습 자료, (5) 수업 계획에 따라 소요되는 시간. 다문화 교육과정 자료들을 배치시키는 방법은 다음 절에서 다룰 것이다.

교육 영역 14 다문화적인 교수 자료 배치하기

교사들은 다문화교육 자료들을 어디에다 적절하게 배치하는가? 사실 활용 가능한 자료들은 수없이 많다. 그러나 이 절에서는 자료를 배치하는 데 한 가지 주의할 점을 제안하고자 한다. 자료 자체가 신중하게 수립된 수업 계획과 본인의 배경지식을 대체할 수 없다는 점을 명심해야 한다. 자료는 교육 목표를 결정하거나 교사가 가진 지식을 대체하는 것이 아니라, 달성하고자 하는 수업 목표를 지원해줄 수 있을 뿐이다. 또한, '완벽한' 자료란 있을 수 없다. 즉 모든 자료는 편견을 담고 있고, 장점도 있지만 한계도 있다. 자신이 무엇을 가르치고자 하는지를 분명하게 인식하는 교사들은 교실에서 다양하고 변형된 도구들을 개발하고 활용하는 방법을 배울 수 있다. 심지어 사회 정의 문제를 검토하기 위하여 편견을 담고 있는 교과서를 수업에 활용할 수도 있다. 고등학교 교사인 Christensen(2002)은 다음과 같이 설명한다.

주어진 교수학습 자료의 성격과 관계없이 그 자료를 이용하여 사회 정의 단원을 구성하는 방법을 찾아보라. 예를 들어, 『앵무새 죽이기』라는 책이 있다면, Charles M. Payne의 『I've Got the Light of Freedom: The Organizing Tradition and the Mississippi Struggle』을 선택하고 그 책의 맥락을 이해하는 데 필요한 역사적 배경에 관해 논의하라.

좋은 교사들은 자료에 과도하게 의존하기보다는 그것을 신중하게 선택하고 사용한다. 더욱이 최고의 교사는 끊임없이 배우고자 하는 학습자이기도 하고 열정적인 자료 수집가이기도 하다. 시간이 지날수록 그런 교사들은 자신의 교실에 자료들을 수집하여 지역사회에서 봉사활동을 하거나 전문 분야에서 적극적으로 활동한다. 또한 자료를 공유할 다른 교사나 사서를 물색하고, 새로운 자료를 개발할 수 있는 다양한 장소를 모색한다. 그들은 좋은 자료가 존재하고 그것을 찾을 수 있다고 생각한다. 다음으로 우리는 아동과 청소년을 위한 책, 인터넷 자료, 지역사회 자료, 자료로서의 학생에 관해 살펴볼 것이다.

✚ 아동 · 청소년 도서

아동과 청소년들을 위한 많은 도서들에는 주류 백인 중산층 이외에 다양한 공동체들과 개인들에 관한 내용이 담겨 있다. 그 도서들은 대규모 출판사, 소규모 신문사(대부분 이런 신문사들은 활성화된 웹 사이트가 있다), 카탈로그, 도서관 그리고 서점 등에 있다. 예를 들면, 몇몇 주요 대규모 출판사들은 다문화 아동 문집과 사회과 교육 자료를 보유하고 있다. 하지만 교사들은 자신이 속한 학군이 허용하는 아주 기본적인 자료만을 접하기 때문에 그들 스스로 필요한 자료들을 직접 요구하고 찾아야 한다.

전자책 같은 유형의 자료도 있다. 예를 들어, 『Patakin: world tales of drums and drummers(Jaffe, 2001)』란 전자책은 어느 드럼 연주자에 의해서 저술되었는데, 그 책에는 각종 드럼이 어디에서 유래했고 어떻게 활용되었는지를 전 세계에서 수집한 이야기로 구성되어 있다. 이 책은 CD도 함께 제공되기 때문에 학생들이 시청각을 활용하여 읽을 수 있도록 만들어졌다.

아동과 청소년을 위한 도서들도 교과서처럼 비판적으로 검토해볼 필요가 있다. 예를 들어, 어떤 책이 아프리카계 미국인들에 대한 내용을 담고 있다고 해서 그 책이 편견을 심어주거나 잘못된 정보를 제공하지 않을 것이라고 간주해서는 안 된다. 미국 토착 원주민을 인물로 다루는 아동 도서들은 그 질적 수준이 다양하다. 몇몇 책은 아주 훌륭하기도 하지만, 다른 책들은 편견을 심어준다(Slapin & Seale, 1998). 여성 역사에 관한 책들은 다양한 배경을 가진 여성을 묘사하고 있지만, 일부 책들은 여전히 백인 여성을 주로 다루고 있다. 또한 다문화 자료들은 종종 장애인 문제들을 소홀히 다룬다. 장애를 가진 인물들에 대한 묘사가 실제적이지 못하기도 한다.

교사들은 '다문화적인' 것으로 보이는 것을 함부로 다루지 말고, 그런 자료들을 평가하는 일종의 지침을 활용해야 한다(Gayle-Evans, 2004; Helbig & Perkins, 1994; Muse, 1997; Slapin & Seale, 1998의 자료 참조). 참고로 Multicultural Review(www.mcreview.com), Teaching Tolerance(www.tolerance.org/), Rethinking Schools(rethinkingschools. org), Multicultural Perspectives 같은 저널들은 주로 아동과 청소년을 위한 책, 비디오, 청각 자료에 대한 비평을 다루고 있다. GLSEN(Gay, Lesbian, Straight Education Network) 같은 웹 사이트는 교사나 학부모들에게 자료를 선택하는 데 있어서 추천 도서나 추천 웹 사이트를 제공해준다(www.glsen.org/templates/booklink/index.html). 이런 것

들을 잘 활용하면, 선택을 잘못한 자료들로 가득 찬 자료 저장소보다 선택을 잘한 소수의 자료들을 보다 잘 활용할 수 있게 될 것이다. 〈실천 예제 6.12〉에서 당신은 아동들과 청소년들의 책을 선택하기 위해 전자도서관을 검색해보아야 한다. 1963년도에 설립된 매디슨에 위치한 매디슨 위스콘신 대학교 안의 Cooperative Children's Book Center는 좋은 도서들을 소장하고 있기로 유명하다. 또한 이 도서관은 교사들과 부모들을 위한 추천도서도 소장하고 있다(www.education.wisc.edu/ccbc). 학교 교사들은 위에 열거된 웹 사이트를 검색해보고, 도서목록도 찾아보라. 연령대에 맞는 단계를 선택한 후에 여러분이 〈실천 예제 6.11〉에서 계획한 수업 내용과 관련된 3~5권 정도의 책을 선택하라. 아래에 도서 목록을 쓰고, 그 책을 고른 이유를 써보자.

〈실천 예제 6.12〉 추천 도서 고르기

①

②

③

④

⑤

선택한 이유:

이제 도서 목록과 저자들을 알게 되었으므로 학교, 지역 도서관, 서점에서 그 도서들을 찾아보도록 하자. 원한다면 서점에서 필요한 도서들을 주문할 수도 있을 것이다.

다양한 자료를 찾을 수 있는 인터넷 자료들은 아주 많다. 예를 들어, Multicultural Pavilion(http://www.edchange.org/multicultural)은 노래, 시, 사회 정의 연설문, 그리고 인터넷 토론게시판, 인터넷서점 같은 다양한 자료들을 제공한다. Gorski(2005)는 다문화교육을 위한 인터넷 사용방법에 관한 훌륭한 안내서를 편찬했다. 인터넷 자료는 다문화교육에 도움이 될 수 있는 방향으로 선택되어야 한다.

Public Broadcasting Services(PBS)와 같은 매체는 교사들에게 매우 유용한 도구를 제공한다(http://www.pbs.org/teachersource/). 예를 들어, PBS는 2005년 8월에 나온 "교육과정에 나타난 개념들"이라는 기사에서 정치와 예술에 관한 교육을 위한 교수 계획과 자료를 제공하였다. 그 계획 중 하나는 캘리포니아 벽화가인 주디스 바카(Judith Baca)가 그린 벽화에 초점이 맞춰져 있다. 케네디 예술센터(John F. Kennedy Center for the Performing Arts in Washington, DC)는 교사들에게 온라인 수업 지도안 자료와 교육과정 자료를 제공한다(http://artsedge.kennedy-center.org/teach/). 또한 인터넷에서 빠르게 확산되고 있는 다문화 수업 지도안들을 쉽게 찾아볼 수 있다. '다문화 수업 지도안'으로 검색하기만 하면 몇 분 안에 그와 관련된 수백 개의 자료를 찾을 수 있다. 그러나 그런 자료들의 질적 수준이 다양하므로 사용하고자 하는 자료의 선택은 신중해야 한다.

다른 사회문화적 집단 혹은 추천된 교육자원에 관해서 인터넷을 검색할 때는 해당 웹 사이트가 누구에 의해 어떤 목적으로 구축되었는지를 확인하는 것이 매우 중요하다. 〈실천 예제 6.13〉에서 다문화 교육과정 계획에 유용하다고 간주되는 웹 사이트를 분석해보라. 웹 사이트에 기술된 편견과 관점을 확인해보라.

분석 결과를 토대로 해당 웹 사이트를 교육 자료로 어떻게 사용할 것인가? 만약 여러분이 편견이나 시각에 대해 찾기 어렵다면, 다른 사람에게 그 웹 사이트를 보여주고 질문해보라. 종종 다른 사람들이 우리가 인식하지 못하는 편견을 볼 수 있기 때문이다. 모든 자료는 편견을 담고 있고, 누군가의 관점으로 제작된 것임을 명심하라. 편견을 담은 자료가 반드시 문제가 있는 것은 아니다. 문제는 자료가 지닌 편견을 인식하지 못하고, 자료 제작자의 편견을 그대로 수용하는 경우이다.

〈실천 예제 6.13〉 웹 사이트 분석하기

1. 누가 이 웹 사이트를 만들었는가?

2. 이 웹 사이트는 어떤 목적을 위해 만들어졌는가?

3. 이 웹 사이트의 개발자는 어떤 편견을 가지고 있는가? 단, 누구나 편견을 갖고 있다는 점을 명심하라. 즉 편견이 반드시 좋거나 나쁜 것은 아니다. 또 개발자의 편견으로 해당 웹 사이트가 무용하다고 단정해서도 안 된다.

4. 이 웹 사이트는 누구의 세계관을 지지하는가?

5. 이 웹 사이트는 누구의 세계관을 비판하거나 무시하는가?

✚ 지역사회의 교수-학습 자료

지역사회는 다문화교육을 위한 교수-학습 자료를 많이 제공할 수 있다. 대부분의 지역사회에서는 지역사회를 기반으로 활동하는 예술가들이 있다. Cruz와 Walker(2001)는 플로리다 주 탬파 지역의 가난한 아프리카계 및 라틴계 미국인 학생들이 다수를 차지하는 학교에서 실시되는 아프리카계 미국인·쿠바인·스페인인의 역사박물관을 견학하는 8주 프로그램을 소개하였다. 이 견학 프로그램은 학생들 사이에 인종차별의 벽을 없애주었고, 학부모들에게도 어느 정도 영향을 미쳤다. 일부 학교는 지역 예술가 주도의 교육 프로그램을 개발하거나(예를 들어 Bressler, DeStefano, Feldman & Garg, 2000 참조), 학생들과 지역사회 벽화가를 연결시켜주는 프로젝트를 실시하기도 했다(예를 들면 Conrad, 1994 참조).

교육과정 차원의 프로젝트들은 학생들을 지역사회 조사 과정에 참여시킬 수 있다. Schergen(2005)는 한 초등학교에서 시카고 소재의 Cabrini Green 주민과 연계하여 해당 지역의 낡은 건물이 철거되고 현대식 건물이 건설되는 과정에서 그 지역의 '기념박물관'을 건축하는 프로젝트를 소개한 바 있다. 미술시간을 활용하여 학생들은 도시재개발 과정에서 해체되고 있는 Cabrini Green 지역의 역사 자료 보관 시설을 만드는 작업을 도왔다. 이와 같은 프로젝트 수행을 통해서 Cabrini Green 지역에 대한 문화 지식이 풍부해졌고, 사회에서 박물관의 역할과 목적을 이해함으로써 문화 자본이 축적되었다.

McIntryre(2000)와 예비교사들은 도심 거주 학생들과 함께 지역사회의 폭력 문제에 관한 자료를 수집하고, 폭력 문제를 해결하기 위한 방안을 모색하는 활동을 하였다. 학생들은 지역사회의 '생생한 이야기들'을 수집하고자 카메라를 활용하였다. 지침에 따라 10대 임신과 복지 문제를 조사하기 위한 지역사회 연구가 실시되었고, 학생들은 지역사회 문제를 확인하면서 그 문제를 해결하기 위한 행동 전략들을 개발하였다. 이와 같은 프로젝트 과정에서 교사들은 학생들의 지역사회 기반 연구를 학문적인 탐구 활동으로 연결시켰다. 또한 McIntyre와 예비교사들은 학생들에게 그 프로젝트 활동을 대학에 진학해서도 계속 수행하도록 장려했다.

2장에서 우리는 투손(Tuson) 지역의 사회정의 교육프로그램에 관해 살펴보았다. 그 프로그램을 통해서 고등학교 학생들은 사회과 및 영어 수업의 일환으로 지역사회에서 연구 프로젝트를 설계하고 실행하였다. 이에 대해 한 신문기사는 다음과 같이 소개하고 있다.

> 대화, 개인적 성찰, 설문 등 일련의 과정을 거쳐 참여 학생들과 프로젝트 관리자들은 네 가지 주제에 집중하였다. 매체에 드러난 유색인 학생의 유형, 학교 내 학생들의 스테레오타입 종류, 교육에서 비판적 사고와 수동성, 그리고 유색인 학생의 문화 실종이라는 네 가지 주제이다. 학급을 네 그룹으로 나누어 각 그룹마다 하나의 주제를 조사하였다. (중략) 2005년 수업에서는 재차 매체에 드러난 유색인 학생의 유형을 다루기로 했고, 다만 유색인 학생 중 청소년과 여성에게 주는 매체의 부정적 영향을 다루었다. 다른 그룹들은 빈곤 문제, 가족 내 언어폭력과 인종차별, 학생들의 동기화에 대한 환경의 부정적 영향 등의 주제가 할당되었다. 교실 밖 활동으로 학생들은 대학 수업 수준의 관찰법, 현장조사 기록법, 면담법, 결과분석 등 다양한 기법들을 활용하였다. 매주 두 차례씩 학생들은 수업 시간에 조사 결과를 발표하였고, 4학년 학생들이 대학원생 역할을 하면서 서로 토론하고 비판적으로 검토하는 세미나 형식으로 수업이 진행되었다(Tuttle, 2005).

〈실천 예제 6.14〉 자신의 교육과정 자료 확대하기

1. 주제:

2. 주제와 관련하여 활용할 수 있는 인터넷 자료를 제시하라.

3. 주제와 관련하여 활용할 수 있는 지역사회 자료를 제시하라.

4. 상기 인터넷 자료와 지역사회 자료의 장점과 약점을 비교 분석하라.

사회 문제를 조사하기 위해 학생들이 지역사회 자료를 사용하는 것은 '실제 세계'와 교과 지식, 기능을 연결하는 데 매우 효과적일 수 있다. 이러한 프로젝트를 통해 그동안 학교에 적응하지 못했던 학생들은 자신들이 관심 있는 문제에 대처할 교과 지식과 적절한 기술을 활용할 방법을 알게 되었다.

〈실천 예제 6.14〉에서 여러분은 동일한 주제를 가르치기 위해 각기 다른 자료의 상대적인 가치를 비교해야 한다. 여러분은 〈실천 예제 6.11〉과 〈실천 예제 6.12〉에서 사용한 주제를 동일하게 사용해도 좋고 다른 주제를 선택해도 좋다. 다문화적인 관점에서 해당 주제를 가르치는 데 사용할 수 있는 인터넷 자료와 지역사회 자료를 활용하라. 그리고 두 자료의 장점과 단점을 비교해보라.

✚ 교육과정으로서의 학생

특히 학생들이 청소년 집단의 대중문화를 향유하는 과정에 주목하면, 학생들 자신들이 하나의 교육과정 자료가 될 수 있다. 대중문화는 청소년들이 소비하고 생산하는 영화, 음악, 잡지, 비디오게임, 패션, 그래피티를 포함한다. Giroux(2000)에 따르면 청소년 대중문화는 "자기 자신의 의견을 말하고, 공적인 영역으로서 대안이 되며, 자신의 관심을 표현할 수 있는 유일한 수단이다."라고 강조한다(p. 13).

예를 들어, 여러분은 뮤직비디오, 학생들이 만든 음악, 변형한 시를 활용하여 문학 수업에 대중문화를 도입할 수 있다. 이 책의 2장과 5장에서 여러분은 학생들 세계의 다양한 차원에 대해 조사하였다. 청소년 문화는 교사들이 해석하는 방식과 학생들이 해석하는 방식이 다르기 때문에 학생들의 세계를 수업에 연결시키는 교육과정을 설계할 때 학생들의 도움을 받아야 한다. 교사들이 진심으로 관심을 보여주기만 한다면, 학생들은 자신의 관점을 교사들과 함께 공유하는 것을 매우 좋아한다는 점을 명심해야 한다.

예를 들어, 우리 저자 중 한 명은 6학년 영어 교사가 추모시를 가르치고, 학생들에게 자신만의 추모시를 작성하게 하는 수업을 참관한 적이 있다. 학생들은 애완동물의 죽음부터 교통사고로 친척이 죽은 것, 전쟁에서 죽은 국가 영웅까지 다양한 주제에 대해 썼다. 대부분의 학생들은 자발적으로 자신들이 쓴 내용을 소리 내어 읽었고, 학생들은 서로의 글들에 관심을 가지고 들었다. 모든 학생들이 읽고 난후, 한 인도네시아 여학생은 불가리아인 여학생에게 발표를 위해서 배포한 글에나오는 불가리아 단어들을 읽는 방법을 알려달라고 요청했다. 이처럼 서로에게 배우는 과정을 통해서 학생들은 서로 다른 견해와 관점을 청취하고 공유하는 법을배웠다.

✚ 결론

현재까지는 지식과 권력 간의 관계에 대한 논의를 시작한 것에 불과하다. 한 측면에서 교사는 사회 구성원의 역할을 수행하기 위해 필요한 기존 세대의 '지식'과신념을 다음 세대들에게 전달한다. 하지만 다른 측면에서 보면, 교사들은 그렇게행동하기로 결정하거나 심지어 그것에 대해 고려하는지의 여부를 떠나 정치적인투쟁에 참여하게 되는 것이다.

예를 들어, L. T. Smith(1999)는 서구의 지식과 미국 원주민의 지식 사이에 근본적인 차이점은 세상에 관한 가정과 관련이 있다고 주장한다. 서구인들은 지구를살아 있지 않고 통제할 수 있는 대상으로 보는 반면, 일반적으로 원주민들은 지구가 인간과 통합된 살아 있는 존재라고 생각하였다. 서구사회에서 사람들은 땅을사고팔고, 살아 있는 생물에 대해 독점권을 가지고, 자연 현상을 마음대로 조정하며, 땅을 떠나서 살 수 있다고 믿었다. 반면, 원주민사회는 이와 반대로 가정하였다. 여러분이 설계한 교육과정에는 지구에 대한 관점과 아직까지 비판적으로 검토하지 못한 내용들이 포함되어 있을 것이다.

하지만 유럽인들과 유럽계 미국인들이 만들어낸 최고로 '진화된' 지식의 구조와 모든 사람들이 따라야 할 삶의 방식을 만들어냈다는 것과 문화에 기초한 시각보다 진실을 믿는 것은 가장 위험한 발상이다. L. T. Smith(1999: 69)는 과거에도 그래왔듯이 상호문화적이고 세계적인 상호작용 방식은 오늘날 "집단적 정체성과 기억을 없애고 새로운 질서를 만들기 위해 모든 앎과 삶의 대안적인 방법조차 파괴하도록 설계되었다."라고 말한다. 학교에서 주류사회의 지식은 가르쳐질 뿐만 아니라, 인류의 역사에 가장 진화되고 유용한 지식의 구조라고 설명된다. 후자의 견해는 다문화적인 관점에서 문제가 많다.

또한 만약 아동들이 주류 집단의 지식과 언어를 배우지 않으면, 그들은 권력을 가질 수 있는 기회를 박탈당하게 될 것이다. Delpit(1995: 25)는 "권력을 가지기 위해서는 암호와 규칙이 필요하다. 즉, '문화권력'이 존재한다."고 강한 어조로 주장하였다(p. 25). 주류 집단 그 자체가 권력을 가지고 있기 때문에 문화 중심지와 그들이 사용하는 언어는 어느 정도의 힘을 가지고 있다. Delpit는 '비주류 집단의 자녀'를 위한 교육과정은 주류사회에 참여시키기 위한 개념적 도구를 필요로 한다고 주장한다. 교육과정을 다문화적으로 만들기 위해서는 학생들의 문화가 가진 힘을 빼앗아서는 안 된다.

교육현장에 적용하기

 길버트는 5학년을 배정받았다. 그의 동료 교사는 북아메리카 탐험에 대한 단원을 가르치라고 했다. 그녀는 자신이 작년에 사용한 교육 목표와 절차가 수록된 다음과 같은 단원 계획을 제공하였다.

단원 목표: 북아메리카 탐험

주제

1. 학생들은 책, 백과사전, 국어사전, 인터넷 같은 다양한 출처에서 정보를 모으면서 조사 능력을 개발하게 될 것이다.
2. 학생들은 초기 북아메리카의 주요 탐험자들의 탐험과 그 목적에 대해 시간과 지리적 위치와 관련하여 설명할 것이다.
3. 학생들은 조사 과정에서 찾은 정보를 사용하여 보고서를 쓸 것이다.

수업 절차

1. 학생들이 정보를 수집하기 위해 사용할 수 있는 다양한 출처를 알려주어라. 비소설책, 소설책, 잡지, 사전, 백과사전, 인터넷 같은 출처를 포함하여라. 모든 자료는 초기 북아메리카의 탐험에 관한 것이어야 한다. 학생들을 소집단으로 나누고 각 집단마다 하나의 주제를 제시한다. 그리고 그들에게 자료를 찾을 시간을 준다. 그들은 자료가 어떻게 구성되어 있고, 어떤 점에서 유용하며, 어떤 종류의 정보를 제공하고 있으며, 어떻게 사용할 수 있는지에 대한 기본적인 질문을 하고 대답해야 한다. 학생들이 발표할 때, 각 유형의 참고문헌별로 대답 목록을 만들어라.
2. 학교와 바깥세상에 관한 탐험이라는 용어에 대해 학생들과 토론해보라. 우리가 초기 북아메리카의 탐험에 대한 새로운 단원을 시작할 것이라고 설명하라. KWL 차트를 만들어라. (여러분은 무엇을 이미 알고 있는가?, 무엇을 배우고 싶은가?, 무엇을 배웠는가?) 학생들이 초기 북아메리카의 탐험에 대해 이미 알고

있는 것을 브레인스토밍하고, 첫 번째 열에 써라. "무엇을 배우고 싶은가?"에 대한 주제로 계속 토론하라.

3. KWL 차트에 있는 질문을 사용하여 정보를 찾기 위해 참고문헌 자료들을 어떻게 사용할 것인지 모형을 만들어라. 예를 들어, 질문이 "초기 탐험가들은 어떤 교통수단을 이용했는가?"라고 질문하면, 교통수단, 배, 말 같은 기워드를 이용해서 목차나 색인을 찾아볼 수 있을 것이다.

4. 학생들을 세 집단으로 나누어라. 각 집단에게 Christopher Columbus, Leif Ericsson, Juan Ponce de Leon 같은 북아메리카 탐험가들의 이름을 하나씩 제시하라. 각 집단별로 자신의 집단에 해당되는 탐험가에 관한 8~10개의 질문을 생각하도록 하여라. 학생들은 그들이 왜 탐험을 시작했는지, 북아메리카에서 그들의 이동경로는 어떻게 되었는지, 어떤 물건을 가지고 갔는지, 탐험을 하거나 북아메리카에 도착한 후 그들에게 어떤 문제가 발생했는지, 도착한 후에 무엇을 했는지, 유럽으로 돌아갔는지, 그렇다면 북아메리카에 다시 돌아오지 않았는지 등의 질문을 학생들이 구성할 수 있도록 하여라.

5. 학생들은 각자 다른 방법을 이용하여 자료를 조사해야 한다. 학생들이 탐험가에 관한 자료 조사를 마치면, 그들의 탐험에서 주요 사건을 묘사한 연대표와 탐험경로를 나타낸 지도 및 수집한 정보를 활용하여 보고서를 작성해야 한다.

6. 교실에 학생들의 결과물을 전시하여라. 학생들에게 다른 집단이 조사한 것을 관찰하게 하여라.

길버트는 이 단원 계획을 읽으면서 고민을 많이 하였다. 첫째, 조사해야 할 탐험가들에 오직 유럽인들의 시각만이 나와 있다. 그는 교육과정이 다양한 여러 집단의 시각과 관점을 반영해야 한다고 생각하였다. 둘째, 학생들은 누구를 조사하고 어떻게 그 정보를 발표할 것인지에 대해 선택할 기회가 없었다. 셋째, 학생들이 무엇을 배웠는지에 대한 평가를 위한 과정이 없었다. 길버트는 6장에 나온 교육 영역을 포함시키기 위해 이 단원 계획을 변경하고 싶었다. 여러분이 길버트라면 어떻게 단원 목표와 계획을 변경할 것인가?

• 대주제별로 단원을 구성해보라.

• 다양한 문화집단들이 가진 시각과 경험을 통해 그 주제를 구체화하라.

• 문화적으로 다양한 책과 인터넷 자료들을 제시해보라.

• 학생들의 생각과 시각을 위한 공간을 확대하라.

　　길버트는 다음과 같이 '대주제'에 따라 단원을 구성하였다. 그는 대주제인 북아
메리카의 탐험을 먼저 생각하였다. 그는 누가 북아메리카에 먼저 왔는지에 대해 다

른 학설이 존재하는지, 어떻게 누가 그 학설을 평가하였는지, '발견'이라는 개념이 어떤 의미인지, 탐험가들마다 북아메리카에 대해 어떻게 견해가 달랐는지, 원주민들은 누가 먼저 미국에 도착했고 미국에 온 유럽인들에 대해 어떻게 생각하는지 등이 궁금하였다. 그는 이 질문들에 대한 답을 찾기 위해 자료를 더 찾아보았다.

그리고 그는 기존의 단원 계획을 염두에 두면서 다양한 시각과 학생들의 의견을 포함하여 이래와 같이 단원 목표와 교수학습 활동을 재구조화했다.

단원 목표: 북아메리카 탐험

목적

1. 학생들은 책, 백과사전, 사전, 인터넷 같은 다양한 출처에서 정보를 모으면서 조사 능력을 개발할 것이다.
2. 학생들은 북아메리카 탐험에 관한 다른 시각들을 비판적으로 분석하고, 그 분석을 바탕으로 결론을 이끌어낼 것이다.
3. 학생들은 탐험가의 성격을 분석하기 위해 탐험가들에 대한 조사를 활용할 것이다.
4. 학생들은 다른 소집단에게 적절한 어조와 목소리, 그리고 시각적 자료(의상, 소품, 지도)를 활용하여 명확한 정보를 전달할 것이다.

수업 절차

1. 학생들이 정보를 수집하기 위해 사용할 수 있는 다양한 출처를 알려주어라. 비소설책, 소설책, 잡지, 사전, 백과사전, 인터넷 같은 출처를 포함하여라. 모든 자료는 초기 북아메리카의 탐험에 관한 것이어야 한다. 학생들을 소집단으로 나누고 각 집단마다 하나의 주제를 준다. 그리고 그들에게 자료를 찾을 시간을 준다. 그들은 자료가 어떻게 구성되어 있고, 어떤 점에서 유용하며, 어떤 종류의 정보를 제공하고 있으며, 어떻게 사용할 수 있는지에 대한 기본적인 질문을 하고 대답해야 한다. 학생들이 발표할 때, 각 유형의 참고문헌별로 대답 목록을 만들어라.

2. 학교와 바깥세상에 관한 탐험이라는 용어에 대해 학생들과 토론해보라. 우리가 초기 북아메리카의 탐험에 대한 새로운 단원을 시작할 것이라고 설명하라. KWL 차트를 만들어라. (여러분은 무엇을 이미 알고 있는가? 무엇을 배우고 싶은가? 무엇을 배웠는가?) 학생들이 초기 북아메리카의 탐험에 대해 이미 알고 있는 것을 브레인스토밍하고, 첫 번째 열에 써라. "무엇을 배우고 싶은가?"에 대한 주제로 계속 토론하라.

3. KWL 차트에 있는 질문을 사용하여 정보를 찾기 위해 참고문헌 자료들을 어떻게 사용할 것인지 모형을 만들어라. 예를 들어, 질문이 "초기 탐험가들이 어떤 교통수단을 이용했는가?"라고 질문하면, 교통수단, 배, 말 같은 키워드를 이용해서 목차나 색인을 찾아볼 수 있을 것이다.

4. 학생들에게 누가 북아메리카를 처음으로 발견하였는지 질문하라. Hoe-Shin, Brendan the Bold, Bjarni Herjulfsson, Leif Ericsson, Prince Madoc of Wales, Christopher Columbus, Chief Howling Wind 같은 탐험가들의 이름을 학생들에게 알려주어라. 각 집단별로 학생들은 이 탐험가들 중 한 명을 선택하여 조사할 것이다. 학생들은 청중에게 자신들이 선택한 탐험가들이 북아메리카를 처음으로 발견했다고 설득하기 위한 발표 계획을 세울 것이다. 일곱 명의 탐험가 분장을 한 학생들은 5학년 학생들과 그들의 가족들로 구성된 청중 앞에서 패널 토의 방식으로 발표할 것이다. 진행자는 탐험가들의 이야기를 소개하기 위해 각 탐험가를 초대하고 각 탐험가에게 동일한 질문을 하여라. 소집단들은 청중을 설득하기 위해 의상과 소품을 만들 것이다. 패널 토론 후에 청중은 누가 북아메리카를 처음 발견했는지를 투표할 것이다.

5. 학생들을 일곱 집단으로 구분하고 두 명의 학생이 진행자가 된다. 학급에서 모든 그룹이 공평하게 탐험가를 선택할 방법을 생각해보자. 탐험가들의 이름을 써서 모자에 넣고 제비뽑기하거나 탐험가를 선택할 순서를 뽑는 것을 예로 들 수 있다. 각 그룹 내에서 구성원들은 그들이 선택한 탐험가들에 관한 사실에 기반을 둔 정보를 수집할 것이다. 또한 구성원들은 (1) 기록자(일지에 정보를 기록하는 역할), (2) 탐험가(탐험가 의상을 입고 패널 토론에 참여하는 역할), (3) 소품 준비자(패널 토론에서 필요한 지도나 도식 같은 소품을 준비하는 역할)라는 세 가지 역할을 맡을 것이다. 학생들은 집단 구성원들의 강점을 어떻

게 이용할 것인지를 고려하여 역할을 정할 것이다. 두 명의 진행자는 패널 토론을 조장하고, 발표할 무대를 준비하며, 초대장을 만들고 보내는 일을 하는데, 그중 가장 중요한 것은 매일매일 집단 활동을 확인하는 것이다. 집단들은 교사에게 도움을 요청하기 전에 진행자에게 도움을 받는다.

6. 각 집단에게 다음 질문이 담긴 종이를 배부하고, 각 질문에 답하게 하라.

   - 자신에 대해 소개하시오. 당신은 어디에서 왔습니까?

   - 당신은 왜 미국을 탐험하려고 하였습니까? 무엇을 찾고 있습니까?

   - 당신의 여정에 대해 말하시오. 언제 집을 떠났고, 북아메리카에 도착하기까지 얼마나 걸렸습니까? 오는 동안 어떤 경험을 했습니까? 무엇을 보았습니까?

   - 북아메리카에 도착했을 때, 무엇을 보았습니까?

   - 당신의 경험 이외에 당신이 탐험에 참여했다는 다른 증거가 있습니까?

   - 탐험가 Chief Howling Wind를 맡은 집단만 추가적으로 대답할 질문: 미국 원주민들은 왜 북아메리카 발견을 거의 인정하지 않았습니까? 패널의 반대편 주장에 대한 당신의 생각은 무엇인가요?

7. 학생들은 어떻게 질문에 대답하고, 이 단원을 시작하기 전에 정보를 수집하기 위해 교사가 제공한 이야기 자료를 어떻게 활용할지를 결정해야 한다. 참고자료에서 얻은 정보를 학생들의 말로 어떻게 바꾸어 보여줄 것인지, 그리고 정보를 어떻게 기록할 것인지를 확실히 정해야 한다.

8. 학생들이 조사하면서 사용할 기록 양식을 만들고 학생들에게 어떻게 탐험가들을 특성화시킬지, 그리고 어떻게 소품을 만들 것인지를 명확하게 하라. 이는 그러한 주제를 맡은 구성원들에게만 해당하지만, 전체 학생이나 소집단도 참여하게 할 수 있다.

9. 발표하기 전에 리허설을 해보라. 이를 동영상으로 촬영하여 학생들이 청중 입장에서 그들 자신을 바라볼 수 있게 하라. 명확함의 정도, 표현력, 청중에 대한 시선 관리가 발표의 설득력을 높이는 데 얼마나 중요한지에 대해 토의해보라.

10. 발표하는 날, 청중을 탐험가들의 패널 앞으로 모이게 하라. 토론이 끝난 뒤에 패널 구성원이 말한 근거들에 바탕을 두고 누가 북아메리카를 발견했는지에 대해 투표를 해보아라. 오늘 배운 정보가 이전에 학교에서 배운 정보와 어떻게 다르고 같은지에 대해 청중과 토론해보아라. 많은 미국 토착민들이 인류의 근

원이 북아메리카로부터 유래하고, 이곳에서부터 인류가 퍼져나가기 시작했다고 믿는다는 것을 강조하라. 즉, 미국 토착민들은 아메리카를 발견한 것이 아니라 그곳에서 창조되었고 발견되어 다른 세계로 이동했다는 말이다. 여러분은 학생들과 함께 인터넷에서 이 관점에 대한 정보를 찾아보아라.

11. 역사적 사건에 대한 사실에 대한 정보 수집 시 다양한 관점의 중요성에 대해 토론해보자. 학생들이 정보를 모으는 데 힘들었는지 탐험가들의 시각에서 진술한 역사에 대해 조사하면서 정보를 찾았는지를 물어보아라. 몇 가지 책(교과서, 백과사전 등)을 찾아보고 단원에서 배운 여러 가지 관점에 따라 그 자료를 평가해보아라. 잘못된 의미를 가지고 있는 자료를 찾았거나 전체적인 이야기가 나오지 않은 자료가 있지 않았는가? 학생들은 왜 자신들이 그러한 자료를 찾았는지를 생각해보아야 한다.

학생들의 발표 평가하기

1. 단원의 조사 과정에서 학생들이 다양한 출처에서 정보를 수집하고 주제와 알맞은 자료를 선택하는 능력을 평가하라.

2. 북아메리카 탐구와 관련하여 여러 관점으로 분석하는 학생들의 비평능력을 평가하기 위해 단원을 마칠 때, 이 단원의 앞에서 제시한 KWL 차트를 완성하여라. 학생들이 학습한 역사적인 정보뿐만 아니라 역사 기록을 통해 배운 개념을 나열해보도록 하라.

3. 패널 토론을 하면서 학생들이 명확하게 말하는지, 적절한 어조와 목소리로 말하는지, 시각적 자료(의상, 소품, 지도)를 잘 이용하고 있는지, 그리고 발표가 끝난 후 청중의 반응을 피드백에 잘 반영하고 있는지를 평가하라.

7_장
시험과 평가

우리는 이번 장에서 다음과 같은 질문에 대한 답을 찾는 데 도움을 받을 것이다.

- 학교에서 가장 보편적인 평가 방식은 무엇인가?
- 고위험 시험은 무엇이고, 그 시험의 목적과 한계는 무엇인가?
- 형성 평가(formative assessment)와 총괄 평가(summative assessment)의 차이점은 무엇인가?
- 참 평가(authentic assessment), 포트폴리오 평가(portfolio assessment) 그리고 전시 평가(exhibition assessment)는 무엇인가?
- 참 평가의 방식들은 바람직한 다문화교육에 어떻게 기여하는가?

　6장에서는 바람직한 다문화교육의 교육과정 개발과 수정에 대해서 논의하였다. 교사들이 그러한 교육과정에 따른 수업을 진행했을 때, 교사들은 학생들이 무엇을 배웠는지를 어떻게 확인할 수 있을까? 자신이 세운 교수전략이 성공했는지 확인할 방법이 있을까? 만약 확인이 가능하다면, 그 전략이 어떤 학생들을 대상으로 성공했는지에 대해 확인할 방법이 있을까? 또한 수업을 진행하면서 교사들은 학생의 교육에 대한 학업 평가를 어떤 식으로 활용할 수 있을까? 현대 학교교육의 역사에서 학생의 성취도 평가는 3단계 시험(trilogy of tests)을 통해 이루어졌다. 3단계 시험에 해당하는 것은 먼저 교육과정 기반 평가(curriculum-based assessment), 다음으로 단원 평가와 중간·기말 시험, 그리고 표준화된 성취도 평가 또는 고위험 시험이다. 다문화교육과 관련하여 가장 중요한 질문은 다양한 배경을 지닌 학생들의 교육 평등성의 향상이라는 목표를 고려했을 때, 어떤 형태의 학업 평가가 가장 효과적이고 공평한가 하는 것이다.

　최근, 표준화된 성취도 평가 또는 고위험 시험이 지지를 받으면서 교육과정 기반 평가와 단원 평가 방식은 경시되고 있다. 우리는 먼저, 1980년대 이전까지 많은 교사들이 사용하고 선호한 형태인 교육과정 기반 평가와 단원 평가 및 6주차 시험[1]에 대해 살펴보게 될 것이다. 그 당시는 교사의 의견과 판단이 지금보다 더 중요하게 여겨졌고, 교사가 전문가로서 존경을 받던 때이다. 이번 장에서 다루어질 내용들은 다소 이상주의적인 것으로 여겨질 수 있다. 그럼에도 이러한 작업은 학업 평가에서의 문제점과 가능성을 토의하기 위한 길잡이가 될 수 있을 것이다. 그리고 다음으로, 표준화된 성취도 평가를 다루게 될 것이다. 우리는 이러한 평가의 구조나 교육계획안에 대한 내용을 다루기보다는 표준화된 평가 혹은 고위험 시험이 다문화교육에 어떤 영향을 미치는가에 대한 내용을 언급하게 될 것이다. 이어서 우리는 포트폴리오 평가와 전시 평가를 포함한 '참 평가(authentic assessment)'에 대해 살펴볼 것이다. 참된 형태의 학업 평가는 다양한 계층의 학생들이 무엇을 알고 무엇을 배웠는지에 대한 것을 밝히고, 교사의 교수법에 대한 지침을 제공해주

---

1)　역자 주: 중간·기말 시험

는 가장 큰 잠재력을 지닌 평가 방식이다. 교사 후보로서 당신은 현재의 고위험 시험에 대한 열망을 가라앉히고, 수행 평가 형태의 평가 방식을 활용해보는 것도 좋을 것이다.

먼저 이번 장에서는 다음 교육 영역을 다루고자 한다.

교육 영역 15: 참 평가 활용하기

이번 장에서 언급되는 실천 예제는 앞 장들에서 배운 개념, 관찰 결과 그리고 다른 사람들과의 상호작용을 통해 얻은 정보들을 새로운 아이디어와 연결시키는 방향으로 진행된다. 다음과 같은 조건들이 필요한 부분도 있을 수 있다.

- 한두 명의 급우에 대한 접근(실천 예제 7.1, 7.5)
- 컴퓨터에 대한 접근(실천 예제 7.4)
- 두세 명의 교사에 대한 인터뷰(실천 예제 7.2, 7.3, 7.8)
- 한두 명의 학생에 대한 접근(실천 예제 7.6)
- 학생의 포트폴리오에 대한 접근(실천 예제 7.7)

3단계 시험 (Test Trilogy)

　　우리는 세 가지 형식의 학업 평가 방식을 '3단계 시험'이라고 칭할 것이다. 3단계 시험은 교육과정 기반 평가, 단원 평가, 그리고 표준화된 성취도 시험 혹은 고위험 시험을 말한다. 15년 혹은 그 이상의 세월 동안 학생 신분이었던 당신은 아마도 이 세 가지 형태 모두를 경험했을 것이다. 시험공부를 하고 시험을 보고, 그 결과에 대해 걱정하던 당신은 교사의 입장에서 시험에 관해 고민해본 적이 있는가? 이번 절에서 우리는 시험에 관한 교사의 관점을 소개할 것이다. 먼저, 교육과정 기반 평가부터 살펴보겠다.

✚ 교육과정 기반 평가

　　교육과정 기반 평가 혹은 '형성 평가'라고 불리는 이 평가의 목적은 교사가 가르치는 것에 대해 상대적으로 학생이 수업시간에 무엇을 배우는가에 주시함으로써 교사 자신의 지도 방향을 이끄는 데 있다. 이 평가는 보통 한 주(혹은 그 이상의 기간 동안)에 다뤄진 모든 자료(예를 들어 개념, 역사적 사건들, 그리고 문법 규칙)를 대상으로 한다. 많은 교사들이 주말을 학생들이 치른 시험을 채점하면서 보내는데, 이는 월요일 아침에 어디서부터 진도를 나가야 할지 결정하기 위해서다. 교육과정 기반 평가를 통해 교사들은 반 전체를 대상으로 복습을 할지, 아니면 문제점이 발견된 학생들을 선별할지, 한두 명의 학생들을 선택해서 그들의 교육적 요구에 대처하는 특별 면담을 계획할지, 혹은 주어진 자료의 진도를 계속 나갈지를 결정하게 된다.

　　철자법이든, 수학이든, 사회 혹은 읽기 과목이든 간에 교육과정 기반 평가는 시험 당일에 긴장감을 조성할 수 있다. 학생들에게 월요일 아침은 결과가 좋을 경우, 축제와 환희의 시간이 될 수 있는 '진실의 순간'이다. 하지만 결과가 그 반대일 경우 학생들에게는 우울한 시간이 될 수도 있다. 시험성적이 부진한 학생들은 교사의 격려에 힘입어 '더 열심히 공부해서 다음 시험은 잘 볼 것'이라는 태도를 보여준다. 교사의 개인지도를 통해 대부분의 학생들은 점차 개선되는 모습을 보여주고, 자신들의 성공을 친구나 가족들과 나눈다. 지속적으로 학업부진을 겪는 학생들에게는 그들이 신체적, 심리적 혹은 감정적인 문제를 겪고 있는지에 대한 특성화된 평가가 필요할지도 모른다. 교사, 학부모 그리고 교직원들은 그러한 진단을 바탕으로 교육 프로그램을 기획한다.

셀리아: 내가 중학교에 들어갔을 때는 매주 시험이 있었던 것으로 기억해. 몇몇 대학 수업이 그랬듯이 말이야. 또, 선생님들은 친절했지만, 비상식적인 것은 아니었어. 그들은 우리에게 잘할 것을 요구했어.

길버트: 맞아, 가끔씩 우리 어머니가 시험지 좀 보자고 했던 적이 있어. 정말 어렸을 때는 시험을 치른 것을 어머니가 어떻게 알았는지 궁금해하곤 했지. 처음에는 어머니가 내 책가방을 뒤져봐서 그런 줄로만 알았어. 내가 무슨 생각을 하는지 아셨는지, 어머니는 어느 날 내게 "있잖아 길버트, 내가 한국에 있을 때에도 금요일마다 시험이 있었단다."라고 말씀해주셨어.

리　사: 나는 그런 시험들을 싫어했지만, 대부분의 선생님들은 우리가 무엇을 이해하지 못했는지에 대해서 신경을 많이 쓰셨어. 학생들이 매주 있는 수학 시험을 망치면 반드시 그다음 주에 그 문제들을 반복해서 연습하곤 했지. 우리가 마침내 제대로 이해할 때까지 말이야.

교사들은 학생들의 학습 진행 과정을 살펴보고, 사소한 문제들이 더 큰 문제가 되기 전에 모니터링 도구로서 커리큘럼 기본평가를 사용한다. 나중에 논의할 평가의 다른 형태보다 커리큘럼 기본평가를 더 유용하고 적합하다고 생각한다. 다문화적 관점에서는 최소한 두 가지 고려해야 할 사항이 있다. 첫째, 이 평가는 학생들이 무엇을 알고 무엇을 할 수 있는지를 파악하는 데 도움이 되는가? 예를 들어, 학생들이 시험 볼 충분한 시간을 가질 수 있었고, 시험에 사용된 어휘에 익숙한가? 둘째, 6장에서 말했듯이, 그 평가가 커리큘럼 설계의 바탕이 되어야 하는 다문화적 내용을 포함하고 있는가?

✚ 단원 평가

3단계 시험의 다음 단계는 단원 평가이다. 학생들이 배운 것을 기억하고 있는지 확인하기 위해 교사들은 6주차 시험 혹은 단원 평가를 치른다. 이 중에서 어떤 시험들은 교사가 직접 출제하고 어떤 시험들은 교재에서 출제된다. '총괄 평가'라고도 불리는 이 시험들로부터 도출된 결과는 매일의 수업을 지도하기 위한 목적보다는 학생들이 그동안 얼마나 잘 배웠는지를 확인하기 위한 평가이다. 이 시험들은 성적표에도 영향을 미친다. 단원 평가를 위해 학생들은 대부분 하루나 이틀 정도 전에 집중적으로 공부하게 되고, 많은 학생들이 시험에 대비하여 서로에게 도움을 주려고 노력한다.

교사와 학생이 서로 밀접하게 협력하면서 공부하는 것이 바람직한 학습이라고 생각한다. 그 이유는 교사와 학생은 서로 영향을 미치기 때문이다. 교사는 그동안 얼마나 학생들을 잘 가르쳤는지, 그리고 학생들은 얼마나 잘 배웠는지를 판단할 수 있게 된다. 훌륭한 교사는 학습에서의 상호 협력을 통해 시험 울렁증과 공포증이 최소화되는 환경을 조성한다. 교사들은 학생들이 일종의 동지애를 발휘하여 시험 울렁증을 극복하고, 서로 협력하여 공부하고 상대방을 도와주도록 격려한다. 학생들은 최고점수를 받아야 한다고 생각하지만, 혹 시험에서 좋은 성적을 얻지 못한다 해도 학생들은 스스로에 대한 존중의 감정이 사라지는 것은 아니라는 것을 배우게 된다. 학생들이 교사가 학업에 도움을 준다는 것과 개선의 여지가 있다는 것을 이해하게 되면 학생은 스스로에 대해, 그리고 교사와 부모에 대한 책임감을 배우게 된다. 부모 혹은 보호자와 교사는 학생들이 중요한 시험을 준비하는 데 도움을 주는 존재로 아주 가치 있는 역할을 맡는다. 이러한 맥락에서 시험은 괴물이 아닌 도전으로 여겨진다. 이것은 대중 앞에서 행하는 첫 번째 연설이나 부모와 친구들 앞에서 갖는 첫 피아노 독주에서의 느낌과 유사할 것이다.

학생, 교사, 부모를 비롯한 모든 사람들은 시험결과와 교육과정 기반 평가의 누적 평균이 함께 성적표에 반영된다는 것을 알고 있다. 학생들은 중압감을 느끼지만, 이것은 대부분 사랑과 도움의 손길이 있는 안전한 환경에서 겪는 형태로 나타난다. 하지만 시험에서 좋은 성적을 거두지 못한 학생들의 계속되는 성적 부진은 교사들이나 교직원, 그리고 부모들이 제대로 된 도움의 손길을 내밀지 않을 경우 학생들의 낮은 자존감과 인생에서의 실패를 가속화시킬 수 있다.

〈실천 예제 7.1〉은 이 두 가지 종류의 평가 방식과 관련된 본인의 개인적인 경험을 되돌아보도록 한다. 당신의 경험에 비춰보았을 때, 두 평가 방식의 장점과 단점은 무엇인가? 당신의 생각을 급우와 서로 공유하라.

〈실천 예제 7.1〉 시험에 대한 여러분의 생각

교육과정 기반 평가와 단원 평가와 관련된 당신의 경험은 어떠하였는가?

	교육과정 기반 평가		단원 평가
장점		장점	
단점		단점	

교직 이수 과정을 밟고 있는 대학생 혹은 대학을 졸업한 교사인 당신은 한 평생 배운 대부분의 과목에서 상당히 좋은 성적을 거두었을 확률이 높다. 만약 성적 부진을 겪었더라도 당신은 별 어려움 없이 그 난관들을 잘 해결해나갔을 것이다. 분명히 당신의 졸업 학점은 평균 B 이상일 것이다. 하지만 학교에서 학업적인 어려움에 허우적거리는 학생들은 〈실천 예제 7.1〉에 어떤 대답을 할 것이라 예상하는가? 시험과 평가를 이해하기 위해 그들의 경험이 유용할 것이라고 여기는가?

✚ 표준화된 성취도 평가(고위험 시험)

3단계 시험의 세 번째이자 마지막 단계는 표준화된 성취도 평가이다. R. Mitchell(1992: 5)에 따르면 표준화된 시험은 "비교를 용이하게 하기 위해 똑같은 조건 아래 똑같은 질문을 다양한 사람들에게 하는 것"이라고 하였다. 그런 시험은 다음과 같은 질문에 대한 답을 요구한다. "내 아이는 우리나라에서 동일 연령대의 평균적인 읽기 수준에 도달하고 있는가? 우리 학군을 다른 학군과 비교했을 때 3학년 수준의 읽기를 더 잘하는가? 올해 학생들이 작년 학생들에 비해 읽기 수준이 더 높은가?" 이런 질문들은 총괄 평가와 관련이 있는데, 이것은 이 질문들이 교사의 교수법에서 어떤 부분들이 수정이 필요한지를 규명하는 데 초점을 맞춘 것이 아닌, 학생들이 전반적으로 주어진 커리큘럼을 완벽하게 소화했는지에 중점을 두고 있기 때문이다. 시간이 흐르면서 '캘리포니아 주 성취도 평가(California Achievement Test)'와 '아이오와 주 기초학습 능력에 대한 평가(Iowa Test of Basic Skills)'를 포함한 많은 시험들이 초등, 중등 그리고 대학 단계에서 학생들의 기본적인 학습 방법에 대한 성취도를 조사하기 위해 개발되었다. 성취도 평가는 읽기, 수학, 문법, 사회 그리고 철자법 같은 과목들에서 학생들의 학습 능력을 측정해보기 위한 기준을 측정하는 척도로 개발되었다.

1980년대 중반 이전까지의 교사와 학생들은 현재와는 전혀 다른 방식으로 표준화된 성취도 평가에 접근하였다. 이 평가는 2, 3년에 한 번씩만 실시되었기 때문에 많은 학생들과 교사들은 그것을 '도전적 과제'라고 여겼다. 교사들이 의도적으로 이 시험에 대비하여 공부를 시킨 것은 아니지만, 학생들에게 기본적인 능력과 시험 정보를 가르쳐서 대비할 수 있도록 해주었다. 그랜트는 자기가 교사였을 당시에는 시험을 치르는 학급 간에 선의의 경쟁을 치렀다고 회상한다. 학생들은 자기가 속한 반이 다른 반보다 좋은 성적을 얻기를 희망했다. 또한, 단원 평가 비교와 마찬가지로 표준화된 시험을 위한 준비를 위해 교사, 학생 그리고 교직원들은 서로 적극적으로 협력하였다. 칼은 자신이 맡은 8학년 학생들을 메트로폴리탄 성취도 평가(Metropolitan Achievement Test)에 대비시키면서 25~35분가량의 시간 동안 집중력을 발휘할 수 있는 방법에 대해 가르쳤다. 그는 자신의 요령을 학생들에게 알려줬고(가령 '절대' 혹은 '항상'이라는 단어를 포함하는 보기는 아마도 답이 아닐 확률이 높다는 점), 그들이 시험을 성공적으로 치를 수 있을 만한 두뇌를 가지고 있다고 격려하였다.

표준화된 시험은 형성 평가의 목적인 어떤 학생이 학습 부진 상태에 있고, 어떤 학생이 도움을 더 필요로 하는지에 대한 유용한 척도가 될 수 있는데, 이는 표준화된 시험이 모든 당사자들을 서로 혹은 이미 숙련된 대상과 비교해볼 수 있기 때문이다. 하지만 표준화된 시험은 공평성의 문제와 관련하여 언제나 단점이 지적되었다. 표준화된 시험의 한 유형인 지능 검사는 지능이 높은 사람들이 아이를 낳는 게 더 낫다는 생각을 당연한 것으로 수용하게 하였고, 미국 이민 허가를 받을 수 있는 사람이 누구인가를 판단할 수 있는 수단으로 사용하려는 우생학 운동(eugenics movement)의 회원들로부터 지지를 받았다. 표준화된 지능 평가는 옛날보다 그 활용 정도가 줄어들었고, 오늘날 대부분의 표준화된 시험은 전반적인 학습 능력보다는 학생들이 내용과 기술을 얼마나 완벽하게 연마할 수 있는지를 평가한다. 하지만 일반적으로, 이러한 시험들은 커리큘럼과 인간 발전에 대한 주류 문화의 가정을 바탕으로 발전되고 표준화되었다. 즉, 이 시험들은 평균적인 백인 중산층 학생들이 알고 이해하고 있는 지식수준인 '규범적인 문화자본(normative cultural capital)'을 바탕으로 고안된 것이다. 결과적으로 그러한 시험들을 이용해 학생들에게 알찬 프로그램과 특별한 교육을 소개하는 것은 인종, 문화, 사회 계층 그리고 언어적 편견에 대한 논란을 야기했다(Obiakor, Obi & Algozzine, 2001).

과거 대부분의 학생들에게는 표준화된 시험을 통해 도출된 결과가 그들의 학교 배치에 영향을 미치지 않았다. 이는 표준화된 시험이 「위기에 치힌 국가(A Nation at Risk, National Commission on Excellence in Education, 1983)」라는 보고서가 발행된 이후인 1980년대에 시작된 현대 교육 개혁 운동에서 강조되기 시작하면서 변화하였다. 이 보고서는 외국의 기술(소니 텔레비전)과 자동차들(현대자동차)의 침투가 미국 교육 시스템에 지대한 영향을 미쳤다고 말한다. 보고서는 다음과 같이 진술하고 있다. "세계 시장에서 미국의 낮은 경쟁력을 극복하고자 한다면 우리의 교육 시스템 개혁에 다시 온 힘을 쏟아야 한다(p. 7)." 이러한 담론은 교육 개혁의 주된 논점이 되었다. 하지만 교육자들은 그런 논의에 활발히 개입하거나 논의를 통제하지는 못했다. 오히려 연방, 주, 지역의 정치 지도자와 관료들이 교사들을 배제하고 통제하는 역할을 주도했다. 교사들은 미국 교육의 위상에 관한 안건을 다루는 정책 결정 회의들에 초대받지 못했다. 정치 지도자들은 기본으로의 회귀를 향한 개혁으로 방향을 잡았다. "기본으로 돌아가자(Back to the basics)", '교육에서의 수월성과 책무성', 그리고 '새로운 기초(New Basics)'는 새로운 교육 슬로건이 되었다. 대선 후보들은 "교육 대통령이 되겠다!"는 공약을 내세웠다. 주지사 후보들 또한 동일한 공약을 천명했다.

1980년대에 시작된 교육 개혁은 매년 가속화되는 추세이다. 21세기 초에 교육 개정은 책무성과 고위험 시험이라는 형태로 생생히 남아 있다. 3장에서 언급했듯이, 고위험 시험이라는 개념은 표준화된 시험을 이용해 진급, 유급 그리고 졸업과 같이 학생들에게 직접적인 결과로 나타나는 중요한 결정을 내릴 수 있도록 한다. 초등 및 중등교육법(the Elementary and Secondary Education Act: ESEA)의 개정안인 2001년의 '낙오학생방지 운동'은 미국의 각 주에서 모든 학생들에게 매년 읽기와 수학 시험을 볼 것을 요구했다. 이 시험들은 각 주의 학업성취도 기준과 관계있으며, 시험 결과는 학생들이 이 기준을 얼마나 잘 따라오는지에 대한 정보를 제공한다. 현재는 읽기와 수학 시험에 대한 과도한 집중은 재고되고 있는데, 그 이유는 이 현상이 커리큘럼의 범위를 그 과목들로만 한정짓고 있기 때문이다. 하지만 시험 과목 영역을 추가하는 것에 관한 논의는 보다 많은 과목들에서 학생 성취도 평가를 실시하자는 것이지 시험을 축소하자는 의도는 아니다.

현재의 개혁 시도는 처음이 아니라는 점을 상기해야 한다. 앞선 두 가지 교육 개혁을 간단히 살펴보면, 현재의 상황을 검토해보는 데 많은 도움을 줄 것이다. 현재의 개혁과 마찬가지로 두 가지 모두 사회적으로 불안한 시기에 출현했다.

첫 번째 개혁은 러시아가 최초의 우주선 '스푸트니크호(Sputnik)'를 발사한 1957년 냉전의 산물이다. 많은 미국인들이 기술적으로 소련에 뒤처진다는 생각에 충격과 절망에 빠졌다. 어떤 사람들은 러시아인들이 우주 경쟁에 앞서나갈 경우 자신들의 생존이 위협받는다고 생각했다. 더불어 자국에 대한 자부심 또한 산산조각이 났다. 정치인들과 시민 지도자들은 미국의 학교 수업내용과 방식에 대한 재검토를 요구했다. 시민의 강력한 항의에 따라 의회는 1958년 국가방위교육법(National Defense Education Act)을 통과시켰고, 학교는 커리큘럼을 바꾸도록 강요받았다. 과학, 수학 그리고 언어에 더 많은 관심이 기울기 시작했다. 교사들은 '새로운 수학'(가령 집합, 밴 다이어그램)을 가르치도록 지시를 받았는데, Hanna(1983: 14)는 이를 "학교에서 수학을 보다 추상적으로 다루도록 촉진하는 현상"이라고 말했다. Hanna는 "'새로운 수학'의 강조는 일종의 지적 학문으로서 수학의 이론과 실천으로 인식되는 것들을 유사한 구조, 내용, 방식으로 제시하도록 학교 수학을 통일시키는 데 초점을 맞추고 있다."고 말했다. 이렇게 어려워진 수학의 주제 및 교수법으로 인해 교사들의 능력은 의심을 받았다. 그래서 당국은 교사들이 교육과정 자료에 나타난 '교안에 충실하도록', 혹은 교사들이 연수를 통해 배운 그대로 가르칠 것을 요구했다. 즉, 교사는 학생들을 가르칠 때 수학 '전문가'들의 이론을 인용하거나, 심지어 어떤 경우에는 전문가들의 글을 글자 그대로 읽어주라는 지시를 받았다.

두 번째로 큰 교육 개혁 시도는 린든 존슨 대통령이 빈곤과의 전쟁을 선포하고

의회에 경제적 기회 법안(Economy Opportunity Act, 일명 빈곤퇴치 법안)을 발의한 1964년에 시작되었다. 이 법안은 Head Start 프로젝트[2] 같은 보상 교육 프로그램을 제정했고, 학교에 인력과 물질적 자원을 제공해주었다. 원래 이 프로젝트는 1960년대의 '문화 결핍(cultural deprivation)'이라고 불린 현상에 대해 유치원 아이들이 보상을 받을 수 있도록 하기 위해 시작된 것이다. 또한 의회는 빈곤을 퇴치하기 위한 수단으로서의 교육을 촉진시키기 위해 1965년 초·중등교육법(ESEA)을 통과시켰다. 초·중등교육법의 제1항은 읽기와 수학 성취도를 개선시키는 데 초점을 맞춘다. 이 개정안의 다른 조항들은 도서관, 수업 자료 그리고 교원 발전을 위한 투자에 관한 것들을 다루고 있다.

1965년 초·중등교육법의 제1항이 통과된 이래로 저소득층 성적 부진 학생들의 교육을 위한 연방정부 지원의 주된 요소는 대규모시험(large-scale testing)을 통한 프로그램 평가였다. 1970년대에 플로리다 주를 포함한 미국의 몇몇 주들은 학생들이 생산적인 시민이 되기 위해 필요한 최소한의 경쟁력을 가지도록 기초 학업 능력을 평가하는 데 관심을 기울이기 시작했다. 이 주들은 학생 개개인이 고등학교를 졸업하는 데 필요한 수준(최소한의 역량)에 도달하였는지를 판단하기 위해 대규모의 평가와 표준화된 성취도 평가를 사용하는 평가 프로그램을 소개했다. 1980년대 중반에 이르러서는 33개의 주가 '최소한의 역량'을 요구했다. 하지만 '최소한의 역량'이 기준을 낮추는 효과를 동반한다는 비판이 일자, 이 아이디어는 점차 영향력이 사라졌다.

1983년에 발간된 「위기에 처한 국가(A Nation at Risk)」 보고서는 미국 교육에 '열등생들의 해일'이 밀려오고 있다고 주장했다. 이 보고서는 국가 수준의 성취도 평가에 있어서의 저조한 점수, 학교 질의 저하 그리고 선택형 교육과정으로 인해 전 세계가 미국을 우러러보는 시각이 빠른 속도로 저하되었다고 경고했다. 국가교육목표공청회(National Education Goals Panel)를 결성한 1989년 주지사 회의 이후 1990년대 중반에 이르러서는 18개의 주가 졸업을 위한 필수 시험들을 시행했다. 약 25개 주

---

2) 역자 주: 취학 전 아동을 위한 정부 교육 사업

에서는 학생들의 시험 결과가 학교 운영에 지대한 영향을 미쳤다. 예를 들어, 연방 정부의 지원금 제도, 교육기관의 인증, 시험점수가 저조한 학교의 통폐합 등을 결정하는 데 이 시험 결과가 활용되었다(National Research Council, 1999: 15).

바로 이 시점에서 클린턴 대통령은 학업성취기준(standards)에 대해 언급하였다. '1997년 대통령 일반교서(State of the Union)'에서 클린턴은 국가가 "교육적 성취기준을 위한 십자가"를 짊어져야 한다고 주장했다. 이러한 학업성취기준은 "연방정부의 기준이 아니라 국가적 차원의 성취기준이어야 하며, 21세기 지식경제사회에서 성공하기 위해 모든 학생들이 알아야 할 것(National Research Council, 1999: 14)"이라고 했다. 클린턴은 "모든 주가 국가적 차원의 높은 학업성취기준을 도입하였고, 1999년에 이르러서는 모든 주가 4학년 학생들 모두에게 읽기 시험을, 8학년 학생들 모두에게는 수학 시험을 부과하여 학업성취기준이 충족되도록 해야 한다."고 주장했다. 클린턴은 "제대로 된 시험은 누가 도움을 필요로 하는지, 수업에 있어 어떤 변화가 필요한지, 그리고 어떤 학교들이 개선되어야 하는지를 알려줄 것이다."라고 선언했다. 또한, 그는 "시험은 자동적으로 상위 과정으로 진급하는 것을 결정하는 데 도움을 줄 수 있다. 어떤 아이도 준비되기 전까지는 초등학교에서 중학교로, 중학교에서 고등학교로 진급해서는 안 된다(p. 14)"고 주장했다. 이로써 6장에서 거론된 '성취기준'에 대한 초점은 강화되었고, 상위과정으로의 자동적인 진급은 허용되지 않게 되었다. 많은 도시 지역에 있는 학군들이 진급 시험 정책을 도입했다.

고위험 시험과 학생 성적에 대한 교사의 책무성은 국가 자부심과 매우 큰 연관성을 가지고 있다는 점을 이해해야 한다. 미국의 학생들이 다른 선진국들의 학생들보다 성적이 저조하다는 것은 국가적 논란을 유발하고, 많은 미국 시민에게 집단적인 불안감을 조성하였다. 비록 세계 경제와 관련된 미국 학생들의 학업 수준에 대한 걱정이 고위험 시험을 더욱더 강조하게 되는 요소이지만, 시험은 그 자체로서의 생명력을 얻었고, 오직 성적을 올리기 위한 수단으로 이용되었다. 바람직한 다문화교육은 훌륭한 교사가 표준화된 고위험 시험에서 학생들이 얻는 점수만이 아닌, '전인(全人)으로서의 아이'에게 관심을 기울일 것을 요구한다.

현재 이 시험들의 활용에 대한 가치가 뜨거운 논란이 되고 있다. 가장 좋은 시험이란 학생들이 학교에서 실제로 배우는 것을 공평하게 평가받게 하고, 수업 방식에서 개선해야 하는 부분을 확인하도록 해준다. Archbald(1997)와 같은 교육학자들은 표준화와 학업 평가는 교사 효율성과 학생 성취도를 개선하는 데 좋은 수단으로 이용될 수 있고, 이 모델을 없애는 것은 너무 이르다고 주장하였다. Archbald는 "명확한 학업성취기준과 좋은 평가 자료도 없이 성취기준만 높고, 교사는 효과적으로 교육을 하고, 학생들은 만족할만한 성취를 거둔다는 가정은 믿을 수 없다."고 주장한다. 대신에 Archbald는 "학년별 성취도 기준이나 성취기준 기반의 평가를 학교가 채택하지 않는다면, 과연 교육이 효과적인지를 알 수 있는 방법이 없다(p. 157)."고 주장한다. 그가 주장하기를 뚜렷한 기준이 없다면 "모범적인 교사들의 노력이 학교 내에서 눈에 띄지 않게 되고, 또한 그로 인한 결과들이 인정받지 못할 수도 있다. 이 상황에서 노력하지 않는 교사들이 개선되어야 한다는 책임감이나 압박감으로부터 벗어날 수 있는 조건이 형성된다(p. 159)." 이와 유사하게, 몇몇 연구자들은 특히 역사적으로 환경이 열악한 공동체의 학생들에 대한 평가가 수업과 학업을 개선하는 데 효율적인 장치로 작용했다는 것을 입증했다(Palmaffy, 1998; Roderick, Jacob & Bryk, 2002).

아이들의 교육에 있어서 중요한 결정을 내리기 위해 의무적으로 실시되는 표준화 시험에 대한 지나친 의존은 미시건 주와 캘리포니아 주를 포함한 많은 주에서 점차 비난의 대상이 되고 있다. 많은 교육학자들이 학생들의 학습 성과를 측정하기 위해 선택형 객관식 시험을 이용하는 것이 과연 타당한 방식인가에 대해 의문을 제기하고 있다. 교사들은 "시험을 위한 수업"을 해야 하고, 이 때문에 더욱 포괄적 수업의 실행에 방해를 받고 있다고 항의한다. 많은 교사들이 상향 평준화된 수업에 반대하는 목소리를 높이고 있는데, 그들은 자신들이 직업적으로 무능해지고 있다고 말한다(Apple, 1982). Luke(1998: 307)는 "교사들의 직업적 무능화는 교사들이 직접적인 통제력을 갖지 못한 채 특정한 업무와 교수법을 실행하고, 그런 업무와 교수법의 틀 안에서 사고하고 평가하도록 강요당할 때 발생한다."고 설명한다.

교사로서 전문적인 판단을 내리고 자신의 전문적인 지식과 기술을 사용하도록 기대받기보다는 타인들이 만들어놓은 특정한 지시사항을 따를 것을 요구받을 때 교사들은 무능해진다.

더불어 시험 지향적인 교육은 고차원적인 사고와 창의력의 발달을 방해한다는 우려도 있다. 예를 들어, Zhao(2009: 50)는 미국과 중국의 교육 시스템과 발명의 역사를 비교해봤을 때, 사회는 "개인적인 차이점을 존중하고 개인적인 관심사를 인정해주며 다양한 재능을 지원해주는 문화"로부터 이점을 얻는다고 한다. 그는 현재 모든 아이들에게 우수성과 똑같은 수준의 능력과 지식을 요구하는 미국의 집착이 표준화된 평가에서 창의력 증진으로 방향을 바꾼 중국의 움직임과는 대조된다고 주장한다.

〈실천 예제 7.1〉은 교육과정에서 제시하는 어떤 예시 지도안을 따르고 있거나 따른 경험이 있는 교사를 찾아내어 인터뷰를 한 다음 이러한 실천에 대한 교사의 관점을 알아보도록 요구한다.

〈실천 예제 7.2〉 예시 지도안에 따른 수업과 직업 단순화

1. 교육과정 가이드에서 제공하는 '예시 지도안'을 따르도록 지시받은 교사를 인터뷰하라.

2. 교사들에게 다음과 같은 질문을 하라.

　① 예시 지도안을 따르는 것에 대해 어떻게 생각하는가?

　② 그것이 교사가 수업을 하는 데 방해가 되는가, 아니면 도움이 되는가?

　③ 학생들은 교사의 이런 수업 방식에 대해 어떤 반응을 보이는가?

　④ 예시 지도안이 새로운 교수법 기술을 개발하는 데 도움이 되는가?

　⑤ 예시 지도안이 교사의 지식을 활용하는 데 어느 정도까지 방해가 되는가?

특히 단기 교사교육 프로그램을 이수한 신임교사들은 가끔 교안을 유용하게 여기는데, 이는 예시 지도안이 교사에게 요구하는 것을 정확하게 담고 있기 때문이다. 하지만 좀 더 연륜 있는 교사들은 대부분의 경우 예시 지도안을 성가시고 억압적이라고 생각하고, 마치 자신들이 지적으로 낮은 단계에 있는 교사로 취급당하는 느낌을 받는다고 한다.

끊임없는 논쟁에도 불구하고 시험은 계속해서 확대·확산되고 있다. 사실, 시험은 돈벌이가 되는 큰 사업으로 발전했다. R. Mitchell(1992)은 "1955년과 1986년 사이에 초등과 중등 수준의 시험 사업은 그 가치가 달러로 400% 뛰었고, 현재 연간 5억 정도의 가치"를 지니고 있다고 보고했다. 최근에 J. Cohen(2009)은 미합중국 연방정부 감사국(federal Government Accountability Office)이 2008~2009학년도 동안 각 주가 약 6억 4천만 달러를 의무적인 시험 실시에 투입했고, 이 돈의 대부분은 시험 결과를 측정하고, 처리하고, 채점하고, 보도하는 사기업에게 돌아갔다고 보고했다. 시험 자료 관련 계약을 한 4대 회사는 CTB/Mc-Graw-Hill, Harcourt Assessment, Pearson Assessment, 그리고 Riverside Publishing이다(Olson, 2004).

교육에 있어 다양한 책임을 지는 사람들로부터 고위험 시험에 관한 의견을 묻는 것은 유용할 것이다. 〈실천 예제 7.3〉은 학교 교사들의 견해를 확인하는 데 사용할 질문들이다.

〈실천 예제 7.3〉 고위험 시험이 교수 및 학습에 미치는 영향

인터뷰를 통해 두세 명의 교사들에게 다음과 같은 질문을 하라.

① 어떤 종류의 평가 정보가 교사가 수업을 하는 데 가장 도움이 되었는가?

② 교사는 어떤 종류의 고위험 표준화 시험을 실시하도록 요구받는가?

③ 고위험 시험이 어느 정도, 어떤 방식으로 교사의 수업에 영향을 미치는가?

④ 고위험 시험이 학생들의 학습에 어떤 영향을 주는가?

교사들은 어느 정도까지 공통의 관점을 보여주었는가? 어떤 차이점이 있는가? 교사들은 교실에서 발생하는 일에 대해 고위험 시험이 어떤 영향을 미치고, 이러한 영향에 대해 긍정적인 의견을 갖고 있는가, 아니면 부정적인 생각을 갖고 있는가?

이제부터 미국에 있는 모든 학생들에게 교육적 리더십을 제공해야 할 책임을 지고 있는 몇몇 사람들의 고위험 시험에 대한 반응을 살펴보도록 하자. 민주당 대통령 지미 카터로부터 미국의 첫 교육부장관으로 임명받은 Hufstedler(2002: 686)는 다음과 같은 주장을 한다.

최근 들어 학생들의 표준화 시험 성적은 종종 '책무성'을 검증하는 지표로 활용되었다. 온도계가 유용한 것과 시험성적이 유용한 것은 동일한 이유에서이다. 즉, 성적과 온도계는 특정한 징후를 감지하는 데 도움을 주기 때문이다. 그러나 성적과 온도계만으로는 징후의 원인을 알 수 없다.

로널드 레이건 대통령 집권 당시 교육부장관으로 임명된 공화당 출신 Cavazos(2002: 694)는 다음과 같이 말한다.

현재 연방정부는 시험이 교육을 더 발전시키고, 학생들의 학업을 증진시킬 좋은 수단이 될 것으로 판단하고 있다. 정부의 이러한 시도는 정부가 각 주에 자금지원을 하기 전에 시험을 교사의 책무성 확보 메커니즘으로 적용시키려는 의도이다. 나는 모든 국가시험의 활용은 엄청난 어려움과 많은 부정적인 결과를 낳는다고 본다. 소중한 수업시간이 시험을 치르는 데 소비될 경우, 과열된 시험이 역효과를 낸다는 사실을 우리는 알고 있다. 많은 학교들이 이미 '시험 치르기'를 강조하고 있고, 어떤 학교들은 심지어 '시험을 위한 수업'을 한다. 나는 연방정부가 시험사업에 뛰어들면서 더 많은 학교들이 학생들이 배워야 할 것보다 시험에 집중하게 되지는 않을까 하는 걱정이 든다.

교육 평가 전문가들 또한 우려를 나타내고 있다. 교육에 대한 과학적 연구를 선도하는 미국의 가장 큰 전문단체인 전미교육학회(American Educational Research Association, AERA)는 유치원부터 12학년까지 교육에서의 부적합한 고위험 시험에 대한 공식 입장을 표명했다(AERA, 2000: 2). 다음은 그들이 자신들의 입장을 표명한 텍스트의 본문에서 발췌한 것이다.

학생들의 장래와 교육 기회에 영향을 미치는 판단들은 시험성적만으로 결정해서는 안 된다. 그런 판단들의 전반적인 타당성을 높이기 위한 다른 관련 정보들 또한 고려되어야 한다. 시험이 개별 학생의 학년 진급 여부 혹은 고등학교 졸업과 같은 고위험 시험 판단을 하는 데 이용될 수 있다. 이 경우 학생들에게 최소한의 평등을 보장하기 위해서 시험을 통과하기 위한 다양한 기회를 제공해야 한다.

교육 내용 성취기준과 관련 시험이 변화를 유도하는 개혁으로 소개되어 현재의 관행을 개선시킬 수 있다. 이 경우 학교, 교사 혹은 학생들이 새로운 기준에 도달하는 데 실패하는 것을 방지하기 위해서는 적합한 자료에 대한 접근과 계획된 변화에 대한 반복훈련의 기회가 제공되어야 한다.

만약 시험이 학교 책무성을 위해서 혹은 교육과정에 영향을 주기 위해서 실시되는 것이라면, 그 시험은 수업의 의도된 목표를 대변하는 표준화 문건으로 제시된 형태로서 교육과정과 연계되어야 한다.

고위험 시험에서 낙제하는 수험생들은 단순히 시험 결과가 아니라, 시험이 의도하는 지식과 능력에 초점을 맞추어 개선이 필요하다면 그 기회를 제공받아야 한다. 재시험을 보기 전에는 학생들이 자신들에게 발견된 약점을 제대로 교정할 수 있도록 충분한 시간이 주어져야 한다.

만약 어떤 학생이 출제된 시험에 출제된 언어를 이해하는 능력이 부족하다면, 그 시험은 수험생의 언어능력을 측정하는 시험으로 변질될 수 있다. 그러므로 영어 능력이 떨어지는 수험생이 정당한 시험 점수를 습득하기 위해서는 어느 정도 보정이 필요하다.

학생들이 어떤 시험을 치러야 하는지, 그리고 학생들이 시험을 면제받기 위해서는 어떠한 조건이 필요한가에 대한 명확한 지침이 필요하다. 이렇게 세워진 지침들은 점수 비교의 타당성을 위해 동일하게 적용되어야 한다. 더불어 시험성적 결과 보고는 시험을 면제받은 학생들의 비율을 정확하게 표시해야 한다.

또한, 시험을 지시하는 정부 기관은 계속되는 연구 프로그램과 시험의 긍정적인 효과와 부정적인 효과를 모두 포함한 연구 조사 결과의 보급을 위한 자원을 제공해야 한다.

Amrein과 Berliner(2002)는 고위험 시험이 학생들에게 어떤 영향을 미치는지를 알아보기 위해 18개 주의 고위험 시험에 관한 조사를 실시했다. 그들은 "고위험 시험의 목표가 학생들의 학습을 증진시키기 위한 것이라면, 그 목표는 현재 효과를 발휘하지 못하고 있다."고 단호하게 말했다. 두 사람은 계속해서 "미국 모든 주의 학생들은 고위험 시험을 통해 고득점을 받을 수 있다. 그러나 이러한 점수의 향상은 시험을 위한 준비의 결과이며, 시험 과정에서 학생들을 배제했다는 점 외에 다른 결론을 도출할 수는 없다(p. 4)"고 지적한다. Amrein과 Berliner가 주장한 핵심은 표준화 평가가 일반적인 지각력과 학업 성장의 지표로 작용해야 한다는 것이다. 만약 한 학생이 특정 시험에서 좋은 성적을 얻었다면, 다른 유사한 시험들에서도 그에 상응하는 점수가 나와야 한다. 하지만 미국의 많은 주에서 주정부 주체의 고위험 시험에서의 성적 증진은 실제로 국가 학업성취도 평가(NAEP)와 같은 다른 표준화 평가의 낮은 점수와 상관관계를 이룬다. 이는 고위험 시험이 학교를 교육 기관이 아닌, 특정 시험 대비하는 기관으로 전락시킨다는 평가를 이끌어낼 수 있을 것이다. 즉, 고위험 시험이 학업에 있어서 변화를 이끌 것이라는 주정부의 주장은 사실이 아니라는 것이다. 더불어 Amrein과 Berliner는 또 다른 불편한 경향을 지적한다.

지금까지 시험은 '강점'에 근거하여 자원을 분배 혹은 재분배할 수 있다는 이유로 종종 정당화되어왔다. 그러나 시험 프로그램은 현재 교육 제도를 유지하기 위한 얄팍한 포장 방법이고, 오히려 지원금이 덜 필요한 사람들에게 지원금을 몰아주는 현실을 더욱 공고히 하고 있다(pp. 7-8).

공공연하게 시험제도를 옹호하던 Diane Ravitch가 2010년에 시험을 기초로 하는 시스템은 학업성취 개선에 도움이 안 된다는 통계자료를 발표했다. 그녀는 다음과 같이 말했다.

시험 준비를 위한 자료에 수백만 달러가 투자되었다. 하지만 미술, 과학, 역사, 문학, 지리, 윤리, 제2 외국어 그리고 체육을 가르치기 위한 동기부여는 찾아볼 수 없었다. 다시 말해, 미국 학생들에게 학습에 관한 기본 기능은 끊임없이 주입되었다. 그러나 그것을 제외한 다른 지식에 관해서는 아는 것이 아무것도 없는 무식한 졸업생들을 배출했다. 결국 시험성적에 대한 책무성은 미국 학교에 있어서 악몽과도 같게 되었다.

이러한 우려로 인해 많은 교육자들은 고위험 시험이 불공정하고, 그 시험이 다른 매우 중요한 사안들을 고려하지 않은 채 학교와 교육자에게 모욕감을 주고 비난하는 데 이용된다고 항의하였다. 고위험 시험 담론이 부유한 교외지역 학교들과 빈곤한 도심 지역 학교들 사이의 성취도 수준 차이에 대해서 언급을 회피하거나, 소극적으로 대응하는 이유는 무엇인가? 교사의 자질에 대한 논의는 많지만, 3장에서 거론된 가난한 사람들을 특정한 지역에 고립시키는 주거 문제, 불공평한 재정 지원 문제 등에 대한 논의가 거의 이루어지지 않는 이유는 무엇인가? 예를 들면, Orfield과 Wald(2000)는 하버드대학교의 시민권리 연구 프로젝트에서 고위험 시험이 피부색이 다른 학생들의 교육에 부정적인 영향을 지속적으로 끼친다는 사실을 밝혀냈다고 지적한 바 있다. 인종주의의 제도화로 인해서 흑인 남학생들이 특히 영향을 많이 받고 있다. 낙오학생방지법은 왜 학업 부진 학생들이 필요로 하는 요구의 깊이와 범위를 고려하지 않는 것일까?

고위험 시험의 압박감은 많은 교사들의 수업에도 부정적인 효과를 나타낸 것으로 보인다. Popham(2002)은 고득점의 획득이라는 가혹한 압력이 몇몇 교사로 하여금 (1) 고위험 시험 평가에 포함되지 않는 커리큘럼 내용을 수업에서 제외하고, (2) 시험에 출제되는 형식의 항목들을 학생들에게 강하게 주입시켜 학업에 대한 학생들의 흥미를 잃게 만들고, (3) 시험 준비 및 시험-행정 과정에서 부정직한 일을 하는 것을 용인하도록 유도한다고 말했다.

리　사: 내가 지금 제대로 들은 거야? 난 무엇을 믿어야 하는 거지? 내가 특별히 시험을 좋아하지 않지만, 시험이 교사와 학생들이 추구해야 할 주요 목표라는 것을 믿어야만 하는 거야?

길버트: 모든 고위험 시험이 나쁜 것인가? 저자들은 이런 주장을 했지.

셀리아: 나는 그런 시험들이 전부 나쁜 것이라고는 생각하지 않아. 클린턴과 부시 대통령의 자문관들이 고위험 시험을 대통령들에게 권했을 때 자신들이 무엇을 하고 있는지 모르지는 않았을 것이라는 생각이 들어. 어떤 학교 교사들은 학생들이 많은 것을 배우기를 기대하지 않고, 또 최소한 그런 개혁이 교사들로 하여금 해당 학년 수준에서 가르쳐야 할 것을 알게 해줄지도 몰라. 아마도 현재 오바마 대통령은 그런 이슈에 봉착해 있다고 봐.

리　사: 좋은 지적이야. 나 자신도 고위험 시험을 좋아하지는 않지만, 이 평가가 효과적이었다고 생각하는 사람들의 의견을 존중해야 하지 않을까?

길버트, 리사 그리고 셀리아는 고위험 시험에 대한 내용을 잘 파악하고 있다. 모든 고위험 시험이 나쁜 것일까? Popham(2002: 2)은 다음과 같이 우리에게 도움이 될 만한 말을 했다.

나는 모든 고위험 시험 프로그램에 반대하는 것은 아니다. 그러나 나는 결함이 있어 결국 아이들에게 해가 되는 고위험 시험 프로그램에 대해서는 강력히 반대한다. 불행하게도, 현재 미국에서 시행되고 있는 고위험 시험 프로그램은 너무나 결함이 많아서 지체 없이 폐기되거나 전면적으로 정비되어야 한다.

Popham이 제시한 시험의 단점 중 한 가지는 다음과 같다. "교육 전문가들은 시험의 답으로서 명시적인 교육내용을 통해 학생을 평가하는 이 방식에 대해 교사들이 학생들의 '숨겨진' 지식, 능력 그리고 효과에 대해서는 다만 추측을 통해 파악할 수밖에 없는 상황에 처하게 한다(p. 3)." 다시 말해, 교육 전문가들은 교사들이 학생들의 머릿속을 직접적으로 볼 수 있는 것이 아닌, 학생들이 실제로 알고 있는 것에 대해 파악할 수 있는 지표가 필요하다는 것을 의미한다. Popham은 다음과 같이 주장한다.

아이를 관찰하는 것만으로 그 아이가 얼마나 철자를 잘 쓰는지 알 수 없다. 이것은 아무리 자세히 관찰한다 해도 알기 어렵다. 마찬가지로, 미국 역사에 대한 학생의 지식, 서술형 에세이를 쓸 수 있는 능력, 또는 수학에 대한 학생들의 태도는 '숨겨져 있는' 것이다(p. 20).

올바른 다문화교육을 하고 있다고 믿는 사람들을 포함해서 대부분의 교육 전문가들은 기준, 높은 성취도 그리고 심지어 몇몇 표준화 평가에 반대하지 않는다. 하지만 그들은 결함이 있는 고위험 시험 프로그램이 일종의 억압과 폭압의 형식이 될 것이라는 점을 우려하고 있다. 우리는 고위험 시험에 동반되는 다음과 같은 11

가지 형태의 심각한 (교육적) 차별 또는 억압이 발생할 수 있음을 확인했다.

1. 학생, 교사, 학부모 그리고 다른 사람들의 출발선이 동등하지 않을 때, 차별이 발생한다. 모든 학생들은 시험을 봐야 한다. 그러나 그들에게 공평하고 동일한 수준의 시험 준비 여건이 제공되는 것은 아니다. 예를 들어, 부유한 학교의 학생들은 소규모 교실수업, 유능한 교사들, 경쟁력 있고 문화적 상응성이 포함된 커리큘럼, 도움이 필요한 학생들의 사전 발견, 방과 후 프로그램 그리고 여름방학 프로그램 등에 손쉬운 접근성을 지님으로써 종종 이득을 얻는다. 이러한 혜택은 빈곤 지역에 있는 학교에서는 얻기 힘든 것들이다.

2. 수준별 편성, 진급 그리고 졸업과 같이 중요한 사항들이 단 한 번의 시험을 통해 결정된다면, 학생들은 중압감을 느끼는 환경에서 공부할 수밖에 없다.

3. 낮은 수준 학급의 학생들에게 기본적인 교과만 가르치는 행위, 자격이 불충분한 교사와 학생들에 대한 낮은 기대수준을 가진 교사들을 제공하는 행위, 이 모든 행위들도 일종의 억압 형태이다.

4. 학생들이 시험에서 낙제했을 때 다른 형태의 재시험을 볼 기회를 주지 않고, 진급 결정을 내리는 데 그 시험을 이용하는 경우도 차별의 한 형태이다.

5. 시험과 관리 과정 중에 장애를 지닌 학생들의 요구를 고려하지 못하는 것은 차별의 한 형태라는 결과를 낳을 수 있다.

6. 시험 도중에 영어 능력이 부족한 학생들의 요구사항을 충족시키지 못하며 교육성과, 지식, 능력 그리고 특히 글을 읽고 쓸 줄 아는 능력에 대한 사항을 반영하지 않는 시험에 기초한 반 편성 결정은 영어 능력이 부족한 학생들에게 차별의 한 형태로 작용한다.

7. 차별은 교육 정책과 실천이 학생들의 시험 준비를 위해 전반적인 교육과정을 무시할 때 고위험 시험 자체에서 발생한다. 또한 교사들이 특히 가난하고, 피부색이 다르고, 신체적 혹은 정신적으로 이상이 있거나 영어 능력이 부족한 학생들의 요구와 관심을 무시할 때 발생할 수 있다.

8. 차별은 성취도가 낮은 학생들이 학교에서 소외되거나 시험 자격을 획득하지 못하고, 개인적인 교육적 관심을 받지 못했을 경우에 자주 일어난다.

9. 문화적으로 편향되게 구성된 시험에서 학생들이 시험 점수를 높여야 한다는 과도한 압력을 교사들이 받았을 때 억압이 발생한다.

10. 고위험 시험의 문제와 쟁점에 대해 교육자들 스스로 인식이 부족한 것은 그들 스스로가 자처한 중압감이다.

11. 부유한 학교와 빈곤한 학교의 재정 투자 격차가 좁혀지지 않는 한, 차별은 자주 발생할 것이다.

리　사: 와! 정말 엄청난 발상들이다. Popham은 우리가 왜 고위험 시험에 주목해야 하는지를 지적하고 있기 때문에 그의 주장 또한 도움이 많이 돼.

셀리아: 그렇지, 이러한 시험에 대해 많은 토론이 있어. 몇몇 4학년과 8학년 학생들과 더불어 수백 명의 매사추세츠 주 고등학생들이 고위험 시험 평가를 거부했다고 어디선가 읽었어.

길버트: 나는 시험에 대한 정보를 제공하는 웹 사이트가 있다고 들었어. 우리는 그런 웹 사이트들을 확인해서 시험의 장점과 단점을 논하는 다른 자료들을 파악할 수 있을지도 몰라.

〈실천 예제 7.4〉는 고위험 시험에 대해 토의할 수 있는 여러 가지 자료들을 살펴본 후, 당신의 입장을 에세이로 쓸 수 있도록 마련한 것이다. 어떤 자료들은 시험이 완벽한 것은 아니지만 쓸모 있는 것이라는 입장이고, 어떤 자료들은 시험은 전혀 쓸모없는 문제만 만들어내는 제도라는 입장이다.

〈실천 예제 7.4〉 고위험 시험에 대한 고찰

시험을 유용하다고 보는 입장과 문제가 있다고 보는 입장에 대하여 적어도 하나의 자료를 읽어라. 자료에 대한 예시는 다음과 같다. 그런 다음 제시된 주장에 대한 당신의 입장을 한 장에서 두 장 분량으로 작문하여 밝혀라.

시험이 유용하다고 보는 입장	시험이 쓸모없다고 보는 입장
중학교 시험: http://middle-school-testing.suite101.com/ Garrison and Ehrighaus (2007) 미국 정부, 낙오학생방지법: http://www2.ed.gov/nclb/landing.jhtml L. Skrla and Scheurich(2003)	공평한 시험: http://www.fairtest.org/states/survey.htm; 예를 들어, "Testing Our Children: A Report Card on State Assessment System" Rethinking Schools: http://www.rethinkingschools.org/ 예를 들어, Karp(2003) D. Johnson and Johnson(2002)

✚ 올바른 다문화교육을 위한 평가

올바른 다문화교육을 위해 유용한 평가는 무엇인가? 이렇게 경쟁적인 수업 환경 및 평가 환경에서 학생들이 얼마나 잘 따라오고 있는지를 판단하기 위해 필요한 것은 무엇일까? 교사가 학생들의 읽기 능력 혹은 분수의 개념에 대한 이해능력 등의 학습 능력 분야를 측정하는 것이 가능할까? 실제로 Linn(1990)은 교사들이 형성 평가를 통해 학급 토론, 숙제, 학습지 등을 이용해서 학생들의 공부를 언제, 어디서나 평가한다고 지적했다. 훌륭한 교사들은 수업에 도움이 될 수 있는 비공식적인 평가를 꾸준히 활용한다. 훌륭한 학교 지도자들은 개선된 교실 수업을 위해 다양한 학습의 증거들을 활용하여 교사들을 〈글상자 7.1〉에 표현된 반성과 계획의 사이클(cycle of reflection and planning)에 참여하게 만든다.

미국수학교사협의회(The National Council of Teachers of Mathematics, 1998)는 바람직한 다문화교육을 유지하는 데 유용한 여러 가지 전략을 추천한다. 또한 다음과 같은 변

〈글상자 7.1〉학생들의 학습 증거 활용하기

시험 데이터에는 포함되지 않는 학생들의 학습 증거가 개선된 수업을 위한 반성과 계획 사이클을 생산적으로 지도할 수 있도록 도와준다. 예를 들어, Springboard Schools(2005)는 아래에 제시된 탐구주기를 계획하기 위해 각 학교에서 학생들의 학습 데이터를 이용할 수 있도록 도와준다. 종종 초점은 가장 뒤처지는 학생들에게 맞춰지는데, 이것은 그 학생들의 성과를 개선시키는 방향으로 노력이 집중되도록 하려는 의도이다.

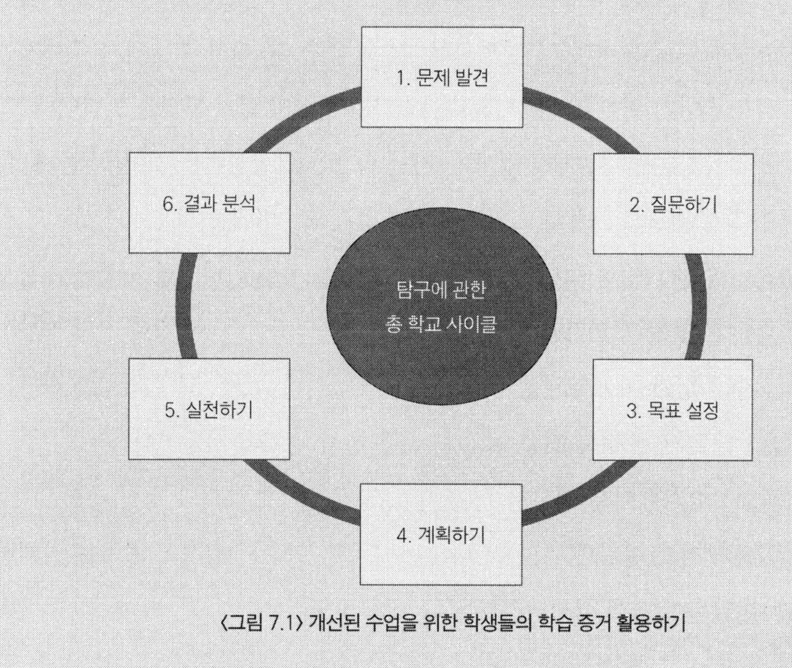

〈그림 7.1〉 개선된 수업을 위한 학생들의 학습 증거 활용하기

화가 있어야 한다고 주장한다.

- 단일 평가 근거에 바탕을 둔 추론을 멀리하고, 다수의 균형 잡힌 평가 근거들에 바탕을 둔 추론을 지향한다.
- 학생들의 행동 결과를 다른 학생의 것과 비교하지 말고, 승인된 준거 유형을 기초로 성과를 비교해야 한다.
- 외부 평가 근거에 거리를 두고, 외부 평가 근거와 교사들에 의해 정립된 평가 근거 사이의 균형을 잡도록 노력해야 한다.
- 문맥을 제공하지 않는 짧고 획일적인 대답을 요구하는 평가 방식에 우선순위를 두는 것을 경계하고, 그 대신 맥락에 바탕을 두면서 다각적인 접근을 허용하고, 어떤 경우에는 다양한 대답을 허용하는 과제의 활용을 활성화해야 한다 (pp. 1-2).

형성 평가를 충분하게 사용하는 것을 포함하여 평가 전략 혼합은 '중재에 대한 반응(Response to Intervention, RTI)'의 일부로서, 현재 특수교육에서 학생에게 주어지는 과중한 부담을 줄이기 위한 것이다. RTI는 네 가지 형식의 평가 방식을 포함한다. 첫째, 학기 초에 학생들을 검사해서 문제를 지닌 학생들을 발견하는 것이다. 둘째, 학생들의 공부 진행 정도를 사용하고 있는 교육과정과 교수법에 연결시켜 학생들의 성과를 관찰하기 위한 다양한 형태의 평가이다. 셋째, 교사들의 다양한 노력에도 불구하고 지속적인 학습 문제를 지닌 학생들에 대한 진단 평가이다. 이 경우 진단 평가란 보통 공식적인 시험과 비공식적인 시험 모두를 포함한다. 넷째, 진행 정도를 확인하기 위한 학년 말 결과 평가(outcome assessment) 혹은 총괄 평가를 사용한다.

미국수학교사협의회에서 제시한 평가 방향은 물론이고 RTI의 형성 측면은 '성과 혹은 참 평가'라고 불린다. 이어서 나오는 내용은 인증된 형식의 평가를 이해하고 활용할 수 있는 방법을 제시해준다.

　　대부분의 교사들은 참 평가가 실제적인 학습 과제를 통해 학생들의 진정한 학습 정도를 판단할 수 있다고 한다. Ryan(1994: 1)은 "참 평가는 증거 수집 과정이며, 학생의 공부와 성장을 진정한 맥락에서 파악하는 것"이라고 설명한다. Ryan은 또한 전통적인 평가 방식과 달리 참 평가는 개개인의 학생을 평가하기 위해 사용된다고 말한다. "학생의 성과를 다른 학생의 것과 비교하기보다는 그 자신의 지난 성과와 비교함으로써 학생 개인의 성장과 발전을 측정한다." 참 평가는 보통 커리큘럼을 바탕으로 하지만, 종이와 연필을 이용하는 형태의 시험이라기보다는 '현실 세계'에서의 능력과 개념의 활용을 반영한다.

　　많은 교사들이 수행 평가를 선호하는 이유는 이 평가 방식이 표준화 평가보다 교사들이 평가 과정에 더 많이 참여할 수 있기 때문이다. 수행 평가는 교사와 학생의 일상적인 성과에 평가 기준을 둔다. 수행 평가에서 교사는 진심으로 학생들의 관심사를 우선시하는 지적인 전문가로 간주된다. 교사의 전문적 판단은 학생에 대한 어떤 결정을 할 때 효력을 발휘한다. 이 말은 교사가 어떠한 결정을 함에 있어 절대로 다른 평가를 적용하지 말라는 것은 아니다. 하지만 좋은 의사와 마찬가지로, 수행 평가를 사용하는 교사들은 학생의 학습에 관련된 결정을 내리기 위해 동료 교사들과 토의도 하고 가능한 한 많은 진단 도구들에 의지한다.

　　Ryan(1994: 60)은 수학에서의 참 평가가 탐구 지향적 접근과 학생들이 의미와 이해를 구축하도록 도움을 주는 행위 모두를 포함해야 한다고 주장한다. 또한, 참 평가 과제는 다음과 같은 특성을 포함해야 한다고 말한다. 첫째, 과제를 다양한 방법으로 해결할 수 있어야 한다. 둘째, 이 과제를 통해 다양한 답변을 끌어내야 한다. 셋째, 과제는 학생들 상호간에 어떠한 방식으로든 의사소통을 하도록 요구한다. 그리고 넷째, 과제는 가능한 한 학생이 가장 좋은 성과를 획득할 수 있도록 장려되어야 한다.

Newman, Secada 그리고 Wehlage(1995, p.15)는 수학과 사회 과목의 과제가 현실적이기 위해서 다음과 같이 크게 세 가지 항목 아래에 일곱 가지 기준이 충족되어야 한다고 주장한다.

지식의 구성
1. 정보의 구성
2. 대안에 대한 고려

교과 연구
3. 교과 내용
4. 교과 과정
5. 정교한 글쓰기 의사소통

학교를 넘어선 가치
6. 세계 관련 문제
7. 학교 밖의 청중

셀리아가 6학년 학생들을 가르치는 교사라고 상상해보자. 새 학년 첫 달의 수학 교육과정은 다음과 같은 주(州) 수준에서의 성취기준에 따라 진행된다.

- 모든 학생들이 문제를 해결하고, 논리적 추론을 하고, 연결시키는 능력을 입증하고 보여줄 수 있다.
- 모든 학생들이 실생활 문제들을 해결할 수 있도록 기하학과 측정에 대한 이해를 입증하고 보여준다.

셀리아는 6학년들이 주최하는 연극에서 제니(Jenny)가 1920년대 미국의 작은 마을 풍경의 한 장면을 재현하기 위해 몇 마 정도의 합판과 천이 필요한지에 대한 다양한 계산법을 설명하는 것을 듣는다. 셀리아와 제니는 그 장면을 구현하기 위해 발생하는 디자인과 건축 문제에서 제니가 활용할 수 있는 수학 개념과 능력을 토의한다. 제니는 현지 박물관 전시회에서 이와 유사한 장면을 본 적이 있다. 그녀와 셀리아는 장면 구현에 도움이 될 수 있도록 박물관에 연락해서 큐레이터가 책이나 다른 자료들을 제공해줄 수 있는지 문의해보기로 한다. 셀리아는 이 기회에 연극 장면에 수학적 개념을 적용하는 것에 대해 제니가 다른 사람들에게 자신의 의견 전달을 어떤 방식으로 하는지 관찰한다. 또한 제니는 셀리아에게 그녀와 그녀의 친구가 추가적인 자료 조사를 위해 학교 도서관 사서와 약속했다고 말해준다.

이 프로젝트를 진행하는 동안 셀리아와 제니는 측정에 대한 제니의 지식을 토의하고, 제니가 이러한 수학적 지식을 실제로 적용할 수 있는 능력을 검토한다. 그들은 학년 초부터 지금까지 제니의 수학 과목 진행 상황을 토의한다. 이러한 평가 과정은 제니가 얼마나 잘 수행하고 있는지를 보여주고, 평가 과정에 직접 참여할 수 있도록 해주며, 특히 결과가 좋을 경우, 교사의 지지를 얻을 수 있다는 것을 보여준다.

〈실천 예제 7.5〉에서 Ryan(1994)이 말하는 참 평가의 특성들이 그 전 예시에서

〈실천 예제 7.5〉 참 평가 활용하기

Ryan(1994)이 말하는 참 평가의 특성들을 뒷받침하거나 그렇지 않은 문장을 셀리아와 제니의 예시에서 찾아라.

① 과제를 다양한 방법으로 해결할 수 있다.
② 과제가 다양한 대답을 이끌어낼 수 있다.
③ 과제가 학생 간 의사소통을 유도한다.
④ 과제는 최대한 좋은 성과를 요구한다.
⑤ 학생의 성과는 자신의 이전 성과와 비교된다.

제시된 주 기준과 더불어 어떤 방식으로 충족되고 있는지를 밝혀내라. 각각의 특성을 뒷받침하거나, 그렇지 않은 문장을 셀리아와 제니의 예시에서 찾아라.

여러분의 대답을 한두 명의 다른 급우들과 비교하라. Ryan이 지적한 참 평가의 특성 중 어떤 것들에 동의하는가?

참 평가는 단지 어떤 학생을 다른 학생들과 비교하는 것이 아니다. 참 평가는 단지 학생 개인[Jenny]의 성장에 주목한다. 제니와 그녀의 담당교사는 제니가 자신의 과제에 상응하는 역사적 정보와 수학 개념들에 대해 에세이를 쓰고, 그 에세이를 제니의 포트폴리오에 추가하는 것이 좋겠다는 판단을 했다. (포트폴리오에 대해서는 조만간 다시 언급할 것이다.) 또한 제니는 1920년대의 상업 및 주거지역이 오늘날의 지역보다는 규모가 작았다는 측정과 그 원인에 대한 자신의 이론들을 포함할 것이다.

참 평가는 교사와 학생 사이의 긴밀한 협력 관계를 목표로 한다. 더불어 특정 데이터를 우선시하거나 제외시키지도 않는다. 비록 제니와 셀리아가 제니의 수학 능력을 면밀히 평가할 것이지만(가령 상업 및 주거지역 장면 재현과 측정에 대한 수학적 적용과 컴퓨터나 계산기를 이용한 수학적 계산), 그들은 다른 학문 분야에서의 제니의 지식과 능력에도 주의를 기울일 것이다. 예를 들어, 큐레이터와의 인터뷰에서 수집한 데이터와 도서관 자료 조사를 통해 수집한 정보는 예술 분야에서 제니의 읽고 쓰는 능력을 평가하는 데 이용될 것이고, 도시 기술자들을 방문해서 얻은 역사적 자료들은 제니의 사회 과목 능력을 평가하는 데 이용될 것이다.

Kronowitz(1999)는 참 평가가 공부의 과정과 연속성을 보여주며, 지식, 능력 그리고 태도의 평가에 주의를 기울인다고 주장한다. Kronowitz는 셀리아가 이 과제에 대해 제니의 태도를 섬세하게 관찰해야 한다고 말한다. 그녀는 제니가 또 다른 이유로 이 과제를 수행할 가능성을 발견하기를 원할지도 모른다. 가령 제니의 절친한 친구가 길에서 자전거를 타다가 다쳤다거나, 제니가 장래에 도시 기획자 혹은 기술자가 되기를 희망하는 장기적인 목표를 갖는 등의 이유 말이다. 두 가지 이유 모두 타당하고 훌륭하다. 그럼에도 셀리아는 제니와 함께 과제를 수행하면서 후자의 이유에 더 공감할 필요가 있을지도 모른다. 후자의 이유에 셀리아는 직업

상담사로서 제니에게 도움을 주기를 원할지도 모른다. 그녀는 제니에게 그런 직업을 구하는 과정에서 부딪히게 될지도 모를 성차별에 대한 충고와 아울러 가능한 한 많은 수학 수업을 들어야 하는 중요성에 대해 가르쳐줄 수 있다.

참 평가는 교사와 학생들이 학생 자신의 학습 강점을 고려하게 하는 방식이다. 그러므로 비람직한 다문화교육에 매우 적절한 방식이다. 전통적인 시험 방식에서 좋은 성과를 거두지 못하는 학생들은 위의 예시에서 묘사된 것과 같이 다른 방법을 통해 자신의 지식을 보여줄 수 있게 된다.

교사들이 학생들의 학습 성취도를 판단할 때, 어떠한 항목들을 평가할 것인지를 분명하게 밝히고, 학생들은 각각의 항목에 따른 자신의 학습법을 보여줄 수 있는 다양한 방법을 찾아야 한다. 영어 학습자들(English Language Learners: ELL)을 맡고 있는 교사들은 표준화 평가보다 참 평가를 통해 학생들이 가지고 있는 지식을 더 많이 알아낼 수 있다. 예를 들어, DelliCarpini(2009)는 영어 교사들이 시, 소설 또는 학생 개인에게 의미 있는 노래 가사를 포함해 학생들의 성과를 발견할 수 있는 다양한 형식을 이용한다고 주장한다. 영어 학습자들이 실제로 가지고 있는 지식에 대

〈실천 예제 7.6〉 참 평가의 개념 적용하기

1. 과제를 설명하라(분야, 목표 등).

2. 주 기준을 나열하라.

3. 참 평가에 대해 Ryan이 지적한 특성들 중 어떠한 것이 사용되었는지 확인하라.
   ① 과제를 다양한 방법으로 해결할 수 있다.
   ② 과제가 다양한 대답을 이끌어낼 수 있다.
   ③ 과제가 학생 간 의사소통을 유도한다.
   ④ 과제는 최대한 좋은 성과를 요구한다.
   ⑤ 학생의 성과는 자신의 이전 성과와 비교된다.

해 교사들이 익숙해질수록 그들은 영어로 가르치는 것과 학생들 사이의 연결점을 찾을 수 있고, 이를 통해 영어 학습자들의 참여를 격려할 수 있는 방법들을 모색할 수 있다.

〈실천 예제 7.6〉에서는 셀리아가 그랬듯이 한 학생을 선택해서 참 평가를 이용해 과제를 함께하고 기준을 제시하라. 학생으로 하여금 기준에 맞는 개념과 기술을 이용할 수 있는 과제를 하나 제시하라고 하라. Ryan이 지적한 참 평가 특성을 되도록 많이 사용할 수 있도록 노력해보라.

길버트: 난 참 평가가 좋아. 교사들의 부담이 가중될 것이라는 점은 예상되지만, 학생들에게는 정말 좋을 거야.

리　사: 맞아, 학생들은 더 많이 참여할 수 있게 될 것이고, 이 사실만으로 그들에게 동기부여가 될 수 있을 거야.

셀리아: 그건 교사들에도 마찬가지야. 왜냐하면 학생들이 동기부여가 안 된 것만큼 교사들한테 슬프고 어려운 일은 없을 테니까.

✚ 포트폴리오 평가

참 평가는 종종 '포트폴리오' 활용과 연계된다. Paulson과 Meyer(1991)는 포트폴리오를 "하나 혹은 여러 분야에서 학생의 노력, 발달 그리고 성과를 드러내는 의도적인 수집물(p. 60)"이라고 칭한다. 포트폴리오 내의 작업은 종종 '작업 결과물'이라고 불린다. 포트폴리오는 평가 지침 구성에 있어 학생의 참여를 포함한다. 이것은 내용물을 선택하는 것과 작업의 장점을 판단하는 항목을 위한 범주와 기준을 정립하고, 학생의 자아 성찰에 대한 증거를 정립하는 것을 의미한다. 포트폴리오 평가에서 중요한 점은 이것이 교사와 학생 모두에게 학습의 의미를 가져야 한다는 것이다. 포트폴리오는 수작업으로 만들 수도 있고, 컴퓨터를 이용해 만들 수도 있다. 컴퓨터를 사용할 수 있는 학생들은 'e-포트폴리오'를 만들기 원한다. 예를 들어, 제니의 포트폴리오를 수작업으로 만들 것인가, 컴퓨터로 만들 것인가를 결정하는 요소는 학교 혹은 제니의 집에서 접근 가능한 기술 자원과 더불어, 컴퓨터를 이용한 포트폴리오를 만들기 위한 제니와 셀리아의 지식 및 이해 정도에 달려 있다.

포트폴리오는 목표에 대한 진술, 내용물의 개요, 샘플 작업의 선택 범주 그리고 평가 지침에 기초하여 범주화한 작업 샘플에 대한 평가를 포함한다. 제니의 수학 포트폴리오는 그해의 수학 학습의 결과 개요와 각각의 작업의 샘플이 수학 개념에 대한 제니의 습득 정도를 어떻게 반영하는지에 대한 토의를 포함할 것이다. 제니는 연극 장면의 사진과 함께 그 장면을 구현해내기까지 사용된 수학적 개념에 대한 이야기를 수학 학습 결과와 상호 참조시키면서 포함시킬 수 있다.

더불어 제니의 포트폴리오는 경도에 관한 작업 결과물과 다면체에 관한 작업 결과물의 특징을 설명하는 자료들을 포함한다. 제니는 수학적 개념 사용과 관련하여 1년간 자신의 성장 정도를 보여주는 작업 샘플을 포함시킨다. 그중 일부의 작업 샘플은 사회 같은 다른 과목들과 연결될 수도 있다. 예를 들어, 1920년대 미국의 작은 마을에 대해 조사할 경우 제니는 어떤 동네의 거리들이 다른 동네의 거리들보다 폭이 좁다는 것을 발견해냈다. 그녀는 자신이 발견한 사실과 그 원인에 대한 생각을 밝히는 에세이를 썼다. 포트폴리오에는 제니가 어떤 식으로 자아 성찰을 이루는지도 포함되어 있다.

포트폴리오는 종종 서로 다를 수 있다. 포트폴리오는 일정한 형식으로 찍어내는 것이 아니기 때문이다. 하지만 Hart(1994)는 디자인과는 무관한 몇몇 주장을 제시한다.

1. 학생들에게 의미를 지니기 위해서 포트폴리오는 교사보다는 학생에 의해 제

작되어야 한다. 교사는 학생들에게 도움을 줄 수는 있지만, 학생들을 위해
   포트폴리오를 만들어주지는 말아야 한다.

2. 학생들은 쓰기 샘플에서부터 과제에 대한 과학적 실험에 이르기까지 자신들
   의 학습을 증명할 수 있는 다양한 증거를 포함시킬 수 있다. 이때 모든 작업
   에 날짜를 기록해서 학생들이 시간의 흐름에 따른 본인의 진척을 볼 수 있도
   록 한다.

3. 교사와 학생은 포트폴리오에 들어 있는 내용물이 학생의 학습을 어떤 식으
   로 보여주는지에 초점을 맞춰 정기적으로 포트폴리오 자료에 대해 의논해야
   한다.

4. 포트폴리오는 학부모 간담회 때 아주 유용한 자료로 쓰일 수 있다. 하지만 학
   부모가 포트폴리오에 익숙하지 않을 수도 있으므로 교사는 학부모에게 포트
   폴리오의 쓰임새를 설명하고, 이것이 학생의 학습 발달에 어떤 의미가 있는
   지에 대해 도움을 줄 수 있도록 만반의 준비를 갖춰야 한다.

위스콘신-매디슨 대학이 편찬한 「학생 지도 가이드북(Elementary Education Student
Teaching Program, 2005)」에는 예비교사들을 위해 포트폴리오의 여러 가지 목적이 제시
되어 있다. 첫째, 사고력 향상에 도움이 되며, 확실한 논리를 지닐 수 있게 되며,
효율성을 증진한다. 둘째, 학생 성과의 1차적 증명을 문서화할 수 있도록 한다. 이
러한 두 가지 의견은 K-12 단계의 포트폴리오에서도 타당하다. 이 가이드북은 그
외에도 다음과 같은 내용을 포함하고 있다.

포트폴리오에 들어 있는 모든 내용은 학부모, 보호자 그리고 포트폴리오를 보게 될
모든 사람들에게 무엇인가를 명백하게 보여주어야 한다.

포트폴리오는 시간의 흐름에 따른 학생의 성장에 대한 증거와 서로 다른 수준에서
의 수행능력, 사고력 그리고 성과에 따른 학생 본인의 학습 능력을 보여주어야 한다.

포트폴리오는 학생 본인의 작업을 분석할 수 있는 능력을 보여주는 예시, 즉 그들이 저지른 실수, 성장 그리고 발전 과정을 포함해야 한다.

포트폴리오는 학생이 주에서 요구하는 최소한의 기준 이상의 성과를 보여줘야 한다(p. 24).

리　사: 이런 내용은 교직 과정을 마치기 위해 전문적이고 커리큘럼에 기반을 둔 포트폴리오를 개발해야 할 우리에게 좋은 제안인 것 같아.

셀리아: 맞아. 미 교육부가 수행 기준을 설립하고 교육위원회가 포트폴리오 평가를 도입한 지난해 이후, 모든 학생들이 포트폴리오의 악몽에 시달렸을 것이라고 생각해. 하지만 우리는 이러한 아이디어를 우리의 수업 방식에 활용할 수 있을 것 같아. 이것이 모든 노력을 가치 있게 만들어줄 거야.

길버트: 나도 이것이 좋은 생각이고 바람직한 다문화교육과 잘 어울린다고 생각하지만, 학생과 학부모에게 우리가 무엇을 하고 있고, 왜 포트폴리오를 활용하는지 설명하기 위해 많은 시간과 인내심이 필요할 거야.

Hart의 제안이 얼마나 충실히 이행되었는지를 파악하기 위해 두세 명 학생의 포트폴리오를 점검하고, 이를 〈실천 예제 7.7〉에 적용하라. 당신이 유치원생부터 12학년 학생의 포트폴리오를 점검할 수 있다면 더할 나위 없이 좋겠지만, 만약 접근이 불가능하다면 교사 역할 수업 포트폴리오를 점검하라.

어떤 특성이 가장 잘 반영되었다고 생각하는가? 포트폴리오는 어떠한 방식으로 개선될 수 있겠는가? 종합적으로 포트폴리오는 시간의 흐름에 따라 학생의 학업에 대한 평가를 위해 어느 정도까지 유용했는가?

〈실천 예제 7.7〉 포트폴리오 살펴보기

학생의 포트폴리오를 Hart의 제안에 따라 평가하라.

① 학생이 수행한 대부분의 작업이 포트폴리오에 들어 있는가?
② 교사의 영향력이 어느 정도까지 미쳤다고 생각하는가?
③ 학생의 작업에 들어 있는 서로 다른 세 가지 주제 형식을 확인하라.
④ 작업에 드러난 이해 정도, 즉 지식 레벨과 종합 레벨을 확인하라.
⑤ 교사와 학생들과 함께 포트폴리오를 어떻게 활용하는지 토의하라.
⑥ 포트폴리오가 어떻게 활용되는지 학부모 간담회에 참석해서 알아보라.

포트폴리오 평가는 학생들에게 자신의 학습 정도를 보여줄 수 있는 다양한 방법을 제공하고, 그들을 자기 평가의 과정에 포함시키기 때문에 바람직한 다문화교육을 위해 적절하다. 크리스틴은 학업 부진아를 지도하는 고등학교 언어 과목 교사였다. 그녀는 표준화 평가 및 교사들이 만들어 출판한 기존의 시험을 사용했다. 하지만 그녀는 학생들이 전통적인 시험 방식에서 좋은 성적을 거두고 있지 못하다는 것을 알게 되었다. 그 후 그녀는 학생들의 학업을 평가하기 위한 더 광범위한 평가 방식이 필요하다는 것을 깨달았다. 그녀는 정기적으로 각각의 학생들로 하여금 개인적인 학습 목표를 세우도록 하였다. 그녀의 학생들은 폴더 파일을 가지고 있었는데, 그 파일 안에는 학생 개개인의 학습 목표와 함께 그들이 가장 좋은 성적을 거둔 샘플이 들어 있었다. 이 샘플은 학생들이 쓴 이야기, 읽은 책의 목록, 완성한 과제, 그리고 그들이 공부한 다른 자료들을 포함한다. 학업 부진아들을 가르치는 교사로 지낸 지난 몇 년간, 크리스틴은 이러한 평가 방식이 자신으로 하여금 학생들이 못하는 것에서 이제는 학생들이 잘할 수 있는 것으로 초점을 바꾸게 했다는 것을 알게 되었다. 즉, 이것은 펜과 종이를 이용하는 전통적인 시험 방식보다 학생들의 학습을 총괄적 관점에서 볼 수 있게 해주었다.

자신의 교수법에 포트폴리오를 포함하는 교사를 한두 명 찾아내어 포트폴리오의 활용에 대해 더 자세히 알아보도록 하라. 그런 후에 〈실천 예제 7.8〉을 완성하라.

자신의 교수법에 포트폴리오를 포함하는 교사 두 명을 찾아서 인터뷰하라. 이러한 평가 방식에 대한 그들의 생각을 확인하고, 이 아이디어를 수행하기까지 얼마나 걸렸는지 질문하라. 또한 이제 막 교사가 된 사람들에게 그들이 해줄 수 있는 평가와 시험에 대한 충고에는 어떤 것이 있는지 물어보라. 이 인터뷰를 바탕으로 한두 장가량의 요약문을 작성하라.

✚ 전시 평가

전시는 수행 평가의 또 다른 방식으로 활용된다. 전시는 특정 분야의 학습 결과에 대한 형식적인 발표를 포함한다. 과학 박람회 같은 행사는 학생들에게 여러 가지 과목의 활용을 통해 포괄적이고 축적된 지식과 이해를 보여줄 수 있는 기회를 제공한다. 전(前) 주요학교연합(Coalition of Essential Schools) 위원장인 Sizer(1992)는 전시를 평가의 한 방식으로 대중화시켰다. 연합의 여섯 번째 '공공 원칙(Common Principle)'은 다음과 같은 주장을 포함하고 있다.

성공적으로 최종 증명에 통과할 경우 졸업을 위한 수료증이나 자격증이 수여된다. 최종 증명을 위한 행동이 바로 전시이다. 이러한 전시에서 학생은 학교의 커리큘럼에 따라 성취한 자신의 지식을 보여줘야 한다. 전교 직원들과 학군 임원들은 모두 이 전시회를 지도할 수 있다(p. 208).

Johnson에 따르면 포트폴리오, 학생의 에세이, 과학 실험 그리고 학급 토론에서의 수행 평가에서 전시회는 학생과 교사가 학생의 학업이 최종 지점에 도달하기 전에 평가할 수 있는 체크포인트로 작동한다고 말한다.

제니를 포함해 셀리아의 반에 있는 몇몇 학생들은 전시회를 준비했다. 제니의 전시회는 다음과 같은 요소를 포함했다.

- 사진 한 장과 셀리아의 도움으로 만든 초기 스케치
- 1920년대 미국의 작은 마을의 생활, 투표권을 위한 여성들의 성공적인 항쟁, 1920년대의 멕시코계 미국인들 그리고 1920년대의 저항 가요 및 사랑 노래에 대한 에세이
- 거주 및 상업 지역 거리의 너비에 대한 수학적 정보가 포함된 보고서

제니는 자신의 에세이, 보고서 그리고 스케치에 적절한 라벨과 제목을 달아서 포스터 보드에 전시했다. 전시회에 초대받은 학교 관계자들, 학부모들 그리고 다른 학생들은 평가지를 작성해서 제니와 다른 학생들의 작업을 평가했다.

전시회는 수행 평가의 많은 종류 중 한 가지에 해당한다. 전시 평가는 과학 프로젝트(가령 과학 박람회)와 잘 어울린다. 비록 과학 외의 과목에서는 전시 평가의 활용도가 줄고 있는 추세이지만, 이를 활용하는 학교들을 여전히 인터넷상에서 찾아볼 수 있다. 다음은 그런 인터넷 사이트의 한 예시이다.

- http://www.arps. org/uwers/ms/dubockD/exhibition/inquiry%20group/exhib%20inq%20resources.htm

전시 평가에 더 많은 작업이 필요한 것은 사실이지만, 많은 교육자들은 이 평가가 학생들에게 교육적·사회적 약속이 될 수 있음을 깨닫는다. 교사들은 교육과정을 바탕으로 이루어지는 하나의 평가 혹은 단원 평가 같은 시험 방식이 교사 자신과 학생들에게 학습과 가르침의 완성된 비전을 제공하지 않는다는 것을 알고 있다. 또한, 학교마다(여러 학문 분야를 관련시킨) 서로 상이한 교육과정 모델을 사용한다. 그러므로 단 하나의 과목(가령 철자법이나 과학)만 치르는 시험은 부적절하다.

참 평가는 학교가 자신감을 회복할 수 있는 잠재력을 지녔다. 학부모 및 보호자들과 학교 관계자들은 학생의 포트폴리오를 점검하고 전시회에 참여할 수 있다. 이때 학생의 진척 정도에 대한 장기적인 관점과 단기적인 관점 모두를 얻을 수 있다. 학부모들과 교육 관계자들은 에세이에 대한 교사들의 피드백을 읽거나 평가지를 점검함으로써 교사-학생의 관계뿐만 아니라 교사가 어떤 식으로 학생들을 문화 및 사회경제적으로 다양한 현재의 세상에 대비하도록 지도하는지 알 수 있다. 또한 포트폴리오와 다른 문서들 내의 지시문, 체크리스트 그리고 매회 이루어지는 평가를 살펴봄으로써 학부모는 자신의 아이가 어떤 평가를 받는지, 학교에서 어느 정도의 학습 기회를 주는지, 그리고 아이들이 어떠한 진로 목표를 향해 나아가고 있는지에 대한 실질적인 데이터를 얻을 수 있다.

마지막으로 교사들과 교육 관계자들이 참 평가를 얼마나 적극적으로 지지하는가 하는 정도가 학생들의 다양한 필요성이나 배경과 관계없이 공정한 평가가 이루어질 수 있는가에 대한 지표로 작용할 것이다. 이것은 정치가와 경제전문가들이 교사와 학생을 평가할 수 있는 '효과 빠른' 전통적인 표준화 평가를 고집하고 있는 이 시점에서 특히 적절한 작용을 하게 될 것이다.

교육현장에 적용하기

셀리아는 7학년 사회과 교생 실습을 했다. 그녀는 중세 이슬람 문명을 다루는 세계사에 관한 첫 단원의 진도를 나가기 직전에 그 반의 수업을 맡게 되었다. 그녀는 교육과정 성취기준의 평균 수준을 유지하는 반을 맡았다. 그 반은 33명의 다양한 학생들로 구성되어 있었는데, 그중 18명은 백인, 5명은 흑인, 5명은 라틴계 미국인, 4명은 아시아계 미국인, 그리고 1명은 미국 원주민으로 구성되었다. 3명의 라틴계와 2명의 아시아계 학생들에게는 영어가 제2 외국어였다. 학생들은 사회경제학적으로 다양한 계층에 속해 있었지만, 주로 중산층으로 이루어진 집단이었다. 그들의 학습 능력 또한 매우 다양했다. 3명이 10학년 수준의 레벨에 속해 있는 반면, 5명가량은 4학년 수준의 학습 진도를 따라가지 못하는 상태였다.

담임교사 하든(Harden)은 학생들의 학습 평가를 위해 주로 단원 평가 시험을 치르거나 교재에 주어진 질문에 대한 작문 숙제를 확인하였다. 하지만 그녀는 셀리아에게 자신을 도와 현재 하고 있는 평가 방식을 재고해 달라고 부탁했다. 셀리아는 주 수준의 기준을 보기 원했고, 하든은 주가 정한 성취기준을 그녀에게 보여주었다. 그 성취기준은 다음과 같았다(California State Board of Education, 2000).

학생들은 중세 이슬람의 종교 및 지적 기반을 분석할 수 있다.

이슬람의 기원과 더불어 유대교 및 기독교와 관련된 이슬람적 교시를 포함한 마호메트의 생과 가르침을 발견해낼 수 있다.

이슬람적인 믿음, 수행 그리고 종교법의 1차 자료인 코란과 수나의 중요성을 설명할 수 있고, 이것이 무슬림들의 일상생활에 끼친 영향을 설명할 수 있다.

유라시아의 무슬림 학자들과 아프리카 간의 지식 교환을 근거로 하여 무슬림 학자들이 과학, 지리학, 수학, 철학, 약학, 예술 그리고 문학 등의 분야에서 후대의 문명에 기여한 점을 설명할 수 있다.

다음으로 셀리아는 작년에 사용된 단원 평가 예시를 보여 달라고 요청하였다. 그녀는 시험에 나온 대부분의 항목이 복습을 위한 질문이라는 것을 발견한다. 그 중 어떤 질문들은 학생들에게 분석, 정보 적용 혹은 평가를 요구한다. 히든은 이 시험에 대해 만족할 수 없었음을 인정했고, 많은 학생들, 특히 읽기 수준이 낮거나 영어가 모국어가 아닌 아이들이 좋은 성적을 거두지 못했음을 밝혔다. 이와 더불어 셀리아는 하든이 학생들이 이 단원에서 이해하기 바랐던 '주제'는 무엇인지에 대한 질문을 했다. 하든은 이렇게 대답했다.

음…… 아무도 내게 그런 질문을 한 적이 없네요. 나는 학생들이 이슬람과 다른 문명 간의 관계를 알기를 원했어요. 대부분의 학생들은 이슬람에 대해 불분명한 선입관만 가지고 있고, 현대사회에서는 이미 사라진 것이라고 생각하고 있어요. 그들은 이슬람 문명의 풍부한 지적 역사나 가치, 그리고 이것이 기독교와 유대교와 갖는 상관관계를 전혀 모르고 있어요. 그래서 나는 학생들이 이슬람의 역사와 가르침에 대한 기본 상식을 가질 수 있기를 원해요. 하지만 그와 더불어 나는 학생들이 더 많은 것을 알고 싶다는 욕구를 가지기를 원해요. 또 그들이 알고 있는 종교와 유사한 깊이와 정교함을 지니고 있다는 사실을 존중하기를 원해요.

셀리아와 하든은 평가와 수업이 상호 연결된 관계에 놓여 있어야 한다는 사실을 토의했다. 학생의 학습 평가 방식을 재구성하는 것은 단원을 어떻게 가르쳐야 할지 재고할 필요성을 가진다. 두 사람은 계속 이야기를 나누면서 이 단원을 가르칠 때, 이슬람 문명을 향한 학생들의 관심 가능성 때문에 점점 흥분했다.

만약 여러분이 셀리아였다면, 인증평가 계획을 어떤 식으로 세울 것인가? 학생들에게 무엇을 요구하고, 위의 단원을 통해 얻을 학습 결과물과 관련해서 그들이 포트폴리오에 무엇을 추가했겠는가? 계속해서 읽기 전에 다음 질문에 대한 답을 작성해보자.

1. 여러분은 학생들의 학습과정 중에 어떤 결과물을 제출하도록 요구할 것인가?
2. 이러한 결과물을 이용해서 시간이 지남에 따른 학생들의 성장을 어떻게 관찰할 것인가?
3. 학생들이 다양한 단계의 복잡성을 생각할 수 있는 능력을 파악할 수 있도록 참 평가에 대해 어떤 계획을 세울 것인가?

지금부터 셀리아와 하든이 실행한 방법을 기술할 것이다. 두 사람은 기본적인 사실과 복습 정도를 알 수 있는 교육과정 평가 시험을 이용하기로 결심했다. 그들은 학생들이 이슬람에 대한 기본적인 정보를 알아야 한다고 주장했고, 교육과정 평가 방식은 이것을 분명하게 확인해줄 수 있는 방법이라고 말했다. 하지만 그들은 5장에서 다루어진 협력적 학습의 접근 방식인 '조별 게임' 형식으로 시험을 준비했다. 이것은 학생들이 수업을 통해 서로 돕는 역할을 수행하게 하기 위한 것이었다. 결과적으로 이러한 적용은 성공적이었다. 지금까지 부진한 성적을 받은 학생들이 비교적 좋은 성적을 거두었기 때문이다.

또한 두 사람은 모든 학생들에게 이슬람의 지적 역사에 대한 개인적인 포트폴리오를 작성하도록 지시하였다. 각각의 포트폴리오는 다섯 개의 영역으로 나뉘었다.

- 단원을 처음 시작할 때, 학생들이 이슬람 문명에 대해 알고 있는 지식을 나열한 짧은 작문(대부분은 몇 문장을 작성한 것으로 드러났다)
- 코란이 인생에서 차지하는 중요성에 대해 코란을 잘 알고 있는 사람과의 인터뷰
- (근본적인 가르침과 역사적 맥락의) 이슬람교과 기독교 및 유대교를 비교하고 대조하기 위해 학생이 작성하거나 그림으로 나타낸 분석

- 과학, 지리학, 수학, 철학, 약학, 예술 그리고 문학 분야에서 무슬림 학자들의 기여를 연대순으로 나열하기 위해 '그룹 조사 모델'을 이용해 조별로 만든 책자
- 위의 항목들에 대한 학습 정도를 드러낼 수 있는 한 장가량의 자기 평가

학생들의 포트폴리오에 담긴 과제들은 이 단원을 가르치는 데 어느 정도의 지침 역할을 한다. 여전히 교재는 유용한 수업 자료였지만, 과거처럼 학습 단원을 주도하지는 않는다.

단원 말미에 셀리아와 하든은 이런 수업과 평가 방식을 다시 반성해보았다. 두 사람은 학생들이 제출한 대부분의 작업 성과와 이 과제들이 보여준 학습의 깊이에 만족했다. 하지만 학생들이 지금까지 한 번도 자기 평가를 해본 경험이 없었기 때문에 이것은 생각만큼 잘 실행되지는 못했다. 셀리아는 학생들에게 자기 평가를 할 수 있는 능력을 발달시키고 연습해야 한다는 것을 깨달았다. 하든과 셀리아는 또한 어떤 식으로 점수를 매겨야 할지에 대한 사항에 대해서도 함께 고민했다. 그들은 다음번에는 학생들이 창출한 다양한 과제를 모두 수용할 수 있는 자세한 평가 항목을 정해야 한다는 것을 깨달았다. 하지만 단원의 진도를 나가는 과정에서 그들은 참 평가가 학생들에게 교정된 피드백을 주도록 격려한다는 것을 발견했다. 학생들이 단 한 번에 끝내는 시험이 아닌, 어느 정도의 시간을 필요로 하는 과제를 수행하고 있었기 때문에 교사들은 학생들의 학습 과정을 관찰할 수 있었다. 그 결과, 학기 말에 이르러서 교사들은 학생들의 학습이 더욱 성공적이었다고 느꼈다. 그들은 잘 계획된 참 평가가 되기 위해 그만큼의 노력과 계획이 필요하지만, 동시에 정교한 학습과 다양한 접근을 고무시킨다는 결론을 내렸다.

8장

장

교실과 교실 밖에서 실천하기

우리는 이번 장에서 다음과 같은 질문에 대한 답을 찾는 데 도움을 받을 것이다.

• 평등과 다양성을 존중하는 교사들이 민주주의를 진지하게 받아들여야 하는 이유는 무엇인가?
• 학생들에게 사회적 이념으로서의 민주주의와 정부 시스템으로서의 민주주의를 어떻게 구별시킬 것인가?
• 비판적 사고와 비판의식 간의 차이점은 무엇이며, 왜 이것이 중요한가?
• 학생들이 민주적인 결정을 실천할 수 있게 하는 노하우(지식, 기술, 태도)를 축적하도록 도와줄 수 있는 방법은 무엇인가?

우리는 이 책의 도입 부분에서 훌륭한 교사의 조건에 대해 다루었다. 책을 읽어가면서 우리는 여러분의 생각을 정립하도록 도와줄 수 있는 여러 가지 도전적인 과제를 제시했다. 사실 훌륭한 교수활동이란 학교에서 배운 효과적인 교수법을 지금 당장 교실에서 그대로 실천하는 것 이상으로 복잡하다. 훌륭한 교수활동은 학생 구성원들의 다양성과 학교 및 사회 각지의 불평등을 고려한 상황에서 이루어지는 결론이다. 학교에서 발견되는 불평등 사례는 다음과 같다.

- 시험성적의 격차
- 학생의 자아실현과 학습
- 양질의 교육에 대한 접근의 공평성
- 직업, 적절한 수입, 주거, 식생활, 건강 그리고 생계유지를 위한 다른 자원들에 대한 접근성
- 모국어와 모국 문화에 대한 선호
- 공동체의 자기 결정권

우리는 여러분이 교실과 학교 안에서 발생하는 일과 학교 밖 지역에서 진행되는 문화적·정치적 관계 사이에 어떤 연결점이 있는지 판단하기를 희망한다. 학교 밖 지역사회에서 자원 배분의 불공평한 정도가 심할 경우, 그리고 확대된 지역사회의 경쟁이 매우 치열할 경우 학교 안의 불평등 구조와 경쟁 구도 역시 심각할 것이며, 학생의 성취도 및 질적 교육에 대한 접근성의 격차는 더욱더 악화될 것이다. 학생들을 사랑하고 배려한다는 것은 학생들이 속한 공동체를 존중한다는 것을 말하고, 또한 그들이 직면하게 될 사회적 장애물을 인식한다는 것을 의미한다. 그와 더불어 교육에 있어 학생들의 도전 정신을 고취시키고, 그들의 학습에 도움을 주기 위해 먼 길을 돌아가는 것도 마다하지 않으며, 학생들의 가족 및 공동체와의 연대감을 통해 학생들을 기꺼이 지지해주는 것을 의미하기도 한다. 다양한 문화를 갖춘 정당한 세상은 저절로 만들어지는 것이 아니다. 그것은 노력과 헌신으로 만들어지

는 것이고, 끊임없이 보호해야 유지된다.

이번 장은 교육과정과 교육 및 평가의 즉각적인 실현 가능성을 넘어서 여러분에게 학교, 평등 그리고 민주주의 사이의 연결점을 찾는 것을 돕기 위해 기술되었다. 그 과정에서 여러분은 마지막 두 교육 영역을 개발할 것이다.

교육 영역 16: 학생들의 비판의식 개발하기
교육 영역 17: 민주적 참여

이번 장에 있는 대부분의 실천 예제들은 지문을 분석하거나 여러분의 개인적인 경험 및 생각들을 제시하는 것을 포함할 것이다. 그중 어떤 것들은 다음과 같은 사항이 필요할 것이다.

- 어떤 학교 혹은 여러분의 고등학교 졸업 앨범(참고 8.3, 8.7)
- 인터넷(참고 8.6, 8.11)

자유와 민주주의를 위한 도구로서의 학교교육

여러분은 1장부터 7장까지 읽으면서 평등에 관한 어떤 쟁점들이 가장 중요하다고 생각하는가? 〈실천 예제 8.1〉에서는 여러분이 가장 중요하다고 생각한 쟁점들을 열거하라. 학생들이 그중 한 항목을 따라 행동하는 방법을 이렇게 배울 수 있는가에 대해 고민하게 될 것이다.

〈실천 예제 8.1〉 평등에 관한 주요 쟁점

1. 여러분은 이 책에 제시된 평등에 관한 쟁점 중 어느 것을 가장 중요하다고 생각했는가?

2. 위에서 열거한 항목 중 하나를 선택한 후, 학생들이 그 항목에 관해 행동 방법을 어떻게 배울지에 대한 의견을 수렴해보자.

위의 두 번째 질문은 이번 장을 이해하는 과정에서 필요한 전제조건이다. 여러분의 대답을 점검해보자. 여러분은 이 질문을 이전에도 생각해본 적이 있는가? 위 질문에 대한 여러분의 대답을 고려해볼 때, 여러분이 선호하는 해결책을 학생들이 얼마나 따르기를 희망하는가? 또한 시민으로서의 청소년들이 어느 정도로 자기 자신만의 해결책을 실천하는 데 도움이 된다고 생각하는가?

다문화교육에서 학교교육은 자유와 민주주의를 가르치기 위한 수단으로서의 역할을 했다. 하지만 오늘날 학교는 학생들에게 민주주의 교육보다는 직업 준비 교육에 더 치중하고 있다. 기업체들은 기술 발전과 세계적 구조 조정이 생산과 직업의 본질을 변화시켰다고 반복적으로 지적하고 있다. 그들은 이런 새로운 경제가 요구하는 것을 충족시키기 위해서 더 많은 일꾼들을 창출해야 하며, 이 일꾼들이 기술, 추상적 추론 능력, 수학 그리고 과학 분야에서의 과학기술을 익혀야 한다고 주장한다.

교육자들 역시 학생들이 직업을 얻기 위한 준비교육이 중요하다는 것을 알고 있다. 그러나 그들은 교육의 범위를 이러한 범주로만 한정하는 것은 매우 위험한 일이라고 생각한다. 이 책에서 우리는 두 가지 경우에서 학교가 조절기구의 역할을 하는 다양한 방법을 탐색했다. 첫 번째 경우는 표준화된 생각과 관점을 널리 알릴 때이다. 두 번째 경우는 학교가 교육을 정말로 필요로 하는 학생들보다 좀 더 나은 배경을 가지고 있는 학생들에게 지적으로 더 풍부하고 높은 성취 단계의 교육과정을 제시할 경우이다.

만일 교육의 존재 이유가 민주주의에 이바지하는 것이라면, 교육은 모든 청소년들이 평등하게 민주주의에 참여하기 위한 하나의 준비 과정이 되어야 한다. Parker(2003: 160)는 학교는 서로 다른 배경을 지닌 젊은 사람들이 모이고 소통하는 장소라는 점에서 청소년들이 민주주의를 연습할 수 있는 가장 적합한 곳이라고 주장한다.

> 학교에서의 소통은 민주적인 결과를 목표로 하고 올바른 민주적 환경으로부터 지지를 받을 때, 아이들에게 사회생활에서 필요한 생각과 배려의 습관을 발달시킬 수 있도록 도와준다. 예를 들어, 타인에 대한 예의, 관용, 존중, 정의에 대한 감각, 그리고 공공정책을 구축하는 요령을 배우는 것이다.

한 학생이 학교를 벗어난다는 것은 그가 민주주의에 수반되는 다양성의 맥락 속에서 공적 소통과 의사 결정을 발전시킬 수 있는 유일한 환경을 벗어나는 것이라고 간주할 수 있다. 그러나 학교가 지닌 잠재력은 우리가 생각하는 만큼 그렇게 충분히 활용되지는 못하고 있다.

이제 우리는 "민주주의가 여러분에게 갖는 의미는 무엇인가?"라는 것에서부터 시작해보고자 한다. 〈실천 예제 8.2〉에서 민주주의에 대한 여러분의 정의를 내리자.

〈실천 예세 8.2〉

민주주의란 무엇인가?

이제 두 학자의 의견을 살펴본 후, 여러분이 내린 정의가 확장 혹은 수정이 필요한지를 생각해보자. 읽으면서 여러분이 앞에서 쓴 내용을 반성해보자. 우선 Woodruff(2005: 4)의 관점을 살펴볼 것이다.

교육받은 미국인들조차 민주주의를 어떻게 정의할 것인가에 대해 혼란스러워하고, 민주주의의 이중성에 현혹되며, 자신들의 무지에 대해 안일한 자세를 취하고 있다. 내가 만약 소위 지성을 갖추었다는 나의 동료들에게 민주주의를 어떻게 정의할 것인가에 대해 질문하면, 그들은 종종 '다수결의 원칙'이라고 대답하거나, 막연하게 투표와 관련된 이야기를 꺼낸다. 그것이 마치 민주적으로 이루어진 결정인 것처럼 말이다. 그들은 어떤 때는 단순히 미국 헌법을 언급한다. 그런데 이 헌법이라는 것이 국민에 의한 정부를 두려워한 사람들이 민주주의를 헌법이라는 방에 가두려는 의도로 수립되었다는 사실을 잊고 있다.

길버트: 질문이 있어. 민주주의는 시장과 똑같은 것일까? 내 생각은 이래. 어떤 한 사람이 주식을 사려고 할 때, 혹은 음악 CD를 사려고 할 때, 이것은 민주적 결정을 하는 것이랑 똑같은 건일까? 시장경제에서 사람들은 감당할 수만 있다면, 모든 사람이 자신만의 선택을 결정해. 하지만 여기서 하고 싶은 말은 개인의 선택에 대한 것이 아니라고 생각해.

리 사: 좋은 질문이야. 가게에 가서 자신이 원하는 것을 사는 것은 모든 소비자와 근로자들이 모여 앉아서 가게를 어떻게 경영하고 그로 인해 발생하는 이익을 어떻게 배분할 것인지를 결정하는 것과는 차원이 다른 문제야. 만약, 우리가 모여서 이러한 쟁점들을 같이 얘기해야 한다면, 나는 내가 원하는 것뿐만 아니라, 남이 원하고 필요로 하는 것에 대해서도 신경을 써야 할 거야.

길버트: 그게 바로 내가 하려던 말이야. 만약 교사가 학생에게 어떤 과제를 줄지, 혹은 활동지에서 어떤 질문에 대한 답을 써야 할지 등에 대해서 본인만의 결정을 내리도록 한다면, 학생들은 남의 요구에 대해서 신경을 쓸 필요가 없어. 민주주의에서는 나 자신에게만 해당되는 해결책에 대해서 생각하는 것보다는 서로의 얘기에 귀를 기울이고 우리 모두에게 적용되는 해결책을 제시해야 해.

셀리아: 그러한 점이 바로 미국이 사회주의 경제체제를 반대하는 이유가 아닐까 싶어. 자기 자신만 신경 쓰는 사회보다 다른 모든 사람이 필요로 하는 것에 신경을 써야 하는 체제에서는 그만큼 돈을 벌기가 쉽지 않을 것 같아. 너희들은 동의하지 않을 수도 있지만, 이게 바로 내가 요즘 고민하는 거야.

Woodruff(2005)와 마찬가지로, 학생들은 다음과 같은 내용에 관해 논쟁한다. 즉 논쟁의 내용은 '국민인 우리'에 의한 민주주의는 위에서 내려오는 통치가 아닌 아래에서 위로 행해지는 통치에 기반을 두어야 하는지, 평범한 시민이 문제에 대한 타당한 해결책을 구축하기 위해 서로간의 차이점을 극복할 수 있는 능력을 갖출 수 있다는 믿음에 기반을 두어야 하는지, 그리고 모든 시민이 통치에 참여할 때 동등한 권리는 물론 동등한 권력을 지녀야 한다는 신념에 기반을 두어야 하는지 등이다. Woodruff(2005: 154)는 고대 아테네에 대한 분석에 기초하여 민주주의에 관한 7가지 중요한 요소를 제시했다. (1) 독재로부터의 자유, (2) 모든 시민에게 동일하게 적용되는 법, (3) 조화(사람들 간의 차이가 있음을 인정하는 동시에 법규를 집단적으로 지키겠다는 것에 대한 동의), (4) 통치를 목적으로 하는 사람들 간의 평등, (5) '인식하고 사고하고 판단할 수 있는' 시민의 지혜, (6) 불확실한 사항들에 대한 활발한 토론, (7) 시민의 참여를 유도하기 위한 대중교육이다. Woodruff는 미국인들이 민주주의를 다음 세 가지 거짓된 복제품들과 혼동한다고 지적한다. 그것은 바로 투표, 다수결의 원칙, 그리고 선출된 대표들이다. 투표는 독재자의 소원을 정당화시키도록 조작될 수 있고, 다수결의 원칙은 소수자들의 권리와 의견을 무시할 수 있고, 대표자들을 선출하는 것은 권력을 향한 지속적인 경쟁으로 이어질 뿐이다.

교육철학자는 이미 Woodruff의 이런 고민들을 예상하고 있었다. 『The Public and Its Problems』에서 그는 "사회적 이념으로서의 민주주의와 정부 체제로서의 정치적 민주주의(p. 621)"를 구분했다.

> 민주주의라는 이념은 국가 안에서 찾을 수 있는 가장 좋은 (민주주의적) 실천 사례보다 더 광범위하고 완전한 사상이다. 이것을 깨닫기 위해서 민주주의는 모든 유형의 인간 단체, 가족, 학교, 산업 그리고 종교에 영향을 미쳐야 한다. 정치적 협의를 고려할 때, 정부 기관이라는 것은 효과적 실행을 위한 아이디어를 확보하는 메커니즘일 뿐이다.

다시 말해서, 민주적인 사회는 사람들이 소속되어 있는 다양한 기관에서 매일 의사결정을 할 경우 민주주의가 더 활발하게 작동한다. Dewey는 정치 체제라는 민주주의를 확대된 사상으로서의 민주주의와 구분한다. 그러므로 그는 Woodruff와 마찬가지로 '이념'으로서의 민주주의보다 적은 것을 제공하는 '체제'로서의 민주주의라는 메커니즘의 틀 속에 스스로를 가두지 말라고 당부한다. Dewey는 계속해서 다음과 같이 설명한다(p. 621).

만약 이미 가지고 있는 종류와 동일한 기계를 도입해서 고장 난 부분을 수리하거나, 이미 있는 기계를 개량하거나 완전하게 만듦으로써 고장 난 부분을 수리할 수 있다는 것을 의미할 경우 민주주의라는 병을 고치기 위한 치료가 더 민주주의에 가깝다고 하는 옛 속담은 적절하지 못하다. 하지만 이 속담은 민주주의에 대한 우리의 우려를 더 명료하고 깊이 있게 표현한다는 점에서, 그리고 정치적 출현으로서의 민주주의를 비판하고 민주주의의 단점을 개선하기 위해 민주주의의 진정한 의미에 대한 우리의 감각을 일깨울 수 있다는 점에서 민주주의 본연의 사상으로 돌아갈 필요성을 지적하는 것일 수도 있다. 지금 이 순간 우리가 우리 스스로를 정치적 민주주의의 정의 안에 제한시키고 있다면, 우리는 어떤 일이 있더라도 이 사상 자체가 민주주의 국가 내에서 행해지는 정부의 실천을 생산한다는 가정에 대해 우리의 저항을 새롭게 정립해야 한다. 일반적인 참정권, 선출된 대표들, 다수결의 원칙 등과 같은 실천에 대해서 말이다.

Dewey와 Woodruff는 둘 다 투표와 대표자를 선출하는 것에 반대하지 않는다. 그러나 두 사람 모두 민주주의를 이러한 요소로 한정시키는 것은 일반 시민에 의한 통치라는 고결한 민주주의의 이상을 하나의 빈약한 견해로 추락시킬 수 있다는 우려를 표명했다. Dewey는 다음과 같이 지적했다(pp. 621-622).

보편적 참정권, 잦은 선거, 다수결의 원칙, 그리고 의원제나 내각제에 민주주의의 신성함이 있는 것은 아니다. 이 요소들은 모두 세월의 흐름이라는 줄기 속에서 진화한 장치들일 뿐이다. 각각의 줄기는 발생 당시에 이미 존재한 기존의 관습과 법으로부터 최소한 벗어나려고 한 시도에 불과하다. 이 장치들은 어떤 목적을 가지고 있었다. 그 목적은 민주적 사상을 진보시키는 데 있었다기보다는 그 당시 무시할 수 없는 현존하는 요구들을 해결하려는 것이었다.

이제 여러분이 〈실천 예제 8.2〉에서 작성한 민주주의에 대한 정의를 다시 한 번 살펴보자. 여러분이 내린 정의를 어떤 방식으로 확장시킬 수 있는가? 민주주의에 대한 위와 같은 토론과 여러분이 〈실천 예제 8.1〉에서 지적한 쟁점 사이에 존재하는 연결점을 발견할 수 있는가?

리　사: 결국 Dewey가 말하는 것은 모든 공동체에서 민주주의를 실천해야 한다는 거야? 그것이 우리 모두를 위한 민주주의를 향해 나아가도록 해준다는 거야?

셀리아: 응. 내가 볼 때 그는 우리에게 완전한 민주주의를 획득할 수 있도록 끊임없이 도전하게 하고, 생각하게 하고, 행동하도록 요구하는 것 같아.

길버트: 그럼 우리가 어떤 문제를 '좀 더 명확히 규명하기 위해' 대책위원회를 만든다면, 그 위원회라는 것이 민주주의 원리와 상응하는 부분이 많다고 간주되기 때문에 발생한 문제 해결을 위해 실질적인 행동을 시작한 것으로 여겨지겠지. Dewey 는 이것을 "이미 존재하는 장치와는 종류가 같은 다른 장치들을 소개하는 것" 이라고 말하지.

리　사: 좋은 지적이야. 그리고 그것이 내가 역사를 배운 방식일 거야. 하지만 난 지금 까지 사람들의 요구가 강력해질 때 투표, 정부 그리고 민주주의 요소들이 중요 하다고 생각해본 적이 없어. 나는 이런 것들이 좋은 생각이었기 때문에 헌법에 명시된 것이라고만 생각했어.

셀리아: 하지만 여성, 외국인, 동성애자, 장애인 그리고 사회 빈곤층은 사실 받은 혜택 이 거의 없어. 그들은 비판적 사고, 정보 확산, 그리고 심지어 시위나 저항 운동 같은 시민 불복종 운동을 통해 자신들의 권리를 획득했어.

길버트: 내 생각에 Dewey는 다른 점에서도 옳은 것 같아. 많은 경우에 참정권을 얻는

것이 다른 형태의 편견을 막은 것은 아니야. 리사, 네가 말한 것처럼 민주주의는 우리가 끊임없이 노력하면서 지향해야 하는 거야. 내 생각에 그것은 사람들이 실행하는 것이지, 사람 그 자체는 아니라고 말하는 것 같아.

Dewey의 이론을 이해하는 과정에서 학생들은 민주주의를 획득하고 유지하는 것은 영원히 끝나지 않는 어떤 과정이라는 것을 알게 될 것이다. 또한 이미 알고 있을지도 모르지만, 평범한 사람들은 권력이 어떻게 사용되는지에 대한 의문을 제기하고, 자신들과 같은 사람들의 복지를 위해 그 힘을 쓸 수 있는 권리를 가지고 있다고 주장하는 것은 '너무 급진적'이거나 '비(非)미국인' 같다고 생각할 수 있을 것이다. 하지만 모든 사람이 권력을 가져야 한다는 것은 고대 아테네인들은 물론이요, 많은 미국인들이 추구하는 이상이다. Grinde와 Johansen(1991)이 지적하는 바와 같이, 미국 헌법을 제정한 사람들은 이로쿼이 대법전(Iroquois Great Law)에서 민주주의에 대한 생각을 차용했다.

민주주의 사상이 현재보다 더 현실적으로 변화되려면 어떻게 해야 할까? 교실은 이런 질문에 대한 준비와 연습을 할 수 있는 가장 이상적인 장소일 수 있다. 학교의 의사결정 과정을 살펴봄으로써 그 가능성에 대해 알아보도록 하자. 〈실천 예제 8.3〉은 학교에서 어떤 일들이 발생하는가를 알아보기 위해 학교와 관련된 다양한 집단과 다양한 지위의 사람들이 실질적으로 가지는 힘에 따른 순위를 요구한다. 이를 위해 여러분에게 친숙한 학교를 한 군데 선택하라. 그곳은 여러분의 모교일 수도 있을 것이다. 이럴 경우, 여러분의 기억을 되살리는 데 도움이 될 수 있는 졸업앨범을 살펴보라. 또 다른 선택은 여러분이 실습을 나가는 학교일 수도 있다. 그럴 경우, 가능하다면 어떤 집단들이 결정을 내리는 데 있어 힘을 발휘하는지 학교 관계자들에게 질문해서 그들의 생각을 알아보라.

일반적인 경우 교장이 가장 강력한 힘을 지니고 있고, 학생들의 힘은 가장 미약하다. 또한 교사들도 점점 무엇을 가르쳐야 할지, 심지어 정확히 어떤 방식으로 가르쳐야 할지에 대한 지시를 받고 있기도 하다. 학교의 책무 증대와 연방 규정

증가로 주 의원들은 학교 경영자들에게 명령하고, 교장은 교사들에게 명령하며, 교사들은 학생들에게 지시하고, 학교는 학부모, 특히 교육 수준이 낮거나 경제적으로 빈곤한 학부모들에게 지시한다. 여러분은 교사들이 무엇을 말해야 할지, 어떤 질문을 해야 할지, 심지어 언제 책을 내려놓고 그림을 보여줘야 하는지도 제시해주는 교육과정에서 대본에 따라 수업을 해야 하는 교사들을 마주할 수도 있을 것이다. 하지만 교사들의 영향력은 광범위하다. 책무이라는 측면에서 본 교사들의 의사결정 연구에서 Smith와 Rowley(2005)는 학교를 개혁하는 데 참여하는 교사들이 많은 학교는 그렇지 않은 학교보다 교사들의 질적 수준이 향상된다는 점을 발견했다.

〈실천 예제 8.3〉 권력과 수행

학교에서 어떤 일이 발생하는지를 판단하기 위해 다음 권력 집단의 순위를 어떻게 매기겠는가?

1. __________ 교장   2. __________ 학부모

3. __________ 교육위원회   4. __________ 학생

5. __________ 주정부   6. __________ 공동체

7. __________ 연방정부   8. __________ 교사

9. __________ 종교단체

교사, 학부모, 교육위원회 혹은 학교 경영자라는 역할과 상관없이 영향력 있고, 백인이며, 영어 원어민인 사람들이 주로 권력을 가지고 있고, 이 권력을 자기 자신과 자신의 아이들을 지키는 데 사용한다. Rodgers와 Oakes(2005)는 우리가 인식하고 있는 불평등보다 학교의 실제 상황은 뒤떨어진 상태에 있다고 주장한다. 그 이

유는 권력을 가진 사람들과 기득권자들이 자신들의 현 상태를 유지하기 위해 안간힘을 쓰고 있기 때문이라는 것이다. 예를 들어, 우리는 외국인 자녀들과 저소득층 학생들이 영향력 있는 집안의 백인 학생들보다 대학 입시반에 배정될 확률이 더 낮다는 것을 알고 있다. 하지만 영향력 있는 백인 학부모들은 자신들의 아이에게 이득이 된다는 이유 때문에 수준별 학급 편성을 지지한다. Rodgers와 Oakes는 "우리는 많은 학교 제도에서 부유한 백인 학부모들과 정책 결정자들이 개정 토론을 지배할 동안 저임금의 흑인 그리고 라틴계 공동체들이 침묵하거나 강제로 침묵당한 사례들을 본 적이 있다."고 주장했다(p. 2189).

따라서 만약 학교가 민주주의적 의사결정을 단지 제한된 범위 안에서만 적용하게 된다면, 학생들이 어떻게 활발한 민주주의적 참여를 배우고 실천할 수 있겠는가? 이번 장에 있는 두 교육 영역은 여러분에게 평등의 유형을 분석하고 교실 내의 민주주의를 확립하도록 도와줄 것이다. 우리는 먼저 학생들의 비판의식 개발에서 시작해서 민주주의적인 참여 능력 개발로 이야기를 진행할 것이다.

교육 영역 16 학생들의 비판의식 개발하기

민주주의는 평범한 사람들이 일상생활에서 비판적으로 사고하고, 어떤 문제의 핵심적 인과관계를 이론화하며, 그에 대한 대체 방안을 강구할 것을 요청한다. 비판의식의 개발은 비판적 사고 그 너머를 향해 있다. 여기서는 먼저 비판적 사고를 정의한 다음 비판의식에 관해 고찰할 것이다.

비판적 사고란 중요한 사실 및 개념 그리고 어떤 문제의 본질을 규명하는 법을 배우는 것과 아직 입증되지 않은 가설을 평가하기 위해 사실 및 의견, 가치 그리고 가설의 차이를 구분하는 것을 말한다. 몇몇 개념에 대한 정의가 아래에 나와 있다.

• 사실: 실험적으로 입증될 수 있는 지식으로서 개인적 관점에 근거를 두지 않

는다.

- 의견: 개인적 경험 혹은 입증되지 않은 편견에 바탕을 둔 개인적 믿음이다.
- 가치: 믿음을 바탕으로 하는 개인적 혹은 도덕적 근원으로서 실험적으로 입증될 수 없다.
- 가설: 아직 실험적으로 입증된 것은 아니지만, 사실일 가능성이 있는 것에 대한 주장이다.

〈실천 예제 8.4〉에서 뉴스에 나온 한 사건과 연관해서 사실, 의견, 가치 그리고 가설을 구분해보자. 2002년에 캘리포니아 주의 한 상급 법원은 미국의 국기에 대한 맹세 속에 들어 있는 '하나님 아래'라는 구절은 사람들을 종교에 따라 차별하는 것이라는 판결을 내렸다. 수많은 뉴스 기사와 방송이 이 문제에 대한 토론을 했다. 예를 들어, 「USA Today」라는 잡지에서 Johnson과 Kiely는 다음과 같이 말했다.

법무장관 John Ashcroft는 자신의 부서가 2-1 판결을 뒤집기 위해 이번 목요일에 아홉 번째로 미 연방고등법원에 청문회를 요청할 것이라고 말했다. 캘리포니아 주가 내린 이 판결은 서부의 9개 주에 적용된 바 있다. Ashcroft는 "다양한 배경을 지닌 시민이 자신이 미국인이라는 소속감을 표명하는 이 시점에 현 사법부는 모든 미국인들의 권리를 보존하기 위해 어떠한 노력도 실천하고 있지 않다."고 말했다. '하나님 아래'라는 구절이 교회와 주의 분리를 침해한다고 주장한 선임 판사 Alfred T. Goodwin은 연방고등법원의 판사들이 아홉 번째로 재청된 이 사건을 다시 재고할 때까지 자신의 판결을 보류하기로 했다.

위에 드러난 정보와 사건에 대해 여러분이 알고 있는 모든 것을 바탕으로 관련된 사실, 의견, 가치 그리고 가설을 규명하라.

〈실천 예제 8.4〉 뉴스 사건에 대한 비판적 사고

1. 사실:

2. 의견:

3. 가치:

4. 가설:

  여러분이 작성한 것과 다른 학생들이 작성한 것을 비교하라. 여러분은 이 네 가지 항목을 잘 구분할 수 있었는가?

  비판적 사고를 학습하는 것은 학생들에게 흥미를 유발하는 한편, 교사에게는 자극을 준다. 그 이유는 이러한 과정을 통해 학생들을 고정된 틀에서 벗어나게 할 수 있기 때문이다. '이것 혹은 저것'이라는 대답을 요구하는 질문은 좀 더 함축적 의미와 해석을 갖추게 되는 동시에(Sweaney, 2001), 학생들의 창의적 사고를 이끌어내도록 기능한다. 그러나 비판적 사고가 저절로 학습되는 것은 아니다. 비판적 사고를 학습하고 실천하기 위한 기회가 필요하다. 또한 교사들이 엄격하게 통제하지 않는 환경이 요구된다.

  〈실천 예제 8.5〉는 비판적 사고를 촉진시킬 수 있는 학급 활동에 대해 생각해보는 활동이다. 왼쪽 열에는 네 가지 교수전략이 나와 있다. 각각의 항목이 비판적 사고를 촉진하는 데 어떠한 도움을 줄 수 있는지를 생각하라. 여러분의 응답과 사실, 의견 그리고 가치를 구분하고 여러분이 말하는 교수전략의 유용성에 대한 가설을 설정함으로써 그 응답을 정당화해보자.

<실천 예제 8.5> 교실 내의 비판적 사고 촉진하기

	어떤 도움?	사실	의견	가치	가설
강의					
읽기 과제에 대한 학습지 완성하기					
실험					
조별 문제 해결					

여러분의 응답을 다른 학생과 교환해본 후 다음 질문에 답하라. 동일한 교수전략이 네 가지 항목 모두를 가르치는 데 똑같이 도움이 된다고 생각하는가? 아니면 특정 교수전략이 특정한 항목에 대해 더 많은 도움을 준다고 생각하는가? 교실에서 주로 쓰이는 교수전략은 무엇이라고 생각하는가? 이 교수전략이 학생들의 비판적 사고를 발달시키는 데 도움이 되는 것을 본 적이 있는가?

많은 청소년들은 대중매체를 통해 널리 알려진 다양한 추측들을 사실로 간주한다. 그러므로 대중매체에 대한 분석은 유용한 자료이다. 요즘 아이들이 1년 동안 학교에서 보내는 시간은 약 900시간이다. 하지만 텔레비전을 보는 데는 1,500시간을 소비한다(Herr, 2001). 만약 여기에 영화와 잡지를 보고 가요를 듣는 시간을 추가한다면, 아이들이 대중매체를 소비하는 데 들이는 시간은 더욱 증가할 것이 분명하다. 문제는 대부분의 대중매체가 세상에 대한 비판적 사고보다는 무비판적 사고의 수용을 초래한다는 것이다.

셀리아: 나는 우리가 대중매체에 나오는 내용을 무비판적으로 수용한다는 생각에 의문을 제기하고 싶어. 가령, 대중매체에 여성들이 매우 날씬하게 등장하고 계속해서 더 날씬해진다는 사실을 알고 있어. 그리고 어떤 사람들이 대중매체에서 묘사하는 여성들의 날씬함을 거식증과 연관시킨다는 사실 또한 알고 있어. 하지만 난 텔레비전에서 보는 대부분의 것들을 좀 무시하고 넘어가는 편이야.

리　사: 텔레비전에 등장하는 여성들이 대부분 멕시코계보다는 백인이기 때문에 그런 것들을 무시할 수 있는 것 아닐까? 텔레비전에 나랑 비슷하게 생긴 사람들이 너무 많이 등장해서 정말 비참할 정도야. 나처럼 생긴 사람을 한 번 찾아봐. 다만 약 10킬로그램 정도 더 무거운 사람으로 말이야.

길버트: 내 생각에는 대중매체에 드러나는 것뿐만 아니라 드러나지 않는 것에 대한 주의를 기울이는 것도 중요하다고 봐. 예를 들어, 대중매체에서 흑인계 아시아인에 대한 정보를 찾아낼 수 있을까?

리　사: 뭐, 타이거 우즈도 있잖아.

길버트: 그 정도가 다잖아, 안 그래? 생각해봐. 세상 사람들의 3분의 2가 아시아인이고 그 외의 13% 정도가 아프리카에 살아. 내가 궁금한 것은 현재 타이거 우즈를 제외하고 세상의 다른 넓은 지역에서 벌어지는 상호작용에 관심이 있느냐는 거야. 나는 정말로 두 인종이 혼합된 흑인계 아시아인 사람들에 대해 알고 싶고, 이런 총체적인 인종 범주 구조 속에서 우리와 같은 존재가 어디에 위치하는지 알아보고 싶어. 타이거 우즈를 제외하고는 대중매체에서 이러한 쟁점이나 사람

들을 볼 수 없다는 사실이 우리가 저 밖의 세상에 대해서는 아무것도 모른다는 기분을 느끼게 해.

길버트의 지적은 생각해볼만한 가치가 있다. 어떤 사람의 생각, 주장 그리고 관점을 아는 것을 의미하는 비판적 의식은 현재 진행되고 있는 논의에는 포함되지 않는다. Freire(1973)는 순수(naïve) 의식, 마술적(magical) 의식 그리고 비판 의식의 세 가지 형태로 의식을 구분했다. 순수 의식이란 권력을 가진 사람들이 모든 사람들을 위한 최선의 이익에만 관심이 있고, 권력 구조 속에서 발생되는 문제와 그 문제의 당사자가 처한 권력위계적 위치는 아무 상관이 없다는 믿음을 가지고 있다는 것을 의미한다. 마술적 의식은 부정의에 대해 인식하고는 있지만, 그것에 대한 대처방안은 아무것도 없다고 믿는 것이다. 이러한 의식을 가진 사람들은 부정의한 행위는 저절로 발생하는 것이라고 생각한다. Freire는 권력자들이 이러한 인식을 널리 퍼뜨리고 있고 평범한 사람들을 타인의 통제 하에 놓기 때문에 세상에는 마술적 의식과 순수 의식을 지닌 사람들이 다수를 점유하고 있다고 주장한다. 반면에 비판 의식은 사람들이 겪는 일상적인 문제들과 권력의 확대된 활용 및 남용 사이의 관계를 이해하고, 사람들이 자기 자신의 변화를 위해 일할 수 있는 능력 있는 존재라고 스스로 믿게 해준다.

다음은 비판 의식이 어떻게 발생하는지에 대한 사례이다. 학생들의 비판 의식을 발달시키기 위해 농촌지역에 근무하는 교사가 학생들에게 농사에 쓰이는 농약이 농부들의 건강에 해를 끼치는지 여부를 확인해보도록 지시하였다. 당시 흔하게 사용된 농약은 비교적 안전하다는 결과가 나왔다. 하지만 학생들의 조사에 따르면, 학생들에게 자주 발생하는 건강 문제와 농약 사이에 밀접한 연관이 있다는 사실이 밝혀졌다. 이런 이유로 학생들은 농약과 농부의 건강에 대한 대화를 나누기 시작했다. 또 다른 비슷한 사례를 보면, 도시지역에 근무하는 한 교사는 학생들이 사는 지역사회에 환전소가 많이 있는 이유를 조사하도록 지시했다. 이 지역 환전소는 그 지역에 사는 최저 임금 근로자들이 수표를 현금으로 교환할 때 타 지역보다 더 많은 수수료를 요구하고 있었다. 이것은 한 개인이 최소예금 보유자일 경우 수표를 현금화할 때 수수료를 받지 않는 중산층 지역의 은행과는 반대되는 모습이었다. 학생들은 자신들의 조사를 바탕으로 신문사에 편지를 보내 자신들이 속한 지역사회에 은행이 부족하다는 점을 호소했다.

학생들의 생애주기는 더 큰 사회적 쟁점을 논의하고 행동으로 옮겨지는 시점이 되기도 한다. 예를 들어, 청소년들은 성에 대한 호기심을 키우는 시점에 에이즈 같은 질병에 대해서도 걱정하기 시작한다. 이러한 걱정을 통해 학생들은 에이즈에 대한 자신의 생각을 정리하고, 그중에는 에이즈를 동성애자들과 연관시키는 이유를 살펴볼 기회를 갖기도 한다. 그리고 에이즈에 대한 무지가 치료제 연구를 위한 투자 감소 요소를 유발한다는 것을 조사할 기회를 얻기도 한다.

비판 의식의 토대는 일상생활에서 발생하는 문제에 대해 의문을 제기하는 것에서 형성된다. 그다음 단계에서는 그 문제에 대한 해석과 설명을 시도한다. Otoya-Knapp(2004)은 로스앤젤레스에 있는 어느 고등학교의 한 학급을 대상으로 이러한 과정이 일어나는 사례를 보여주었다. 이 학급은 백인 담임교사와 다양한 배경을 지닌 학생들로 구성되어 있었다. 이 학생들은 자신들이 사회로 진출하면서 겪은 어려움이 인종차별 문제와 관계있는지에 대해 이야기했다. 교사와 학생들은 문제에 대한 해답을 그 자리에서 바로 구하기보다는 학생들 자신의 경험담을 서로 나누었다. 교사는 학생들이 이 과정에서 피상적이고 단순한 이해를 넘어설 수 있도록 격려해주었다. 한 해가 지나면서 인종차별에 대한 학생들의 분석은 더욱 심화되었고, 그와 동시에 자신들의 생각을 명료하게 기술하는 능력 또한 향상되었다. 논의가 진행될수록 학생들은 점차 자신들의 삶에서 부딪히는 인종차별에 대처할 수 있는 자세를 갖게 되었다. 그중 일부 학생들은 그러한 대처를 가능하게 하는 리더십을 형성하기 시작했다. 인종차별에 대해 깊이 있게 탐구할 수 있는 기회가 제공되었기 때문에 학생들은 통찰력과 전략을 더 잘 발달시킬 수 있었던 것이다.

리　사: 나는 이 '의식'이라는 단어가 마음에 걸려. 무의식 상태라는 것이 뭔지는 알겠어. 누군가 뒤통수를 세게 쳤을 때처럼 말이지. 하지만 Freire는 다른 의미로 의식을 개념화하는 것 같은데.

길버트: 글쎄, 나는 그런 것 같지는 않은데. 의식이 있다는 것은 깨어 있다는 소리잖아. 내 생각에 Freire는 우리가 깨어 있기를 바랄 뿐만 아니라, 우리 주변에 일어나는 일들에 대해서도 깨어 있는 의식을 가지고 신경을 써야 한다고 말하고 있는 것 같아.

셀리아: 내 생각에는 또 다른 의미도 있는 것 같아. 사람들은 현재 일어나는 일들에 대해서만 자각하는 것이 아니라, 그 '현재'가 있기까지의 과정에 대해서도 인식해야 해. 갑자기 내가 수강했던 치카노(멕시코계 미국인) 수업이 생각나. 교수님은 우리한테 치카노 공동체의 문제점들이 역사적으로 어떻게 다뤄져 왔는지 연구해보라고 하셨어. 가장 주된 관점은 우리가 항상 빈곤했고, 더 나은 삶을 위해 미국으로 이민을 갔으며, 기회의 땅인 미국에서 우리가 열심히 일할수록 성공할 가능성이 높아진다는 거야. 6장에서는 Acuña의 저서인 『Occupied America』를 언급했는데, 이 책에서는 정반대의 관점을 주장하지. 미국인들이 우리의 땅 절반을 차지하고 우리를 저임금 노동자로 규정하기 전까지는 멕시코 사람들은 적어도 다른 사람들과 비슷한 수준의 괜찮은 삶을 살고 있었다는 얘기야.

리　사: 요점이 뭐야? 의식이 있다는 것과 그것이 어떤 관련이 있어?

길버트: 내 생각에 셀리아는 의식이라는 것이 현재의 문제, 특히 평범한 사람들이 대면하는 문제들에 대한 주류의 역사적 해석 이상에 주의를 기울이는 것도 포함한다고 말하려고 하는 것 같아. 아니면 적어도 비판 의식을 갖는 것이 이런 의미를 지닌다는 것이지.

리　사: 그럼, 순수 의식 상태는 자기가 잠들어 있다는 것을 모르는 점만 빼고는 세상에 깨어 있다고 착각하는 거야. 순수 의식을 가진 사람은 모든 걸 알 만큼 깨어 있다고 생각하지만, 사실 그들은 자기들의 의식이 잠들어 있다는 것은 몰라.

셸리아: 맞아! 그리고 마술적 의식은 고통을 느낄 수 있을 만큼 깨어 있긴 하지만 다른 누군가 그 고통을 멈춰주기를 기다리는 것과 같은 거야. 비판 의식을 갖는다는 것은 자신의 고통을 진단하고 스스로 해결책을 제시할 만큼 깨어 있다는 것을 의미하지.

리사, 길버트, 셸리아는 협동학습을 통해서 다양한 형태의 억압에 대한 비판 의식을 더욱 발달시킬 수 있고, 억압에 대해 어떤 행동을 취할 수 있을지에 대해서도 더 잘 알게 되었다. 여러분이 어려운 문제를 서로 나눌 수 있을 정도로 서로 신뢰하는 그룹에 속해 있다면, 그것은 여러분에게 매우 도움이 되며, 여러분의 비판 의식을 빠르게 성장시킬 수 있을 것이다. 학생들의 삶 속에서 비판적 분석을 위한 자료로 중요하게 작용하는 쟁점, 문제점 그리고 즐거움은 학생들이 개인적으로 의미를 부여하는 실제상황에 자신의 생각을 적용할 기회를 제공한다. 공동체가 위치한 지역과 그곳의 사건들, 학생들의 개인적인 관심, 그리고 세계적인 이슈들은 비판 의식을 기르기 위한 자원으로 활용할 수 있다.

비판 의식을 가진다는 것은 어느 누군가가 매일 듣는 '진실'에 대해 의문을 제기하는 것을 말한다. 대중매체는 특히 이런 '진실'의 중요한 공급자이다. 대중매체가 다양한 관점을 제공하는 것 같지만, 사실 대중매체는 소수의 소유주들 관점으로 범위가 제한되어 있다. 2004년 조사 결과, 단 5개의 거대기업이 미국 및 전 세계에서 소비되는 프로그램을 만든 대중매체의 대부분을 소유하고 있었다. 그 5개의 기업은 타임워너, 디즈니, 머독의 뉴스코퍼레이션, 독일의 베르텔스만, 그리고 비아콤(그 이전의 CBS)이다. 1980년대 중반 50개 기업에 달하던 대중매체 소유 기업이 이런 집중화 현상을 통해 급격히 감소되었음을 알 수 있다(Bagdikian, 2004). 미국을 떠나 다른 나라를 여행한 사람들은 그곳에서 벌어진 세계적 사건들이 50개도 넘는 미국 채널에서는 방송되지 않았다는 사실을 깨닫게 된다. 게다가 미국에 매우 우호적인 나라인 영국의 BBC 방송사에서 보도된 기사들 중에는 종종 미국의 국내 뉴스와는 전혀 다른 해석을 하는 경우도 있다.

사회 엘리트층은 대중매체를 통해 똑같은 메시지, 이미지 그리고 관점을 반복해서 보여주어 시청자들이 세상을 있는 그대로 수용하도록 설득시키려 한다. S. Hall(1995)은 "현대사회의 다양한 대중매체들은 이데올로기의 생산, 재생산, 재정립을 위해 매우 중요한 장소(p. 19)"라고 말한다. 대중매체는 세계에 대한 어떤 해석들을 당연한 것으로 여기게 함으로써 또 다른 해석들을 모호한 상태로 만든다. 예를 들면, Baldwin(2001)은 서로 다른 인종에 속하는 범죄자들의 비슷한 범죄에 대해 보도한 기사들에 나타난 정형성을 비교해보았다. 사람들은 젊은 유색인종 가해자들을 '남자'라고 표현했다. 반면에 똑같은 나이의 백인 가해자들은 '젊은이' 혹은 '남자아이'라고 불렀다. 젊은 백인 집단을 '파벌'이라고 지칭한 반면, 젊은 유색인종 집단은 '갱'이라고 불렸다. 범죄를 보도하는 데 사용된 이러한 용어의 차이로 인해 저임금 흑인 그리고 라틴계 젊은이들이 백인 중산층 젊은이들보다 훨씬 더 위험하다는 인상을 주게 된다. 어떤 사람들이 이렇게 대중매체에 의해 만들어진 이미지를 '진실'로 받아들이면, 그들은 상당히 많은 숫자의 유색인종을 구금하는 것을 '합리적'이라고 여기게 될 것이다.

〈실천 예제 8.6〉은 주류 대중 미디어와 대안 미디어, 이 두 종류의 대중매체가 다루는 동일한 쟁점에 대한 각각의 시각을 비교하는 활동이다. Albert(1997: 53)는 다음과 같이 주장했다.

> 공적이든 사적이든 주류 대중 미디어 기관은 대부분의 경우 이익의 극대화를 목표로 한다. 그리고 광고주들이 고정적인 수익원을 확보할 수 있도록 그들에게 엘리트 청중을 넘겨준다. 대중 미디어 기관은 사실상 위계적 사회관계에 대한 그 사회의 주류 정의를 강화하기 위해 구조화되며, 대개는 중요한 사회단체, 특히 기업에 의해 조종된다.

주류 매체는 주변에 널려 있다. 사람들은 단지 텔레비전을 켜거나 신문을 펴기만 해도 주류 대중매체를 접할 수 있다. 그러나 대안을 찾는 것은 좀 더 많은 노력을 요구하는 작업이 될 것이다. 대안 미디어는 이익을 극대화시키거나 광고를 파는 것이 존재 목적은 아니다. 적은 예산으로 운영되는 대안 미디어는 대부분 특정한 공동체에 대한 정보, 쟁점 분석 그리고 행동 강령을 널리 알리는 곳이다. 예를 들면, 역사적으로 소외된 공동체들은 종종 지역 신문, 라디오 방송, 웹 사이트 등을 운영한다. 대안 미디어를 찾기 위해서는 다음과 같은 방법을 사용할 수 있다.

- 주변 사람들에게 지역 공동체 스스로 자신들의 쟁점을 다루는 신문 혹은 잡지를 출판하는지 물어보라.
- 역사적으로 소외된 집단을 대표하는 단체들의 웹 사이트가 있는지 조사하라. 전미유색인종지위향상협회 National Association for the Advancement of Colored People(http://www.naap.org/), 이중언어병용교육국가협회 National Association for the Bilingual Education(http://www.nabe.org/), 여성국가협회 National Association for Women(http://now.org/), 게이, 레즈비언교육네트워크 Gay Lesbian Straight Education Network(http://www.glsen.org/)
- 몇몇 출판물은 널리 보급되었으며, 웹 사이트를 운영한다. Mother Jones(http://motherjones.com/), Z magazine(http://zmag.org/), The Nation(http://thenation.com/), Democracy Now(http://www.democracynow.org/index.shtml), Pacifica Radio(http://www.pacifica.org/)
- '대안 미디어' 혹은 '독립 미디어'라는 키워드로 인터넷 검색을 해보라.

같은 쟁점을 다루는 두 개의 미디어를 찾았다면, 그 두 개를 모두 읽어보자. 그런 다음 〈실천 예제 8.6〉에서 각각의 관점을 비교하자.

각 미디어의 기사 처리방법은 어떤 점에서 비슷하고, 어떤 점에서 달랐는가? 어떤 관점들이 빠져 있었는가? 만약 여러분이 주류 미디어의 기사만 읽었다면, 어떤 견해들을 놓쳤겠는가? 대안 미디어는 어떤 통찰력을 제공했는가? 여러분이 만약

〈실천 예제 8.6〉 미디어 속의 관점 비교하기

1. 어떤 이슈 혹은 뉴스 보도를 살펴보고 있는가?

2. 여러분은 어떤 주류 미디어를 이용하고 있는가?

3. 여러분은 어떤 대안 미디어를 이용하고 있는가?

4. 각각의 보도를 다음과 같은 맥락에서 비교하라.

　① 각각의 미디어가 중점적인 문제 혹은 쟁점으로 다루고 있는 것은 무엇인가?

　② 각각의 미디어에서는 누구를 문제의 가해자로 보는가?

　③ 각각의 미디어에서 누구를 그 문제를 해결하는 사람으로 간주하는가?

대안 미디어가 제시하는 관점 이상의 추론과 경험들을 배우고 싶다면, 정보를 더 수집하기 위해 무엇을 더 찾아볼 수 있겠는가? 정보 매체를 제한적으로 활용하는 것은 어떤 사건을 '진실'로 받아들이게 되는 데 어떻게 영향을 미치는가?

아이들은 초등학교 때부터 대중매체 속에 포함된 메시지를 구별하는 방법을 배운다. 아이들에게 일주일에 몇 시간씩 텔레비전을 시청한 후 텔레비전 프로그램과 광고 속에 표현된 정형성을 분석하라는 과제를 내준 초등학교 교사를 생각해보자(Bigelow & Peterson, 2002). 또는 아이들에게 만화 속의 정형성과 선입견을 분석하라고 한 유치원 교사의 사례를 보자(Pang, 1991). 이러한 분석은 아이들의 비판적 미디어 정보 해독력을 발달시키고, 비판적 사고 실행을 위한 초석이 된다.

이제부터 일상에서 벌어지는 이야기를 통해 글로벌 권력에 대한 분석을 위한 비판 의식을 좀 더 발전시켜 나가자. 여러분이 지금 입고 있는 셔츠, 스웨터 혹은 바지의 상표를 보라. 이 물품들의 원산지는 어디인가? 그것들을 누가 만들었는지에 대한 정보를 더 얻기 위해 인터넷을 찾아보라. 검색창에 '의류제조노동자(textile workers)'라는 키워드를 입력하고 옷이 만들어진 원산지를 입력하라. 브랜드 이름을 추가로 검색해도 된다. 아래에 나온 비판적 탐구에 참가하고 있는 학생 세 명의 의견을 들어보자.

리 사: 나는 '홍콩에서의 노동 경험(Labour Experiences in Hong Kong)'이라는 웹 사이트를 보았어. 음, 여기를 보면 회사들이 값싼 노동력을 찾기 위해 동아시아 지역으로 이동하고 있다고 되어 있어. 홍콩의 여성 노동자들은 천 명 단위로 실직을 당했대. 일자리를 유지하고 있는 사람들은 일용노동자로 전락하여 낮은 임금을 받았다고 해.

셀리아: 누가 그렇게 말한 거야?

리 사: 국제노동단체(International Labour Organization)가 이 웹 사이트(http://www.ilo.org/)를 후원해줬고, 이 정보를 제공한 사람은 홍콩여성근로자협회(Hong Kong Women Workers Association)의 회원이야. 내가 이 청바지를 산 가게에서는 나한테 이 청바지가 얼마나 세련되게 잘 어울리는지만 보여줬고, 내가 이를 위해 60달러를 지불할 가치가 있다고 말했어. 하지만 지금 보니 내가 이 청바지를 입을 수 있게 해준 사람은 아시아 여성 근로자들인데, 그들은 내가 지불한 60달러에도 훨씬 못 미치는 임금을 받고 있는 것 같아.

길버트: 내 스웨터는 미국에서 만들어졌어. 나는 그 옷을 만들기 위해 바느질을 한 사람이 얼마를 받았을까 궁금해. 아까 '홍콩'이라는 키워드 대신 '미국'이라고 친 다음에 똑같은 검색을 해봐.

리 사: 여기 또 다른 웹 사이트가 있네. 그건 Abbreviations of Unions Affiliated with the AFL-CIO(http://www.unionlabel.org/)야. 만약 내 스웨터 상표에

ILGWU(Garment Workers' Union, International Ladies)라고 쓰여 있었다면 노동자들은 아마 합리적인 임금을 받았을 거야. 하지만 내 상표에는 그런 게 쓰여 있지 않기 때문에 누가 이 스웨터를 만들었는지도 모르겠고, 이걸 만든 노동자들이 적합한 절차를 통해 고용된 건지도 모르겠어.

셀리아: 혹은 착취를 일삼는 공장에서 만들어진 것일 수도 있어. 미국의 이민자 여성들이 결국에는 그런 곳에서 일하게 된다고 들었어. 로스앤젤레스에서 살았을 때 나는 그런 공장에서 일하는 몇몇 여성을 알고 있었어. 그들은 임금을 많이 받지 못했고, 건강보험에도 가입하지 못했으며, 매우 열악한 환경에서 일하면서도 일자리를 잃을까 봐 항의할 곳을 찾지 못했어.

리 사: 그것에 관해 언급한 미국인 민주행동연맹(Americans for Democratic Action)의 기사를 찾았어(http://adaction.org/pubs/slavelabor323.html, 2002년 6월 20일자 기사). 이 기사는 열악한 환경에서 천을 재봉하는 로스앤젤레스에 거주하는 태국 이민자에 관해 설명하고 있어. 많은 거대한 소매상들이 더 이상 옷감 회사를 통해 옷감을 사는 것이 아니라, 자신들만의 세계적인 저임금 노동자 네트워크를 형성했다고 해. 이건 불법이야! Union of Needle trades, Industrial and Textile Employees에서는 이 문제를 직시하려는 노력을 하고 있어. 그런데 내 고향에서는 그런 연맹을 문제아 집단이라고 불렀다는 것이 참 흥미로워.

길버트: 그렇게 생각하는 사람이 많기는 해. 와, 이 웹 사이트가 말하는 것 좀 봐! 노동통계청에 따르면 1983년에 근로자의 20%가 연맹에 가입되어 있었는데, 현재는 겨우 13.5%야. 또, 연맹 근로자들은 비연맹 근로자들보다 높은 임금을 받아. 평범한 사람들은 연맹에 가입하기를 원하지만, 근로자들에게 더 높은 임금을 줘야 하는 고용자들의 입장에서는 연맹이 달갑지 않대. 이 때문에 신문에서 근로자연맹에 대해 나쁘게 보도하는 경우가 많다는군.

셀리아: NAFTA가 얼마나 대단한지에 대해 언론에서 계속 강조했던 거 알고 있지? 거대한 다국적 기업들은 미국과 달리 노동자들에게 적은 임금을 지불할 수 있는 멕시코에 착취 공장을 세워. 내가 이해하기에 그들은 근로자들이 더 나은 임금

을 위해 노동조합에 가입하는 것을 억압하고 있지만, 어떤 기업들은 멕시코에서 나와 인건비가 그보다 더 싼 아시아로 공장을 옮겨왔어. 이것은 멕시코의 임금을 매우 낮은 상태에 처하게 했을 뿐만 아니라, 수천 명의 사람들을 실직 상태에 빠지게 했어.

길버트: 점점 좁혀지는 격차에 대한 미사여구가 많지만, 우리는 이런 미사여구를 넘어서 누가 실제로 이익을 얻고 있고 누가 손해를 보는지를 파악할 수 있어야 해.

위의 대화를 보면 학생들은 정보를 검색한 후 비판 의식을 발달시키기 위해 비판적 질문을 던지고 있음을 알 수 있다. 학생들은 정보의 출처와 어떤 쟁점에 대해 주어진 관점을 살펴본 다음, 어떤 사람들이 이익을 얻는지를 자문해보았고, 그런 견해를 뒷받침하는 증거를 찾아냈다. 학생들은 질문을 제기하면서 억압의 사례들을 발견했고, 주류 미디어들이 그런 억압에 관한 이야기를 종종 숨긴다는 사실을 파악하는 한편, 그와는 반대로 사회 정의를 위해 일하는 단체들이 있음을 발견했다.

지금까지의 논의를 요약해보자. 세상을 순수하게 바라보는 사람은 어떤 일에 대한 원인과 결과를 탐색하기보다는 추측을 한다. 그런데 이 추측은 다른 사람들이 이미 해놓은 해석을 사실로 받아들임으로써 이루어진다. 리사는 수출품을 생산하는 전 세계의 노동자들이 스스로 자신의 일거리를 찾고 좋은 대우와 임금을 받는다고 추측했다. 마술적 의식을 가진 사람은 누군가 그 문제를 해결할 것이라고 믿는 사람이다. 비판 의식을 가진 사람은 그 문제가 어떤 식으로 작용하는지를 알고, 스스로 상황을 분석하기 원한다. 비판 의식은 또한 어떤 쟁점을 정치적 관계 내에서 파악하고, 권력의 흐름이 어떤 방향으로 가는지를 분석하는 것을 의미하기도 한다. 이러한 조사를 통해 셀리아, 길버트, 리사는 세계 자유무역이 누구나 공평한 대우를 받으면서 희망하는 일자리를 선택할 수 있는 자유를 가질 수 있다고 순진하게 추측하는 사람들과는 매우 다른 결론을 도출해냈다.

어떤 문제를 비판적으로 분석하는 것은 어려운 일이다. 만약 학생들에게 이런 문제들을 직시하기 위한 행동 전략이 부족하다면, 결국 Freire가 말한 순수 의식 혹은 마술적 의식 상태에 빠지게 된다. 예를 들어 교사인 여러분은 다른 학교에 비해 여러분이 근무하는 학교의 자원이 부족다고 생각할지도 모른다. 그리고 저예산 학교에 지원금을 늘리기 위한 작업이 여러분 혼자서 감당하기에는 벅찬 일이라고 느낄지도 모른다.

여러분과 여러분이 앞으로 가르칠 학생들 또한 어떤 사회 문제들에 대해 자신들의 문제가 아닌 다른 사람들의 문제일 뿐인데 왜 쓸데없이 고민하는 것이냐고 질문할지도 모른다. 예를 들어, 공공병원이 사설병원보다는 보험이 적용되지 않는 환자들을 돌볼 가능성이 더 높다. 그러나 1975년과 1999년 사이에 미국에서는 공공병원 수가 3분의 1가량 줄었다(Prokosch & Dolan, 2001). 보험에 가입한 독자들은 우리가 보험을 들지 않은 '다른 사람들'에게만 관심을 가진다고 생각할 것이다. 그러나 우리 자신이 그 '다른'의 범주에 들지도 모른다는 것을 발견하면 깜짝 놀랄 것이다. Mosley(2000: 49)는 『Workin' on the Chain Gang』에서 다음과 같이 말한다.

미국 흑인의 역사는 미국 역사 그 자체이다. HMO(미국건강보험제도)에는 Jim Crow의 망령[1]이 남아 있다. 즉, 밀려난 사람들, 접근 불가, 그리고 그 어떠한 민주주의적인 의지도 없는 상태로 고통 받는 사람들은 여전히 존재한다. 구조조정은 재산을 다시 없애는 좋은 방법이 된다. 빈부격차의 심화는 빈곤한 사람들을 악의 축으로 묘사한다. 왜냐하면 세계 최강국인 미국에서는 빈곤이 죄가 되기 때문이다. 이런 불평등의 새로운 체제는 오래전의 체제들과 마찬가지로 용납할 수 없는 것이다. 단 한 가지

---

1) 역자 주: 'Jim Crow'는 원래 얼굴을 검게 칠한 광대 같은 백인을 칭하는 이름이었는데, 후에는 Nigro와 같이 흑인을 비하하는 단어로 사용되었다. 19세기 말에는 흑인에게 분리정책을 사용한다는 뜻으로 사용되었다. 예를 들어, 그 당시 식당 출입문에 'Jim Crow'라고 써놓으면 '흑인 출입금지'를 뜻하기도 하였다.

차이점은 이런 체제 아래에서 우리 모두가 고통을 받고 있다는 것이다. 이번에는 모든 사람이 잠재적인 희생자가 된다.

그럼에도 공공병원에 자원을 분배하도록 바꾸는 것은 '너무 부담이 큰' 일이다. 그렇다면 어디서부터 시작해야 할까?

논리적으로 생각할 때, 학생들이 그것을 시작할 수 있는 가장 적합한 곳은 교육이다. 교육이란 그냥 공부나 학교 숙제하는 것을 말하는 것이 아니다. 여기서 교육은 학생들이 경험하는 교육이 어느 정도까지 자신들은 물론 다른 학생들의 요구를 충족시키는지에 대해 비판적으로 생각하고, 그렇지 않은 경우에 대해서는 그것을 지적할 수 있는 행동력을 지니는 것을 의미한다. 젊은 사람들은 교육에 대한 요구를 달성하기 위해 민주적 참가 전략을 사용했던 적극적 역사를 가지고 있다. 예를 들면, 1968년에 로스앤젤레스의 멕시코계 미국인 학생들은 무너져가는 건물, 턱없이 부족한 멕시코계 미국인 교사들, 멕시코계 미국인 학생들을 고려 대상에서 제외한 교육과정, 학생들에게 거는 교사들의 낮은 기대, 그리고 대학 입시가 아닌 직업 대비를 위한 교육과정의 채택 등 학교의 부적절한 환경에 대항하는 쟁의를 결성했다. 학생들은 농성과 시위를 통해 지역사회를 설득해서 교육 시스템에 멕시코계 미국인 연구 등의 수업을 교육과정에 추가하는 것 같은 긍정적인 변화를 불러일으켰다(F. A. Rosales, 1996).

이제 여러분에게 친숙한 학교를 한 곳 선택하여 다음과 같은 질문을 해보자. 이 학교의 학생들은 자신들의 대학 입시 준비를 위한 교육과정과 양질의 교육에 어느 정도까지 접근이 가능한가? 이 질문은 모든 학생이 대학에 갈 의무가 있거나 혹은 가기를 원한다는 전제에 기반을 둔 것이라는 항의에 부딪히기도 한다. 대학은 유치원부터 12학년을 마친 후의 유일한 진로 선택은 아니다. 그러나 학생들이 고등학교를 졸업했을 때 본인들의 진로 선택을 위해 어느 정도까지 준비할 수 있을까? 일반적으로 선택은 이미 끝난 상태이다. 학생들은 그들이 어떤 고등학교에 다녔는지, 대학 입시반에 배치되었는지, 영재교육 프로그램에 참여했는지, 잘 가르치는 교사들의 수업을 들을 수 있었는지, 그리고 대학 또는 졸업 후의 다양한 진로 선택에 대해 충분한 정보가 제공받았는지 등에 따라 학생들의 진로 준비는 서로 차이를 보인다. 젊은 사람들은 정보 수집이 가능하고, 수집한 정보를 통해 행동을 개시하거나 다른 사람들에게 그 정보를 전달하기도 한다.

셀리아: 음, 본문의 뉘앙스를 살펴보면 1960년대의 학생운동이 무슨 실질적인 해결책을 제시한 것처럼 여기고 있는 것으로 생각돼! 하지만 나는 저임금 및 소수집단 지역의 학교들이 여전히 똑같은 문제로 고통 받고 있다고 생각해. '윌리엄 대 캘리포니아 주 소송'은 교재, 잘 갖춰진 학교 건물, 인증된 교사 같은 기본적인 자원에 대한 불공평한 분배 문제 때문에 제기된 것이었어. 이것은 결국 1960년대 학생운동에서 제기된 문제의 반복에 불과한 것일지도 몰라.

리　사: 우리는 현실에 안주해서는 안 돼. 네가 선택한 사례는 아마 비판 의식의 중요성을 이야기하는 것일지도 몰라! 1960년대의 치카노 학생운동은 어느 정도까지는 도움이 되었지만, 그 정도에서 한 발자국도 더 나아가지 못한 것 같아. 이런 것을 안다면 우리는 되풀이되는 과거의 문제에 대해 경계해야 한다는 것도 알아야 할 거야.

길버트: 나는 2005년에 발생한 수차례의 허리케인, 특히 카트리나 때문에 집을 잃은 아이들이 생각나. 카트리나의 영향을 받게 된 아이들의 대부분은 흑인이었어. 뉴올리언스에서는 대부분의 학교가 문을 닫았고, 그 지역은 너무 파괴되어 부모들은 자신이 살던 곳으로 다시 돌아갈 수 없는 지경에 처했어. 집을 잃은 저소득층 흑인 아이들이 지금 받고 있는 교육은 어떤 종류의 것일까? 특히 쉽게 새 집을 구하거나 새로운 아파트에 세 들어 살 수 없는 형편의 가정들 말이야. 내가 듣기로 이러한 가정의 아이들은 처음부터 자원이 부족한 학교로 배정받게 된다고 하더라.

셀리아: 우리는 바로 눈앞의 평등에 대해 당연하게 생각하지 말고 바짝 경계해야 할 필
　　　요성이 있고 평등을 대변하는 행동을 취해야 해!

〈실천 예제 8.7〉은 어느 특정 학교의 다양한 자원에 대해 학생들이 공평하게 접근할 수 있는가를 가늠하는 정도에 대한 목록을 작성해보도록 한다. 이 실천 예제를 해결하기 위해서 여러분은 여러분이 방문할 수 있는 학교를 한 군데 찾아내야 한다. (만약 여러분이 방문할 학교를 찾지 못한다면 여러분의 고등학교 졸업앨범을 통해 이 패턴을 분석하는 데 이용하라.) 하지만 우리는 자원 및 기회에 대한 접근성이 공평한지에 대한 여러분의 생각을 묻기보다 학생의 참여가 실제로 어느 정도까지 학교의 인종적, 언어적, 성적 그리고 사회 계층적 인구 통계를 반영하는지를 탐색해볼 것을 제안한다. 비슷한 배경을 지닌 학생들은 자기들만의 공유 집단을 형성하기도 한다. 이런 공유 집단이 형성되는 패턴은 종종 불공평한 접근성을 상징하기도 한다.

〈실천 예제 8.7〉

다음의 활동에 가장 많이/적게 참여하는 사람은 누구인가?

① 대학 입시 과제

② 컴퓨터 실험실 및 컴퓨터 수업

③ 영재교육을 필요로 하는 학급 활동

④ 기악

⑤ 성악

⑥ 학생회

⑦ 방과 후 동아리 활동

⑧ '인기 많은' 운동 종목

〈실천 예제 8.7〉의 8가지 항목이 학교의 다양성을 제시한다고 보기는 어렵다. 그보다는 학교들의 일반적 경향을 보여주는 것이다. 처음 세 항목은 대학 입시 준비 혹은 이후의 다른 형태의 고등교육으로 이어지는 학습 전략과 관련된 질문이다. 4번과 5번 항목은 음악 프로그램의 참여와 관련된 질문이다. 만약 음악교육이 가능하다면, 누가 어떤 형대의 수업에 침여하는가? 기악 수업은 성악 수업보다 비용이 많이 드는데, 이럴 경우 악기를 구입할 수 있는지에 대한 여부가 참여에 영향을 미치는가? 6번과 7번 항목은 학생들의 과외 활동에 관련된 질문이다. 이런 문제를 살펴보아야 하는 이유는 학교 동아리 활동이 환경이 서로 다른 학생들에게 우정을 쌓을 기회를 주는 한편, 다양한 범주의 학생들에게 리더십 기회를 제공하는 잠재력을 갖기 때문이다. 마지막으로, 학교는 성차별 없이 모든 학생들에게 운동 종목에 참여할 기회를 제공해야 한다. 그러나 학교에는 여전히 불평등이 존재할 수 있다. 어떤 운동 종목에 학생들이 많이 참여하는지를 보는 것은 체육 수업 속의 불평등을 알아볼 수 있는 한 방법이다. 또한 여러분은 최고의 시설, 최고의 코치, 최고의 기구에 대한 접근성을 가지고 있는 사람이 누구인가를 확인할 수 있다.

누가 표면적으로 잘 드러나고 그렇지 않은지를 판단하는 것은 이러한 일이 발생하는 이유를 설명하지 못한다. 어떤 경우 학생들이 이 질문에 대한 적절한 답을 제시하기도 한다. 예를 들어보자. 남학생이나 여학생 모두 컴퓨터를 다룰 줄 안다. 그럼에도 남학생이 컴퓨터를 독차지하는 것에 대해 불만을 가진 여학생들의 이야기를 들어볼 수 있었다. 여학생은 남학생들과 학교에 있는 컴퓨터를 사용하기 위해 논쟁할 만큼 컴퓨터 사용이 가치 있는 일이라고 생각하진 않았다. 저소득가정의 학생들은 학비가 너무 비싸 대학에 진학하지 않을 것이라고 말하면서 대학 진학을 위한 준비를 하지 않는다. (교사들과 상담사들도 이런 생각에 조언을 하지 않는다.) 학교 동아리와 과외 활동은 이론적으로는 모두에게 개방되어 있지만, 하교할 때 대중교통을 이용하는 학생들은 방과 후에 남아서 프로그램에 참여하기가 불가능할지도 모른다. 보통 영향력 있는 공동체에 속한 학생들이 학생회를 장악하고, 이러한 패턴은 당연한 것으로 받아들여진다. 반면에, 다문화적 구성원들이 다니는 학교에는 하나의 인종 혹은 성별로 이루어진 동아리가 형성되어 있다. 그리고 이 동아리는 역사적으로 소수 집단에 속했던 구성원들에게 '안전지대'의 역할을 하고 있다. 이 동아리는 타인에게 자기 자신에 대한 변명을 하거나 자신의 관점을 정당화시킬 필요 없이 구성원 학생들의 공통 관심사와 고민을 나누는 장소를 제공한다. 예를 들어, 치카노 학생들은 종종 치카노인의 교육적 학습을 지지하는 MEChA라는 치카노인들로 이루어진 동아리에 가입한다.

우리는 지금까지 다양한 정보를 폭넓게 수집했다. 그러므로 이제부터는 심층적으로 사고하기 위해 특정 문제에 초점을 맞춰보자. 예를 들면, 평등 문제와 같은 것이다. 어떤 문제(가령 유색인종들이 불균형적으로 보충 수업에 배치되는 반면, 백인 학생들이 대학 진학반에 배치되는 것)는 중요하게 느껴지는 반면에 또 다른 문제는(가령 여자아이들이 놀이터 시설에 완전한 접근성을 지니지 못하는 것) 사소하게 느껴질 것이다. 물론 소외받은 당사자들은 결코 자신들이 느끼는 소외감을 사소하다고 생각하지 않는다. 〈실천 예제 8.8〉에서는 민주적인 방식으로 그러한 문제들을 규명하는 방법을 알아보기 위해 몇 가지 질문을 제시하였다. 사람들을 관찰하거나 이야기함으로써 누가 소외되고 있고, 그 소외의 과정이 어떻게 진행되며, 누가 그것을 통해 이득을 얻는지 정확히 알아낼 수 있는지 살펴보자.

〈실천 예제 8.8〉 평등 문제에 대해 더 깊이 살펴보기

여러분은 어떤 쟁점에 대해 생각하고 있는가? 여러분이 그 쟁점에 대해 아는 것을 서술하라.

① 누가 소외되고 있는가?

② 누가 이로부터 이득을 얻고 있는가?

③ 이런 소외의 과정은 어떻게 일어나는가? 즉, 존재하고 있는 규칙들이 표면적으로는 공평해 보여, 일부의 사람들이 불공평하게 소외되는 이유는 무엇인가?

위의 실천 예제를 통해 여러분은 젊은이들이 자신들과 관련된 문제를 조사하는 방법을 배울 수 있다는 탐구의 초기 단계에 진입했다. 이러한 실천 예제를 통해 여러분은 평등 문제에 대한 정보 수집 과정에 참여했을 뿐만 아니라, 누가 왜 여러분의 조사에 합류하고 싶은지, 그리고 누가 어떤 이유로 여러분의 생각에 반대하는지에 대해 조사하였다. 평등 문제에 대한 해결책을 제시하기 위해 더 많은 사람들을 포함시킬수록 여러분은 이 문제에 관해 더 많은 경험을 하게 될 것이다.

학생들은 교실에서 일어나고 있는 일상적인 의사결정 과정을 통해 민주주의적 참여를 배우기 시작한다. 〈실천 예제 8.9〉에서 교실 안에서 일어나고 있는 활동 중에서 학생들이 직접적으로 의사결정 과정을 통해 참여할 수 있는 활동이 무엇인지 나열해보자.

〈실천 예제 8.9〉 교실 안에서 참여할 수 있는 의사결정 활동

그럼 이제 위의 목록 중에서 학생들이 의사결정에 참여한 행동에 동그라미 표시를 해보자. 그리고 학생들이 어떤 의사결정 과정에서 민주주의적 참여 방법을 알고 있었다면, 참여 가능한 의사결정들에 네모 표시를 해보자.

민주적인 의사결정 과정은 학생들에게 결정을 미루는 것을 의미하는 것이 아니라, 교사의 권력을 학생들과 나누고, 학생들에게 책임감을 갖도록 하여 결정을 내릴 수 있는 자격을 부여하는 것을 의미한다. 4장에서는 학급회의를 학급 내에서 민주적인 의사결정을 발달시킬 수 있는 요소라고 표현했다. Shor(1992: 184-185)는 다음과 같이 말했다.

민주적으로 문제제기를 하는 학습 과정에서는 교사의 역할이 달라진다. 그러나 이 과정에서 교사의 역할이 불필요한 것은 아니다. 교사의 참여와 전문 지식은 다른 방식으로 여전히 필요하다. 이 과정이 심화될수록 교사의 역할은 자신의 개입을 축소시키고, 자신의 지식을 더 많이 전달하는 방식으로 학생들의 자주성에 도움이 되는 방향으로 변화하게 한다.

지금까지 살펴본 내용이 어떤 방식으로 작용하는가를 확인하기 위해 여러분이 〈실천 예제 8.9〉에서 작성한 항목들, 특히 네모를 친 항목들을 다시 살펴보자. 여러분은 학생들이 어떤 순서로 의사를 결정하도록 지도하겠는가? 다시 말해, 모든 문제들을 한꺼번에 학생들에게 공개하는 방법보다는 교사와 학생들이 공동으로 학급 정책 결정을 위해 문제가 되는 항목들을 하나씩 차례로 선택하여 결정하는 방법이 더 좋을 것이다. 교사와 학생들이 점점 그 과정에 익숙해지면, 복잡한 문제도 쉽게 해결할 수 있을 것이다.

이제부터 민주적인 의사결정에 참여한다는 것이 무엇을 의미하는지 생각해보자. 〈실천 예제 8.10〉에서는 시민이 민주적인 의사결정에 참여하는 데 필요한 기술을 가능한 한 많이 나열해보도록 한다.

〈실천 예제 8.10〉 민주적인 의사결정 참여 기술

①

②

③

④

⑤

⑥

여러분이 작성한 목록은 얼마나 많은가? 우리가 종종 예비교사들에게 이러한 목록을 작성하라고 요구할 때, 예비교사들은 보통 투표, 읽을 줄 아는 능력, 어떤 문제에 대한 정보력 등을 적는다. 그러고는 더 이상 무엇을 적어야 할지 모른다. 그런데 여러분의 목록은 다음과 같은 전략을 포함하고 있는가?

- 권력이 실제로 어떻게 사용되는지에 대한 분석
- 언제, 어떻게 타협해야 하는지, 그리고 타협하지 말아야 할 때를 알고 협상하는 능력
- 설득하기
- 사람들 조직하기
- 다양한 관점으로부터 쟁점 도출하기
- 탄원서와 편지 작성하기
- 보이콧과 집회 결성하기
- 미디어에 대한 접근성과 공공을 위한 재정 지원

사회적 행동을 시도하는 학생들의 참여 방식은 편지를 쓰거나, 공동체 복지에 관여하거나, 공동체의 문제에 대해 정보를 제공하고 전파하는 등 다양한 형태로 나타난다. 교사는 지역 공동체에 적합한 다양한 형태의 행동양식을 조사해야 한다. 또한 교사는 학생들이 자신들의 신념에 어긋나는 행동이나 생각을 하도록 압력을 행사하지 말아야 한다. 교사는 학생들이 공동체 내에 존재하는 쟁점과 요구에 대해 건설적으로 행동할 수 있는 방법을 가르쳐야 한다.

민주적인 의사결정이란 투표하는 방법을 배운다는 의미 이상으로 민주적 의사결정에 참여하는 방법을 배워야 한다는 것을 의미한다. 민주적인 의사결정은 복잡하다. 그 이유는 대화과정에서 다양한 의견 차이가 나타나야 하기 때문이다. 참여란 '중요하지 않다고' 여겨지는 것까지 포함한 모든 의사결정에 관심을 가져야 한다는 것을 의미한다. 또한 의사결정은 다수결의 원칙을 당연히 수용하기보다는 협

상의 자세를 배운다는 것을 의미하기도 한다. 다수를 위해 실제로 결정을 내리는 사람들은 앞서 언급된 전략을 사용할 줄 아는 사람들이다. 힘 있는 단체에 속한 지도자들은 이러한 전략들을 상당히 효과적으로 이용한다. 하지만 비록 대부분의 공동체가 이러한 기술을 훈련받은 지역 활동가를 보유하고 있다 하더라도 일반적으로 사람들은 이러한 기술을 배울 기회가 없다.

4장에서 우리는 학생들을 문제해결 과정에 참여시키는 것이 학생들이 갈등을 해결하는 방법을 배우는 것이라 언급했다. 갈등 해결 그 자체가 사회적 행위라고 할 수는 없지만, 이것이 비판 의식과 결합될 경우 사회적 행동으로 이어질 수도 있다. 예를 들면, 어떤 학교에서 학생들 간에 싸움이 일어나 갈등 해결 프로그램을 운영한다고 가정해보자. 그 프로그램에서 학생들은 '나'라는 단어를 이용한 진술을 통해 자신의 감정을 표현하고, 다른 학생들이 표현하는 감정을 적극적으로 들어주며, 갈등이 발생할 경우 어떤 학생의 의견도 무시하지 않고 협력하며 문제를 해결하도록 배운다. 동료 학생들이 중재자가 되어 이 프로그램을 보조할 수 있도록 교육을 받을 수도 있다.

갈등을 더 심층적으로 살펴보면, 우리는 학교 내에서 발생하는 많은 갈등들이 공동체 갈등이나 공동체의 무력함과 관련되어 발생한다는 것을 발견할 수 있다. 예를 들어, 방과 후 혹은 여름방학 아르바이트, 그리고 재미있는 레크리에이션을 할 기회가 적은 학생들은 종종 길거리에서 '시간을 보내고' 폭력집단에 가담하게 된다. 갈등을 해결하고 극복한다는 것은 지역공동체 내에서 학생들의 삶에 영향을 미치는 문제점들을 조사하고 학생들의 필요를 충족시키기 위해 어떤 건설적인 행동을 취할 수 있을지를 생각한다는 것을 의미한다. 만약 레크리에이션 활동이 부족하다면, 학생들은 더 많은 레크리에이션 기회를 제공하라고 시(市)에 요구할 수 있다. 우리의 선배들 중 한 사람은 학생들이 자신들의 고민을 널리 알리기 위한 벽화를 그릴 수 있도록 도시의 청소년 그룹을 조직하기 위해서 수년 동안 노력했다. 그 과정에서 그녀는 학생들이 서로 간의 갈등을 해결하도록 도와주었고, 그들의 분노와 갈등에는 더 큰 차원의 사회적 원인이 존재한다는 것을 학생들이 알도록 도와주었다. 그리고 벽화를 관람하는 사람들에게 학생들의 요구와 고민거리를 알릴 수 있도록 협력하는 방법에 대해 가르쳐주었다. 그 결과 그녀는 학생들의 갈등 에너지를 사회적 지지를 받는 행동으로 변환시킬 수 있었다.

사람들이 기존의 다른 지지 세력과 조직적으로 연대할 경우, 세상을 위한 중요한 변회를 일으킬 수 있다는 것은 역사적으로 증명되었다. 그러나 그러한 변화가 성공적으로 이루어지려면 실행과 참여를 유발하는 사회적 문제를 감당할 능력을 확보해야 한다. 가령, 서로 간의 협력을 통해 개선된 노동 환경과 더 나아진 임금이라는 쾌거를 획득한 농장노동자조합(United Farm Workers)의 사례를 살펴보자. 대중교통의 이용과 건물에 대한 용이한 접근을 요구한 장애인 인권단체를 생각해보라. 그리고 사람들이 살고 있는 집에서 쫓겨나지 않도록 집세 인상 제한을 가능하게 한 세입자단체(renters' organization) 같은 지역단체를 생각해보라. 우리는 Dewey의 질문을 기억하고 있어야 한다. "왜 대중과 임기가 정해져 있는 정치인인 그 지역의 의원들이 좀 더 현명하고 효율적으로 행동하는가?(1927/1973, p. 633)" 그는 민주주의를 지속적으로 유지하기 위해서는 "사회탐구에 대한 자유와 거기서 도출된 결론의 확산"이 절실히 필요하다고 주장한다(p. 634).

민주적 참여를 활성화하기 위해서 우리는 다른 사람들과 협력해서 일할 때 가장 큰 힘을 발휘한다는 점을 깨달아야 한다. 혼자 힘으로 세상을 변화시킬 수 있는 사람은 거의 존재하지 않는다. 이미 많은 청소년 단체들이 존재하기 때문에 학생들은 이런 단체에 대해 알 수 있고, 또한 가입할 수도 있다. 어떤 단체들은 소규모의 지역적인 단체인 반면, 어떤 단체들은 대규모의 전국적인 단체이다. 어떤 단체들은 자신들만의 홈페이지와 소식지가 있어서 넓게 퍼져 있는 불특정 다수와 같은 잠재적 회원들에게 쉽게 접근할 수 있다. 예를 들어, 청소년실천네트워크(Youth Action Network)는 청소년들이 환경, 미국 원주민들의 권리, 교육 혹은 산림과 같은 쟁점들에 대해 더 많은 것을 배우고, 토의하고, 대책 마련을 모색할 수 있는 온라인상의 장소를 제공한다. 젊은 행동가들과 정치적 행위예술가들이 회원으로 있는 청소년역량강화센터(Youth Empowerment Center)는 캘리포니아 주에 본부를 두고, 지역

공동체가 무엇을 필요로 하는지를 파악하는 단체이다.

〈실천 예제 8.11〉에서는 청소년들을 정치적 활동에 참여시키는 청소년 단체를 하나 찾아보자. 이 단체는 지역공동체에 속한 단체일 수도 있고, 여러분이 인터넷을 통해 검색한 단체일 수도 있다. 그러한 단체를 인터넷에서 찾으려면, '청소년 행동주의(youth activism)'라는 키워드를 검색해보라. 그리고 단체에 대해 최대한 많은 정보를 파악해보자. 〈실천 예제 8.11〉에 있는 질문들은 여러분이 시작하는 데 도움을 줄 수 있을 것이다.

〈실천 예제 8.11〉 청소년 행동주의 단체

1. 단체의 목적은 무엇인가?

2. 누가 이 단체를 후원하는가?

3. 이 단체는 어떤 쟁점들을 다루고 있는가?

4. 아이들과 청소년들이 어떤 식으로 관련을 맺고 있는가?

어떤 중학교 사회 교사는 자신의 반에 있는 노동자 계층 학생과 다양한 인종의 학생들이 어떤 기관에 영향력을 발휘할 수 있는지를 확인하기 위해서 자신의 교육과정에 학생들의 의사결정 및 권력 사용의 기회에 관한 내용을 포함시켰다. 교사는 학생들에게 다양한 정치 형태를 가르쳐주고, 학생들이 하나의 정치 형태를 선택해서 학급을 운영해보도록 하였다. 그는 학생들에게 자신이 선택한 정부 형태를 일정한 시간 동안 연습하도록 지도했다. 그는 학생들을 조별로 나누어 각각 주제를 선

택할 기회를 주었고, 주제에 대해 생각을 논의하고 연구하기 위한 전략을 계획할 수 있도록 도와주었다. 그들의 결정이 실행 불가능할 경우 그는 학생들이 그 원인을 찾아내어 그 계획이 실행에 옮겨지려면 어떻게 해야 하는지를 도와주었다. 또한 그는 자신의 반 학생들이 전교 임원 선거에 참여하도록 지시하였다. 학생들은 투표를 준비하고, 캠페인 포스터를 제작하며, 캠페인 전략을 계획하기도 하였다.

한편, 또 다른 중학교 교사는 자신이 맡은 한 반의 학생들과 함께 학교에서 사람들 사이의 관계를 조사하였다. 교사는 학생들 사이에 존재하는 불공평한 대우나 욕설과 관련한 문제를 학생들과 함께 해결하기를 원했다. 그녀는 학생들과 함께 학생들이 서로를 어떻게 대우하는지 알아보고 잘못 대우할 경우 그 해결책을 찾아보려 하였다. 학생들은 설문조사를 실시했으며, 데이터를 분석했고, 문제에 대한 해결책을 제시했는데, 이 해결책을 교사가 다른 교원들에게 보여줬다. 그녀는 문제를 규명하고, 조사하며, 토론하고, 문제에 대한 해결책을 제시하는 과정에 참여하는 것 자체가 학생들이 민주적인 의사결정 과정을 배울 수 있을 것이라고 생각했다.

〈실천 예제 8.12〉 학급에서 민주주의 실천하기

1. 여러분은 학급 의사결정 활동 중에서 어떤 활동을 고려하고 있는가?

2. 학생들은 이러한 결정을 하는 데 참여하기 위해 (위에서 언급된 것들 중) 어떠한 민주적인 기술을 배워야 하는가?

3. 여러분은 이러한 민주적인 기술을 어떻게 매일 진행하는 수업에 포함시킬 수 있는가?

여러분이 〈실천 예제 8.9〉에서 작성한 학급 내 의사결정 목록 중 학생들이 참여할 수 있는 항목 한 개를 선택하자. 〈실천 예제 8.12〉에서는 여러분이 학생들에게 앞서 언급된 협력적 의사결정 기술을 가르칠 수 있는 방법에 대한 개요를 짜볼 것이다. 학생들이 협력적 의사결정 과정을 학습하게 되면, 이 과정을 통해 생산적인 참여를 할 수 있을 것이다.

여러분의 생각을 다른 학생들과 토론하라. 위의 계획을 어떻게 '실행 가능하게' 만들 수 있겠는가?

길버트: 너희들은 이번 장에서 말하는 '실천하기'가 무엇을 말하고, 이것이 학업성취 격차를 줄이는 데 어떤 작용을 할 것 같아?

리　사: 내 생각에 교사, 학부모, 학생들은 시험을 보는 목적과 시험지가 어떻게 제작되는지, 그리고 시험지가 팔리는 원인과 방법에 대해 더 적극적으로 의문을 가져야 한다고 생각해. 시험지를 제작하는 것과 점수를 매기는 것을 통해 발생하는 돈이 누구에게 이익을 주는지 알아봐야 할 것 같아.

셀리아: 맞는 말이야. 나는 시험 문제를 제출하는 사람이 누군지도 궁금하고, 시험을 보는 다양한 배경의 학생들에게 기준이 공평한지도 알고 싶어. 이런 정보를 수집하려면 사람들은 전략을 짜야 해. 다른 사람들과 협력하는 것을 포함해서 말이지. 더불어 나는 왜 시험이 학교와 학생들의 순위를 매기는 데 사용되는지도 알고 싶어. 시험은 모든 사람이 성공하는 것을 불가능하게 하고 있어.

길버트: 그 말은 너희 반이 시험을 보이콧하는 것을 계획 중에 있다는 거니?

셀리아: 딱히 그런 것은 아니지만, Dewey의 생각을 따른다면 대중, 특히 교사들은 리사가 말한 것들에 대해서 알 권리를 가지고 있어. 그것들을 안다면, 우리는 학생들에게 더 큰 도움을 줄 수 있고, 옳은 것은 지지하고 옳지 않은 것에 대해서는 대항하려는 의지를 발휘할 수 있어.

민주주의는 학생들이 우리 혹은 교사들에게 순진하게 동의하는 것을 의미하는 것은 아니다. 우리가 지지하는 것은 학생들이 스스로를 위해 자신들이 속한 세계, 그리고 그 세계에 대한 신념 구조를 조사하고 자신들만의 결론에 도달하는 것이다. 우리 중 어느 누구도 혼자 고립되어 살지 않는다는 것이 전제되어야 한다. 그리고 여기서 가장 중요한 질문은 "어떻게 모든 사람들이 최대한 공평하게 살 수 있는가?"이다.

교육현장에 적용하기 (Keffrelyn Brown, University of Texas-Austin)

8장에서 우리는 여러분에게 다문화 민주주의 사회에서 삶을 영위하고 사회문제에 참여하기 위해 학생들이 필요한 능력을 가르치는 것의 중요성을 고려해야 한다고 제안하였다. 이 제안의 최종 목적은 학생들이 학교와 학교 밖을 포함하여 미래의 삶을 위한 새로운 대안을 강구하도록 도와주기 위한 것이다. 리사처럼 이런 일에 도전할 수 있을지 생각해보라!

리사는 7학년 문학수업 시간에 장르에 중심을 둔 한 차시 수업을 구성하기로 결정했다. 리사는 학창 시절 판타지문학을 즐겨 읽었고, 학생들에게 창조적이면서도 현재 살고 있는 세상과는 다른 세상을 상상할 수 있게 해주는 문학 장르를 소개하는 것은 흥미로울 것이라고 생각했다. 한 차시 수업을 구성하기 전 그녀는 교과 진도표를 살펴보았다. 그 결과 7학년 학생들이 판타지문학 장르에 포함된 몇 가지 텍스트를 읽도록 제시되어 있다는 것을 발견했다. 리사의 실습 담당 교사는 리사의 생각이 아주 좋은 아이디어라고 여겼다. 그 이유는 문학이 이 학교 7학년에 집중 이수 과목으로 지정되었으며, 교사와 예비교사가 수준 높은 전문 지식을 발달시킬 수 있는 기회를 제공하고 있었기 때문이다.

리사의 실습 담당 교사는 리사에게 문학 워크숍에 참여할 것을 권유했다. 이 워크숍을 주관하는 회장은 학생들이 장르를 조사하는 활동을 통해 문장해독 능력 개발의 장점에 대한 토론을 제안했다. 리사와 마찬가지로 워크숍을 주관하는 회장은 판타지를 즐겨 읽었고, 지난해 자신이 사용한 수업지도안을 배포하였다.

처음에 리사는 이 수업이 자기가 찾고 있던 내용이라고 믿었다. 그녀는 교사들이 학생들에게 판타지문학의 개념을 가르쳐주기 전에 학생들이 판타지문학에 대해 자신들만의 방법으로 이해하도록 격려하는 것이 좋았다. 또한 학생들이 개인적으로 작업하기보다는 조별로 협동하는 모습이 보기 좋았다.

리사가 동화책에 익숙하지 않았기 때문에 그녀는 인터넷 검색을 통해 자신이 이용할 수 있는 책의 제목을 찾아봤다. 그녀는 또한 지역 도서관의 사서를 포함해서

차시 목표: 판타지문학 탐구하기(장르 연구)

주/연방 규정-Didax 인용(영어학에 대한 국제독서연맹과 전 미국영어교사협의회의 통합적인 규범)

1. 학생들은 다양한 시대와 종류의 많은 장르의 문학을 읽고, 인간이 경험할 수 있는 여러 가지 측면(예를 들어 철학적, 윤리적 그리고 미학적)을 이해할 수 있다.
2. 학생들은 광범위한 전략을 도입하여 텍스트를 이해하고, 해석하고, 평가하고, 수용할 수 있다.

목표

1. 학생들은 다양한 텍스트를 읽고 이해할 수 있다.
2. 학생들은 다양한 장르의 문학을 비교하고 대조할 수 있다.
3. 학생들은 판타지문학에 담겨진 일반적 요소를 찾아낼 수 있다.

수업 절차

1. 먼저 학생들과 차시 목표에 대한 대화를 나누는 것으로 시작한다. 그다음 배경, 플롯, 인물 성격, 주제 같은 이야기의 요소에 대한 의견을 말해본다.
2. 학생들에게 이야기들 간의 차이점과 유사점에 대해 주의해서 살펴보라고 말한다. 상이한 문학 장르로 구성된 두 권의 책을 학생들에게 보여주라(가령, 논픽션과 사실주의 소설, 혹은 전기문과 공상과학소설). 필요할 경우, 각 책의 요약문을 학생들에게 읽어주어라.
3. 학생들에게 이 두 권의 책에서 어떤 유사점과 차이점이 있는지 질문하라. 가능한 질문은 다음과 같다. 두 권의 책의 주제가 같다고 생각하는가? 그런 결정을 내리게 된 근거는 무엇인가? 두 이야기가 똑같은 방식으로 쓰였다고 생각하는가? 그런 결정을 내리게 된 근거는 무엇인가? 이 활동의 목적은 학생들이 다양한 장르의 문학작품 간의 유사점과 차이점을 찾아낼 뿐 아니라, 이렇게 구분하기 위해 사용한 정보를 생각하게 하려는 것이다.

4. 학생들에게 '장르'라는 개념을 들어본 적이 있는지 물어보아라. 대부분의 학생들은 어느 정도 이 개념에 대해 알고 있을 것이다. 학생들에게 다양한 장르의 사례를 말해보라고 하라. 이 장르들을 나열한 목록을 만들라[역사 소설, 사실주의 소설, 시, 발라드, 소네트(sonnets), 공상과학소설, 민간설화, 동화, 신화, 전설, 전기문, 자서전 등].

5. 학생들에게 특정한 장르, 즉 판타지문학을 살펴보게 될 것이라고 말하라. 하지만 판타지문학의 장르가 어떤 요소로 구성되는지 교사가 단순히 전달하는 것이 아니라, 학생들이 조별로 판타지문학에 관해 떠오르는 생각을 목록화하게 하라.

6. 학생들을 조별로 나눠라. 각각의 조는 세 권의 동화를 읽어야 한다. 하나는 판타지 작품을 포함하고 있고, 다른 책은 사실주의 소설이며, 마지막 책은 민간설화이다. (학생들이 동화를 읽는 이유는 동화가 장편보다 짧고, 교실 내에서 읽기 쉽기 때문이다. 장편은 판타지문학의 요소를 파악하는 데 어려움을 줄 수도 있다.)

7. 조원들은 각각의 책을 어떤 방식으로 접근할 것인지 결정하고, 교사가 만든 장르에 관한 활동지를 채워나갈 것이다. 이 학습지는 배경, 플롯, 인물, 관점 그리고 학생이 다양한 장르 속에 내포된 차이점에 대해 생각하도록 도와주는 또 다른 질문들을 포함하고 있을 것이다(가령 인간이 아닌 생물이 '현실 세계'에서는 하지 못할 일들을 소설 속의 인물들은 할 수 있는가?).

8. 이 활동을 마친 후, 각 조는 판타지문학에서 찾아볼 수 있는 6가지 요소에 대한 목록을 작성할 것이다. 각 그룹은 자신들의 목록을 친구에게 발표할 것이며, 반 아이들 모두의 의견이 일치하는 최종 목록을 만들게 될 것이다.

자신의 동네에 있는 대형 서점의 주인들에게 조언을 구했다. 리사는 다양한 문화적·인종적 배경을 고려한 책을 선택하기 원했지만, 다양한 맥락의 사람들과 문화를 반영한 장르의 이야기를 찾기는 어렵다는 것을 발견하고 실망하였다. 몇몇 책은 정말 훌륭했지만, 어떤 책들은 그렇지 못했다. 리사는 자신이 학습 자료로 사용하기 위해 발견한 책들이 질적으로 떨어지는 것은 아닌지에 대해 고민했다.

만약 여러분이 리사였다면, 8장에 등장하는 두 교육 영역을 포함시키기 위해 단원을 어떻게 재구성할 것인가? 더 자세히 말하자면, 여러분은 다음의 항목들을 어떻게 교육현장에 적용할 것인가?

1. 아동용 책에 들어 있는 이미지를 통해 학생들의 비판 의식 형성에 도움 주기
2. 학생들이 비판적 사고를 할 수 있도록 도와주기
3. 학생들을 수업 활동에 민주적으로 참여시키기
4. 학생들이 이 쟁점에 대해 행동하도록 격려하기

다음은 리사가 교육현장에 적용한 행동이다. 그녀는 기존의 단원 계획을 유지하는 동시에 8장에서 언급된 두 교육 영역을 포함하는 방향으로 단원을 확장하기로 결정했다. 비록 기존의 단원 계획에서 학생들이 어떻게 조별활동에 참여할 것인가를 포함하고는 있지만, 직접적인 조별활동에 참여하는 것은 그들이 장르의 특성에 대한 목록을 작성하자마자 끝나버린다. 하지만 리사는 학생들 스스로 책에 들어 있는 한계에 대해 분석하기를 원했다. 그러므로 그녀는 자신의 계획을 실현하기 위해 단원의 확장을 시도하는 한편, 부가적인 기준을 제시했다. 수정된 단원 활동은 더 많아졌지만, 학생들이 도달해야 할 성취기준에 시간을 낭비하지 않기 위해 다른 성취기준과 통합하였다.

수정된 단원 활동

주/연방 규범-Didax 인용(영어학에 대한 국제독서연맹과 전 미국영어교사협의회의 통합적인 규범)

1. 학생들은 다양한 시대와 종류의 많은 장르의 문학을 읽고, 인간이 경험할 수 있는 여러 가지 측면(예를 들어 철학적, 윤리적 그리고 미학적)을 이해할 수 있다.
2. 학생들은 광범위한 전략을 도입하여 텍스트를 이해하고, 해석하고, 평가하고, 수용할 수 있다.
3. 학생들은 다양한 청중과 효과적으로 의사소통하고 다양한 목적을 위해 구어, 문어 그리고 시각언어의 사용을 조절한다(습관, 스타일 그리고 단어 구사력).
4. 학생들은 아이디어와 질문을 만들고, 어떤 문제점을 제기함으로써 조사를 수행한다. 그들은 다양한 자료로부터 데이터를 수집하고 평가하며, 자신들의 목적과 청중에게 적절한 방법으로 그 데이터들을 종합한다.
5. 학생들은 다양한 기술이나 정보를 담고 있는 자료를 사용하여 정보를 종합하고 지식을 형성하고 나눈다.

목표
1. 학생들은 다양한 텍스트를 읽고 이해할 수 있다.
2. 학생들은 다양한 장르의 문학을 비교하고 대조할 수 있다.
3. 학생들은 판타지문학에 담겨진 일반적 요소를 찾아낼 수 있다.
4. 학생들은 학교와 지역 도서관, 그리고 서점에서 구매한 판타지문학 속의 주제와 등장인물에 대해 분석할 수 있다.
5. 학생들은 자신들이 발견한 것을 보고서와 편지 형식으로 작성하여 출판사, 도서관, 서점에 보낼 수 있다.

수업 절차

(1~8번은 기존의 단원 계획과 동일하므로 여기에서 반복하지 않음)

9. 학생들은 어떤 판타지문학을 지역 도서관, 지역 초등학교, 지역 소매상에서 찾아볼 수 있는지 알아보도록 하라. 이 활동은 현장학습을 포함할 수도 있다. 학생들은 각자 한 장소를 조사한 후, 자신들이 찾아낸 것을 종합적으로 모을 수도 있다.

10. 학생들에게 조별로 인종, 성별, 다른 사회 지표들에 따른 실태를 파악하는 데 도움을 줄 수 있는 데이터 기록 기구를 이용하여 다양한 판타지문학을 조사하도록 요구한다. 이 기구는 삽화, 등장인물들의 역할과 관계, 줄거리 그리고 영웅들에 대한 묘사 등을 모두 포함해야 한다. 각각의 조는 과제에 이용되는 책들에 대해 정확하고 완전한 데이터를 수집하는 데 책임을 다해야 할 것이다.

11. 학생들과 함께 판타지문학 장르의 기원, 이 장르가 갖는 출판사에서의 인기도, 그리고 유치원에서부터 12학년에서의 활용 등 판타지문학 장르의 배경을 찾을 수 있는 과정을 설계하자. 학생들이 분석을 통해 찾아낸 패턴이 계속 나타나는지 탐색하게 하라. 학생들은 대중매체가 판타지문학 작품 생산에 영향을 미친다는 생각을 하게 될지도 모른다. 특히 출판사, 영화 제작사 그리고 체인 서점을 소유하고 있는 거대한 미디어 기업들이 말이다.

12. 모든 데이터를 수집한 후, 각각의 조는 조사한 내용을 분석하고 그에 관한 보고서를 작성한다.

13. 학생들은 자신들이 조사를 통해 발견한 내용을 전파할 수 있는 몇몇 핵심 기관, 단체 혹은 사업장을 찾을 수 있을 것이다. 학생들은 선택된 기관에 자신들의 보고서를 배부할 것이다.

Acuña, R. (2010). *Occupied America: The Chicano's struggle toward liberation* (7th ed.). New York: Longman. (Original work published 1972)

Aiello, B. (1979). Hey, what's it like to be handicapped? Practical ideas for regular class students and their teachers. *Education Unlimited, 1*(2), 28-31.

Albert, M. (1997). What makes alternative media alternative. *Z Magazine, 10*(10), 52-55.

Alder, N. (2002). Interppretations of the meaning of care: Creating caring relationships in urban middle school classrooms. *Urban Education, 37*, 241-266.

American Educational Research Associatio (AERA). (2000, July). *AERA position statement concerning high-stakes testing in pre-K-12 education.* Retrieved July 1, 2002, from http://www.aera.net/

Amrein, A. L., & Berliner, D. C. (2002). High-stakes testing, uncertainty, and student learning. *Educaion Policy Analysis Archives, 10*(18). Retrieved January 15, 2003, from http://epaa.asu.edu/epaa/v10n18/

Andrew, M. (2007, August 11). Retained and re-tracked? *Evidence of the effects and mechanisms of primary grade retention for educational attainment.* Paper presented at the annyal meeting of the American Sociological Association, New York City, NY. Retrieved February 25, 2010, from www. allacademic. com/meta/p184823_index.html

Andrew, T. (2009). Teacher attrition rates. *Suite 101.Com.* Retrieved February 13, 2010, from http://school-staff-issues.suite101.com/article.cfm/teacher_attrition_rates

Apple, M. W. (1982). *Education and power.* Boston: Routledge Kegan Paul.

Archbald, D. (1997). Curriculum control policies and curriculum standardization: Teachers' reports of policy effects. *International Journal of Educaional Reform, 6*, 155-173.

Asimov, N. (2005). Larino and black kids narrow the test gap: Educational survey shows higher scores in reading, math. *San Francisco Chronicle.* Retrieved July 27, 2005, from http://articles.stgate.com/2005-07-15/news/17380575_1_reading-gap-score-gap-500-point-scale

Bagdikian, B. H. (2004). *The new media monopoly.* Bosten: Beacon Press.

Begenstos, S. (2009). *Law and the contradicaions of the disability rights movement.* New Haven, CT: Yale University Press.

Bahar, M. (2009). The relationships between pupils' learning styles and their performance in mini science projects. *Educarional Sciences: Theory and Practice, 9*(1), 31-49.

Baker, C. (2001). *Foundations of bilingual education and bilingualism.* Clevedon, UK: Multilingual Matters.

Baldwin, C. (2001). The development of rhetorical privilege in the news reporting of violent crime. *Race, Gender & Class,* 8(4), 8-19.

Banks, D., & Richard, E. (2004). *Ojibwa warrior: Dennis Banks and the rise of the American Indian movement.* Norman: University of Oklahoma Press.

Banks, J. A. (1975). *Teaching strategies for ethnic studies.* Boston: Allyn & Bacon.

Banks, J. A. (1989). Integrating curriculum with ethnic content: Approaches and guidelines. In J. A. Banks & C. A. M. Banks (Eds.), *Multicultural educaion: Issues and perspectives* (pp. 189-209). Boston: Allyn & Bacon.

Banks, J. A. (1993). The canon debate, knowledge construction, and multicultural educaion. *Educational Researcher, 22*(5), 4-14.

Banks, J. A. (1995). Multicultural educaion: Its effects on students' racial and gender role attitudes. In J. A. Banks & C. M. Banks (Eds.), *Handbook of research on multicultural education* (pp. 617-627). New York: Macmillan.

Barnartt, S. N., & Scotch, R. (2001). *Disability protests: Contentious politics 1970-1999.* Washington, DC: Gallaudet University Press.

Baron, R. M., Tom, D. Y. H., & Cooper, H. M. (1985). Social class, race and teacher expectations. In J. B. Dusek (Ed.), *Teacher expectancies* (pp. 251-269). Hillsdale, NJ: Lawrence Erlbaum.

Barrett, J. (1984). *Culture and conduct: An excursion in antropology.* Belmont, CA: Wadsworth.

Batchelor, K., Beel, E. R., & Freemen, A. (2006). *Community based assessment: A guide for HIV prevention workers.* Retrieved May 20, 2006, from http://www8.utsouthwestern.edu/vgn/images/portal/cit_56417/20/1/205382Community_Based_Assessment_Guide.pdf

Beauboeuf-LaFontant, T. (1999). A movement against and beyond boundaries: Politically relevant teaching among African-American teachers. *Teachers College Record, 100*(4), 702-723. Retrieved March 11, 2010, from www.tcrecord.org

Bell, L. I. (2002-2003, December/January). Strategies that close the gap. *Educational Leadership, 60*(4), 32-34.

Berger, R. (2001). *An ethic of excellence.* Portsmouth, NH: Heinemann.

Beyer, L. E., & Liston, D. P. (1996). *Curriculum in conflict.* New York: Teachers College Press.

Bigelow, B. (2002). the lives behind the labels. In B. Bigelow & B. Peterson (Eds.), *Rethinking globalization* (pp. 128-132). Milwaukee, WI: Rethinking Schools.

Bigelow, B., & Peterson, B. (Eds.). (2002). *Rethinking globalization.* Milwaukee, WI: Rethinking Schools.

Bishop, R., Berryman, M., Cavanagh, T., & Teddy, L. (2009). Te Kotahitanga: Addressing educational disparities facing Maori students in New Zealand. *Teaching and Teacher Education, 25,* 734-742.

Black, J. (2002). *Tips for conducting "in person" (face-to-face) interviews.* Retrieved July 15, 2006, from http://talewins.com/interviews.htm

Blount, J. M. (1992). The theory of cultural recism. *Antipode: A Radical Jouranal of Geography, 23,* 289-299.

Bowen, C. W. (2000). A quantitative literature review of cooperative learning effects on high school and college chemistry achievement. *Journal of Chemical Education, 77,* 116-119.

Boyd, D., Hamilton, L., Loeb, S., & Wyckoff, J. (2004). The preparation and recruitment of teachers: A labor-market framework. In F. M. Hess, A. J. Rotherham, & K. Walsh (Eds.), A qualified teacher in every classroom? *Appraising old answers and new ideas* (pp. 149-172). Cambridge, MA: Harvard University Press.

Bread for the World. (2002). *Hunger basics.* Retrieved June 18, 2002, from http://www.bread.org/hunger-basics/domestic.html

Bressler, L., DeStefano, L., Feldman, R., & Garg, S. (2000). Artists-in-residence in public schools: Issues in curriculum, integration, impact. *Visual Arts Research, 26,* 13-29.

Brophy, J., & VanSledright, B. (1997). *Teaching and learning history in elementary schools.* New York: Teachers College Press.

Brown, D. (2008). Life expectancy hits record high in the United States. *The Washington Post.* Retrieved February 6, 2010, from www.washingtonpost.comd/wp-dyn/content/article/2008/06/11/AR2008061101570.html

Bryk, A. S., Sebring, P. B., Allensworth, E., Luppescu, S., & Easton, J. Q. (2010). *Organizing schools for improvement: Lessons from Chicago.* Chicago: University of Illinois Press.

Buce, J., & Obolensky, N. (1990). Runaway and homeless youth. In M. J. Bradley & N. Obolensky (Eds.), *Planning to live: Evaluating and treating suicidal teens in community settings* (pp. 25-33). Tulsa: University of Oklahoma Press.

Burt, M. R., Aron, L. Y., Douglas, T., Valente, J., Lee, E., & Iwen, B. (1999). *Homelessness: Programs and the people they serve.* Washington, DC: U.S. Department of Housing and Human Services.

Business Roundtable. (1997). *A business leader's guide to setting academic standards.* Retrieved July 7, 2004, from http://www.brtable.org/TaskForces/TaskForce/

Butterfield, R., Demos, E. S., Grant, G., Moy, P. S., & Perez, A. L. (1979). A multicultural analysis of a popular basal reading series in the international year of the child. *Journal of Negro Education, 48*(3), 382-389.

Calabrese, R., Patterson, J., Liu, F., Goodvin, S., Hummel, C., & Nance, E. (2008). An appreciative inquiry into the Circle of Friends Program: The benefits of social inclusion of students with disabilities. *International Journal of Whole Schooling, 4*(2), 20-46.

California State Board of Education. (2002). *History-social science content standards for California public schools kindergarten through grade twelve.* Sacramento: California State Board of Education.

Cammarota, J., & Romero, A. F. (2009). The social justice education project: A critically compassionate intellectualism for Chicana/s students. In W. Ayers, T. Quinn, & D. Stovall (Eds.), *The handbook of social justice in education* (pp. 465-476). New York: Routledge.

Carrasquillo, A. L., & Rodriguez, V. (2002). *Language minority students in the mainstream classroom* (2nd ed.). Clevedon, UK: Multilingual Matters.

Cavazos, L. F. (2002). Emphasizing performance goals and high-quality education for all students. *Phi Delta Kappan, 83*, 690-697.

Christensen, L. (2002). Teach the kind of skills they will need to overcome injustice themselves. *Rethinking Schools Online, 17*(1). Retrieved November 20, 2003, from http://www.rethinking-schools.org/archive/17_01/Advi171.shtml

Cirillo, K. J., Pruitt, B. E., Colwell, B., Kingery, P. M., Hurley, R. S., & Ballard, D. (1998). School violence: Prevalence and intervention strategies for at-risk adolescents. *Adolescence, 33*, 319-330.

Clark, K. (2010). The extreme school makeover. *U.S. News and World Report, 147*(1), pp. 25-31.

Clinton, W. J. (1997). *Democratic caucus: State of the Union address.* Retrieved July 10, 2006, from http://articles.cnn.com/2005-01-31/politics/sotu.clinton19971gloval-economy-unrivaled-peace-and-prosperity-21st-century?S=PM:ALLPOLITICS

Codjoe, H. M. (2001). Fighting a "public enemy" of Black academic achievement-The persistence of racism and the schooling experiences fo Black students in Canada. *Race Ethnicity and Education, 4*(4), 343-375.

Cohen, E., & Lotan, R. (Eds.). (1997). *Working for equity in heterogeneous classrooms.* New York: Teachers College Press.

Cohen, J. (2009). Race to the top money and state spending on student assessments. *The Ed Money Watch Blog, New America Foundation.* Retrieved March 23, 2010, from www.newamerica.net/blog/ed-money-watch/2009/race-top-funds-and-state-spending-student-assessments-14998

Connor, D. J., Gabel. S. L., Gallagher, D. J., & Morton, M. (2008). Disability studies and inclusive education: Implications for theory, reserch and practice. *International Journal of Inclusive Education, 12*, 441-457.

Conrad, D. R. (1994). Educating with community murals. *Multicultural Education, 2*, 7-9.

Cooper, H., & Moore, C. J. (1995). Teenage motherhood, mother-only households, and teacher expectations. *Journal of Experimental Education, 63*, 231-248.

Corcoran, T. B., Walker, L. J., & White, J. L. (1988). *Working in urban schools*. Washington, DC: Institute for Educational Leadership.

Council for Exceptional Children. (2002). *Addressing over-representation of African American students in special education*. Retrieved Fevruary 26, 2010, from www.dcsig.org/files/addressingoverrepresentationafricanamericanguide.pdf

Cruz, B. C., & Walker, P. C. (2001). Fostering positive ethnic relations between African American and Latino children: A collaborative urban program using art and history, *Multicultural Perspectives, 3*, 9-14.

Cuban, L. (1994). *How teachers taught* (2nd ed.). New Youk: Longman.

Cummins, J. (1996). *Negotiating identities: Education for empowerment in a diverse society*. Ontario, CA: Califomia Association for Bilingual Education.

Cummins, J. (2000). *Language, power and pedagogy*. Clevedon, UK: Multilingual Matters.

D'Ambra, S. (2004). From conflict to a sustainable dialogue and peace. *International Journal of Curriculum and Instruction, 6*(1), 113-121.

Darling-Hammond, L., Wise, A. E., & Klein, S. P. (1997). *A license ro teach: Building a profession for the 21st-century schooling*. Boulder, CO: Westview.

DeAngelis, T. (2002). New data on lesbian, gay and bisexual mental health. *American Psychology Association*. Retrieved February 24, 2010, from www.apa.org/menitor/feb02/newdata.aspx

Dei, G. J. S. (1996). *Anti-racism education*. Halifax, Nova Scotia: Fernwood.

DelliCarpini, M. (2009). Success with ELLs: Authentic assessment for ELLs in the ELA classroom. *English Journal, 98*(5), 116-119.

Delpit, L. (1995). *Other people's children*. New York: New Press.

Delpit, L. (1997). Ebonics and culturally responsive instruction. *Rethinking Schools Online*. Retrieved Septenber 20, 2006, from http://www.rethinkingschools.org/archive/12_01/ebdelpit.shtml

De Navas-Walt, C., Proctor, B. D., and Hill Lee, C. (2006). Income, poverty and health insurance: 2005. U.S. Census Bureau.

Derman-Sparks, L. (1989). *Anti-bias curriculum: Tools for empowering young children*, Washington, DC: National Association for the Education of Young Children.

De Vos, G. (1995). Ethnic pluralism: Conflict and accommodarion. In L. Romanucci-Ross & G. De Vos (Eds.), *Ethnic identity: Creation, conflict and accommodation* (3rd ed., pp. 15-46). Walnut Creek, Ca: Altamira Press.

Dewey, J. (1973). The public and its problems. In J. J. McDermott (Ed.), *The philosophy of John Dewey*. Chicago: University of Chicago Press. (Original work published 1927)

Drake, J. A., Price, J. H., & Telljohann, S. K. (2003). The nature and extnet of bullying in school. *Journal of School Health, 73*, 173-180.

Duck, L. (1981). *Teaching with charisma*. Boston: Allyn & Bacon.

Earthman, G. I., & Lemaster, L. (1996). *Review of research on the relationship between school buildings, student achievement, and student behavior* (Report No. EF005023). Scottsdale, AZ: Council of Educational Facility Planners, International (ERIC Document Reproduction Service No. ED 416666).

Eck, D. (2001). *A new religious America*. San Francisco: HarperCollins.

Eckholm, E. (2006, March 20). Plight deepens for black men, studies warn. *New York Times*, p. 2.

Economic Policy Institute. (2000). *Income inequalities among families in the United States has increased since the 1970's*. Washington, DC: Center on Budget and Policy Priorities.

Eisenberg, B., & Ruthsdottir, M. (1998). Living the legacy: The women's right mevement 1848-1998. *National Women's History Project*. Retrieved February 26, 2010, from http://www.legacy98.org/move-hist.

html

Eisler, R. (2000). *Tomorrow's children*. Boulder, CO: Westview.

Elementary Education Student Teaching Program. (2005). *Student teaching handbook*. Madison: University of Wisconsin-Madison.

Fantini, M. D. (1986). *Regaining excellence in education*. Columbus, OH: Merrill.

Farrell, E. F. (2005). Among freshmen, a growing digital divide. *Chronicle of Higher Education, 51*, A32.

Feshbach, N. D. (1975). Empathy in children: Spme theoretical and empirical considerations. *Counseling Psychologist, 5*, 25-30.

Feshbach, N. D., & Feshbach, S. (1987). Affective processes and academic achievement. *Child Development, 58*, 1335-1347.

Finzi, R., Ram, A., Har-Even, D., Shnit, D., & Weizman, A. (2001). Attachment styles and aggression in physically abused and neglected children. *Journal of Youth and Adolescence, 30*, 769-786.

Freire, P. (1973). *Education for critical consciousness*. New Youk: Seabury.

Freire, P. (1998). *Teachers as cultural workers*. Boulder, CO: Westview Press.

Fuller, M. L. (2001). Multicultural concerns and calssroom management. In C. A. Grant & M. L. Gomez (Eds.), *Campus and classroom: Making school multicultural* (2nd ed., pp. 109-133). Upper Saddle River, NJ: Merrill Prentice-Hall.

Fuller, M. L., & Olsen, G. (1998). *Home-school relations: Working successfully with parents and families*. Boston: Allyn & Bacon.

Gagne, R. M. (1985). *Condition of learning* (4th ed.). New York: Holt, Rinehart & Winston.

Gallas, K. (1998). *Sometimes I can be anything*. New York: Teachers College Press.

Gallimore, R., & Tharp, R. (1990). Teaching mind in society: Teaching, schooling, and literate discourse. In L. C. Moll (Ed.), *Vygotsky and education* (pp. 175-205). New York: Cambridge University Press.

Garcia, E. (1999). *Student cultural diversity* (2nd ed.). Boston: Houghton Mifflin.

Gardner, H. (1995). Reflections on multiple intelligences. *Phi Delta Kappan, 77*, 200-203, 206-209

Gardner, H. (2000). *Intelligence reframed: Multiple intelligences for the 21st century*. New York: Bisic Books.

Garforth, F. W. (1964). *John Locke: Some thoughts concerning education*. Woodbury, NY: Baron's Educational Series.

Garrison, C., & Ehringhaus, M. (2007). *Effective classroom assessment: Linking assessment with instruction*. Retrieved November 20, 2009 from http://www.nmsa.org/Publications/WevExclusive/Assessment/tabid/1120/Default.aspx

Gathercoal, F. (1993). *Judicious discipline* (3rd ed.). San Francisco: Caddo Gap Press.

Gay, G. (2010). *Culturally responsive teaching: Theory, research, and practice* (2nd ed.). New York: Teachers College Press.

Gayle-Evans, G. (2004). *An annotated bibliography of multi-cultural literature and related activities for children three to ten years*. Lewiston, NY: Edwin Mellen.

Giddens, A. (1984). *The constitution of society: Outline of the theory of structuration*. Berkeley: University of California Press.

Gifford-Smith, M. E., & Brownell, C. A. (2003). Childhood peer relationships: Social acceptance, friendships, and peer networks. *Journal of School Psychology, 41*, 235-284.

Gilles, R. M., & Ashman, A. F. (2000). The effects of cooperative learning on students with learning difficulties in the lower elementary school. *Journal of Special Education, 34*(1), 19-27.

Girard, K., & Koch, S. (1996). *Conflict resolution in the schools: A manual for educators*. San Francisco: Jossey-

Bass.

Giroux, H. (1981). *Iidoelogy, culture, and process of schooling.* Lewes, UK: Falmer Press.

Goroux, H. A. (2000). *Stealing innocence.* New York: St. Martin's.

GLSEN Research Department. (2001). *The national school climate survey 2001: Lesbian, gay, bisexual, and transgender students and their experiences in schools.* New York: Gay, Lesvian and Straight Education Network.

Gonzalez, N., Moll, L., & Amanti, C. (Eds.). (2005). *Funds of knowledge.* Mahwah, NJ: Lawrence Erlbaum.

Goodenough, W. H. (1976). Multiculturalism as the normal human experience. *Anthropology & Education Quarterly, 7*(4), 4-7.

Gordon, B. (1997). Cultural knowledge. In C. A. Grant & G. Ladson-Billings (Eds.), *Dictionary of multicultural education* (pp. 57-59). Phoenix, AZ: Oryx.

Gorski, P. (2005). *Multicultural education and the internet* (2nd ed.). Boston: McGraw-Hill.

Gorski, P., & Clark, C. (2002). Multicultural education and the digital divide: Focus on the disability. *Multicultural Perspectives, 4,* 28-36.

Gough, P. (1991). Tapping parent power. *Phi Delta Kappan, 72*(5), 339.

Grant, C. A. (1979). *Community participation in education.* Boston: Allyn & Bacon.

Grant, C. A., & Brown, A. L. (2006). Listening to African American males' conceptions of high stakes tests. In V. Pang (Ed.), *Multicultural education: Principles and practices* (103-126). Westport, CT: Praeger.

Grant, C. A., & Sleeter, C. E. (1996). *After the school bell rings* (2nd ed.). New York: Falmer Press.

Grant, C. A., & Sleeter, C. E. (2007). *Turning on learning* (4th ed.). New York: John Wiley.

Graue, E., Walsh, D. J., & Ceglowski, D. (1998). *Studying children in context: Theories, methods, and ethics.* Thousand Oaks, CA: Sage.

Grinde, D. A., Jr., & Johansen, B. E. (1991). *Exemplar of liberty: Native America and the evolution of democracy.* Los Angeles: UCLA American Indian Studies Center.

Haberman, M. (1995). *Star teachers of children in poverty.* West Lafayette, IN: Kappa Delta Pi.

Habitat for Humanity. (2005). *Affordable housing statistics.* Retrieved December 13, 2005, from http://www.habitat.org/how/stats.aspx

Hall, E. (1977). *Beyond culture.* Garden City, NY: Anchor books.

Hall, S. (1995). The whites of their eyes: Racist idololgies and the media. In G. Dines & J. M. Humez (Eds.), *Gender, race and calss in media* (pp. 18-22). Thousand Oaks, CA: Sage.

Hall, T., Strangman, N., & Meyer, A. (2009). Differentiated instruction and implications for UDL implementation. *CAST.* Retrieved March 8, 2010, from www.cast.org/publications/ncac/ncac_diffinstructudl.html

Hamer, J. F., & Blanc, M. (1989). *Bilinguality and bilingualism.* New York: Cambridge University Press.

Hanna, G. (1983). *Rigorous proof in mathematics education.* The Ontario Institute for Studies in Education. Curriculum Series/48. Toronto, Canada: OIsE Press.

Hart, D. (1994). *Authentic assessment: A handbook for educators.* Menlo Park, CA: Addison-Wesley.

Hauser-Cram, P., Sirin, S. R., & Stipek, D. (2003). When teachers' and parents' values differ: Teachers' ratings of academic competence in children from low-income families. *Journal of Educational Psychology, 95,* 813-8220.

Haycock, K. (2001, March). Closing the achievement gap. *Educational Leadership, 58*(6), 6-11.

Head, T. (2010). The American gay rights movement: A short history. *About.Com: Civil Liberties.* Retrieved April 6, 2010, from http://civilliberty.about.com/od/gendersexuality/tp/History-Gay-Rights-Movement.htm

교사를 위한 다문화교육

Headley, J., & Lowe, E. (2000). *Mayors' 16th annual survey on "Hunger and homelessness in America's cities" finds increased levels of hunger, increased capacity to meet demand.* Retrieved June 3, 2005, from http://www.usmayors.org/usmayornewspaper/documents/12_04_00/hunger_survey.htm

Helbig, A., & Perkins, A. (1994). *This land is our land: A guide to multicultural literature for children and young adults.* Westport, CT: Greenwood.

Henning-Stout, M., James, S., & MacIntosh, S. (2000). Reducing harassment of lesbian, gay, bisexual, transgender, and questioning youth in schools. *School Psychology Review, 29*(2), 180-191.

Herbert, B. (2010, February 22). Where the bar ought to be. *The New York Times.* Retrieved February 23, 2010, from nytimes.com/2010/02/23/opinion/23herbert.html?scp=8&sq=Bob%20herbert%20&st=cse

Herr, N. (2001). *The sourcebook for teaching science.* Retrieved November 20, 2005, from http://www.csun.edu/~vceed002/health/docs/tv&health.html

Hoffman, D. M. (2009). Reflecting on social emotional learning: A critical perspective on trends in the United States. *Review of Educational Research, 79,* 533-556.

howard, J., Rhodes, T., Fitch, C., & Stimson, G. V. (1998). *The rapid assessment and response guide on psychoactive substance use and especially unlnerable young people (EVYP-RAR).* Geneva: World Health Organization. Unpublished manuscript.

Hufstedler, S. M. (2002). The once and future K-12. *Phi Delta Kappan, 83*(9), 684-689.

Hughes, J. M., & Bigler, R. S. (2007). Addressing race and recism in the classroom. In G. Orfield & E. Frankenburg (Eds.), *Lessons in integration: Realizing the promise of racial diversity in America's schools* (pp. 190-206). Charlottesville: University of Virginia Press.

Igoa, C. (1995). *The inner world of the immigrant child.* New York: St. Martin's Press.

Infoplease. (2006). *Homeownership rates by race and ethnicity of householder. Pearson Education.* Retrieved April 5, 2006, from http://www.infoplease.com/

Ingersoll, R. (2001, Junuary). A different approach to solving teacher shortage problem. In *Teaching Quality Policy Briefs* (pp. 2-3). Seattle, WA: Center for the Study of Teaching and Policy.

Ingersoll, R. M., & Smith, T. M. (2003). The wrong solution to the teacher shortage. *Educational Leadership, 60*(8), 30-33.

Institute for Education in Transformation. (1992). *Voices from the inside.* Claremont, CA: The Claremont Graduate School.

Irvine, J. J. (2003). *Educating for diversity: Seeing with a cultural eye.* New York: Teachers College Press.

Irvine, J. J., & York, D. E. (1993). Teacher perpectives: Why do African, American, Hispanic, and Vietnamese students fail? In S. E. Rothstein (Ed.), *Handbook of schooling in urban America* (pp. 161-173). Westport, CT: Greenwood Press.

Jaffe, N. (2001). *Patakin: World tales of drums and drummers.* Peru, IL: Cricket Books.

Jimenez, C. M. (1994). *The Mexican American heritage* (2nd ed.). Berkeley, CA: TQS.

Johnson, B. (1996). *Performance assessment handbook: Performance and exhibitions.* Princeton, NJ: Eye on Education.

Johnson, D., & Johnson, B. (2002). *High stakes: Chileren, testing and failure in American schools.* Lanham, MD: Rowman & Littlefield.

Johnson, D. W., & Johnson, R. T. (1999). *Learning together and alone: Cooperative, competitive, and individualistic learning* (5th ed.). Boston: Allyn & Bacon.

Johnson, D. W., Johnson, R. T., & Maruyama, G. (1983). Interdependence and interpersonal attraction among heterogeneous and homogeneous individuals: A theoretical formulation and meta-analysis of the research. *Review of Educational Research, 53,* 51-54.

Johnson, K., & Kiely, K. (2002, June 27). Pledge decision may ve reversed. *USA Today.* Retrieved July 28, 2002, from http://www.usatoday.com/news/nation/2002/06/27/pledge-hold.htm

Jones, E. (1990). *Interpersonal perception.* New York: W. H. Freeman.

Jordan, C. (1985). Translating culture: From ethnographic information to educational program. *Anthropology & Education Quarterly, 16,* 105-123.

Juvonen, J. (2001). School violence: Prevalence, fears, and prevention. *Rand.* Retrieved August 16, 2005, from http://www.rand.org/publications/IP/IP219/

Kane, M. B. (1970). *The treatment of minorities in secondary school texbooks.* Chicago: Quadrangle Books and the Anti-Defamation League of B'nai Brith.

Karp, S. (2003). Let them eat tests. *Rethinking Schools, 16*(4), 1-3.

Kleinfeld, J. I(1975). Effective teachers of Eshimo and Indian students. *School Review, 83,* 301-344.

Klem, A. M., & Connell, J. P. (2004). Relationships matter: Linking teacher support to student engagement and achievement. *Journal of School Health, 74,* 262-274.

Kliebard, H. M. (1982). Education at the turn of the century: A crucible for curriculum change. *Educational Researcher, 11,* 16-24.

Klineberg, O. (1963, February). Life is fun in a smiling fair-skinned world. *The Saturday Review,* pp. 75-77.

Kozol, J. (2005). The shame of the nation: The restoration of apartheid schooling in America. *Rethinking Schools, 20*(1), 22-30.

Kromowitz, E. L. (1999). *Your first year of teaching and beyond* (3rd ed.). New York: Longman.

Krucks, G. (1991). Gay and lesbian homeless youth. *Journal of Adolescent Health, 12,* 515-518.

Kumashiro, K. K. (2004). *Against common sense.* New York: RoutledgeFalmer.

Labov, W. (1969). Tle logic of non-standard English. *Monograph Series on Language and Linguistics, 22.* Washington, DC: Georgetown University School of Languages and Linguistics.

Lee, E., Menkart, D., & Okazawa-Rey, M. (Eds.). (1998). *Beyond heroes and holidays: A practical guide to K-12 anti-racist, multicultural education and staff development.* Washington, DC: Network of Educators on the Americas.

Lei, J. (1997). Cultural capital. In C. A. Grant & G. Ladson-Billings (Eds.), *Dictionary of multicultural education* (pp. 55-56). Phoenix, AZ: Oryx.

Lemlech, J. K. (1991). *Classroom management: Methods and techniques for elementary and secondary teachers.* Waveland, IL: Waveland Press.

Leonder-Wright, B. (2007). "Executive excess" 2007. *United for a fair economy.* Retrieved December 13, 2005, from http://www.faireconomy.org/press/2004/EE2004_pr.html

Lewis, A. (2000). *Figuring it out: Standards-based reforms in urban middle grades.* New York: McConnell Clark Foundation.

Lewis, A. E. (2003). *Race in the schoolyard.* New Brunswick, NJ: Rutgers University Press.

Lezotte, L. (2003). *Effective schools.* Retrieved November 15, 2003, from http://www.effective-schools.org/

Linn, R. L. (1990). Essentials of student assessment: From accountability to instructional aid. *Teachers College Record, 91*(3), 422-436.

Linton, S. (1998). *Claiming disability.* New York: University Press.

Loreman, T., McGhie-Richmond, D., Barber, J., & Lupart, J. (2008). Student perspective on inclusive education: A survey of grade 3-6 children in rural Alberta, Canade. *International Journal of Whole Schooling, 5*(1), 1-15.

Lucas, L. (1992). Does ability grouping do mere harm than good? Don't ignore the potential of talented students. *On Campus, 11*(6), 6.

Lucas, S. R. (1999). *Tracking inequality.* New York: Teachers College Press.

Lugg, C. A. (2003). Sissies, faggots, lezzies, and dykes: Gender, sexual orientation, and a new politics of education? *Educational Administration Quarterly, 39,* 95-134.

Luke, A. (1998). Cetting over method: Literacy teaching as work in "new times." *Language Arts, 75*(4), 305-313.

Macgillivary, I. K. (2007). *Gay-straight alliances: A handbook for students, educators, and parents.* Binghamton, NY: Hayworth Press.

Macias, R. F. (2010). Language minority students - Impact on education. *StateUniversity.com* Retrieved February 16, 2010, from http://education.stateuniversity.com/pages/2157/Language-Minority-Students.html

Madhere, S. (1991). Self-esteem of African American adolescents: Theoretical and practical considerations. *Journal of Negro Education, 60*(1), 47-61.

Marx, S., & Pennington, J. (2003). Pedagogies of critical rece theory: Experimentations with European-American pre-service teachers. *Qualitative Studies in Education, 16*(1), 91-110.

McCpmbs, B. L. (2003). A framework for the redesign of K-12 education in the context of current educational reform. *Theory into Practice, 42,* 93-101.

McIntyre, A. (2000). *Inner-city kids.* New York: University Press.

Meier, D. (2002). *In schools we trust.* Boston: Beacon Press.

MetLife Survey of the American Teacher. (2005). *Transitions and the role of supportive ralationships: A survey of teachers, principals and students 2004-05.* New York: MetLife.

Michigan Department of Public Instruction. (1963). *The treatment of minority groups in textbooks.* Lansing: Michigan Department of Public Instruction.

Mitchell, B. L. (1992). Does abiltiy grouping do metr harm than good? It creates labels that last a lifetime. *On Campus, 11*(6), 6-9.

Mitchell, R. (1992). *Testing and learning: How new approaches to evaluation can improve American schools.* New York: Free Press.

Moll, L. C. (Ed.). (1990). *Vygotsky and education.* New York: Cambridge University Press.

Moore, S. (2006). *The workplace matters: Teacher quality, retention, and effectiveness.* Washington, DC: National Education Association. Retrieved February 29, 2010, from www.nea.org/assets/does/mf_wcreport.pdf

Moses, R. P., & Cpbb, C. E., Jr. (2001). *Radical equations.* Boston: Beacon Press.

Mosley, W. (2000). *Workin's on the chain gang: Shaking off the dead hand of history.* New York: Ballantine.

Muse, D. (1997). *The New Press guide to multicultural resources for young readers.* New York: New Press.

National Assenssment of Education Progress, The nation's report card. *Institute of Education Sciences.* Retrieved March 2, 2010, from http://nationsreportcard.gov/ltt_2008/ltt0005.asp

National Center for Education Statistics. (2005). *The condition of education 2000-2005.* Retrieved July 29, 2005, from http://nces.ed.gov/programs/coe

National Coalition for the Homeless. (2009). *How many prople experience homelessness?* Retrieved March 8, 2010 from http://www.nationalhomeless.org/factsheets/How_Many.html

National Commission on Excellence in Education. (1983). *A nation at risk.* Wahington, DC: U.S. Government Printing Office.

National Commission on Teaching and America'sn Fiture. (1996). *What matter most: Teaching for America's future*. New York: Author.

National Research Council. (1999). *High stakes: Testing for tracking, promotion, and graduation*. Washington, DC: National Academy Press.

National Women's History Project. www.nwhp.org Retrieved February 26, 2010.

National Women's Studies Association. (2005). *NWSA mission*. Retrieved May 11, 2005, from http://www.nwsa.org/about.index.php

Newman, F. M., Secada, W. G., & Wehlage, G. G. (1995). *Authentic instuction and assessment: Vision, standards, and scoring guide*. Madison: Wisconsin Center for Education Research, University of Wisconsin-Madison.

Noeto, S. M. (2003). What keeps teachers going? *Educational Leadership, 60*(8), 14-18.

Noddings, N. (1995). Teaching themes of care. *Phi Delta Kappan, 76*(9), 675-679.

Noddings, N. (2005). Caring in education. *The encyclopedia of informal education*. Retrieved august 9, 2005, from http://www.infed.org/biblio/noddings_caring_in_education.htm

Noguera, P. (2003). *City schools and the American dream: Reclaiming the promise of public education*. New York: Teachers College Press.

Nussbaum, M. C. (1997). *Cultivating humanity*. Canbridge, MA: Harvard University Press.

OABITAR. (2006). *Teaching about religion with a view ro diversity*. Retrieved March 2, 2010, from http://worldvieweducation.org

Oakes, J. (2005). *Keeping track* (2nd ed.). New Haven, CT: Yale University Press. (Original work published 1985).

Obiakor, F. E., Obi, S. O., & Algozzine, B. (2001). Shifting assessment and intervention paradigms for urban learners. *The Western Journal of Black Studies, 25*, 61-71.

Okpala, C. O. (1996). Gender-related differences in classroom interaction. *Journal of Instructional Psychology, 23*(4), 275-285.

Olson, L. (2003). The great divide. *Education Week, 22*(17), 9-18.

Olson, L. (2004, December). NCLB law bestows bounty on test industry. *Education Week, 1*(1), 18-19.

Orfield, G., & Wald, J. (2000). *Testing, testing: The high-stakes testing mania hurts poor and minor-ity students the most*. Retrieved September 19, 2006. http://www.accessmylibrary.com/coms2/summary-0286-27846595_ITM

Organization for Economic Cooperation and Development. (2004). *Principles of corporate governance*. Paris: Author.

Otoya-Knapp, K. (2004). When central city high school students speak: Doing critical inquity for democracy. *Urban Education, 39*(2), 149-171.

Ovando, C. H. (2003). Bilingual education in the U.S.: Historical debelopment and current issues. *Bilingual Research Journal, 27*, 1-24.

Plamaffy, T. (1998). The gold star state: How Texas jumped to the head of the class in elementary-school achievement. *Policy Review, 88*, 30-38.

Plamer, P. (1998). *The courage ro teach*. San Francisco: Jossey-Bass.

Pang, V. O. (1991). Teaching children about social issues: Kidpower. In C. E. Sleeter (Ed.), *Empowerment through multicultural education* (pp. 179-198). Albany: SUNY Press.

Pang, V. O., & Sablan, V. A. (1998). Teacher efficacy. In M. E. Dilworth (Ed.), *Bening responsive to cultural differences* (pp. 39-58). Washington, DC: Corwin Press.

Parkay, F, (1983). *White teacher, black school: The professional growth of a ghetto teacher*. New York:

Praeger.

Parker, W. C. (2003). *Teaching democracy.* New York: Teachers College Press.

Paulson, F., Paulson, L., & Meyer, C. (1991). What makes a portfolio, a portfolio? *Educational Leadership, 48*(5), 60-63.

Phelan, P., Davidson, A. L., & Cao, H. T. (1991). Students' multiple worlds: Negotiating the bound-aries of family, peer, and school cultures. *Anthropology and Education Quarterly, 22,* 224-250.

Ploski, H. A., & Williams, J. (Eds.). (1989). *The Negro almanac: A reference work on the African American* (5th ed.). Detroit, MI: Gale Research.

Popham, J. W. (2002). *Educational mismeasurement: How high-stakes testing can harm children (And what we might do about it).* Paper presented at the Conference of the National Assocication for Legislative and Political Specialists in Education. The National Education Association, Illinois.

Prokosch, M., & Dplan, K. (Eds.). (2001). *Our communities are not for sale!* Boston: United for a Fair Economy.

Pugh, T. (2002, March 21). Study shows minorities get lower-quality health care. *The Nonterey County Herald,* A3.

Raider, E., & Coleman, S. (1992). *School change by agreement.* New York: Ellen Raider International.

Ravitch, D. (2010, Narch 9). Why I changed my mind about school reform. *Wall Street Journal Digital Network.* Retrieved March 23, 2010, from online.wsj.com/article/SB100014240527487048693045751094433053 43962.html

Robinson, D., & Groves, J. (1999). *Introducing philosophy.* Lanham, MD: National Book Network.

Roderick, M., Jacob, B. A., & Bryk, A. S. (2002). The impact of high-stakes testing in Chicago on student achievement in promotional gate grades. *Educational Evaluation and Policy Analysis, 24,* 333-357.

Rogers, C. (1961). *On becoming a person.* Boston: Houghton Mifflin.

Rogers, J., & Oakes, J. (2005). John Dewey speaks to Brown: Research, democratic social movement strategies, and the struggle for education on equal terms. *Teachers College Record, 107*(6), 2178-2203.

Roper-Huilman, B. (1998). Conceptualizing truth in teaching and learning implications of truth seeing for feminist practice. In B. Bar & A. Fergunson (Eds.). *Daring to be good: Essays in feminist ethico-politics.* New York: Routledge.

Rosales, A. F. (2000). *Testimonio: A documentary history of the Mexican-American struggle for civil rights.* Houston, TX: Arte Publico Press.

Rosales, F. A. (1996). *Chicano! History of the Mexican American civil rights movement.* Houston, TX: Arte Publico Press.

Rosenthal, R., & Jocobson, L. (1968). *Pygmalion in the classroom: Teacher expectation and pupils' intellectual development.* New York: Holt, Rinehart & Winston.

Russell, S. T., & Joyner, K. (2001). Adolescent sexual orientation and suicide risk: Evidence from a national study. *American journal of Public Health, 91*(8), 1276-1281.

Ryan, D. C. (1994). *Authentic assessment.* Westminster, CA: Teacher Created Materials.

Safren, S. A., & Heimberg, R. G. (1999). Depression, hopelessness, suicidality and related factors in sexual minority and heterosexual youth. *Journal of Consulting and Clinical Psychology, 67,* 859-866.

Schergen, M. J. (2005). Art: An educational link between school and community. In. L. Johnson, M. E. Finn, & R. Lewis (Eds.), *Urban education with an attitude* (pp. 79-86). New York: SUNY Press.

Schneider, M. (2003). *Linking school facility conditions to teacher satisfaction and success.* Washington, DC: National Clearinghouse for Educational Facilities. Retrieved February 24, 2010, from www.edfacilities. org/pubs/teachersurbey.pdf

Schultz, K. (2003). *Listening: A framework for teaching across differences.* New York: Teachers College Press.

Sears, J. T. (1993). Responding to the sexual diversity of faculty and students: Sexual parxis and the critically reflective administrator. In. C. Capper (Ed.), *Educational administration in a pluralistic society* (pp. 110-172). Albany: SUNY Press.

Secada, W. G. (1989). Educational equity versus equality of education: An alternative conception. In W. G. Secada (Ed.), *Equity in education* (pp. 68-88). New York: Falmer Press.

Shade, B. J. R. (1989). *Culture, style and the educative process.* Springfield, IL: Charles Thomas.

Sherman, W. L., & Theobald, P. (2001). Progressive Era rural reform: Creating standard schools in the Midwest. *Journal of Research in Rural Education, 17*(2), 84-91.

Shields, C. B., Bishop, R., & Mazawi, A. E. (2005). *The impact of deficit thinking on education.* New York: Peter Lang.

Shipler, D. K. (1997). *A country of strangers: Blacks and Whites in America.* New York: Alfred A. Knopf.

Shor, I. (1992). *Empowering education: Critical teaching for social change.* Chicago: University of Chocago Press.

Siegel, D. L., Coffey, T. J., & Livingston, G. (2001). *The great tween buying machine: Marketing to today's tweens.* Ithaca, NY: Paramount Marketing.

Silberman, C. E. (1970). *Grisis in the caassroom: The remaking of American education.* New York: Random House.

Sizer, T. (1992). *Horace's compromise: The dilemma of American high schools.* New York: Houghton Mifflin.

Sklar, H. (1995). *Chaos or community?* Boston: South End Press.

Skrla, L., & Scheurich, J. J. (Eds.). (2003). *Educational equity and accountabiltity: Paradigms, pilicies, and politics.* New Yotk: RoutledgeFalmer.

Slapin, B., & Seale, D. (1998). *Through Indian eyes: The native experience in books for children.* Los Angeles: American Indian Studies Center, University of California.

Slavin, R. E. (1986). *Using student team learning.* Baltimore: The Johns Hopkins Team Learning Project.

Slavin, R. E., Cheung, A., Groff, C., & Lake, C. (2008). Effective reading programs for middle and high schools: A best evidence synthesis. *Reading Research Quarterly, 43*, 290-322.

Sleeter, C. E. (2001). *Culture, difference and power.* New York: Teachers College Press.

Sleeter, C. E. (2005). *Un-standardizing curriculum: Multicultural teaching in the standards-based classroom.* New York: Teachers College Press.

Sleeter, C., & Grant, C. (1991). Race, class gender, and disability in current textbooks. In M. W. Apple & L. K. Christian-Smith (Eds.), *The politics of the textbook* (pp. 78-110). New York: Routledge.

Sleeter, C., & Grant, C. (2007). *Making choices for multicultural education* (5th ed.). New York: John Wiley.

Smith, L. T. (1999). *Decolonizing methodologies.* London: Zed Books.

Smith, T. M., & Rowley, K. J. (2005). Enhancing commitment of tightening control: The function of teacher professional development in an era of accountability. *Educational Policy, 19*(1), 126-154.

Smitherman, G. (1981). What go round come round: King in perspective. *Harvard Educational Review, 51*, 40-56.

Spender, D. (1982). *Invisible women.* London: Writers & Readers.

Spindler, G. B. (1982). General introduction. In G. D. Spindler (Ed.), *Doing ethnography of schooling: Educational anthropology in action* (pp. 1-13). New York: Holt, Rinehart & Winston.

Springboard Schools. (2005). *Tools and resources: Cycle of inquiry.* Retrieved May 9, 2006, from http://www.springboardschools.org/about/indes.html

교사를 위한 다문화교육

Steele, C. M., & Aronson, J. (1995). Stereotype threat and the intellectual test performance of African American. *Journal of Personality and Social Psychology, 69*, 797-811.

Stigler, J., Gonzales, P. A., Kawanaka, T., Knoll, S., Serrano, A. (1999). *The TIMES videotape classroom study: Methods and findings from an exploratory research project on eighth-grade mathematics instruction in Germany, Japan, and the United States.* Washington, DC: National Center for Education Statistics.

Stroman, D. 2003. "The disability rights movement: From deinstitutionalization to self-determination." University Press of America.

Stross, R. (2008, November 15). What has driven women out of computer science? *New York Tines.* Retrieved March 11, 2010, from http://www.nytines.com/2008/11/16/business/16digi.html

Style, E. (1996). Curriculum as window and mirror. The S.E.E.D. *project ofn inclusive curriculum.* Retrieved November 20, 2003, from http://www.wcwonline.org/seed/curriculum.html

Sunburst Communication. (1994). *Student workshop: conflict resolution skills.* New York: Houghton Mifflin.

Suzuki, B. H. (1980). *An Asian-American perspective on multicultural education: Implications for practice and policy.* Paper presented at the Second Annual Conference of the National Association for Asian and Pacific American Education, Washington, D.C.

Sweaney, A. L. (2001). Fostering critical thinking: Making learning fun. In F. Stephenson (Ed.), *Extraordinary teachers: The essence of execellent teaching* (pp. 21-26). Kansas City, MO: Andrews McMeel.

Swearer, S. M. Espelage, D. L., Villancourt, T., & Hymal, S. (2010). What can be done about school bullying? *Educational Researcher, 39*(1), 38-47.

Tatum, B. D. (1997). *Why are all the black kids sitting together in the cafeteria?* New York: HarperCollins.

Tetreault, M. K. T. (1989). Integrating content about women and gender into the curriculum. In J. A. Banks & C. A. M. Banks (Eds.), *Multicultural education: Issues and perspectives* (pp. 124-144). Boston: Allyn & Bacon.

Tettegah, S. (1996). The racial consciousness attitudes of White prospective teachers and their perceptions of the teachability of students from different racial/ethnic backgrounds: Findings from a California study. *Journal of Negro Education, 65*(2), 161-163.

Thomas, J. P. (2000). Influences on mathematics learning and attitudes among African American high school students. *Journal of Negro Education, 69*(3), 165-183.

Thompson, A. (1998). Not the color purple: Black feminist lessons for educational caring. *Harvard Educational Review, 68*(4), 522-554.

Tobin, J. (2000). *"Good guys don't wear hats": children's talk about the media.* New York: Teachers College Press.

Turner, J. H. (1996). A curriculum dominated by the teaching of history, classics and humanity. In J. H. Turner (Ed.), E*ducation: An encyclopedia* (p. 28). New York: Garland.

Tuttle, C. (2005, March 31). Addressing inequality: A Cholla High calss uses scientific methods to learn about the social environment they live in. *Tucson Weekly.* Retrieved May 15, 2005 from http://www.tucsonweekly.con/gbase/currents/Content?oid=oid:67205

Tyack, D., & Cuban, L. (1995). *Tinkering toward utopia.* Cambridge, MA: Harvard University Press.

Uribe, V., & Harbeck, K. M. (1991). Addressing the needs of lesbian, gay, and bisexual youth: The origins of PROHECT 10 and school-based intervention. In K. M. Harbeck (Ed.), *Coming out of the classroom closet* (pp. 9-28). New Yotk: Harringtion Park Press.

U.S. Bureau of Labor Statistics. (2010). *Ecomomic news release: Employment situation summary.* Retrieved February 22, 2010, from http://www.bls.gov/news.release/empsit.nr0.htm

U.S. Bureau of the Census. (2000). *Statistical abstracts of the United States* (120th ed.). Washington, DC: U.S. Government Printing Office.

U.S. Bureau of the Census. (2001). *Housing and household economic staristics division*. Retrieved July 17, 2002, from http://www.census.gov/hhes/hlthins/hlthin00/hlt00asc.html

U.S. Bureau of the Census. (2005). Current Population survey, 2005. *Annual Social & Economic Supplement*. Retrieved April 5, 2006, from http://www.census.gov/prod/2006pubs/p60-231.pdf

U.S. Bureau of the Census. (2006). *Income stable, poverty race increases, percentage of Americans without health insurance unchanged*. Retrieved April 5, 2006, from http://www.census.gov/prod/2006pubs/p60-231.pdf

U.S. Department of Education. (1998). *Status of educational equity for girls and women in the nation* (Vol. 2). Washingtion, DC: U.S. Government Prinţing Office.

U.S. Department of Education. (2000). *Fall 1998 elementary and secondary school civil rights compliance report: Projections*. Washington, DC: Office of Civil Rights.

U.S. Department of Education. (2001). *No child left behind*. Retrieved February 14, 2006, from http://www.ed.gov/nclb/landing.jhtml?src=ln

U.S. Department of Education National Center for Education Staristics. (2007). *Teacher follow-up survey ("Questionnaire for Current Teachers" and "Questionnaire for Former Teachers")*, 2004-05. Washingtion, DC: Government Printing Office.

U.S. Department of Health and Human Serviecs. (2001). *Health and heritage. Indian Health Service*. Retrieved October 15, 2003, from http://info.ihs.gov/HeritageHealth.pdf

U.S. Department of Laber. (1998). *Monthly labor review online*. Washingtion, DC: U.S. Government Printing Office.

U.S. Department of Laber. (2002). *Report 960: Highlights of women's earnings in 2001*. Washingtion, DC. U.S. Government Printing Office.

U.S. Department of Laber. (2004). *Displaced workers summary*. Retrieved June 3, 2005. from http://www.bls.gov/news.release/disp.nr0.htm

U.S. Department of Laber. (2005). *Adjustments to household survey population estimates in January 2005*. Retrieved March 25, 2005. from http://www.bls.gov/cps/

U.S. Department of Laber. (2008). *Stats on women workers*. Retrieved February 22, 2010, from www.dol.gov/wb/stars/main.htm

U.S. General Accounting Office, Health, Education, and Human Servieces Division, United States Senate, Moseley-Braun, C., Kennedy, E., Kerry, J., Pell, C., Simon, P., & Wellstone, P. (1996). *School facilities: America's schools report differing conditions*. (No. AO/HEHS-96-103). Washingtion, DC: General Accounting Office.

Valentine, C. A. (1971). Deficit, differences, and bicultural models of Afro-American behavior. *Harvard Educational Review, 41*, 137-157.

Valentine, G. (1997). Ode to a geography teacher: Sexuality and the classroom. *Journal of Geography in Higher Education, 21*, 417-424.

Valenzuela, A. (1999). *Subtractive schooling: U.S.-Mexican youth and the politics of caring*. Albany: State University of New York Press.

Van Ausdale, D., & Feagin, J. R. (2001). *The first R: How children learn race and racism*. Lanham, MD: Rowman & Littlefield.

Vigilant, L. (1997). Race and biology. In W. Van Horne (Ed.), *Global convulsions* (pp. 49-63). Albany: SUNY Press.

Vygotsky, L. S. (1978). *Mind and society*. Cambridge, MA: Harvard University Press.

Walker-Dalhouse, D., & Risko, V. J., (2009). Crossing boundaries and initiating conversations about RTI: Understanding and applying differentiated classroom instruction. *The Reading Teacher, 63*(1), 84-87.

Wan, G. (2001). The learning experience of Chinese students in American universities: Cross-cultural perspective. *The College Student Journal, 35*(1), 28-44.

Wang, F. (2002). *A "textbook solution" to curing our country's education woes: How textbooks and the considerable economic resources of textbook publishers can be used to improve student achievement.* Retrieved Apil 6, 2004, from http://www.educationnews.org/

Warren, S. R. (2002). Stories from the classroom: How expectations and efficacy of diverse teachers affect the academic performance of children in poor urban schools. *Educational Horiaons, 80*(3), 109-116.

Webster's Dictionary. (1989). *The new lexicom Webster's dictionary of the English language.* New York: Lexicon.

Whartion-McDonald, R., Pressley, M., & Hampston, J. M. (1998). Literacy instruction in nine first-grade classrooms: Teacher characteristics and suudent achievement. *The Elementary School Journal, 99*(2), 101-128.

Wiggins, G., & McTighe, J. (2005). *Understanding by design* (2nd ed.). Alexandria, VA: Association for Supervision and Curriculum Development.

Wiske, M. S. (1998). *Teaching for understanding: Linking research with practice.* San Francisco: Jossey-Bass.

Witstock, L. W., & Salinas, E. J. (n.d.) *A brief history of the American Indian Movement.* Retrieved February 14, 2010, from http://www.aimovement.org.ggc.history.html

Women on Words and Images. (1975). *Dick and jane as victims: Sex stereotyping in children's readers.* Princeton, NJ: Women on Words and Images.

Woodruff, P. (2005). *First democracy: The challenge of an ancient idea.* New York: Oxford University Press.

Young, A. A., Jr. (2004). *The minds of marginalized black men.* Princeton, NJ: Princeton University Press.

Young, M. F. D. (1997). An approach to the study of curriculum as socially organized knowledge. In H. M. Klievard & A. A. Bellack (Eds.), *Curriculum and evaluation* (pp. 274-275). Berkeley, CA: McCutchan.

Zhao, Y. (2009). *Catching up or leading the way? American education in the age of globalization.* Alexandria, VA: ASCD.

Zimmerman, J. (2002). *Whose America? Culture wars in the public schools.* Cambridge, MA: Harvard University Press.

Zirkel, P. A. (2003). Bullying: A matter of law? *Phi Delta Kappan, 85*(1), 90-91.

Zollo, P. (1999). *Wise up to teens: Insights into the marketing and advertising to teenagers* (2nd ed.). Ithaca, NY: New Strategist Publications.

찾아보기

ㄱ

가계 소득 138

가정경제 126

가족소비자 126

갈등 195, 436

갈등 방지 194

갈등 해결 194, 195, 196, 203

갈등 해결 기술 199

갈등 해결 절차 200

갈등 해결 접근법 199

갈등 해결 프로그램 196

결과 평가 380

결핍 이론 76

경청 80

고위험 시험 366, 369, 372, 374, 377

고정관념 206

공립학교 103, 119

교사의 기대 252

교사 준비 프로그램 287

교수전략 415

교수활동 401

교육 428

교육과정 298, 300, 303, 307, 314, 315, 316, 319, 322, 323, 325

교육과정 기반 평가 355

교육과정 성취기준 317, 319

교육과정 지침서 327

교육과정 평가 시험 396

교육철학 43, 47

국가방위교육법 364

권위주의 192

귀속 과정 209

그룹 조사 모형 227

근접발달영역 254, 255, 263

기저공통능력 276

기준운동 298, 300

ㄴ

나 메시지 197

낙오학생방지법 19, 63, 374

낙오학생방지 운동 363

내용 기준 319

높은 기대 182

ㄷ

다문화교육 106, 107, 119, 121, 125, 275, 335, 340, 355, 378

다문화 교육과정 300, 308, 328

다문화 민주주의 사회 442

다문화적인 관점 192

다문화적인 수업 324

다문화주의 106

다수결의 원칙 405, 435
다양한 문화집단 324
다중언어주의 275
다중지능 연구 271
단원 평가 359
단일 집단 연구 329
대규모시험 365
대안 미디어 421, 422, 423
대중매체 420, 421
대중 미디어 421
Dewey 410
도시 학생 75
도심 속 빈민가 75
도움 24
도전적 과제 362
돌봄 171, 173, 177, 182, 183
돌봄 교실 193, 225
동성애 인권운동 116
디지털 격차 156
따돌림 188

ㄹ

레드파워 운동 112
레크리에이션 활동 436

ㅁ

마술적 의식 417
문제 해결 접근법 197
문학수업 442
문화 31, 237, 240
문화 권력 241
문화기반 교육학 255
문화자본 240

문화적 분리 88
문화적으로 다른 75
문화적으로 다양한 75
문화적 혜택을 받지 못한 75
문화적 혜택이 결핍된 75
문화지식 237, 241
문화 형태 237
미국여성사 프로젝트 115
미국 토착문화 보호운동 120
민권운동 112, 121
민족 32
민족성 121
민족 연구 329
민족 집단 32
민주적인 의사결정 433, 434, 435, 439
민주주의 186, 403, 404, 405, 406, 407, 408, 409,
　　410, 412, 439, 441

ㅂ

반복학습 157
반인종주의 314
발달주의자 297
방과 후 학교 프로그램 95
Banks 316
변혁적 다문화적 접근 330
보상 96
복합 교수 모형 227
불공평한 접근성 430
비교민족학 120
비영어적 배경 83
비즈니스 라운드테이블 321
비판 의식 417, 418, 420, 426
비판적 분석 166
비판적 사고 412, 414, 415

비판적 사고 능력 79
빈곤퇴치 법안 365

ㅅ

사회문화집단 311
사회적 자본 133
사회적 지표 133
사회적 진보주의자 298
사회적 행동 331
사회적 효율성 297
사회정의 교육프로그램 341
사회정의교육 프로젝트 78
사회 행동 모델 335
사회화의 영향력 86
3단계 시험 357
상호문화 239
생산적인 참여 440
생성적 주제 325, 328
생애주기 418
성적 성향 33
성적의 격차 173
성 정체 32
성차별 215
성취 63, 65, 66, 97
성취기준 317, 318, 319, 320, 322, 323, 394
성취도 평가 355, 361
소년 행동주의 438
소속감 90
수업 395
수업 지도 148
수준별 반 편성 154
수행 기준 319
수행 평가 381
순수 의식 417

시민권리 연구 프로젝트 374
시장조사 89
시험점수 64, 69
시험 지향적인 교육 368
신체언어 239
신체장애 33

ㅇ

아메리칸 드림 138
언어 소수자 83
여성 연구 329, 330
여성운동 114
예비교사 프로그램 118
예시 지도안 368
우생학 운동 362
위기에 처한 75
의도적 교육과정 302
이중문화 282
이중언어 교육 119
이중언어 교육반 154
이중언어주의 120
이중적 차별 137
인간관계 216, 329
인간주의자 297
인디언 선언문 113
인종 32, 121
인종 분리 107
인종적인 편견 122
인종차 418
인종차별 341, 342
인종차별주의 332
인종 통합 127
인증평가 계획 395

ㅈ

자유 89, 403

잠재적 교육과정 302, 303, 304, 305

장르 442, 444

장애인 교육 향상법 137

재미 90

적극적인 경청 198

전시 평가 391

정체성 39, 331

제도적 구조 129, 130

젠더 32

조별 게임 396

종 모양 곡선 154

중재 반응 252

중재에 대한 반응 380

지역사회 자산 261

직소 모형 228

진로 선택 428

진보 131

집단 따돌림 188

ㅊ

차별 213, 215, 376

차별화 교수 252

차터스쿨 19, 147

참정권 409

참 평가 355, 380, 381, 382, 384, 385, 393

창의적 사고 414

책무 411

철학 43, 44, 45, 46

청소년역량강화센터 437

치카노 운동 110

ㅋ

카스트로 혁명 120

커리큘럼 기본평가 358

ㅌ

타자화 316

탐구 지향적 381

토론 442

통합교육 224

특수교육 308

팀 게임 모형 228

ㅍ

평가 395

평가와 수업 395

평등 412, 432

포트폴리오 355, 384, 386, 387, 388, 390, 393

포트폴리오 평가 386

표준영어 283

표준화 320

표준화 시험 367

프리스쿨 209

핑크 칼라 136

ㅎ

학교 145, 171

학교개혁운동 103

학교교육 403

학교 동아리 활동 431

학교 조직 249

학교 환경 249

학급 운영 191

학급의 다양성 93

학급회의 201, 202

학생-교사 관계 173

학생 중심 교수 78

학생 중심 교육 77, 85

학생 지도 가이드북 388

학습 스타일 264

학업성취 82, 99, 225, 245

학업성취기준 366

학업성취평가 104

행위 주체 130

협동적 과제 수행 266

협동학습 224, 225, 226, 420

협력기법 226

협력적 의사결정 과정 440

협력적 학습 396

형성 평가 357

형평성 103, 130, 163

훈육 191

훌륭한 교사 43, 44, 145

힘 89

교사를 위한 다문화교육